Windows 10 Tablets

Die verständliche Anleitung

von

Mareile Heiting

Vierfarben

Liebe Leserin, lieber Leser,

ob Sie es sich mit Ihrem Tablet nun vorwiegend zu Hause gemütlich machen oder es unterwegs im Alltag oder auf Reisen nutzen wollen, man darf Sie dazu beglückwünschen. Sie genießen wie bei einem vollwertigen PC die Vorzüge, die Windows 10 mit all seinen Programmen und Apps bietet, sind dabei aber jederzeit mobil. Darüber hinaus eröffnet Ihr Tablet gegenüber einem klassischen Computer viele weitere Möglichkeiten, denn Sie können es sogar zum Filmen und Fotografieren, als E-Book-Reader oder auch als Navigationsgerät verwenden.

Einen kleinen Haken hat die Sache dennoch. Selbst wenn Sie Windows schon von einem »normalen« PC oder Notebook her kennen, auf dem Tablet ist so manches anders, und die Bedienung auf der virtuellen Tastatur und per Fingergesten bedarf durchaus einer Umstellung. Doch keine Sorge, wie all das und mehr funktioniert, zeigt Ihnen unsere Autorin Mareile Heiting immer Schritt für Schritt. Mit ihr machen Sie Ihr Tablet startklar fürs Internet, passen das Startmenü Ihren Bedürfnissen an, richten Benutzerkonten ein, schreiben E-Mails, erledigen Ihre Büroarbeiten und sichern Ihre Dateien auf dem Tablet und in der Cloud. Sie erfahren, wie Sie bei Bedarf zwischen dem Desktop- und Tabletmodus wechseln, eine Tastatur und Maus anschließen oder auch mit einem Stift Notizen und Zeichnungen anfertigen können.

Vor allem Spaß und Unterhaltung kommen nicht zu kurz, denn schließlich ist Ihr Tablet ein wahres Multimedia-Talent, das den CD-Player, Fernseher und zuweilen auch die unhandliche Wochenzeitung überflüssig macht. Damit das ungetrübte Vergnügen stets im Vordergrund bleibt, verrät Ihnen Mareile Heiting auch allerhand Tipps, wie Sie Ihre Daten schützen und mögliche Probleme mit dem Tablet ganz einfach selbst beheben können.

Dieses Buch wurde mit größter Sorgfalt geschrieben und hergestellt. Sollten Sie dennoch einmal einen Fehler finden oder inhaltliche Anregungen haben, freue ich mich, wenn Sie mit mir in Kontakt treten. Für Kritik bin ich dabei ebenso offen wie für lobende Worte. Doch nun wünsche ich Ihnen, dass Sie sich im neuen Windows 10 bald heimisch fühlen!

Ihre Isabella Bleissem
Lektorat Vierfarben

isabella.bleissem@rheinwerk-verlag.de

Auf einen Blick

Wir hoffen, dass Sie Freude an diesem Buch haben und sich Ihre Erwartungen erfüllen. Ihre Anregungen und Kommentare sind uns jederzeit willkommen. Bitte bewerten Sie doch das Buch auf unserer Website unter **www.rheinwerk-verlag.de/feedback**.

An diesem Buch haben viele mitgewirkt, insbesondere:

Lektorat Isabella Bleissem
Korrektorat Marita Böhm, München
Herstellung Maxi Beithe
Typografie und Layout Vera Brauner, Maxi Beithe
Einbandgestaltung Julia Schuster
Coverbild Fotolia: 25517851 © Leonid Tit; Shutterstock: 176933633 © Picsfive,
208927645 © Winai Tepsuttinun, 1051951196 © anastasiya parfenyuk,
115885495 © studioVin, 426232318 © Anutr Yossundara, 581419900 © Master1305
Satz SatzPro, Krefeld
Druck Media-Print Informationstechnologie GmbH, Paderborn

Dieses Buch wurde gesetzt aus der Charter ITC (10,5 pt/15 pt) in InDesign CC 2018.
Gedruckt wurde es auf mattgestrichenem Bilderdruckpapier (115 g/m²).
Hergestellt in Deutschland.

Bibliografische Information der Deutschen Nationalbibliothek:
Die Deutsche Nationalbibliothek verzeichnet diese Publikation in der Deutschen Nationalbibliografie; detaillierte bibliografische Daten sind im Internet über *http://dnb.d-nb.de* abrufbar.

ISBN 978-3-8421-0596-6

1. Auflage 2019
© Rheinwerk Verlag, Bonn 2019

Vierfarben ist eine Marke des Rheinwerk Verlags. Der Name Vierfarben spielt an auf den Vierfarbdruck, eine Technik zur Erstellung farbiger Bücher. Der Name steht für die Kunst, die Dinge einfach zu machen, um aus dem Einfachen das Ganze lebendig zur Anschauung zu bringen.

Informationen zu unserem Verlag und Kontaktmöglichkeiten finden Sie auf unserer Verlagswebsite **www.rheinwerk-verlag.de**. Dort können Sie sich auch umfassend über unser aktuelles Programm informieren und unsere Bücher und E-Books bestellen.

Inhalt

Kapitel 1

Das Windows-Tablet kennenlernen

Der Start von Windows im Tabletmarkt war mehr als holprig. Lange Zeit sah es so aus, als könnte Microsoft mit seinem Betriebssystem die Konkurrenten Apple und Google nicht einholen. Den Tablets mit Windows wurde vor allem eine schlechte Bedienbarkeit vorgeworfen. Doch Microsoft hat seine Hausaufgaben gemacht. Mit Windows 10 existiert nun ein Betriebssystem, das sich gleichermaßen gut auf Desktop-PCs, Notebooks und Tablets nutzen lässt. Die Folge: Das Angebot an Windows-Tablets wird immer besser und vor allem größer. In diesem Kapitel werfen wir einen kurzen Blick auf die Ausstattung von Windows-Tablets. Außerdem erfahren Sie, mit welchem Zubehör Sie Ihr Tablet sinnvoll erweitern können.

Eine kleine Übersicht über Windows-Tablets

Ein Tablet ist ein mobiler Computer, der sich über den berührungsempfindlichen Bildschirm, den sogenannten *Touchscreen*, ausschließlich per Fingergesten bedienen lässt. Das Angebot an Windows-Tablets reicht von Geräten mit einer Bildschirmgröße von 8 Zoll bis hin zu 15 Zoll und mehr. Die Bildschirmgröße sagt allerdings noch nichts darüber aus, ob z. B. das Betrachten eines Videos wirklich Freude bereitet, denn auch die Auflösung spielt hierbei eine wichtige Rolle. Bei einem Tablet mit einer Bildschirmgröße von 10 Zoll (dies entspricht einer Bildschirmdiagonale von ca. 25 Zentimetern) macht es z. B. durchaus einen großen Unterschied, ob die Auflösung 1.920 × 1.280 Pixel beträgt oder lediglich 1.280 × 800 Pixel. Je besser, sprich höher die Auflösung ist, desto höher ist allerdings auch der Preis, der für das Windows-Tablet zu bezahlen ist.

> *Wer gerne Videos ansieht, sollte beim Kauf des Tablets nicht nur auf die Bildschirmgröße, sondern auch auf die Auflösung achten.*

Der Preis spielt auch beim Thema Internetverbindung eine Rolle. Wohl jedes Windows-Tablet ist mit einem WLAN-Adapter ausgestattet, der die Verbindung ins Internet über ein WLAN-Netzwerk ermöglicht. Wie Sie hierzu vorgehen, erfahren Sie im Abschnitt »Eine WLAN-Verbindung ins Internet herstellen« ab Seite 47.

Wer auch unterwegs das Internet nutzen möchte, dem steht nicht immer ein solches Drahtlosnetzwerk zur Verfügung. Hier sind diejenigen gut bedient, die sich ein Windows-Tablet mit SIM-Kartenleser zugelegt haben: Einfach die SIM-Karte in den SIM-Kartenleser einstecken, und schon können Sie in *LTE-* oder zumindest *UMTS*-Geschwindigkeit im Internet surfen. Lesen Sie hierzu auch den folgenden Kasten »Mit dem mobilen WLAN-Router im Internet unterwegs« sowie den Abschnitt »Auch unterwegs ins Internet: eine mobile Datenverbindung herstellen« ab Seite 51.

∧ *Mit einer SIM-Karte lässt sich das Mobilfunknetz für die Internetverbindung nutzen.*

 Mit dem mobilen WLAN-Router im Internet unterwegs

WLAN-Netzwerke sind unterwegs leider nicht immer verfügbar. Wer nicht auf die Verbindung ins Internet verzichten kann, aber kein mobilfunkfähiges Windows-Tablet besitzt, für den stellt ein mobiler WLAN-Router eine interessante Anschaffung dar. Die kleinen, handlichen Geräte verfügen über einen Steckplatz für eine SIM-Karte. Sobald die freigeschaltete SIM-Karte in den Router eingesteckt und dieser eingeschaltet ist, kann bereits die Internetverbindung über das Mobilfunknetz hergestellt werden. Viele mobile WLAN-Router ermöglichen übrigens den Anschluss gleich mehrerer WLAN-fähiger Geräte. Damit Sie den mobilen WLAN-Router auch wirklich unterwegs einsetzen können, muss das Gerät mit einem integrierten Akku ausgestattet sein.

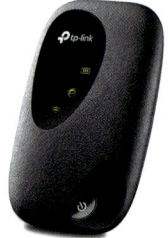

∧ *Der mobile WLAN-Router wird mit einer SIM-Karte bestückt. (Quelle: TP Link).*

Ein Tablet besitzt keine externe Tastatur. Immer dann, wenn eine Texteingabe erforderlich ist, klappt eine virtuelle Tastatur auf dem Bildschirm auf. Je nach Größe des Bildschirms überdeckt diese Tastatur allerdings wichtige Bereiche des Bildschirminhalts. Wer das Tablet nicht nur für das Surfen im Internet oder den Musik- und Videogenuss nutzt, sondern auch zum Schreiben längerer Texte, wird schnell von der Bildschirmtastatur genervt sein. Das erkannten auch die Hersteller der Windows-Tablets und bieten deshalb viele ihrer Geräte mit Tastatur an. Bei diesen *2-in-1-Tablets* (auch *Hybrid-Geräte* genannt) lassen sich zwei Arten unterscheiden: die sogenannten *Convertibles* und die *Detachables*.

Ein Convertible (auf Deutsch »umwandelbar«) ist im Grunde genommen ein Notebook mit Touchscreen, bei dem sich der Bildschirm aber mithilfe eines 360-Grad-Scharniers einmal um die eigene Achse umklappen lässt, bis er auf der Tastatur aufliegt. Die Tastatur lässt sich aber nicht komplett abnehmen.

◄ *Bei einem Convertible, wie hier dem Dell Inspiron 14 5000 Series 2-in-1, lässt sich der Bildschirm um 360 Grad umklappen.*
(Quelle: Microsoft)

Dies ist wiederum beim Detachable (auf Deutsch »abnehmbar«) möglich. Die Tastatur wird bei diesen Geräten entweder über einen mechanischen Verschlussriegel oder einen Magneten mit dem Tablet verbunden. Wer sich ein solches Detachable anschafft, sollte einen genauen Blick auf die Tastatur werfen, denn die Verarbeitung ist nicht bei allen gleich gut. Gerade bei günstigeren Geräten findet man zu dünne Tasten und recht wacklige Anschlüsse, sodass ein längeres Arbeiten mit der Tastatur nicht viel Freude bereitet.

Auch Microsoft berücksichtigt die unterschiedliche Bedienbarkeit der Tablets. So lassen sich in Windows 10 zwei verschiedene Benutzeroberflächen einstellen:

■ der klassische, von Desktop-PCs und Notebook bekannte *Desktopmodus*, der sich optimal mit Tastatur oder auch Computermaus bedienen lässt

■ der leicht per Fingergesten zu bedienende *Tabletmodus*, wenn das Tablet ohne Tastatur verwendet wird

Beide Benutzeroberflächen stelle ich Ihnen u. a. im Abschnitt »Tabletmodus und Desktopmodus im Vergleich« ab Seite 38 vor.

Egal, ob Sie einen Desktop-PC, ein Notebook oder ein Tablet mit oder ohne Tastatur nutzen: Das Betriebssystem Windows 10 ist immer das gleiche. Das bringt einen großen Vorteil mit sich. Denn alle Programme, die Sie auf einem Desktop-PC oder einem Notebook installieren können, können auch auf dem Windows-Tablet eingerichtet werden. So müssen Sie z. B. weder auf ein Microsoft-Office-Paket noch auf ein gutes Bildbearbeitungsprogramm oder Ihr geliebtes Computerspiel verzichten.

◄ *Bei einem Detachable wie dem Microsoft Surface Go lässt sich die Tastatur abnehmen. (Quelle: Microsoft)*

Je rechenintensiver die Software, desto wichtiger ist ein leistungsstarker Prozessor. Auch hier trennt sich schnell die Spreu vom Weizen, wenn man sich das Angebot an Windows-Tablets ansieht. So sind die günstigen Geräte häufig nur mit einem Intel-Atom-Prozessor ausgerüstet. Wer sein Tablet nur zum Surfen, Musikhören, Korrigieren kleiner Schönheitsfehler an Fotos oder zum Schreiben eines Briefes nutzt und nicht mehrere Programme zeitgleich verwendet, wird mit dieser Prozessorleistung auskommen. Spiele- und Multimediafans sollten beim Kauf des Windows-Tablets dagegen auf leistungsstärkere Intel-Core-Prozessoren setzen.

∧ *Günstige Tablets sind häufig mit den leistungsschwächeren Intel-Atom-Prozessoren ausgestattet.*

➕ **Basisinformationen über das Tablet in Erfahrung bringen**

Welche Leistung bringt der Prozessor? Über wie viel GByte verfügt der Arbeitsspeicher? Und welche Windows-Version ist auf Ihrem Tablet installiert? Wenn Sie diese Fragen nicht sofort beantworten können, bringen Sie mit einem kleinen Trick die wichtigsten Basisinformationen in Erfahrung. Die folgende Anleitung mag Ihnen gerade noch fremd vorkommen, doch spätestens nach Kapitel 2 setzen Sie sie schnell um. Und so gehen Sie vor: Halten Sie Ihren Finger etwas länger auf dem Windows-Logo in der linken unteren Bildschirmecke gedrückt. Wird rund um den Finger ein Quadrat eingeblendet, heben Sie den Finger vom Bildschirm. Es klappt ein Menü auf, in dem Sie auf **System** tippen. Im nun eingeblendeten Fenster erfahren Sie alle wichtigen Basisinformationen über Ihr Tablet.

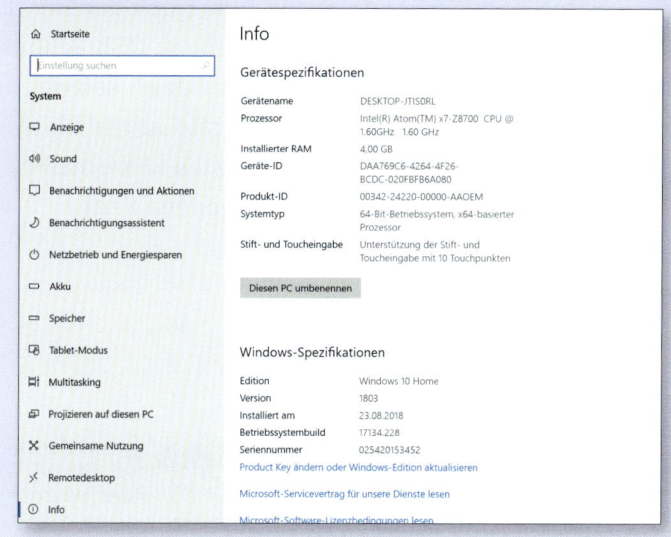

< *Die Systemeinstellungen verraten Ihnen alles wichtige über Ihr Tablet.*

∧ Mit einer MicroSD-Speicherkarte lässt sich der interne Speicher erweitern. (Quelle: SanDisk)

Videos und Fotos nehmen viel Speicherplatz in Anspruch. Mit dem sieht es bei Tablets im Vergleich zu Desktop-PCs und Notebooks eher bescheiden aus. Viele Geräte verfügen aber zumindest über einen MicroSD-Karten-Schacht (auch *Slot* genannt), sodass sich der Speicher erweitern lässt. Wenn auch dieser nicht ausreicht, ist der Einsatz einer externen Festplatte sinnvoll. Auf diese und weiteres Zubehör gehe ich im nächsten Abschnitt ein.

Nützliches Zubehör für das Windows-Tablet

Ein Windows-Tablet ist so ausgerüstet, dass Sie es – nachdem Sie es einmal aufgeladen haben – sofort nutzen können. Im Laufe des Betriebs taucht aber sicherlich der Wunsch nach dem ein oder anderen Zubehör auf. Wie am Ende des vorherigen Abschnitts bereits erwähnt, ist z. B. der interne Speicher eines Tablets nicht allzu groß. Wer viele Multimediadaten auf dem Gerät speichert, wird den Speicherplatz bald ausgereizt haben. Mithilfe einer externen Festplatte lässt sich dieses Problem aber leicht lösen. Jedes Windows-Tablet verfügt normalerweise über mindestens einen, wenn nicht mehr USB-Anschlüsse, über die sich externe Festplatten, USB-Sticks, aber auch externe Tastaturen, Computermäuse, Drucker und Scanner anschließen lassen. Reichen die vorhandenen USB-Anschlüsse für die gewünschten Geräte nicht aus, bietet sich der Einsatz eines USB-Hubs an. Dieser *USB-Hub* wird per Kabel an die USB-Schnittstelle des Windows-Tablets angeschlossen und bietet dann seinerseits mehrere USB-Anschlüsse, über die weitere USB-Geräte angeschlossen werden können. Lesen Sie hierzu bitte auch den Kasten »Externe Festplatten und USB-Sticks sicher entfernen« auf der folgenden Seite.

< Der USB-Hub verschafft dem Windows-Tablet weitere USB-Anschlüsse. (Quelle: ANKER)

➕ Externe Festplatten und USB-Sticks sicher entfernen

Externe Wechseldatenträger wie eine Festplatte oder auch ein USB-Stick sind eine feine Sache, um Daten außerhalb des Tablets zu sichern. Schließen Sie das Speichermedium das erste Mal über die USB-Schnittstelle an das Tablet an, installiert Windows 10 die Treiber, die für den Zugriff auf die Festplatte oder den USB-Stick nötig sind. Wie Sie Daten mithilfe des Explorers auf dem externen Wechseldatenträger speichern, erfahren Sie im Abschnitt »Ordner anlegen und Dateien verschieben, kopieren und löschen« ab Seite 194. Benötigen Sie die externe Festplatte oder den USB-Stick nicht mehr, sollten Sie das Gerät nicht einfach aus dem Anschluss des Tablets ziehen. Tippen Sie stattdessen im Infobereich der Taskleiste auf den kleinen nach oben weisenden Pfeil ⏶ und in der aufklappenden Liste dann auf das Symbol 🔌. Bei manchen Geräten wird das Symbol auch direkt im Infobereich der Taskleiste angezeigt. Es werden nun alle an dem Tablet angeschlossenen Wechseldatenträger aufgeführt. Markieren Sie das gewünschte Speichermedium per Tipp. Es dauert einen kurzen Moment, in dem Windows 10 prüft, ob noch ein Programm auf den Datenträger zugreift. Erscheint der Hinweis **Hardware kann jetzt entfernt werden**, können Sie die externe Festplatte oder auch den USB-Stick vom Windows-Tablet abziehen.

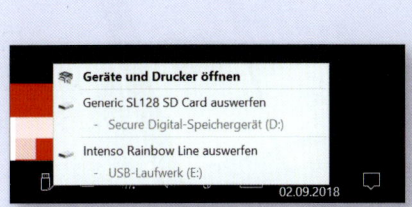 

⏶ *Erst wenn der Hinweis zur sicheren Entfernung erscheint, sollten Sie die externe Festplatte oder den USB-Stick vom Tablet abziehen.*

Wenn der Tabletmodus aktiviert ist, werden eventuell weder Pfeil ⏶ noch das Symbol 🔌 angezeigt. Tippen Sie in diesem Fall mit Ihrem Finger für einen kurzen Moment auf einen freien Bereich der Taskleiste. Sobald rund um den Finger ein Quadrat eingeblendet wird, heben Sie den Finger vom Bildschirm. Im eingeblendeten Kontextmenü wählen Sie den Befehl **Alle Benachrichtigungssymbole anzeigen**. Nun sollten auch der Pfeil und das Symbol im Infobereich der Taskleiste erscheinen.

Wer längere Zeit mit dem Windows-Tablet arbeiten muss, wird den kleinen Bildschirm eventuell als ermüdend für die Augen empfinden. Verfügt Ihr Tablet über einen *HDMI*-Anschluss, können Sie einen größeren Bildschirm anschließen. Der HDMI-Anschluss kommt auch beim Anschluss eines Fernsehers oder Beamers zum Einsatz.

Die Nutzung der Bildschirmtastatur ist nicht immer ganz einfach. Gerade Menschen mit größeren Händen tun sich schwer, die meist kleinen Tasten zu bedienen. Haben Sie sich kein 2-in-1-Gerät – also ein Tablet mit Tastatur – zugelegt, wie im vorherigen Abschnitt vorgestellt, müssen Sie trotzdem nicht auf den Einsatz einer externen Tastatur oder auch einer Computermaus verzichten. Die meisten Windows-Tablets unterstützen die Funktechnik *Bluetooth*, mit der sich z. B. entsprechende Tastaturen und Computermäuse an das Tablet anschließen lassen. Wie dies funktioniert, zeige ich Ihnen im Abschnitt »Geräte per Bluetooth verbinden« ab Seite 75.

> *Viele Hersteller bieten einen Eingabestift für ihre Geräte an, wie hier der Microsoft Surface Pen für das Microsoft Surface Pro 3 (Quelle: Microsoft)*

Windows-Tablets lassen sich nicht nur mit den Fingern, der Tastatur und der Computermaus bedienen. Viele Hersteller bieten für ihre Geräte zusätzlich einen speziellen Stift (auch *Stylus* oder *Touchpen* genannt) an. Mit einem Eingabestift lassen sich Elemente bequem auf dem Touchscreen antippen. Außerdem können Sie ihn wunderbar zum Zeichnen und zum Schreiben nutzen. Wie Sie die Bildschirmtastatur für die Handschrifterkennung einstellen, lesen Sie im Abschnitt »Die Bildschirmtastatur in Aktion« ab Seite 25. Manche Eingabestifte müssen per Bluetooth mit dem Windows-Tablet verbunden werden (siehe dazu wiederum den Abschnitt »Geräte per Bluetooth verbinden« ab Seite 75) und verfügen über eine Batterie.

Jedes Windows-Tablet ist mit einem Lautsprecher und einem Mikrofon ausgestattet. Wer mit ihrer Qualität nicht zufrieden ist, kann über den Klinkenstecker, über den jedes Tablet verfügt, auch einen externen Lautsprecher, Kopfhörer oder ein *Headset* an das Tablet anschließen. Letzteres ist vor allem interessant, wenn Sie unterwegs ein Telefonat via Skype führen wollen (siehe den Abschnitt »Über das Internet telefonieren mit Skype« ab Seite 279).

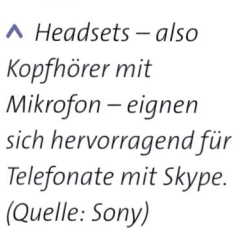

+ **Klare Sicht für das Windows-Tablet**

Man kann sich noch so häufig die Hände waschen: Die Fingerabdrücke sind auf dem empfindlichen Touchscreen trotzdem gut sichtbar. Das ist nicht nur aus hygienischen Gesichtspunkten unangenehm, sondern auch aus Gründen der Sicherheit. Denn anhand der Berührungspunkte, die sich so auf dem Bildschirm nachvollziehen lassen, können Fremde sicherheitskritische Eingaben wie Kennwörter in Erfahrung bringen. Reinigen Sie daher unbedingt regelmäßig den Bildschirm. Gut geeignet hierfür sind weiche Microfasertücher, aber auch Desinfektions- oder Brillenreinigungstücher. Auf den Einsatz von Glasreiniger, Spülmittel oder Alkohol sollten Sie dagegen verzichten.

∧ *Headsets – also Kopfhörer mit Mikrofon – eignen sich hervorragend für Telefonate mit Skype. (Quelle: Sony)*

Tablets sind beliebte Reisebegleiter. Nicht immer steht unterwegs aber ein Stromanschluss zur Verfügung, um das Gerät wieder aufzuladen. Mit kleinen Tricks, wie etwa der Deaktivierung des WLANs, sofern man keine Verbindung zum Internet benötigt, lässt sich die Akkulaufzeit des Windows-Tablets durchaus verbessern. Im Abschnitt »Die Akkuleistung optimieren« erfahren Sie ab Seite 331, welche weiteren Energieeinsparmöglichkeiten Windows 10 bietet. Wer viel auf Reisen ist, sollte sich eine *Powerbank* zulegen. Dieser externe Akku wird zunächst selbst über die Steckdose geladen. Anschließend wird die Powerbank über die USB-Schnittstelle mit dem Tablet verbunden und versorgt dieses nun mit Strom.

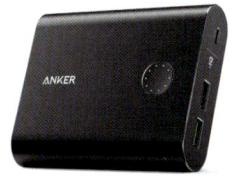

∧ *Die Powerbank dient als externer Akku für Ihr Windows-Tablet.*

Kapitel 2

Erste Schritte mit dem Tablet

Wischen, tippen, klicken, zoomen – all die vielen Bezeichnungen für die Bedienung eines Tablets können anfangs sehr verwirrend sein. Zumindest bei der Texteingabe sollten keine Fragen aufkommen, wird sich so manch einer denken. Denn Tastatur ist Tastatur – ganz egal, ob man eine an das Tablet angeschlossene »reale« Tastatur nutzt oder die virtuelle Tastatur, die nur im Bedarfsfall auf dem Bildschirm eingeblendet wird. Sobald man allerdings einen Blick auf diese Bildschirmtastatur geworfen hat, stellt man fest: Es gibt sehr wohl Unterschiede zwischen den beiden Tastaturvarianten.

Damit Sie sich schnell auf Ihrem Tablet zurechtfinden, werden wir in diesem Kapitel die wichtigsten Begriffe klären, die Sie zur Bedienung des Tablets benötigen. Dabei werden Sie auch die Benutzeroberfläche von Windows kennenlernen. Hier werden Ihnen zwei Modi begegnen: der *Desktopmodus*, der normalerweise bei Tablets mit angeschlossener Tastatur und Computermaus zum Einsatz kommt, und der speziell für Touchscreens ausgerichtete *Tabletmodus*. Damit Sie diese beiden Modi auf Ihrem Tablet auch gleich ausprobieren können, müssen Sie das Gerät zunächst einschalten und sich anmelden. Auch dies ist – ebenso wie das Ausschalten des Tablets – Thema dieses Kapitels.

Das Tablet per Fingergesten oder Computermaus bedienen

Für die Bedienung eines Desktop-PCs oder Notebooks benötigt man für die Texteingabe zwingend eine Tastatur und zur Auswahl von Elementen eine Computermaus bzw. ein *Touchpad*. Letzteres ist eine kleine be-

^ *Um auf einem Desktop-PC oder Notebook ein Element auszuwählen, muss der Mauszeiger auf diesem positioniert werden.*

rührungsempfindliche Fläche. Bewegen Sie den Finger auf dieser Fläche, wird der Mauszeiger, der häufig die Form eines Pfeils aufweist, auf dem Bildschirm verschoben. Nutzen Sie eine Computermaus, erreichen Sie das Gleiche, indem Sie einfach die Maus auf dem Schreibtisch bewegen. Der Mauszeiger ist sehr wichtig, denn um ein Element auf dem Bildschirm auszuwählen, muss der Mauszeiger exakt darauf positioniert werden.

Sind an Ihrem Tablet eine Tastatur mit Touchpad und zusätzlich eventuell noch eine Computermaus angeschlossen, werden Sie den Mauszeiger ebenfalls auf dem Bildschirm entdecken. Wirklich nötig ist er allerdings nicht, denn Sie können alle Elemente auch direkt mit dem Finger auf dem Touchscreen antippen. Für welche Variante – Touchpad bzw. Computermaus oder stattdessen Finger – Sie sich entscheiden, liegt ganz bei Ihnen. Verwenden Sie das Tablet ohne angeschlossene Tastatur und Maus, bleibt Ihnen nur die Bedienung per Finger. Im Folgenden stelle ich Ihnen die wichtigsten Fingergesten vor und zeige Ihnen, wie Sie die gleiche Aktion per Computermaus bzw. Touchpad ausführen.

Beginnen wir mit der wichtigsten Geste, dem Tippen. Werden Sie hierzu auf den folgenden Seiten aufgefordert, tippen Sie einfach mit dem Finger auf das gewünschte Element, z. B. ein Symbol oder auch eine Schaltfläche. Möchten Sie hierfür lieber die Computermaus oder das Touchpad verwenden, positionieren Sie den Mauszeiger auf dem Element und drücken dann die linke Maustaste bzw. die linke Taste auf dem Touchpad. Man spricht hier auch von »klicken« statt »tippen«.

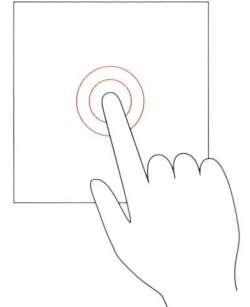

^ *Elemente wie hier z. B. der Menüpunkt »Geräte« können auf dem Touchscreen einfach mit dem Finger angetippt werden.*

Manchmal reicht ein einfacher Tipp nicht aus, um eine Aktion durchzuführen, sondern Sie müssen doppelt, also zweimal schnell hintereinander auf das Element tippen bzw. klicken. Hierauf werde ich Sie selbstverständlich an gegebener Stelle hinweisen. Das Element ist in der Anleitung übrigens meist fett hervorgehoben und häufig auch in der Abbildung gekennzeichnet.

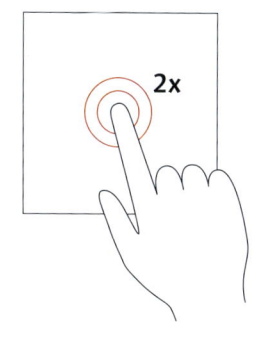

Manche Befehle sind in Windows 10 in einem sogenannten *Kontextmenü* versteckt. Um dieses einzublenden, müssen Sie den Finger etwas länger auf dem angegebenen Element gedrückt halten. In manchen Fällen wird das Kontextmenü nach einem kurzen Moment direkt eingeblendet. Manchmal erscheint aber auch erst ein Quadrat rund um den Finger. Dies ist das Zeichen, dass Sie nun den Finger vom Bildschirm heben können, und schon ist das Kontextmenü sichtbar. Mit der Computermaus blenden Sie ein solches Kontextmenü ebenfalls ganz einfach ein: Positionieren Sie wieder den Mauszeiger auf dem Element, und drücken Sie dieses Mal die rechte Maustaste.

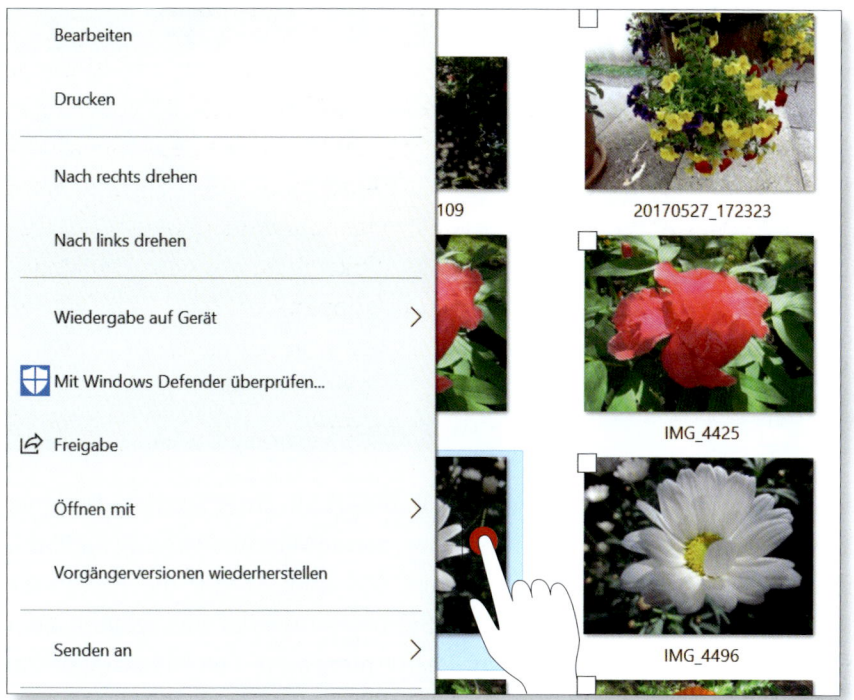

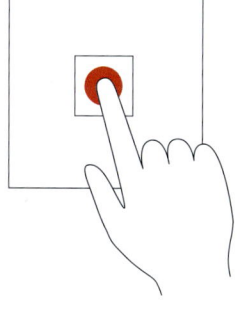

∧ *Damit das Kontextmenü mit weiteren Befehlen eingeblendet wird, belassen Sie den Finger einen Moment auf dem geforderten Element.*

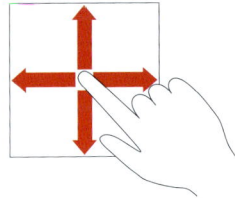

Eine häufig eingesetzte Fingergeste ist das Wischen auf dem Bildschirm. Werden Sie hierzu aufgefordert, streichen Sie einfach mit dem Finger in der angegebenen Richtung über den Bildschirm, etwa von links nach rechts. Achten Sie bei der Anweisung darauf, wo Sie mit dem Wischen beginnen sollen: Manchmal sollen Sie z. B. vom Bildschirmrand in eine vorgegebene Richtung wischen. In diesem Fall ist es wichtig, dass Sie den Finger wirklich auf den gewünschten Rand des Bildschirms (also etwa oben) positionieren, bevor Sie über den Touchscreen streichen.

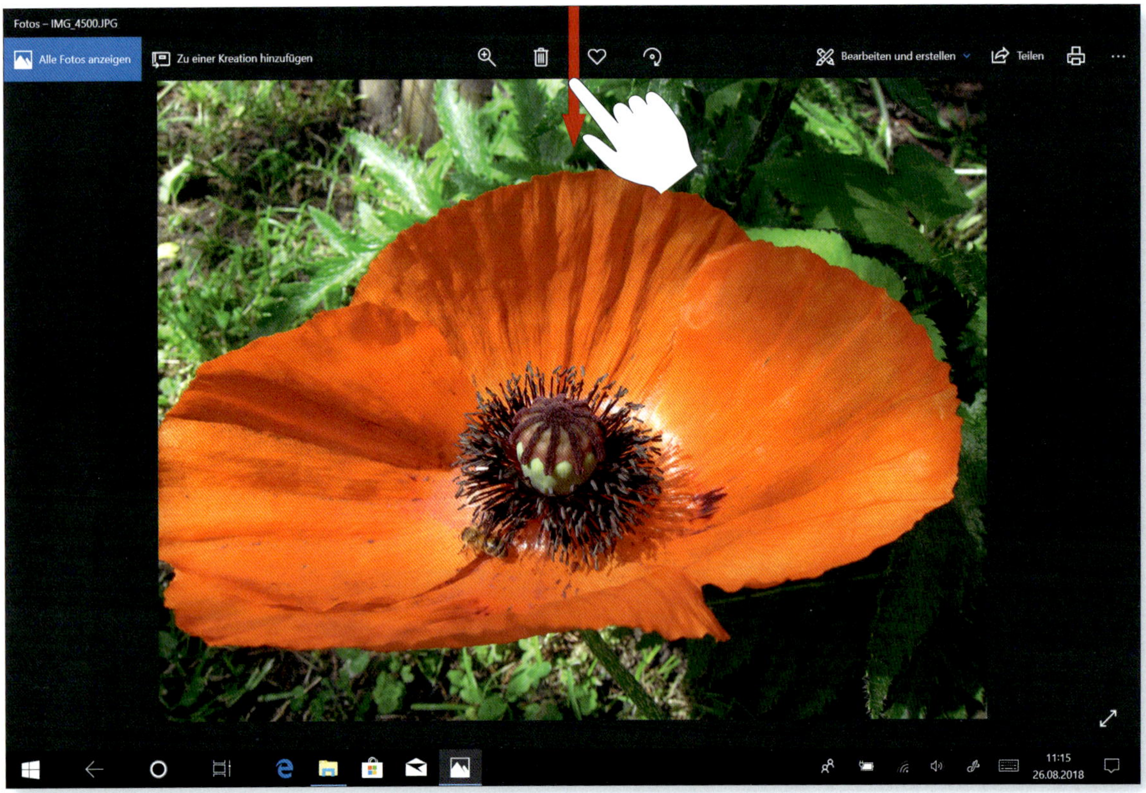

^ *Hier ist eine Wischbewegung vom oberen Bildschirmrand nach unten gefordert.*

Werden Sie dagegen aufgefordert, z. B. innerhalb einer Spalte oder einer Liste zu *blättern*, führen Sie die entsprechende Wischbewegung auch nur innerhalb dieser Spalte oder Liste aus. Möchten Sie für die Aktion die Computermaus verwenden, finden Sie hier entweder am rechten oder unteren Rand eine Bildlaufleiste. Positionieren Sie den Mauszeiger auf dem Balken innerhalb der Leiste und ziehen Sie ihn dann mit gedrückter linker Maustaste in die gewünschte Richtung.

➕ Bildschirminhalte vergrößern und drehen

Eine wunderbare Fingergeste, die sich mit der Computermaus leider nicht so leicht umsetzen lässt, ist das *Zoomen*. Dabei setzen Sie zwei Finger (am besten Daumen und Zeigefinger) auf den Bildschirm und ziehen beide dann gleichzeitig auseinander oder auch zusammen. Durch das Auseinanderziehen lässt sich in vielen Anwendungen der Bildschirminhalt vergrößern (z. B. ein Foto oder auch der Text auf einer Webseite) und durch das Zusammenziehen auch wieder verkleinern. Zeichnen Sie mit beiden Fingern einen Kreis auf dem Bildschirm, lässt sich in manch einer App ein Bildschirminhalt auch drehen (etwa ein Kartenausschnitt in der Karten-App, die Sie in Kapitel 14, »Mit der Karten-App Adressen finden und Routen planen«, ab Seite 305 kennenlernen).

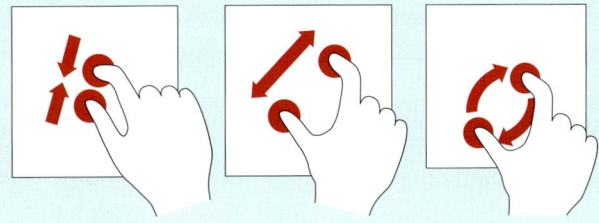

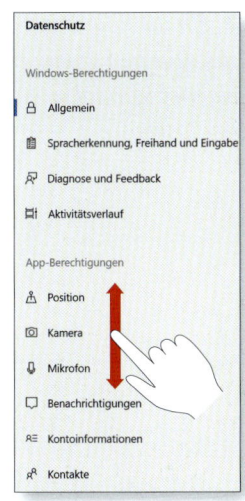

∧ *Das Wischen erfolgt hier innerhalb der Spalte.*

Die Bildschirmtastatur in Aktion

Sie möchten eine E-Mail schreiben oder sich bei einer App mit Ihrem Benutzerkonto anmelden? Ohne Tastatur ist dies natürlich nicht möglich. Für längere Texteingaben sind die angeschlossenen Eingabegeräte sicherlich komfortabler, aber auch über die virtuelle Tastatur lässt sich der Text wunderbar eingeben. Wer sie zuvor noch nie genutzt hat, muss sich anfangs aber wahrscheinlich an ein paar Besonderheiten gewöhnen.

Die Bildschirmtastatur wird immer dann automatisch eingeblendet, wenn Sie in ein Feld tippen, das eine Texteingabe erfordert. Sollte dies einmal nicht funktionieren, können Sie die virtuelle Tastatur auch selbst mit einem Tipp auf das Symbol ⌨ ❶ im Infobereich der Taskleiste einblenden. Sollte dieses Symbol bei Ihnen fehlen, erfahren Sie im Abschnitt »Die Taskleiste auf dem Tablet optimal einrichten« ab Seite 113, wie Sie das Symbol in den Infobereich integrieren.

> *Für die Bildschirm-
> tastatur gibt es ein
> eigenes Symbol in
> der Taskleiste.*

Sobald die Bildschirmtastatur eingeblendet wird, können Sie auch schon mit der Texteingabe beginnen, indem Sie den gewünschten Buchstaben antippen. Möchten Sie einen Großbuchstaben eingeben, müssen Sie zuvor auf die Umschalt-Taste ❷ tippen. Wenn Ihnen ein Tippfehler unterlaufen sein sollte, lässt sich das zuletzt getippte Zeichen über die Rück-Taste ❸ löschen. Wenn Sie die Einfügemarke in einem Text nach rechts oder links verschieben möchten, nutzen Sie hierfür die beiden Pfeiltasten ❹. Um einen neuen Absatz zu erzeugen, tippen Sie auf die Eingabe-Taste ❺. Diese Taste benötigen Sie auch, um eine Texteingabe in einem Feld abzuschließen. Sie wird Ihnen deshalb häufig begegnen, sobald Sie die Anleitungen in diesem Buch selbst auf Ihrem Tablet nachvollziehen.

> *Nach einem Tipp
> auf das Symbol
> »&123« werden
> die Zahlen und
> Sonderzeichen
> eingeblendet.*

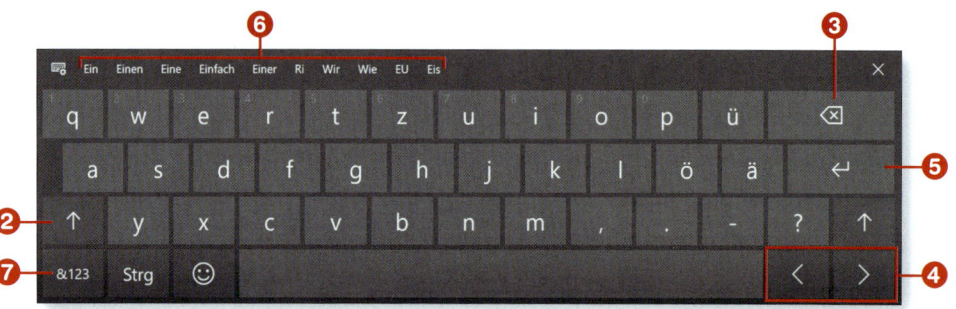

Schnellere Texteingabe dank Wortvorschlägen

Sobald Sie mit der Texteingabe beginnen, schlägt Windows 10 Ihnen am oberen Rand der Tastatur schon die ersten Wörter vor ❻. Ist das Wort dabei, das Sie gerade eingeben wollen, wählen Sie es einfach per Tipp aus. Auch an anderen Stellen erhalten Sie immer wieder interessante Unterstützung seitens Windows 10. Ergänzen Sie z. B. in einem E-Mail-Programm eine E-Mail-Adresse, erscheint auf der Tastatur passenderweise zusätzlich das wichtige Zeichen @. Manche Tasten ändern je nach Anwendung aber auch ihr Aussehen. Geben Sie etwa im Browser Edge in das Adressfeld eine Webadresse ein und wollen die Eingabe abschließen, erscheint statt des Symbols ↵ das Symbol →.

Wenn Sie Zahlen oder Sonderzeichen eingeben müssen, tippen Sie auf die Taste **&123** ❼. Auf der Bildschirmtastatur werden nun Zahlen und einige Sonderzeichen eingeblendet. Ist das gewünschte Zeichen noch nicht dabei, tippen Sie am linken Rand der Tastatur auf den kleinen nach rechts weisenden Pfeil im Kreis ❽. Über den nach links weisenden Pfeil kehren Sie anschließend zu den vorherigen Sonderzeichen zurück ❾. Mit einem Tipp auf die Taste **abc** ❿ gelangen Sie wieder zu den Buchstaben zurück.

∧ *Mit einem Tipp auf den nach rechts weisenden Pfeil gelangen Sie zu weiteren Sonderzeichen.*

Einen Blick wert sind auch die Emoticons (auch Emojis genannt), die nach einem Tipp auf das Smiley-Symbol ⓫ eingeblendet werden. Neben lachenden, wütenden oder auch traurigen Gesichtern finden Sie hier viele weitere lustige Zeichnungen wie etwa Herzen, Tiere oder Gegenstände. Über die Symbole am unteren Tastaturrand wählen Sie die gewünschte Kategorie aus ⓬. Bietet die Kategorie mehr Symbole, als auf der Tastatur angezeigt werden können, wischen Sie einfach in der Übersicht von rechts nach links und umgekehrt. Gefällt Ihnen ein Emoticon, fügen Sie es durch Antippen in Ihren Text ein. Über die Taste **abc** gelangen Sie wieder zu den Buchstaben zurück.

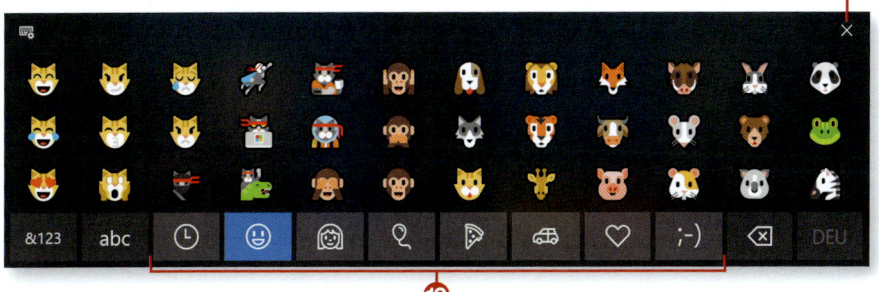

< *Mithilfe der kleinen Zeichnungen lässt sich gut die aktuelle Gemütslage darstellen.*

➕ **Bildschirmtastatur ausblenden oder Bildschirm drehen**

Wenn Sie das Tablet quer halten, überdeckt die virtuelle Tastatur auf kleineren Bildschirmen leider häufig genau den Bereich, in dem man gerade den Text eingibt. Wenn Sie einen Blick auf das Geschriebene werfen möchten, haben Sie zwei Möglichkeiten, um den Bereich für Sie wieder sichtbar zu machen. Die erste besteht schlicht und ergreifend darin, vorübergehend die Bildschirmtastatur auszublenden. Hierzu reicht ein Tipp oben rechts auf das Schließen-Symbol (⓭ auf Seite 27). Um mit der Texteingabe fortzufahren, blenden Sie die Tastatur über das Symbol ⌨ in der Taskleiste wieder ein. Die zweite und weniger rigide Möglichkeit besteht darin, das Tablet hochkant zu halten, also um 90° zu drehen. In diesem Fall wird der Bildschirminhalt automatisch an das Hochformat angepasst. Sollte dies bei Ihnen nicht geschehen, ist wahrscheinlich die Rotationssperre aktiviert. Wie Sie diese deaktivieren, lesen Sie im Abschnitt »Für bessere Lesbarkeit: Text- und Symbolgrößen einstellen« ab Seite 66.

➊ ➋ ➌

∧ *Nach einem Tipp auf das Tastatursymbol mit dem Zahnrad können Sie weitere Layouts auswählen.*

Die Bildschirmtastatur steht Ihnen in verschiedenen Layouts zur Verfügung. Neben der zuvor vorgestellten klassischen kompakten Ansicht lässt sich die Tastatur auch in zwei Blöcken aufgeteilt auf dem Bildschirm anzeigen. Das ist besonders praktisch, wenn Sie für die Texteingabe beide Daumen nutzen. Um das Layout der Tastatur zu wechseln, tippen Sie in der virtuellen Tastatur oben links auf das Tastatursymbol mit dem kleinen Zahnrad ➊. Im aufklappenden Menü wählen Sie das gewünschte Layout aus ➋. Die Tasten dieser Tastatur sind auf einem kleinen Bildschirm allerdings ebenfalls recht klein.

Wenn sich Ihr Gerät mit einem Stift bedienen lässt, ist ein weiteres Layout für Sie von Interesse: die Zeichenfläche. Auch hierfür finden Sie nach einem Tipp auf das Tastatursymbol eine entsprechende Schaltfläche ➌. Statt Buchstaben, Ziffern und mehr erscheint am unteren Bildschirmrand eine Zeichenfläche, in die Sie per Stift Ihren Text schreiben können. Je nachdem, wie schön Sie schreiben, erkennt die integrierte Handschrifterkennung von Windows 10 den Text und fügt ihn automatisch in der gerade genutzten Anwendung an der Position der Einfügemarke ein. Der Text lässt sich übrigens auch per Finger oder sogar Maus schreiben, das Ergebnis ist aber häufig sehr unleserlich. Um die zuletzt geschriebenen

Zeichen zu löschen, tippen Sie auf das Symbol ⌫ ❹. Dieses wird, eben-so wie das Symbol für das Leerzeichen ⎵ ❺, erst nach einem Tipp auf die drei Punkte ❻ eingeblendet. Einen Zeilenumbruch erzeugen Sie über das Symbol ↵ ❼. Im Abschnitt »Geräte per Bluetooth verbinden« ab Seite 75 erfahren Sie, wie Sie einen Stift an das Tablet anschließen.

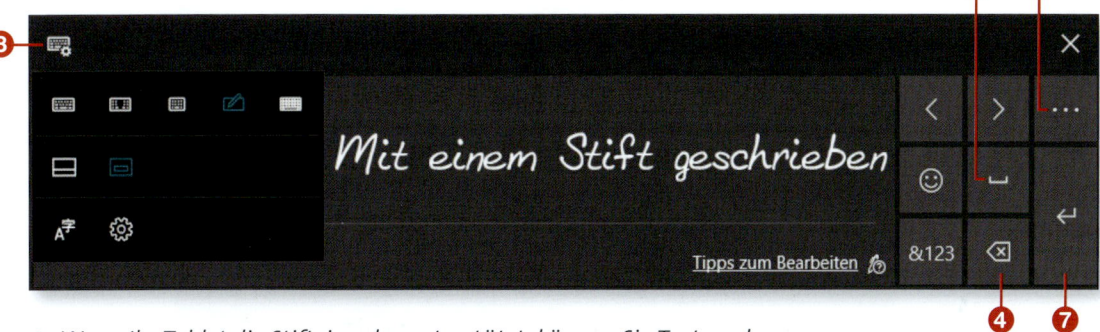

∧ *Wenn Ihr Tablet die Stifteingabe unterstützt, können Sie Text auch handschriftlich eingeben.*

Wenn Sie das Tastaturlayout wieder ändern möchten, tippen Sie auf ⌨ ❽ und wählen dann das gewünschte Layout aus.

Der erste Start des Tablets

In der Theorie haben Sie die Bedienung des Tablets per Fingergeste, Computermaus und Tastatur in den beiden vorherigen Abschnitten be-reits kennengelernt. Nun soll es aber richtig losgehen. Schalten Sie also das Tablet ein, indem Sie den entsprechenden Schalter am Gehäuserand des Tablets drücken. Haben Sie das Tablet gerade erst gekauft oder in den Originalzustand zurückversetzt (siehe den Abschnitt »Wenn gar nichts mehr geht: das Tablet auffrischen oder zurücksetzen« ab Seite 339), benötigt Windows 10 nun einige Informationen von Ihnen. Die erste Einrichtung des Tablets ist nicht schwierig, wie Sie gleich sehen werden. Die Reihenfolge der Schritte kann von Gerät zu Gerät etwas va-riieren, sollte sich im Großen und Ganzen aber nicht von der folgenden Anleitung unterscheiden. Alle Schritte werden Ihnen übrigens nicht nur schriftlich erklärt, sondern auch verbal von der Sprachassistentin Corta-na. Über den Lautstärkeregler des Tablets können Sie die Stimme lauter oder leiser einstellen (siehe auch den Abschnitt »Die Lautstärke für Musik und Systemsounds anpassen« ab Seite 64).

1. Windows 10 schlägt Ihnen zunächst eine Region vor, etwa **Deutschland** ❶. Ist diese nicht korrekt, wischen Sie von unten nach oben und umgekehrt in der Liste. Setzen Sie eine Computermaus ein, können Sie auch die Bildlaufleiste ❷ mit gedrückter linker Maustaste verschieben. Markieren Sie Ihre Region mit einem Tipp, und bestätigen Sie mit **Ja** ❸.

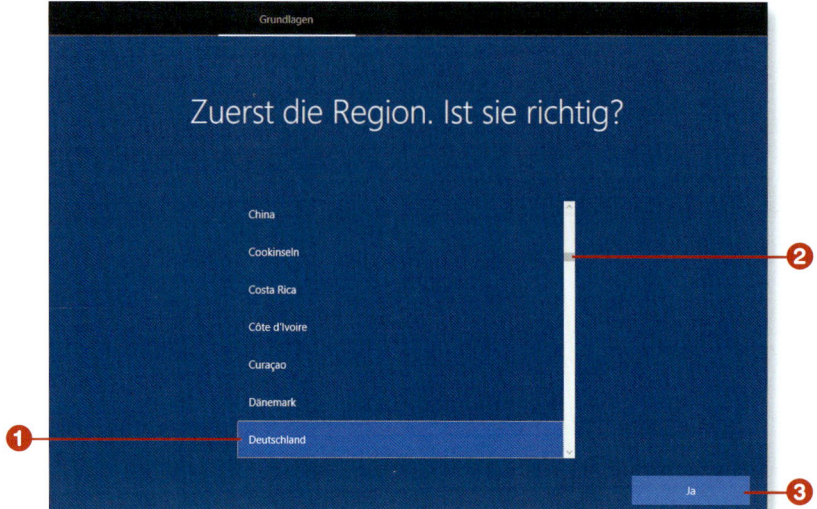

2. Für die Auswahl des Tastaturlayouts, das als Nächstes abgefragt wird, gehen Sie genauso vor. Ist die Voreinstellung **Deutsch** korrekt, tippen Sie zur Bestätigung auf **Ja**. Benötigen Sie ein anderes Layout, müssen Sie zuvor die gewünschte Sprache auswählen.

3. Die Frage nach Verwendung eines zweiten Tastaturlayouts können Sie mit einem Tipp auf die Schaltfläche **Überspringen** ignorieren.

4. Als Nächstes möchte Windows 10 Ihr Tablet mit einem Netzwerk verbinden. Sie können hier bereits Ihr WLAN markieren und nach einem Tipp auf **Verbinden** den Netzwerksicherheitsschlüssel des WLANs eingeben. Nach erfolgreicher Verbindung tippen Sie auf **Weiter**. Die Einrichtung ist aber auch später noch möglich, wie Sie im Abschnitt »Eine WLAN-Verbindung ins Internet herstellen« ab Seite 47 erfahren werden. Entscheiden Sie sich für die spätere Einrichtung, tippen Sie auf der Seite

Lassen Sie sich mit einem Netzwerk verbinden unten links auf **Schritt jetzt überspringen**.

5. Um überhaupt Windows 10 nutzen zu können, müssen Sie den Lizenzvertrag, der als Nächstes angezeigt wird, akzeptieren. Tippen Sie hierzu unten rechts auf **Annehmen**.

Als Nächstes legen Sie das erste Benutzerkonto auf dem Tablet an. Sie haben dabei die Wahl zwischen einem lokalen Benutzerkonto und einem Benutzerkonto, das mit einem Microsoft-Konto verknüpft ist. Was sich dahinter verbirgt, erfahren Sie im Kasten »Microsoft-Konto versus lokales Benutzerkonto« auf Seite 35. Ist Ihr Tablet bereits mit einem Netzwerk verbunden, geht es in Schritt 6 weiter. Wer die Internetverbindung noch nicht eingerichtet hat, springt direkt zu Schritt 9.

6. Verfügen Sie bereits über ein Microsoft-Konto und möchten dieses auch für die Anmeldung bei Windows 10 nutzen? Dann tippen Sie in das Feld **E-Mail, Telefon oder Skype** ❹ und geben die E-Mail-Adresse des Kontos ein. Nach einem Tipp auf **Weiter** ❺ ist die Eingabe des Kennwortes des Microsoft-Kontos nötig, die Sie ebenfalls mit **Weiter** bestätigen. Für Sie geht es nun bei Schritt 11 weiter.

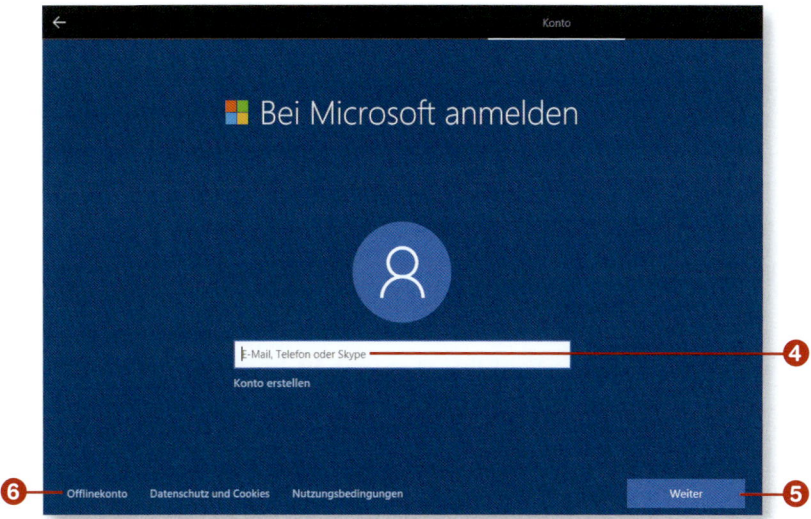

7. Sollten Sie noch kein Microsoft-Konto besitzen oder sich ganz bewusst mit einem lokalen Benutzerkonto am PC anmelden wollen, tippen Sie auf der Seite **Bei Microsoft anmelden** unten links auf **Offlinekonto** ❻.

8. Windows 10 möchte Sie nun nochmals davon überzeugen, sich mit einem Microsoft-Konto anzumelden. Mit einem Tipp auf **Nein** lehnen Sie dieses Angebot ab.

9. Geben Sie auf der Seite **Von wem wird dieser PC genutzt?** in das Feld den gewünschten Benutzernamen ein **❼**, z. B. Ihren Vornamen. Bestätigen Sie die Angabe mit **Weiter**.

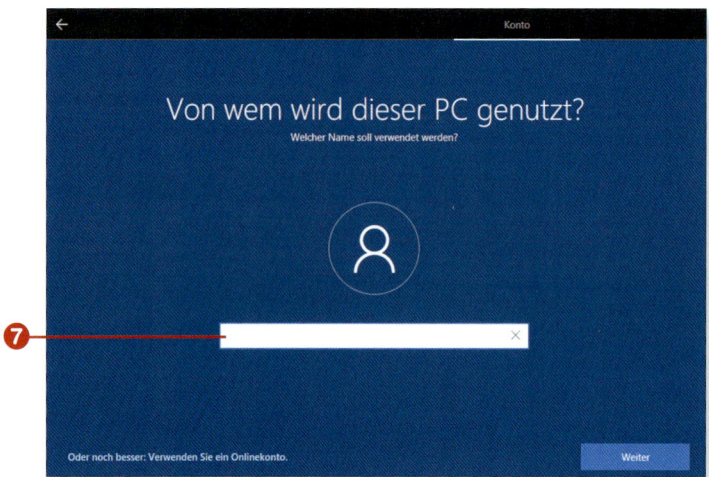

10. Auf der folgenden Seite tragen Sie ein selbst ausgedachtes Kennwort in das erforderliche Feld ein und tippen dann auf **Weiter**. Geben Sie das Kennwort erneut ein, und bestätigen Sie mit **Weiter**.

11. Als Nächstes müssen Sie drei Sicherheitsfragen beantworten. Sollten Sie einmal Ihr Kennwort vergessen, können Sie mithilfe dieser Fragen doch wieder Zugriff auf Ihr Konto erlangen. Tippen Sie in das Feld **Sicherheitsfrage (1 von 3)**, und wählen Sie in der aufklappenden Liste einen der Vorschläge aus, etwa **Wie heißt Ihr Geburtsort? ❽**.

12. Nach einem Tipp in das Feld **Ihre Antwort ❾** beantworten Sie die gerade ausgewählte Frage. Sollten Sie eine virtuelle Tastatur nutzen, schließen Sie die Eingabe hier bitte nicht mit einem Tipp auf ⏎ ab, sondern blenden die Tastatur mit einem Tipp auf das Symbol ✖ aus. Tippen Sie auf die nun wieder sichtbare Schaltfläche **Weiter**.

13. Wiederholen Sie Schritt 11 und 12 für die beiden weiteren Sicherheitsfragen.

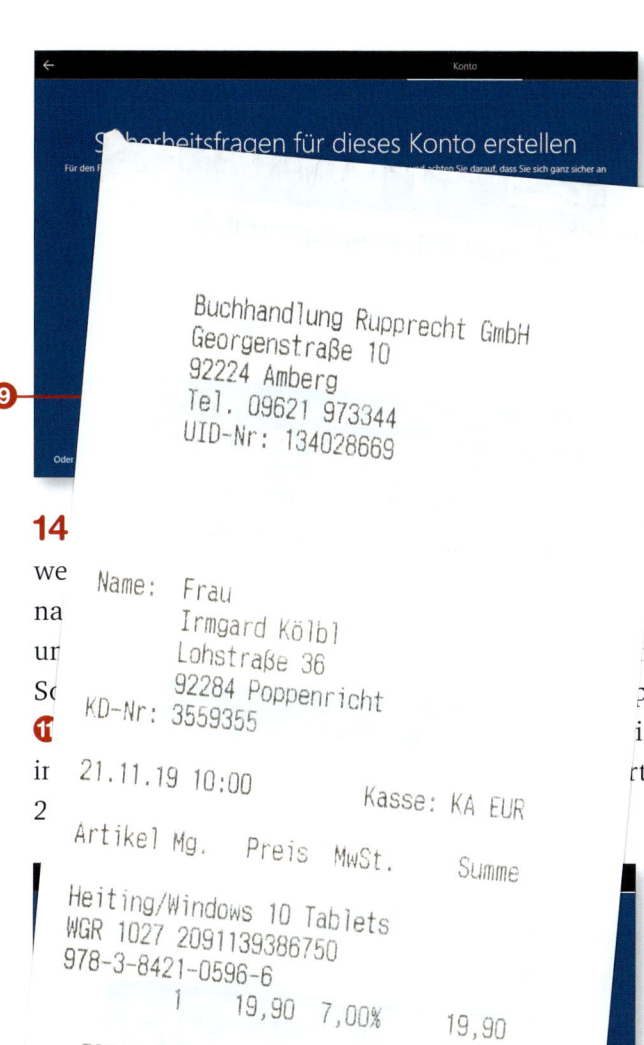

Sicherheitsfragen für dieses Konto erstellen

Für den ... richten Sie darauf, dass Sie sich ganz sicher an ...

9

Oder ...

```
Buchhandlung Rupprecht GmbH
Georgenstraße 10
92224 Amberg
Tel. 09621 973344
UID-Nr: 134028669
```

8

14 ... rsönliche Assistentin

we ... oft. Lesen Sie sich ge-

na ... en sammeln wird **10**,

ur ... ng erteilen möchten.

So ... pen Sie lieber auf **Nein**

11 ... ischalten, wie Sie u. a.

ir ... rtana steuern« ab Seite

2 ...

```
Name:    Frau
         Irmgard Kölbl
         Lohstraße 36
         92284 Poppenricht
KD-Nr: 3559355

21.11.19 10:00
                      Kasse: KA EUR

Artikel Mg.   Preis  MwSt.
                             Summe

Heiting/Windows 10 Tablets
WGR 1027 2091139386750
978-3-8421-0596-6
        1   19,90  7,00%    19,90

TOTAL                       19,90
Nettoentgelt:  EUR 18,60
                     1,30
GEGEBEN Bar
RÜCKGELD                    50,00
                            30,10

    Vielen Dank für Ihren Besuch!

    Alle Informationen zu unseren
          Lesungen auf
          www.rupprecht.de
    sowie über unseren Newsletter.

    Ihr Rupprecht-Team Amberg
```

10

11

... ahl zwischen **Spracherken-**

... **verwenden.** Tippen Sie auf

... e diese trotzdem später nut-

zen, ... rfahren. Bestätigen Sie Ihre

markierte Auswahl mit **Annehmen**.

16. Nun möchte Windows 10 gerne noch die Genehmigung erhalten, Ihren Standort zu ermitteln. Diese Informationen sind z. B. nötig, wenn Sie die Karten-App nutzen und sich Restaurants in der Nähe anzeigen lassen möchten. Auch hier gilt aber wieder, dass Sie diese Funktion jederzeit später aktivieren können, sollten Sie sie dann benötigen. Wie Sie hierzu vorgehen, erfahren Sie im Abschnitt »Den Positionsdienst zur Standortermittlung ein- und ausschalten« ab Seite 305. Auf der Seite **Microsoft den Standort verwenden lassen** können Sie an dieser Stelle also **Nein** markieren und dann auf **Annehmen** tippen.

17. Für das folgende Angebot, Ihr Gerät (also Tablet) zu suchen, falls Sie es einmal verloren haben sollten, benötigen Sie sowohl ein Microsoft-Konto als auch eine permanent eingeschaltete Standortermittlung (siehe Schritt 16). Entscheiden Sie für sich selbst, wie häufig es wohl vorkommt, dass Sie Ihr Tablet verlieren, und ob es lohnt, dass Sie so viele Informationen über sich an Microsoft weiterleiten. Sind Sie sich sicher, dass Sie das Tablet wohl eher nicht verlieren werden, markieren Sie hier **Nein** und bestätigen mit **Annehmen**.

18. Zur besseren Unterstützung wünscht Microsoft sich nun, dass alle *Diagnosedaten* an das Unternehmen geschickt werden sollen. Diagnosedaten beinhalten z. B den Akkuzustand, Fehlerberichte über abgestürzte Apps sowie Informationen über das Tablet selbst. Lesen Sie sich die Informationen zu den beiden Varianten **Vollständig** und **Einfach** durch. Da Informationen über besuchte Websites und die Art und Weise, wie Sie Apps nutzen, nichts mit einem gut funktionierenden Tablet zu tun haben, empfehle ich die Auswahl von **Einfach**. Bestätigen Sie wieder mit **Annehmen**.

19. Auch die folgende Frage, ob die Freihand- und Eingabedaten an Microsoft gesendet werden dürfen, dürfen Sie mit **Nein** beantworten und dann auf **Annehmen** tippen.

20. Sind Sie nicht an Tipps von Microsoft interessiert, können Sie auch bei dieser Frage **Nein** markieren und dann **Annehmen**.

21. Wenn Sie Apps nicht gestatten möchten, Werbe-IDs zu verwenden, wählen Sie auch bei dieser Frage **Nein**, bevor Sie auf **Annehmen** tippen.

Nach Beantwortung dieser vielen Fragen ist die Ersteinrichtung des Tablets abgeschlossen. Einige der oben aufgeführten Funktionen werden Ihnen im Verlauf des Buches wieder begegnen. Dort erfahren Sie dann auch, wie Sie eine Funktion, die Sie während der Einrichtung ein- oder auch ausgeschaltet haben, wieder deaktivieren bzw. aktivieren.

➕ Microsoft-Konto versus lokales Benutzerkonto

Für die Anmeldung bei Windows 10 können Sie zwischen zwei verschiedenen Arten von Benutzerkonten wählen: einem lokalen Benutzerkonto oder einem mit einem Microsoft-Konto verknüpften Benutzerkonto. Das lokale Konto gilt ausschließlich auf Ihrem Tablet, Sie können sich an keinem anderen Gerät damit anmelden. Für die Anmeldung legen Sie selbst einen Benutzernamen und ein Kennwort fest. Um sich mit einem lokalen Konto am Tablet anzumelden, benötigen Sie keine Internetverbindung. Diese ist dagegen bei der Anmeldung mit einem Microsoft-Konto, das mit einem Benutzerkonto verknüpft ist, wiederum nötig. Die Anmeldung erfolgt mittels einer E-Mail-Adresse sowie einem Kennwort. Wie Sie ein solches Microsoft-Konto anlegen, erfahren Sie im Abschnitt »Ein Microsoft-Konto einrichten« ab Seite 52. Mit diesem Konto können Sie sich an mehreren Geräten anmelden und dort auf synchronisierte Daten zugreifen. Wie Sie die Synchronisierung von Daten einstellen, erfahren Sie im Abschnitt »Passende Synchronisierungseinstellungen wählen« ab Seite 68. Das Microsoft-Konto ermöglicht Ihnen auch die Nutzung diverser Anwendungen. So benötigen Sie das Konto z. B. für den Einkauf von Apps im Microsoft Store (siehe auch Kapitel 10, »Apps, Spiele und Filme über den Microsoft Store beziehen«, ab Seite 243) oder das Speichern von Daten im Onlinespeicher OneDrive (siehe den Abschnitt »Dateien und Ordner in der Cloud OneDrive speichern« ab Seite 204). Wenn Sie sich mit einem Microsoft-Konto am Tablet anmelden, sind Sie damit automatisch auch bei all diesen Apps angemeldet. Die Anmeldung bei diesen Anwendungen kann aber auch in den Apps selbst erfolgen, wie Sie im Verlauf dieses Buches sehen werden. Mit der Nutzung eines Microsoft-Kontos geben Sie sehr viele Daten von sich an Microsoft preis, während ein lokales Konto einen gewissen Schutz der Privatsphäre gewährleistet. Sie müssen also für sich abwägen, was Ihnen lieber ist: mehr Datenschutz mit dem lokalen Konto oder volle Funktionalität mit dem Microsoft-Konto.

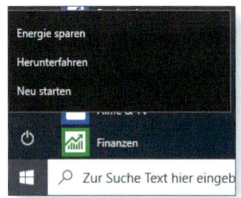

^ *Nach der Erstein-richtung schalten Sie das Tablet aus.*

Nach der Ersteinrichtung sollten Sie das Tablet einmal aus- und anschlie-ßend wieder einschalten. Wie Letzteres funktioniert, erfahren Sie im nächsten Abschnitt. Zum Ausschalten tippen Sie auf dem Bildschirm un-ten links auf das Windows-Logo ⊞ . In der sog. *Schnellstartleiste*, die nun am linken Bildschirmrand zu sehen ist, tippen Sie auf das Symbol ⏻ . Es klappt ein kleiner Dialog auf, in dem Sie auf **Herunterfahren** tippen. Das Tablet wird nun automatisch ausgeschaltet.

Tablet einschalten, entsperren und anmelden

Zum Einschalten des Tablets drücken Sie kurz auf die Ein-/Aus-Taste, die sich am Seitenrand des Gehäuses befindet. Nun dauert es einen kurzen Moment, bis Windows 10 alle wichtigen Programme für Sie bereitstellt. Diese Phase wird auch als *Hochfahren* bezeichnet. Sobald das Tablet be-triebsbereit ist, erscheint auf dem Bildschirm ein Foto. Dies ist der sog. *Sperrbildschirm*. Er erscheint auch immer dann, wenn Sie längere Zeit am Tablet keine Eingabe vorgenommen und zudem den Bildschirm nicht berührt haben. Gefällt Ihnen das Foto nicht, können Sie es austauschen. Wie dies funktioniert, lesen Sie im Abschnitt »Ein individuelles Foto für den Sperrbildschirm einrichten« ab Seite 91.

Um den Sperrbildschirm auszublenden und sich am Tablet anzumelden, gehen Sie folgendermaßen vor:

> *Der Sperrbild-schirm*

1. Wischen Sie mit dem Finger vom unteren Bildschirmrand nach oben. Ist an Ihrem Tablet eine Tastatur angeschlossen, können Sie auch eine beliebige Taste auf der Tastatur drücken.

2. Es erscheint nun der Anmeldedialog. Wenn auf Ihrem Tablet bereits mehrere Benutzerkonten eingerichtet wurden, werden die Kontonamen unten links eingeblendet (wie dies funktioniert, erfahren Sie in Kapitel 3, »Wichtige Einstellungen vornehmen«, ab Seite 47). Wählen Sie in diesem Fall Ihr Konto mit einem Tipp auf den Kontonamen aus. Im Bild unten ist lediglich ein Konto vorhanden.

3. Wird der Name Ihres Kontos ❶ in der Mitte des Bildschirms angezeigt, tippen Sie in das darunter befindliche Feld ❷. Wenn Sie eine Tastatur an Ihr Tablet angeschlossen haben, geben Sie über diese nun das Kennwort des Kontos ein. Durch Drücken der Taste ⏎ schließen Sie die Eingabe ab. Ist keine Tastatur angeschlossen, erfolgt die Kennworteingabe über die Bildschirmtastatur. Normalerweise sollte diese bereits beim ersten Tipp in das Feld eingeblendet werden, was aber nicht immer der Fall ist. In diesem Fall tippen Sie einfach erneut in das Feld. Geben Sie nun ebenfalls das Kennwort ein, und drücken Sie zur Bestätigung die Taste ⏎ .

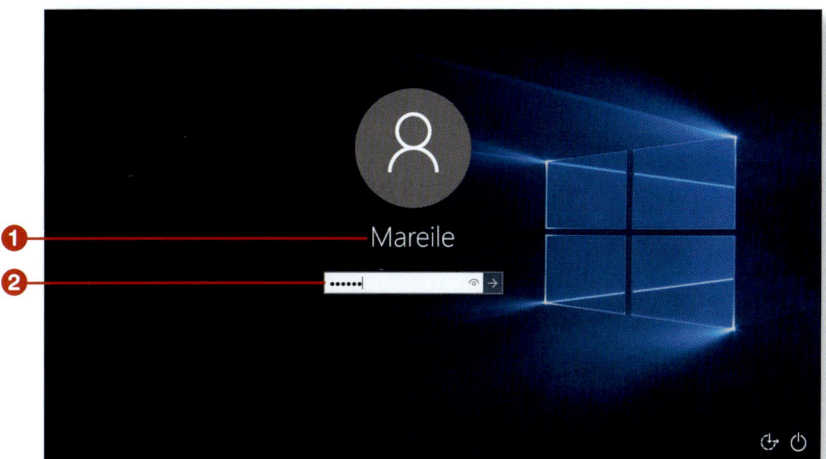

Damit sind Sie am Tablet angemeldet und bekommen die Benutzeroberfläche zu sehen. Im nächsten Abschnitt stelle ich Ihnen die wichtigsten Elemente dieser Oberfläche vor. Dabei lernen Sie auch die beiden verschiedenen Modi kennen, in denen die Oberfläche erscheinen kann.

Tabletmodus und Desktopmodus im Vergleich

Das Betriebssystem Windows wurde zunächst für den Einsatz auf Desktop-PCs entwickelt, erst später kamen die Notebooks hinzu und noch viel später die Tablets. Sowohl Desktop-PC als auch Notebook werden per Tastatur und Computermaus bzw. Touchpad bedient. Mit dem Mauszeiger, der, wie bereits zu Kapitelbeginn erwähnt, hier eine besondere Rolle spielt, lassen sich auch sehr kleine Elemente auf dem Bildschirm auswählen. Genau diese kleinen Elemente stellen die Herausforderung auf einem Tablet dar, das per Fingergesten bedient wird. Denn mit dem Finger solch ein Minisymbol exakt anzutippen ist gar nicht so einfach.

▼ Die Benutzeroberfläche im Tabletmodus

Um auch den Geräten mit Touchscreen gerecht zu werden, dachte sich Microsoft für Windows 10 deshalb etwas Besonderes aus: Für die Benutzeroberfläche stehen nun zwei Darstellungsformen zur Auswahl: der Tabletmodus (siehe die Abbildung oben) und der Desktopmodus (in der Abbildung auf der folgenden Seite zu sehen).

▲ *Die Benutzer-oberfläche im Desktopmodus*

In den meisten Fällen erkennt Windows 10 beim Einschalten des Tablets automatisch, wenn Sie das Tablet ohne angeschlossene Tastatur oder auch Computermaus nutzen. Nach der Anmeldung wird Ihnen hier automatisch der Tabletmodus präsentiert. Sind die externen Eingabegeräte angeschlossen, wird automatisch der Desktopmodus aktiviert. Im Folgenden lade ich Sie zu einer kleinen Tour über beide Oberflächen ein. Starten wir zunächst mit den Gemeinsamkeiten der Oberflächen.

Bei beiden Oberflächen ist am unteren Bildschirmrand die sog. Taskleiste zu sehen. An ihrem rechten Rand befindet sich der Infobereich ❶, der u. a. die Uhrzeit und das Datum enthält, ein Batteriesymbol, das den Ladezustand des Akkus anzeigt, sowie das Lautsprechersymbol, um bei Musikwiedergabe die Laustärke einzustellen.

Lassen Sie Ihren Blick die Taskleiste entlang weiter nach links wandern, finden Sie im Desktopmodus auf der Benutzerfläche einige Symbole, über die sich die Mail-App ❷, der Microsoft Store ❸, der Explorer ❹ so-

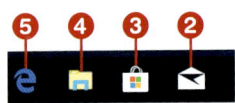

^ *Diese vier Symbole finden Sie zunächst nur im Desktop-modus auf der Taskleiste.*

wie der Browser Microsoft Edge ❺ öffnen lassen. Im Tabletmodus fehlen diese Symbole zunächst. Wie Sie diese auch hier einblenden und welche Möglichkeiten es noch gibt, um Apps zu starten, erfahren Sie in Kapitel 4, »So starten und beenden Sie Apps«, ab Seite 77.

Links von den gerade erwähnten Symbolen gibt es mit dem Symbol 🔳 (❻ auf Seite 38 und 39) nun wieder eines, das in beiden Modi gleichermaßen auftaucht. Ein Tipp hierauf, und Sie erhalten eine Übersicht über alle aktuell geöffneten Anwendungen. Auch hierzu erfahren Sie im eben erwähnten Kapitel mehr.

Das nächste Symbol am linken Rand der Taskleiste ❼ sieht zwar in beiden Modi unterschiedlich aus, dahinter verbirgt sich aber das Gleiche: das Cortana-Suchfeld, über das Sie nach Apps, Einstellungen und mehr suchen können (siehe auch den Abschnitt »Mit Cortana Apps, Dateien und Einstellungen finden« ab Seite 257). Damit im Tabletmodus ebenfalls das große Eingabefeld eingeblendet wird, müssen Sie auf das kleine Symbol 🅾 tippen.

Das Symbol ⬅ ❽ finden Sie nur im Tabletmodus auf der Taskleiste. Ein Tipp hierauf, und Sie gelangen zu zuvor besuchten Apps, Webseiten oder auch dem Startmenü zurück.

Beim Stichwort *Startmenü* sind wir beim größten Unterscheidungsmerkmal der beiden Modi angekommen. Das Startmenü ist der zentrale Einstiegspunkt, um z. B. Apps und Einstellungen aufzurufen. Ist der Tabletmodus auf Ihrem Tablet aktiviert, wird nach dem Einschalten des Geräts das Startmenü über den gesamten Bildschirm hinweg angezeigt.

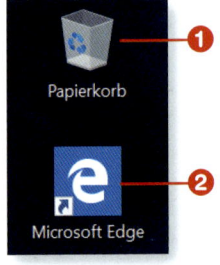

^ *Die Symbole auf der Desktop-oberfläche*

Wer bereits mit einer älteren Windows-Version gearbeitet hat, kennt die Desktopoberfläche (also die Benutzeroberfläche bei aktiviertem Desktopmodus) bereits. Hier bekommen Sie zunächst nur eine große leere Fläche zu sehen, die lediglich von einem mehr oder weniger schönen Foto und ein paar Symbolen geziert wird. Welche dies sind, ist auf jedem Tablet anders. Bei dem ersten Symbol in der Abbildung links handelt es sich um den Papierkorb ❶, über den Sie versehentlich gelöschte Dateien und Ordner wiederherstellen können (siehe den Abschnitt »Ordner anlegen und Dateien verschieben, kopieren und löschen« ab Seite 194). Das zweite Symbol ❷ ist ein Programmsymbol: Ein doppelter Klick bzw. Tipp hierauf, und das damit verknüpfte Programm – hier der Browser Microsoft Edge – wird gestartet. Den Browser lernen Sie ausführlich in Kapitel 6, »Im Internet unterwegs mit dem Browser Edge«, ab Seite 121 kennen.

Damit auch im Desktopmodus das Startmenü eingeblendet wird, müssen Sie auf das Windows-Logo ❸ am äußersten linken Rand der Taskleiste klicken oder tippen. Alternativ drücken Sie die Taste ⊞ auf der Tastatur. Wird das Startmenü im Tabletmodus z. B. von einem Anwendungsfenster überdeckt, lässt es sich ebenfalls mit einem Tipp auf das Windows-Logo einblenden. Während das Startmenü im Tabletmodus über den gesamten Bildschirm reicht, überdeckt es im Desktopmodus nur einen Teil der Benutzeroberfläche.

ⅴ *Im Desktopmodus muss das Startmenü über das Windows-Logo erst eingeblendet werden.*

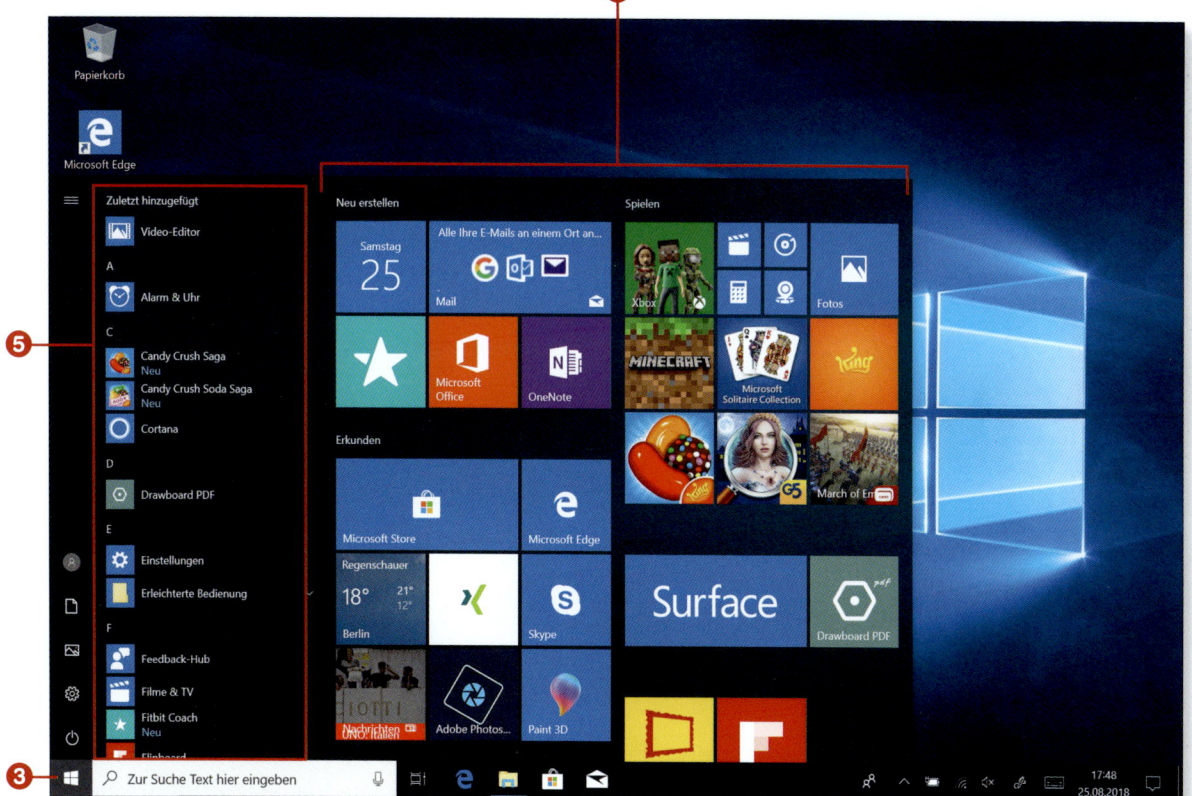

Sehen wir uns nun die wichtigsten Elemente des Startmenüs an. Denn auch hier gibt es wieder Unterschiede zwischen den beiden Modi. Die größte Fläche des Startmenüs nimmt bei beiden der Kachelbereich ❹ ein: Mit einem Tipp auf eine der Kacheln starten Sie die damit verknüpfte Anwendung. Wie Sie hier selbst Kacheln ergänzen und nicht benötigte entfernen, lesen Sie im Abschnitt »Verknüpfungen zu Apps, Ordnern und Co. an das Startmenü heften« ab Seite 102. Im Desktopmodus sehen Sie links vom Kachelbereich eine Liste (❺ auf Seite 41). Sie enthält alle auf Ihrem Tablet installierten Programme. Enthält der Kachelbereich also keine Verknüpfung zu einer Anwendung, erreichen Sie diese über die App-Liste. Im Tabletmodus müssen Sie diese Liste im Startmenü mit einem Tipp auf das Symbol ▤ ❻ oben links einblenden. Ein Tipp auf das Symbol ▦ ❼, und Sie kehren wieder zur Kacheldarstellung zurück.

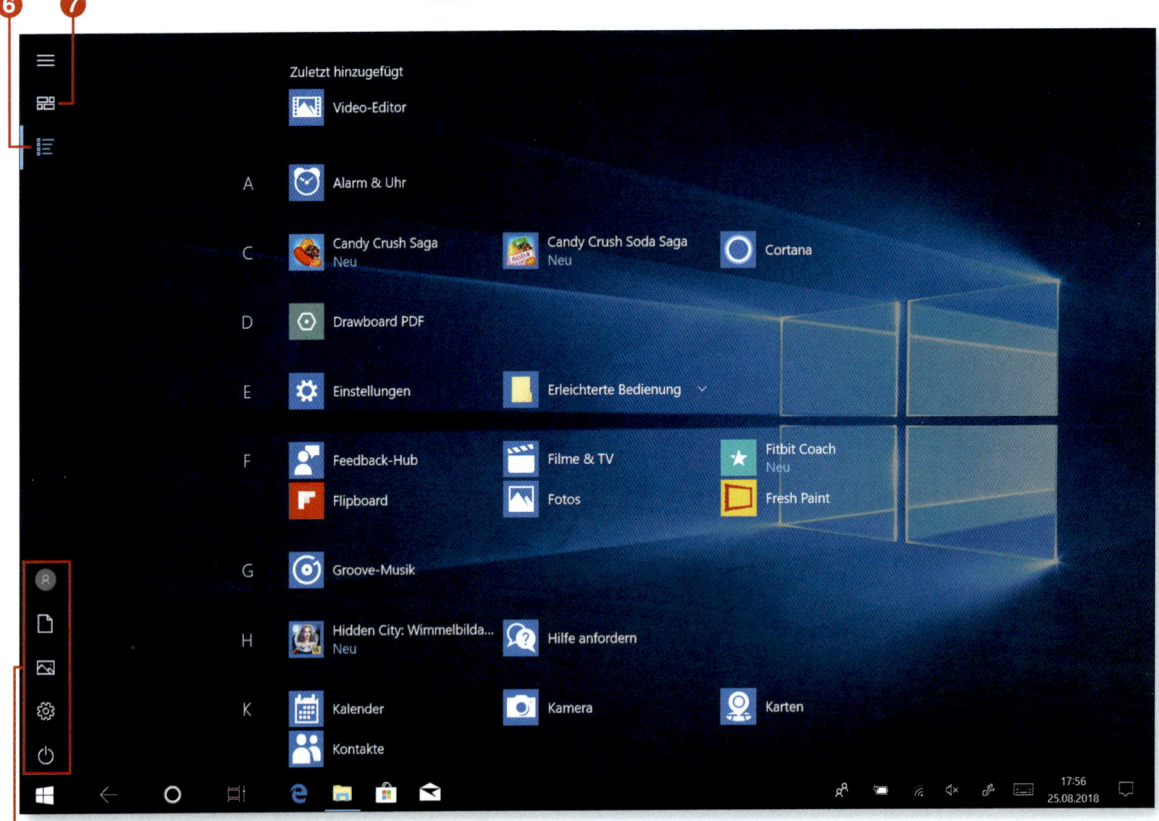

▲ Im Tabletmodus müssen Sie die App-Liste extra einblenden.

In der linken unteren Ecke des Startmenüs finden Sie eine kleine Leiste mit Symbolen – die sog. *Schnellstartleiste* ❽, die Sie bereits im Abschnitt »Der erste Start des Tablets« auf Seite 36 kurz kennengelernt haben. Wie Sie die Schnellstartleiste individuell anpassen, erfahren Sie im Abschnitt »Noch schneller ans Ziel: die Schnellstartleiste anpassen« ab Seite 111. Das unterste Symbol ⏻ benötigen Sie gleich im nächsten Abschnitt, denn es dient dem Ausschalten des Tablets. Direkt darüber befindet sich das Symbol ⚙, über das Sie die App *Einstellungen* öffnen. Es wird vor allem während der Einrichtung des Tablets eines der am häufigsten angetippten Symbole sein. Den ersten Aufruf können Sie gleich starten, denn zum Abschluss dieses Abschnitts möchte ich Ihnen noch zeigen, welche Einstellungen Sie für den Tabletmodus vornehmen können. Diese sind allerdings nur für diejenigen interessant, die ihr Tablet sowohl ohne externe Eingabegeräte (also ausschließlich über den Touchscreen) als auch mit diesen Eingabegeräten nutzen.

1. Tippen Sie im Startmenü am linken Rand auf das Symbol ⚙, um die Einstellungen-App aufzurufen. Wird das Startmenü nicht eingeblendet, tippen Sie auf das Windows-Logo ⊞ am linken Rand der Taskleiste.

2. Die Einstellungen-App wird nun mit einer Übersicht über alle Kategorien geöffnet. Tippen Sie auf **System**, um in die gleichnamige Kategorie zu wechseln.

3. Auf der folgenden Seite werden in der linken Spalte diverse Unterkategorien aufgelistet. Hier wählen Sie per Tipp den **Tablet-Modus** ❶ aus.

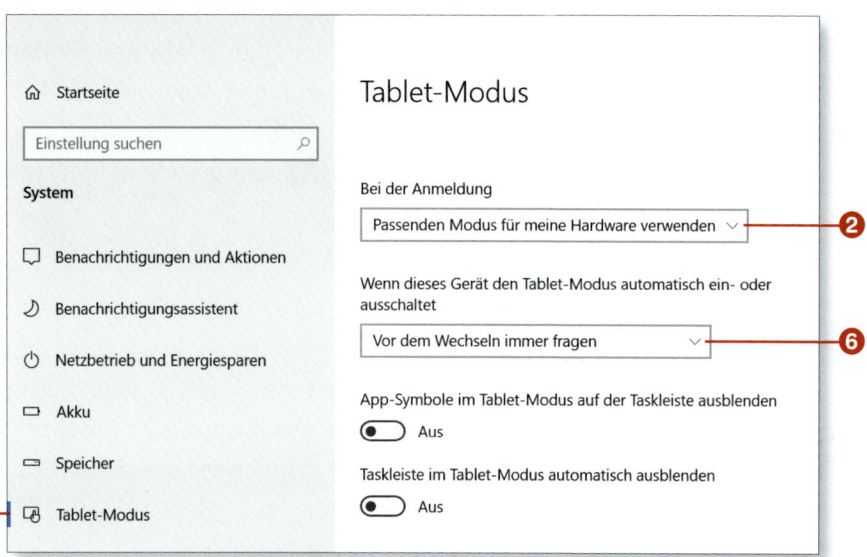

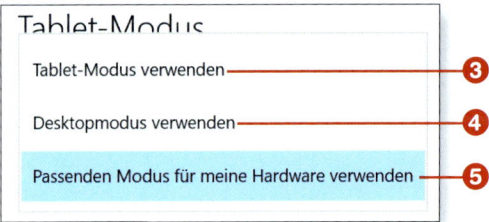

4. In der rechten Fensterhälfte sehen Sie das Feld **Bei der Anmeldung** (❷ auf Seite 43). Hier können Sie nun festlegen, ob bei der Anmeldung am Tablet der Tabletmodus ❸ oder der Desktopmodus ❹ verwendet werden soll. Als dritte Möglichkeit können Sie auch Windows 10 diese Entscheidung für Sie in Abhängigkeit von den angeschlossenen oder auch nicht angeschlossenen Eingabegeräten fällen lassen ❺. Um die gewünschte Auswahl zu treffen, tippen Sie in das Feld bzw. – falls Sie eine Computermaus nutzen – klicken auf den Pfeil am rechten Rand des Feldes und markieren dann das Gewünschte.

5. Sie können eine Tastatur natürlich auch während des laufenden Betriebs des Tablets entfernen bzw. umgekehrt anschließen. Damit Windows 10 nicht automatisch den Modus wechselt, sollten Sie nach einem Tipp in das Feld **Wenn dieses Gerät den Tablet-Modus automatisch ein- oder ausschaltet** die Einstellung **Vor dem Wechseln immer fragen** wählen (❻ auf Seite 43).

6. Entfernen Sie nun die Tastatur oder schließen sie wieder an, erscheint am rechten unteren Bildschirmrand der Dialog **Möchten Sie den Tablet-Modus beenden?** bzw. **Möchten Sie in den Tablet-Modus wechseln?**. Sie haben nun die freie Wahl, die Frage mit **Ja** ❼ zu beantworten und somit den Modus zu wechseln oder mit **Nein** ❽ den gerade aktivierten Modus beizubehalten.

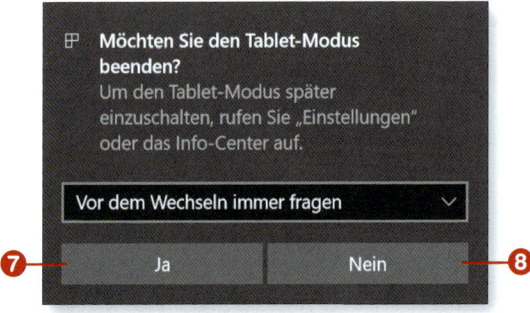

✚ Zwischen Tabletmodus und Desktopmodus wechseln

Unabhängig davon, ob Sie an Ihrem Tablet externe Eingabegeräte angeschlossen haben oder nur den Touchscreen nutzen: Sie können jederzeit zwischen den beiden Modi wechseln. Sogar auf einem Desktop-PC oder Notebook lassen sich die beiden Versionen ausprobieren. Der Wechsel ist schnell erfolgt: Tippen Sie am äußersten rechten Rand der Taskleiste auf das Symbol in Form einer Sprechblase. Ob dieses beschriftet ist ❾ oder nicht ❿, ist an dieser Stelle unerheblich (was es hiermit auf sich hat, erfahren Sie im Abschnitt »Benachrichtigungen und Aktionen: So richten Sie das Info-Center ein« ab Seite 116). Nach dem Tipp klappt am rechten Fensterrand das sog. *Info-Center* auf. Am unteren Rand dieser Spalte finden Sie u.a. die Schaltfläche **Tabletmodus**. Ist sie farbig hervorgehoben, ist der Tabletmodus aktiviert. Mit einem Tipp hierauf schalten Sie den Tabletmodus in diesem Fall aus und somit den Desktopmodus ein. Die Schaltfläche ist nun grau. Tippen Sie auf die graue Schaltfläche **Tabletmodus**, wechselt Windows 10 vom Desktopmodus in den Tabletmodus.

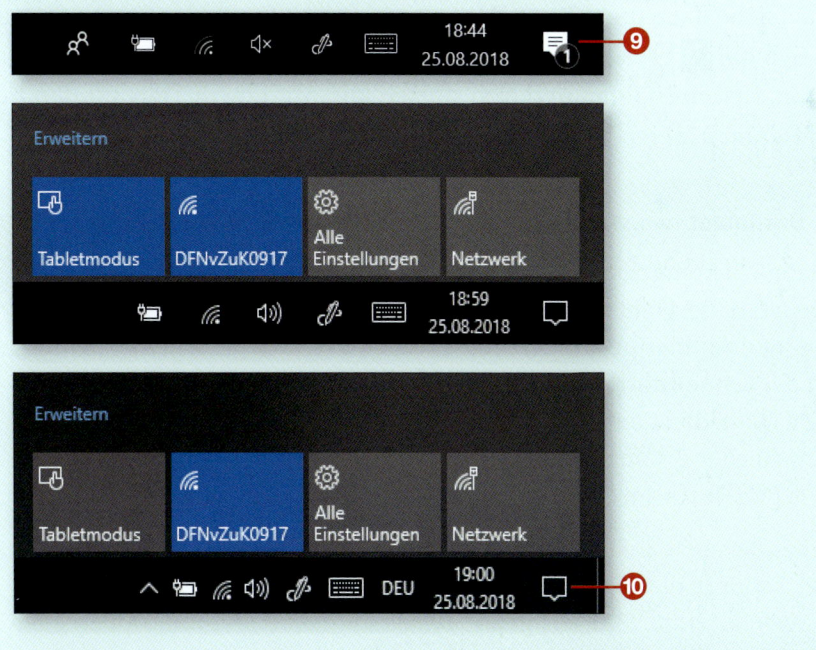

∧ *An der Farbe der Schaltfläche erkennen Sie, ob der Tabletmodus aktiviert ist (oben) oder nicht (unten).*

Das Tablet ausschalten

Auch wenn es nach dieser kleinen Rundreise über die Oberfläche des Tablets eigentlich erst richtig interessant wird, möchte ich Ihnen an dieser Stelle doch bereits zeigen, wie Sie Ihr Tablet wieder ausschalten. Bitte drücken Sie hierfür keineswegs die Ein-/Aus-Taste am Gerät selbst. Auch wenn das Tablet über diesen Schalter eingeschaltet wird – für das *Herunterfahren* des Computers, wie das Ausschalten auch genannt wird, gibt es eine besondere Funktion. Diese stellt sicher, dass alle Programme korrekt beendet werden und somit keine Daten verloren gehen. Um das Tablet korrekt auszuschalten, gehen Sie folgendermaßen vor:

1. Ist auf dem Bildschirm noch nicht das Startmenü zu sehen, tippen Sie am linken Rand der Taskleiste auf das Windows-Logo ⊞ ❶. Alternativ können Sie auch auf die ⊞-Taste auf der Tastatur oder auf die Taste mit dem Windows-Symbol am Seitenrand des Bildschirms drücken.

2. Am linken Rand des Startmenüs sehen Sie in der sog. *Schnellstartleiste* (siehe dazu die vorigen Abschnitte) einige Symbole. Tippen Sie auf das Symbol ⏻ ❷, klappt ein kleiner Dialog mit den drei Befehlen **Energie sparen**, **Herunterfahren** und **Neu starten** auf. Mit einem Tipp auf den Befehl **Herunterfahren** ❸ wird das Tablet ausgeschaltet.

> ℹ **Das Tablet neu starten und Energie sparen**
>
> Haben Sie eine Software auf dem Tablet installiert, ist manchmal ein Neustart des Tablets erforderlich, damit dieses Programm richtig arbeitet. Den hierfür nötigen Befehl **Neu starten** ❹ finden Sie ebenfalls in der Schnellstartleiste des Startmenüs. Nach einem Tipp auf den Befehl wird der Computer zunächst vollständig heruntergefahren und anschließend sofort wieder gestartet. Sie müssen also nicht selbst die Ein-/Aus-Taste am Gerät zum Einschalten des Tablets drücken.
>
> Über den Befehl **Energie sparen** ❺ wird das Tablet nicht ausgeschaltet, sondern nur in einen speziellen Energiesparmodus versetzt, in dem es wenig Strom verbraucht. Sobald Sie auf den Bildschirm tippen oder eine beliebige Taste auf der Tastatur betätigen, erscheint der Sperrbildschirm. Die Anmeldung am Tablet erfolgt wie im Abschnitt »Tablet einschalten, entsperren und anmelden« ab Seite 36 gezeigt.

Kapitel 3

Wichtige Einstellungen vornehmen

Während der Ersteinrichtung des Tablets erhalten Sie bereits die Möglichkeit, einige wichtige Einstellungen vorzunehmen. Hierzu zählt z. B. das Anlegen des ersten Benutzerkontos, damit Sie sich überhaupt am Tablet anmelden können. Manches möchte man aber auch erst in Ruhe zu einem späteren Zeitpunkt erledigen. In diesem Kapitel zeige ich Ihnen u. a., wie Sie weitere Benutzerkonten anlegen, Textgröße und Lautstärke einstellen oder auch einen Drucker an das Tablet anschließen. Auch das wichtige Thema Datenschutz wird zur Sprache kommen. Los geht es mit der Herstellung einer Internetverbindung via WLAN.

Eine WLAN-Verbindung ins Internet herstellen

Wohl jedes Tablet ist heutzutage mit einem WLAN-Adapter ausgestattet, der die Verbindung mit einem WLAN-Netzwerk ermöglicht. WLAN ist die Abkürzung für *Wireless Local Area Network*, also kabelloses lokales Netz. Meist wird es sich bei solch einem Funknetzwerk um Ihr eigenes handeln. Befinden Sie sich gerade auf Reisen, möchten Sie vielleicht das vom Hotel zur Verfügung gestellte WLAN nutzen. Auch an öffentlichen Orten, wie etwa Flughäfen, finden sich sog. *Hotspots*, die Zugang zu einem WLAN bieten. Diese öffentlichen Funknetzwerke bergen allerdings eine Gefahr, da sie meist nicht per Kennwort geschützt sind. Somit können ggf. auch Fremde Zugriff auf Ihr Tablet erlangen. Damit dies nicht auch bei Ihrem eigenen WLAN daheim passieren kann, sollten Sie es unbedingt mit einem Kennwort, einem sog. *Netzwerksicherheitsschlüs-*

sel, schützen. Um eine Verbindung in das WLAN herzustellen, gehen Sie folgendermaßen vor:

1. Tippen Sie zunächst im Infobereich der Taskleiste auf das kleine Netzwerksymbol ❶.

2. Stellen Sie sicher, dass im aufklappenden Dialog unten die Schaltfläche **WLAN** ❷ aktiviert ist, erkennbar an der blauen Färbung. Im oberen Teil der Liste werden nun alle Drahtlosnetzwerke der Umgebung aufgeführt. Wie stark das Funksignal eines Netzwerks ist, können Sie der Anzahl an weißen Linien innerhalb des Netzwerksymbols entnehmen ❸. Tippen Sie auf den Namen des gewünschten Netzwerks.

3. Damit Sie nicht bei jedem Neustart des Tablets die Verbindung erneut herstellen müssen, sollten Sie das Kontrollkästchen **Automatisch verbinden** durch Antippen mit einem Häkchen versehen ❹. Tippen Sie dann auf **Verbinden** ❺.

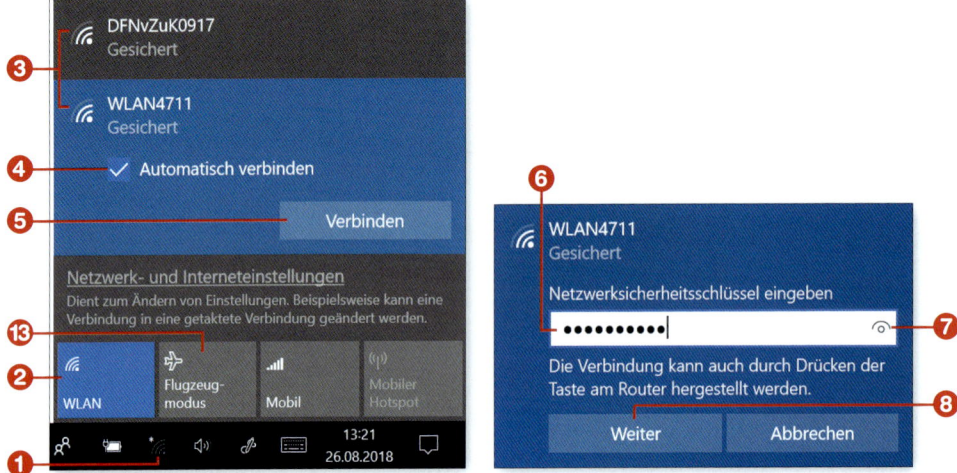

4. Ist Ihr drahtloses Netzwerk mit einem Kennwort geschützt, fordert Windows 10 Sie nun zur Eingabe dieses Netzwerksicherheitsschlüssels auf. Nutzen Sie die virtuelle Tastatur, müssen Sie in das Feld tippen ❻, damit die Bildschirmtastatur eingeblendet wird. Geben Sie dann das Kennwort ein. Die einzelnen Zeichen werden durch Punkte symbolisiert. Um die Eingabe zu überprüfen, tippen Sie auf das Augensymbol ❼, und schon wird das Kennwort im Klartext eingeblendet.

5. Nach einem Tipp auf **Weiter** ❽ wird die Verbindung zum Internet hergestellt. Sollte die Bildschirmtastatur die Schaltfläche überdecken, blenden Sie sie mit einem Tipp auf das Schließen-Symbol ❾ aus.

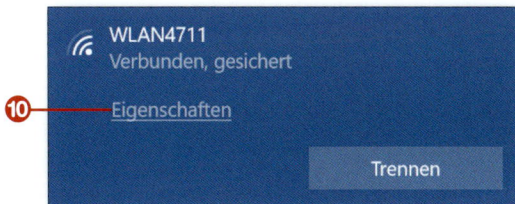

6. Unterhalb des Netzwerknamens erscheint der Hinweis **Verbunden, gesichert**. Bevor Sie nun aber beginnen, im Internet zu surfen oder E-Mails zu versenden, sollten Sie noch eine Einstellung überprüfen. Tippen Sie hierzu auf die Schaltfläche **Eigenschaften** ❿.

7. Es wird die Einstellungen-App mit einer Übersicht über die Eigenschaften Ihres gerade ausgewählten WLANs geöffnet. Wichtig ist hier der Bereich **Netzwerkprofil**. Befinden Sie sich in einem öffentlichen Netzwerk, also etwa am Flughafen, sollte hier unbedingt die Option **Öffentlich** ⓫ markiert sein. Damit wird verhindert, dass andere Geräte auf die Daten Ihres eigenen Tablets zugreifen können. Handelt es sich bei dem WLAN dagegen um Ihr eigenes daheim, aktivieren Sie mit einem Tipp die Option

Privat ⑫. Damit haben Sie die erste Weiche gestellt, um zwischen allen Computern innerhalb des WLANs Daten austauschen zu können. Lesen Sie hierzu auch den Kasten »Netzwerkfreigabe erteilen« auf Seite 207.

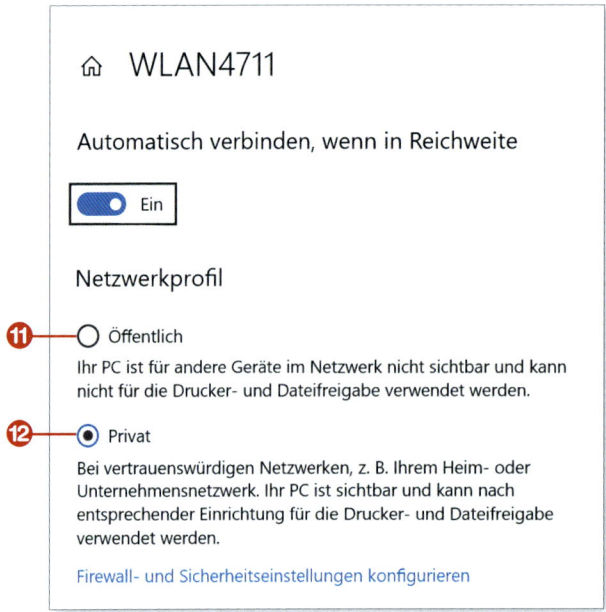

Damit steht die Verbindung ins Drahtlosnetzwerk. Nutzen Sie ein WLAN in einem Hotel oder an einem Hotspot, müssen Sie eventuell weitere Zugangsdaten angeben, sobald Sie Ihren Browser – also das Programm, mit dem Sie Webseiten öffnen – zum ersten Mal starten.

➕ Den Flugzeugmodus aktivieren

Sind Sie mit dem Flugzeug unterwegs, werden Sie für den Start und die Landung aufgefordert, alle Funkverbindungen Ihrer Mobilgeräte zu deaktivieren. Das Windows-Tablet ist hierfür mit einem Flugzeugmodus ausgestattet. Ist Ihr Tablet also eingeschaltet, weil Sie z. B. ein E-Book lesen möchten, tippen Sie einfach im Infobereich der Taskleiste auf das Netzwerksymbol 📶 und im aufklappenden Dialog auf **Flugzeugmodus** (⑬ auf Seite 48). Die Schaltfläche ist nun farbig hervorgehoben, das Zeichen dafür, dass sie aktiviert ist. Damit wird jegliche Kommunikation über ein Funknetzwerk wie WLAN, Mobilfunk oder auch Bluetooth unterbunden. Mit einem erneuten Tipp auf **Flugzeugmodus** deaktivieren Sie die Funktion wieder. Sie ist nun wieder grau gefärbt.

Auch unterwegs ins Internet: eine mobile Datenverbindung herstellen

Wer viel mit seinem Windows-Tablet unterwegs ist, wird nicht immer ein WLAN-Netzwerk zur Verfügung haben. Ist Ihr Gerät mit einem SIM-Karten-Steckplatz ausgestattet und sieht auch Ihr Mobilfunkvertrag eine Internetverbindung vor, können Sie trotzdem unterwegs im Internet surfen. Nachdem Sie die SIM-Karte in den Steckplatz eingesetzt und das Windows-Tablet eingeschaltet haben, müssen Sie nur noch die Mobilverbindung aktivieren.

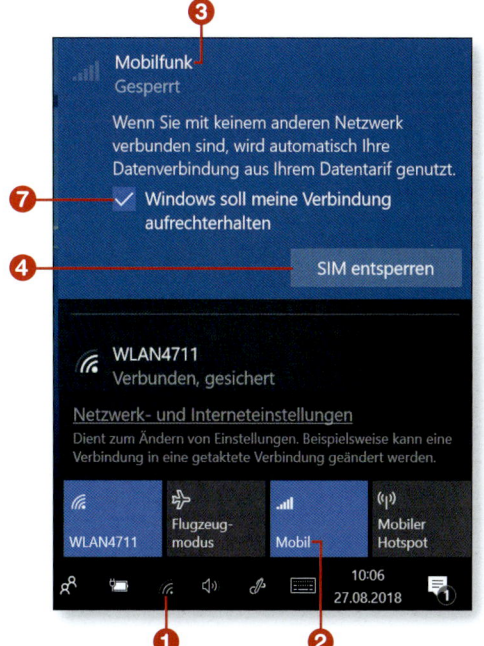

1. Tippen Sie im Infobereich der Taskleiste auf das Netzwerksymbol ❶.

2. Im aufklappenden Dialog tippen Sie unten zunächst auf **Mobil** ❷, um die Mobilfunkverbindung zu aktivieren.

3. Nach einem Tipp auf **Mobilfunk** ❸ wird die Schaltfläche **SIM entsperren** ❹ eingeblendet, die Sie als Nächstes antippen.

4. Arbeiten Sie mit der Bildschirmtastatur, ist nun ein Tipp in das Feld zur Eingabe der PIN nötig, um die Tastatur einzublenden. Geben Sie dann die meist vierstellige PIN Ihrer SIM-Karte ein ❺, und bestätigen Sie mit **Weiter**.

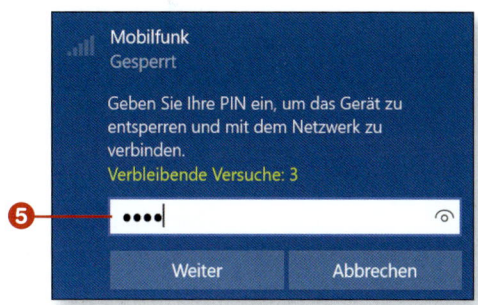

5. Statt **Mobilfunk** wird nun der Name Ihres Providers angezeigt ❻. Windows 10 bietet Ihnen an, bei aktiviertem Mobilfunk (siehe Schritt 2) immer dann die mobile Datenverbindung zu nutzen, wenn Ihr Gerät mit keinem anderen Netzwerk (also z. B. einem WLAN) verbunden ist. Das Kästchen **Windows soll meine Verbindung aufrechterhalten** ist entsprechend aktiviert (siehe ❼ oben). Wünschen Sie dies

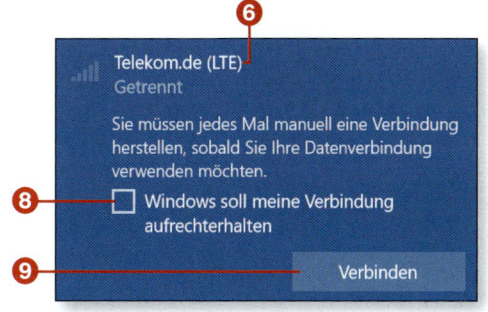

nicht, entfernen Sie das Häkchen per Tipp ❽. Wenn Sie die mobile Datenverbindung nutzen möchten, müssen Sie nun selbst auf den Namen des Providers tippen und dann auf **Verbinden** ❾.

6. Wenn Sie die mobile Datenverbindung nicht mehr benötigen, tippen Sie auf das Netzwerksymbol 📶 und dann auf **Mobil**.

Ein Microsoft-Konto einrichten

Beim ersten Start Ihres Tablets richten Sie zugleich auch das erste Benutzerkonto ein. Wenn nicht nur Sie selbst, sondern auch andere Personen das Tablet nutzen, sollten Sie für jeden Einzelnen ein eigenes Konto einrichten. Damit stellen Sie sicher, dass die Privatsphäre geschützt bleibt. Natürlich können Sie auch für sich selbst ein weiteres Benutzerkonto einrichten.

Wie Sie bereits im Abschnitt »Der erste Start des Tablets« ab Seite 29 erfahren haben, stehen Ihnen unter Windows 10 zwei verschiedene Arten von Benutzerkonten zur Auswahl, über die Sie sich am Tablet anmelden können: das lokale Benutzerkonto, das nur auf Ihrem Tablet Gültigkeit hat, und ein mit einem Microsoft-Konto verknüpftes Benutzerkonto, mit dem Sie sich auch an anderen Windows-Computern anmelden können. Das Microsoft-Konto benötigen Sie außerdem, um bestimmte Apps von Windows 10 nutzen zu können. In diesem Abschnitt zeige ich Ihnen, wie Sie ein neues Microsoft-Konto anlegen, falls Sie noch keines besitzen.

1. Tippen Sie ggf. am linken Rand der Taskleiste auf das Windows-Logo ⊞, um das Startmenü einzublenden, falls dieses noch nicht auf dem Bildschirm zu sehen ist. Rufen Sie dann mit einem Tipp auf das Zahnradsymbol ⚙ die Einstellungen-App auf.

2. Rufen Sie die Rubrik **Konten** auf, und tippen Sie in der linken Spalte auf **Familie & weitere Kontakte** ❶.

3. Tippen Sie in der rechten Spalte im Bereich **Andere Personen** auf **Diesem PC eine andere Person hinzufügen** ❷.

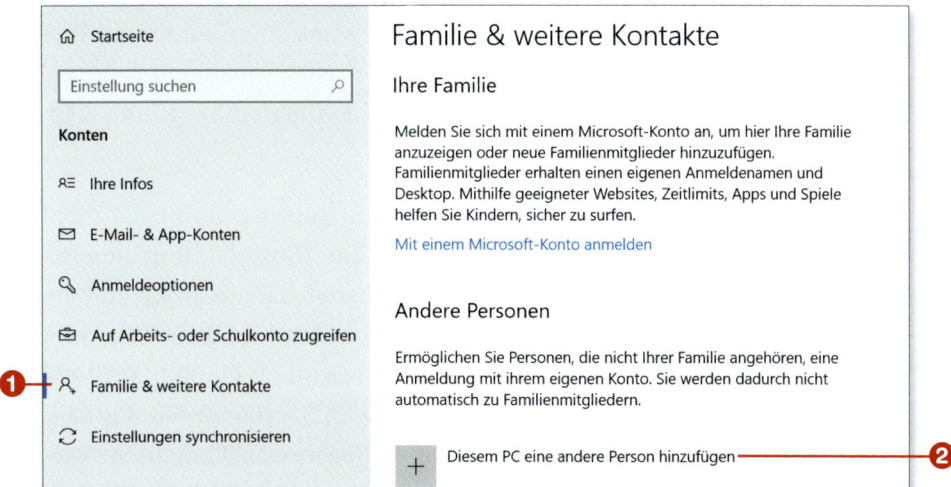

4. Der Dialog **Wie meldet sich diese Person an?** wird eingeblendet. Da der Benutzer, für den Sie das Konto einrichten (also für sich selbst oder eine andere Person), in unserem Beispiel noch kein Microsoft-Konto besitzt, kann hier auch noch keine E-Mail-Adresse angegeben werden. Tippen Sie daher auf **Ich kenne die Anmeldeinformationen für diese Person nicht** ❸.

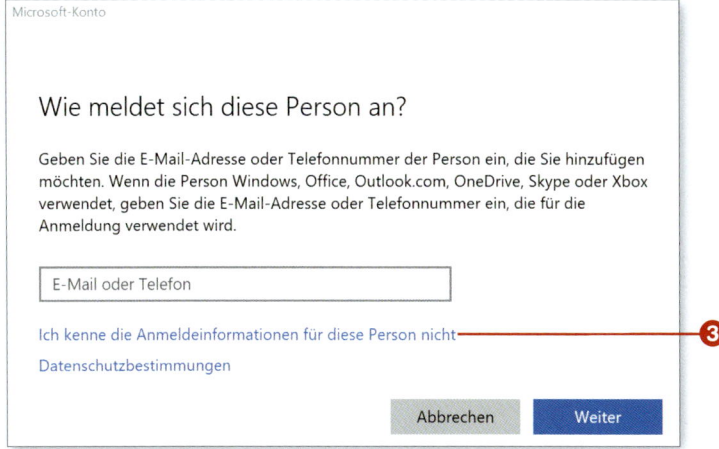

5. Im Dialog **Erstellen Sie Ihr Konto** tippen Sie auf **Neue E-Mail-Adresse anfordern**.

6. Der Dialog **Erstellen Sie Ihr Konto** bleibt weiterhin geöffnet, nur das Feld der E-Mail-Adresse ändert sich. An seinem rechten Rand zeigt Windows 10 bereits den eigenen E-Mail-Dienst *outlook.de* an ❹. Tippen Sie in das Feld links davon, und geben Sie den gewünschten Namen für Ihre E-Mail-Adresse ein. Dies können z. B. Ihr Vor- und Nachname sein, die Sie zur besseren Lesbarkeit durch einen Punkt voneinander trennen ❺. Drücken Sie dann die Eingabe-Taste ⏎ .

7. Die ausgewählte E-Mail-Adresse wird nun geprüft. Sollte sie nicht mehr verfügbar sein, wird ein entsprechender Hinweis eingeblendet. Mit einem Tipp auf **fordern Sie einen verfügbaren Namen an** ❻ können Sie sich Vorschläge für alternative Namen einholen. Gefällt Ihnen einer davon, wählen Sie ihn einfach per Tipp aus. Natürlich können Sie auch selbst einen neuen Namen ausprobieren. Tippen Sie hierzu auf das kleine Kreuzsymbol ❼ rechts von dem zuvor eingegebenen Namen, um diesen zu löschen. Geben Sie dann einen neuen Namen ein.

8. Sobald Sie einen Namen gefunden haben, der noch nicht vergeben ist, geht es mit der Eingabe des Kennwortes weiter. Tippen Sie hierzu in das entsprechende Feld, und geben Sie ein **Kennwort** ❽ ein, das sowohl aus Klein- und Großbuchstaben als auch Ziffern bestehen sollte.

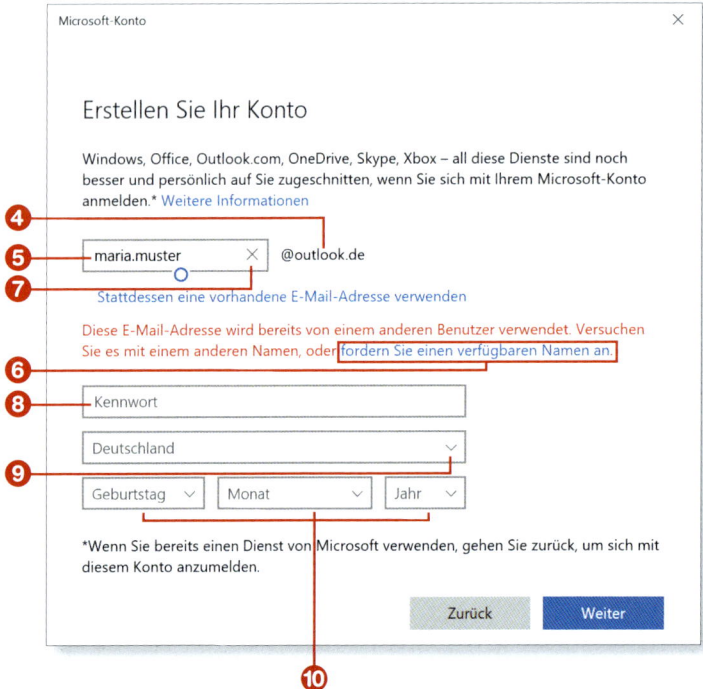

9. Sollte die Voreinstellung **Deutschland** nicht passen, tippen Sie in das Feld und wählen ein anderes Land aus ❾.

10. Stellen Sie nach jeweils einem Tipp in die Felder **Tag**, **Monat** und **Jahr** Ihr Geburtsdatum ein ❿. Bestätigen Sie Ihre Angaben dann mit **Weiter**.

11. Als Nächstes müssen Sie ein paar Informationen angeben, die zur Absicherung Ihres Kontos dienen. Sollten Sie sich einmal nicht anmelden können, weil Sie z. B. das Kennwort vergessen haben, kann Microsoft Ihnen über diese Angaben beim Zurücksetzen des Kennwortes behilflich sein. Sie können entweder Ihre **Telefonnummer** preisgeben ❶❶ oder eine alternative E-Mail-Adresse, was ich selbst bevorzuge. Um diese angeben zu können, ist ein Tipp auf **Stattdessen eine alternative E-Mail-Adresse hinzufügen** ❶❷ nötig.

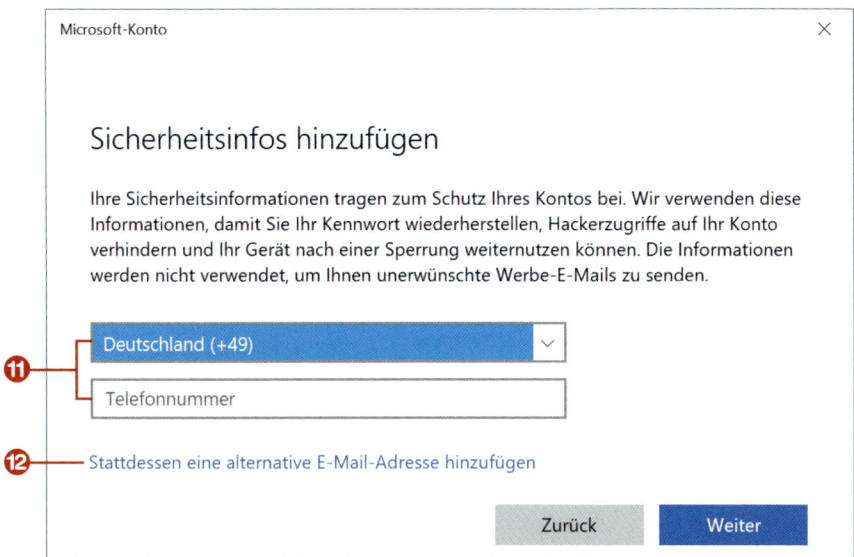

12. Geben Sie im Feld **Alternative E-Mail-Adresse** eine bereits vorhandene E-Mail-Adresse bei einem beliebigen E-Mail-Dienst an ❶❸. Haben Sie alle Daten eingetragen, tippen Sie auf **Weiter**.

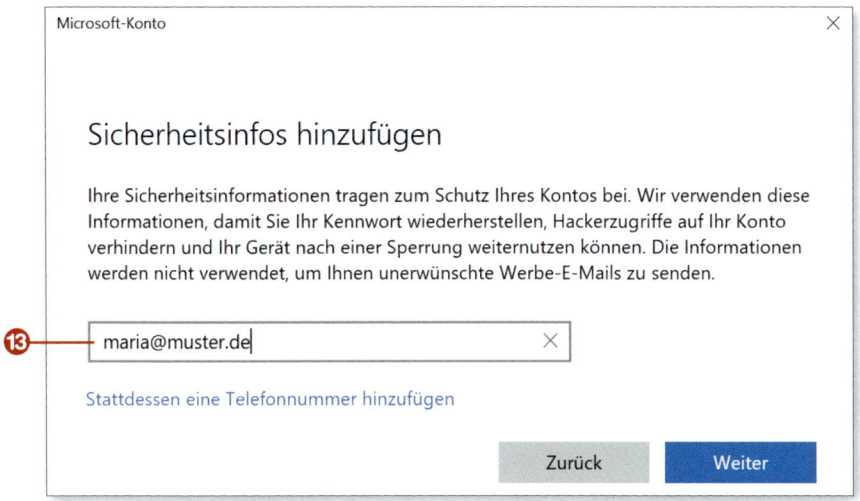

13. Möchten Sie von Microsoft keine Werbung erhalten, entfernen Sie im Dialog **Nur interessante Inhalte anzeigen** die Häkchen in den beiden Kästchen **14**.

14. Zusätzlich können Sie sich nach einem Tipp auf den jeweiligen Link den **Microsoft-Servicevertrag 15** sowie die **Bestimmungen zu Datenschutz und Cookies 16** durchlesen, bevor Sie Ihre vorherigen Angaben mit **Weiter** bestätigen.

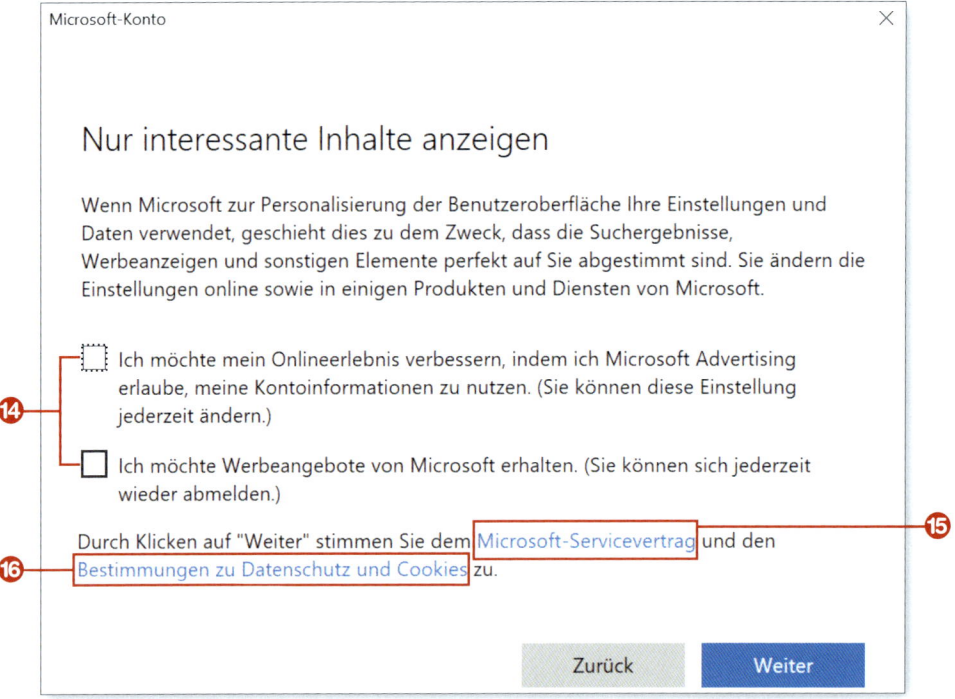

Das neue Benutzerkonto – in unserem Beispiel also ein Microsoft-Konto – steht nun für den Benutzer, für den Sie es angelegt haben, bereit. Auf dem Bildschirm ist wieder die Einstellungen-App zu sehen. Im Bereich **Andere Personen** finden Sie das gerade angelegte Benutzerkonto.

Beim Anlegen dieses Benutzerkontos sind wir davon ausgegangen, dass die Person noch nicht über ein Microsoft-Konto verfügt und dieses somit erst neu erstellt werden musste. Besitzt die Person bereits eine bei Microsoft registrierte E-Mail-Adresse, ist das Anlegen eines neuen Benutzerkontos noch schneller erledigt. Führen Sie hierzu einfach die oben aufgeführten Schritte 1 bis 3 aus.

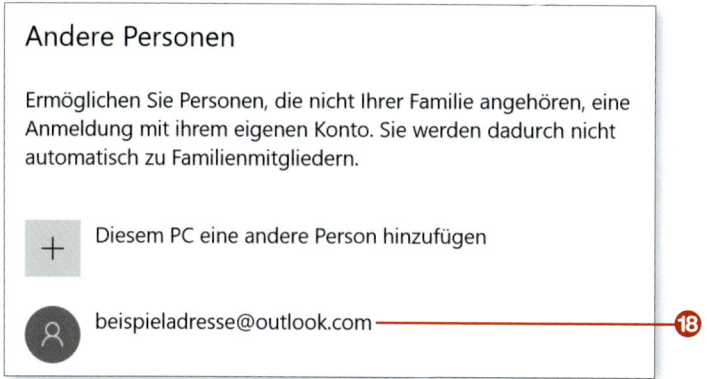

< Neu hinzugefügte Benutzerkonten werden im Bereich »Andere Personen« aufgelistet.

Im Dialog **Wie meldet sich diese Person an?** geben Sie nun die entsprechende E-Mail-Adresse ein ⑰ und bestätigen mit **Weiter**. Nach einem Tipp auf **Fertig stellen** wird auch diese Adresse im Bereich **Andere Personen** ⑱ aufgeführt. Wenn Sie das Tablet das nächste Mal starten, werden die neu hinzugefügten Konten im Anmeldedialog links unten aufgeführt und können dort mit einem Tipp ausgewählt werden. Zur Anmeldung müssen die Benutzer jeweils das Kennwort ihres Microsoft-Kontos angeben.

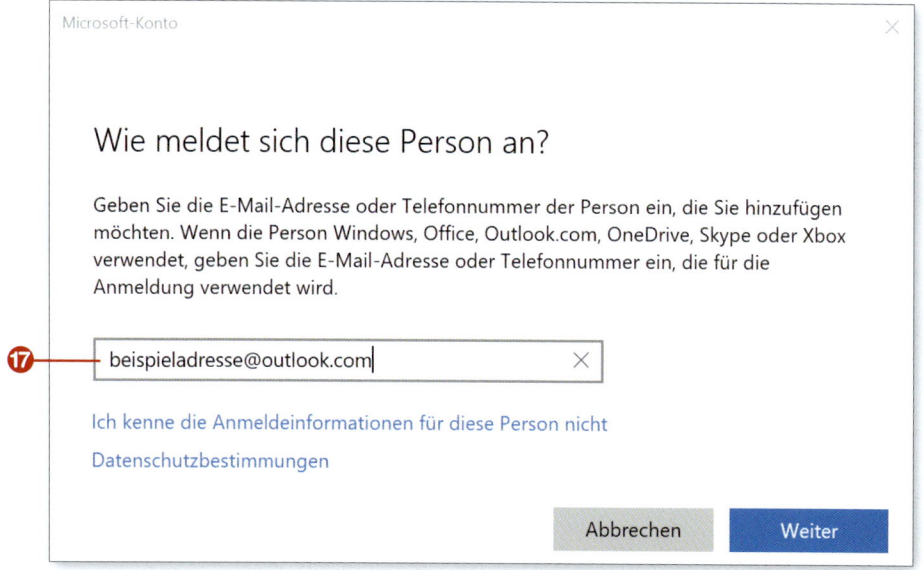

< Verfügt die Person bereits über ein Microsoft-Konto, reicht die Eingabe der registrierten E-Mail-Adresse.

Im nächsten Abschnitt zeige ich Ihnen, wie Sie ein lokales Benutzerkonto hinzufügen. Dabei lernen Sie auch den Unterschied zwischen einem Administrator und einem Standardbenutzer kennen und erfahren, wie Sie ein Konto wieder vom Tablet entfernen.

➕ **Schneller Wechsel zwischen Benutzerkonten**

Ein anderer Benutzer möchte das Tablet nutzen? Wenn Sie selbst gerade damit gearbeitet haben, müssen Sie das Gerät nicht erst neu starten, damit sich die andere Person am Tablet anmelden kann. Tippen Sie einfach im Startmenü auf das Symbol des Benutzerkontos 👤. Im aufklappenden Dialog werden zwar bereits alle anderen Benutzer aufgeführt, bevor

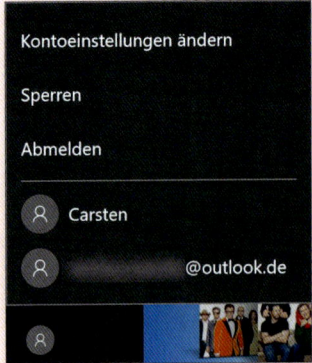

sich ein anderer aber anmeldet, sollten Sie sich mit einem Tipp auf die gleichnamige Schaltfläche abmelden. Anschließend wird der Anmeldedialog eingeblendet, in dem die andere Person ihren Benutzernamen nun auswählen und sich nach Eingabe des Kennwortes am Tablet anmelden kann.

‹ *Bevor eine andere Person sich am Tablet anmeldet, sollten Sie sich abmelden.*

Ein lokales Benutzerkonto einrichten

Im vorherigen Abschnitt haben Sie erfahren, wie Sie auf Ihrem Tablet ein Benutzerkonto hinzufügen, das mit einem Microsoft-Konto verknüpft ist. Auch wenn Microsoft diese Art der Anmeldung präferiert, können Sie selbstverständlich – wie auch schon in früheren Windows-Versionen – ein lokales Benutzerkonto einrichten, das nur auf dem Tablet gilt. Die ersten Schritte erfolgen wie zuvor für das Microsoft-Konto gezeigt.

1. Rufen Sie über das Startmenü die Einstellungen-App auf und hier die Kategorie **Konten**. Markieren Sie in der linken Spalte **Familie & weitere Kontakte**.

2. Tippen Sie rechts im Bereich **Andere Personen** auf **Diesem PC eine andere Person hinzufügen**.

3. Im Dialog **Wie meldet sich diese Person an?** tippen Sie auf **Ich kenne die Anmeldeinformationen für diese Person nicht**.

4. Wird der Dialog **Erstellen Sie Ihr Konto** eingeblendet, tippen Sie auf **Benutzer ohne Microsoft-Konto hinzufügen ❶**.

5. Ergänzen Sie auf der folgenden Seite den Namen des Benutzers sowie ein Kennwort. Das Kennwort wiederholen Sie im nächsten Feld ❷.

6. Aus Sicherheitsgründen werden Sie nun aufgefordert, drei Fragen zu beantworten. Sollten Sie selbst oder die Person, die sich unter dem Namen anmeldet, einmal Ihr Kennwort vergessen und im Anmeldedialog entsprechend ein falsches eingeben, erscheinen diese drei Fragen. Durch Eingabe der richtigen Antworten wird anschließend der Zugriff auf das Benutzerkonto wieder freigeschaltet. Tippen Sie also in das erste Feld **Sicherheitsfrage 1**, und wählen Sie in der aufklappenden Liste eine der Fragen aus, etwa **Wie heißt Ihr Geburtsort? ❸**. In das Feld **Ihre Antwort ❹** geben Sie die entsprechende Antwort auf die Frage ein.

7. Wiederholen Sie dies mit den beiden weiteren Sicherheitsfragen. Eventuell müssen Sie im Dialog etwas von unten nach oben wischen, damit diese eingeblendet werden. Bestätigen Sie Ihre Eingaben mit **Weiter**.

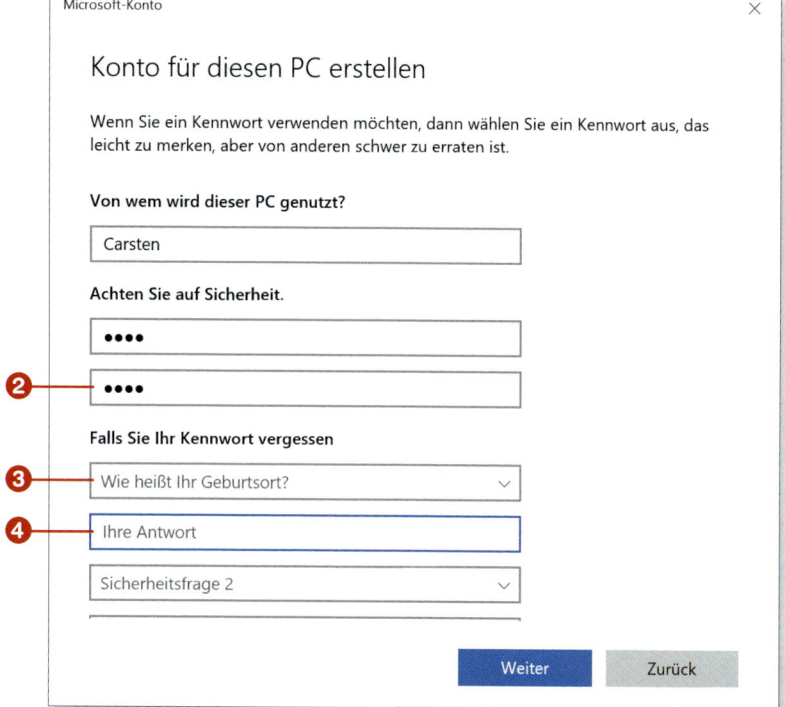

Auch dieses neu hinzugefügte Benutzerkonto wird nun im Bereich **Andere Personen** in der Einstellungen-App aufgeführt.

➕ Automatische Anmeldung bei Microsoft-Apps verhindern

Wenn Sie mit einem lokalen Benutzerkonto am Tablet angemeldet sind, müssen Sie natürlich nicht auf die Nutzung von Apps verzichten, für die ein Microsoft-Konto nötig ist (z. B. den Microsoft Store). Wie eine solche Anmeldung innerhalb der App vor sich geht, zeige ich Ihnen im Verlauf des Buches an diversen Beispielen. Bei der Anmeldung holt sich Windows zunächst die Zustimmung, das angegebene Microsoft-Konto auch für alle anderen Microsoft-Apps zu nutzen. Wenn Sie nicht automatisch mit dem Microsoft-Konto bei allen Apps angemeldet werden möchten, müssen Sie eine kleine Einstellungskorrektur vornehmen. Rufen Sie hierzu **Start ▸ Einstellungen ▸ Konten ▸ E-Mail- & App-Konten** auf. Rechts wird unterhalb von **Von anderen Apps verwendete Konten** das Microsoft-Konto aufgeführt, mit dem Sie sich bereits bei einer App auf dem Tablet angemeldet haben. Tippen Sie auf den Kontonamen. Nach einem Tipp in das nun sichtbare Feld markieren Sie in der aufklappenden Liste **Apps müssen zur Verwendung dieses Kontos meine Zustimmung anfordern**. Damit ist sichergestellt, dass Sie nicht automatisch mit dem Microsoft-Konto bei einer App von Microsoft angemeldet werden, sondern selbst die Anmeldung vornehmen müssen.

⌃ *Nutzen Sie Apps von Microsoft, sollten Sie diese Einstellung unbedingt anpassen.*

> **ℹ Vom lokalen Benutzerkonto zum Microsoft-Konto und umgekehrt**
>
> Ihr lokales Konto wurde bei der Anmeldung bei einer App versehentlich in ein Microsoft-Konto umgewandelt? Kein Problem, denn Sie können jederzeit ein Microsoft-Konto in ein lokales Konto umwandeln oder umgekehrt ein lokales Konto mit einem Microsoft-Konto verknüpfen. Rufen Sie **Start ▸ Einstellungen ▸ Konten ▸ Ihre Infos** auf. In der rechten Fensterhälfte tippen Sie unterhalb des Benutzernamens auf **Stattdessen mit einem Microsoft-Konto anmelden** bzw. **Stattdessen mit einem lokalen Konto anmelden**. Nach Eingabe des aktuellen Kennwortes werden Sie aufgefordert, einen Benutzernamen sowie ein Kennwort für das geplante lokale Konto anzugeben bzw. die E-Mail-Adresse und das Kennwort des Microsoft-Kontos. Nach Bestätigung der Angaben wird das Konto entsprechend umgewandelt.

Windows unterscheidet bei den Konten nicht nur zwischen einem lokalen Benutzerkonto und einem Benutzerkonto, das mit einem Microsoft-Konto verknüpft ist. Beide Konten lassen sich außerdem noch in ein *Administratorkonto* und in ein *Standardkonto* unterteilen. Der Administrator erhält volle Kontrolle über den Computer, während Standardnutzer zwar Programme nutzen können, aber keinerlei sicherheitsrelevante Änderungen am Gerät durchführen können. Wann immer ein Anwender dies versucht, meldet sich die *Benutzerkontensteuerung* zu Wort. Es wird nun ein kleiner Dialog eingeblendet mit der Frage **Möchten Sie zulassen, dass durch das folgende Programm Änderungen an diesem Computer vorgenommen werden?**. Der restliche Bildschirm wird abgedunkelt und lässt keine weiteren Eingaben mehr zu. Erst wenn der Anwender sein Administratorkennwort eingegeben und mit **Ja** bestätigt hat, kann er weiterarbeiten. Erfolgt dagegen längere Zeit keine Eingabe, wird der Dialog automatisch ausgeblendet und die Änderung am Computer nicht durchgeführt. Verfügt der Anwender nicht über die nötigen Administratorrechte, kann er den Dialog auch selbst mit einem Tipp auf **Nein** beenden.

Lediglich beim allerersten Benutzerkonto, das im Rahmen der Ersteinrichtung am Tablet hinzugefügt wird, handelt es sich um ein Administratorkonto. Alle weiteren hinzugefügten Konten sind automatisch nur Standardkonten. Wenn Sie den Kontotyp für ein später eingerichtetes Konto ändern möchten, gehen Sie folgendermaßen vor:

1. Sollten Sie nach dem Hinzufügen des Benutzerkontos das Programmfenster der Einstellungen-App geschlossen haben, rufen Sie erneut über das Startmenü die Einstellungen-App und hier die Kategorie **Konten** auf. Markieren Sie in der linken Spalte wieder **Familie & weitere Kontakte** ❶.

2. Tippen Sie in der rechten Fensterhälfte im Bereich **Andere Personen** auf das Konto, dessen Kontotyp Sie ändern möchten ❷.

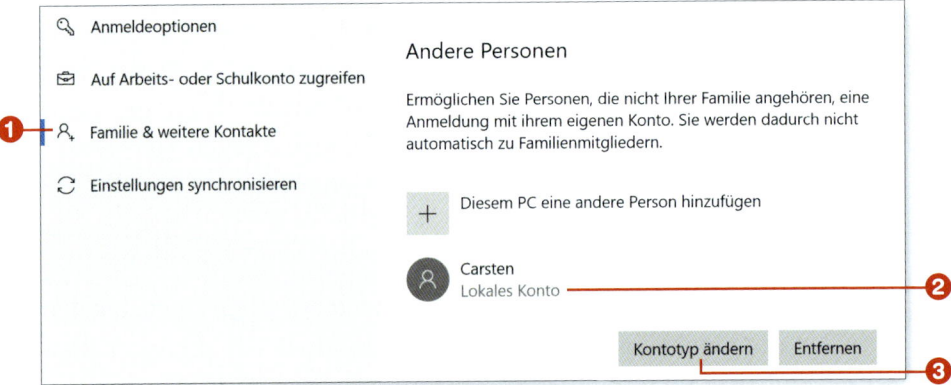

3. Unterhalb des Benutzernamens wird nun die Schaltfläche **Kontotyp ändern** eingeblendet. Tippen Sie darauf ❸.

4. Tippen Sie in das nun sichtbare Feld **Kontotyp**, und wählen Sie in der aufklappenden Liste **Administrator** ❹ aus. Bestätigen Sie die Änderung mit **OK**.

Sobald sich der Benutzer das nächste Mal am Tablet anmeldet, verfügt er über Administratorrechte. Umgekehrt können Sie natürlich auch ein Administratorkonto in ein Standardkonto umwandeln. Mindestens eines der vorhandenen Benutzerkonten muss allerdings als Administratorkonto bestehen bleiben.

Nachdem Sie nun wissen, wie Sie ein Benutzerkonto hinzufügen, sollen Sie natürlich auch noch erfahren, wie Sie ein Konto wieder entfernen können. Viele Schritte sind hierfür nicht nötig:

1. Öffnen Sie über das Startmenü die Einstellungen-App, und rufen Sie die Kategorie **Konten** und dann **Familie & weitere Kontakte** auf.

2. Tippen Sie in der rechten Spalte im Bereich **Andere Personen** auf das Benutzerkonto, das Sie vom Tablet löschen möchten, und dann auf die Schaltfläche **Entfernen** ❶.

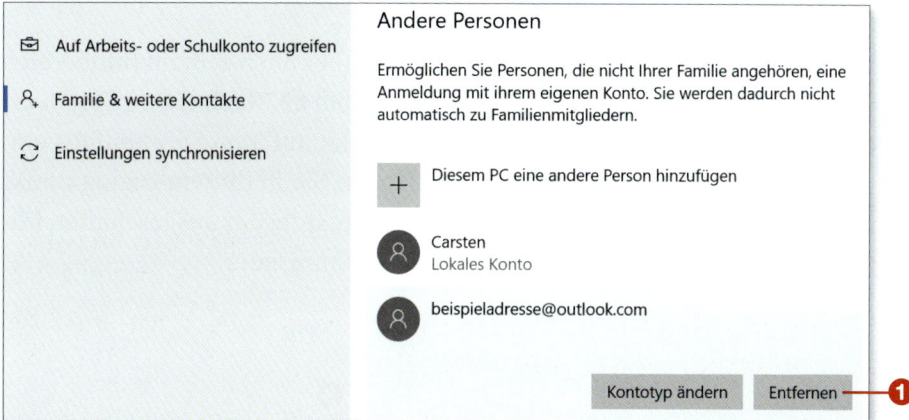

3. Im folgenden Dialog bestätigen Sie mit einem Tipp auf **Konto und Daten löschen** ❷, dass alle Dateien des Benutzers auf dem Tablet gelöscht werden sollen.

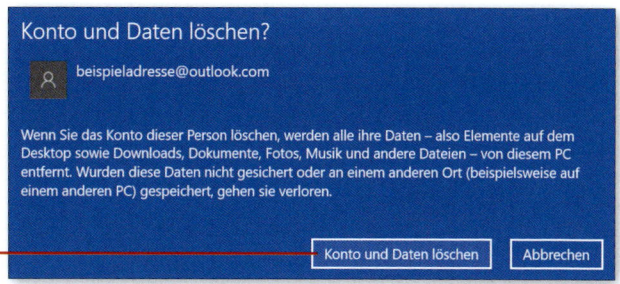

Das Entfernen des Kontos kann einen Moment dauern. Handelt es sich um ein Microsoft-Konto, wird lediglich das Benutzerkonto auf dem Tablet entfernt. Das Konto selbst, sprich die E-Mail-Adresse, können Sie weiterhin z. B. zur Anmeldung bei Microsoft-Apps nutzen.

Die Lautstärke für Musik und Systemsounds anpassen

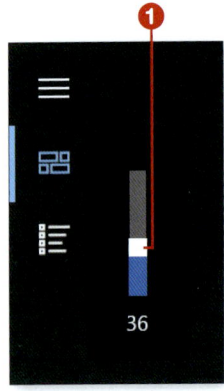

^ *Passen Sie die Lautstärke über den Kippschalter an, erscheint auf dem Bildschirm ein Schieberegler.*

> *Ein Tipp auf das Lautsprechersymbol im Dialog, und der Lautsprecher ist aus- bzw. wieder eingeschaltet.*

Während Sie gemütlich Ihre Lieblingsmusik hören, bekommen Sie einen Anruf. Bevor Sie ihn annehmen, möchten Sie schnell die Lautstärke reduzieren. Dafür können Sie entweder den Kippschalter nutzen, den Sie bei vielen Windows-Tablets am Gehäuserand finden. Drücken Sie die rechte Hälfte, wird die Lautstärke reduziert, über die linke Hälfte des Schalters lässt sich die Lautstärke dagegen erhöhen. Während Sie die Lautstärke anpassen, wird auf dem Bildschirm ein kleiner Schieberegler eingeblendet, den Sie mit dem Finger verschieben können ❶, um so die Lautstärke anzupassen.

Für die Lautstärkenregulierung finden Sie aber auch z. B. im Infobereich der Taskleiste ein eigenes Lautsprechersymbol ❷. Nach einem Tipp hierauf klappt ein Dialog mit einem Schieberegler auf, den Sie ebenfalls einfach mit dem Finger verschieben ❸. Tippen Sie in diesem Dialog direkt auf das Lautsprechersymbol ❹, wird der Lautsprecher ausgeschaltet. Mit einem erneuten Tipp darauf aktivieren Sie ihn wieder.

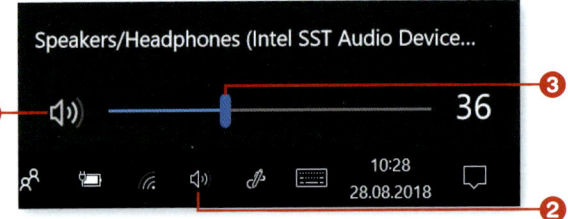

Auch in den Apps, mit denen Sie Musik hören, finden Sie eine Möglichkeit zur Lautstärkenregulierung. Wie dies z. B. in der Groove-Musik-App funktioniert, erfahren Sie im Abschnitt »Musik hören mit der Groove-Musik-App« ab Seite 236.

Ihr Tablet lässt aber nicht nur von sich hören, wenn Sie über die entsprechenden Apps Musik hören oder auch einen Film ansehen (siehe den Abschnitt »Filme mit der App Filme & TV genießen« ab Seite 230). Trifft z. B. eine neue E-Mail ein, ertönt ein kurzer Ton. Selbst beim Anpassen der Lautstärke über das Symbol in der Taskleiste meldet sich das Tablet zu Wort, sobald Sie den Finger vom Bildschirm heben. Wenn Ihnen diese sog. *Systemsounds* zu laut oder auch zu leise sind, können Sie sie ebenfalls schnell anpassen.

1. Halten Sie den Finger etwas länger auf dem Lautsprechersymbol 🔊 im Infobereich der Taskleiste gedrückt. Sobald rund um den Finger ein Quadrat eingeblendet wird, heben Sie den Finger vom Bildschirm. Das Kontextmenü wird nun eingeblendet. Wenn Sie eine Computermaus einsetzen, können Sie dies auch mit einem rechten Mausklick auf das Lautsprechersymbol öffnen.

2. Tippen Sie im Kontextmenü auf den Eintrag **Lautstärkemixer öffnen** ❶.

3. Im Dialog **Lautstärkemixer** finden Sie zwei Schieberegler. Mit dem Schieberegler **Gerät** ❷ passen Sie die Lautstärke des Lautsprechers an.

4. Wenn Sie die Lautstärke, in der Systemsounds ertönen, ändern möchten, verschieben Sie den Schieberegler **Anwendungen** ❸. Tippen Sie unterhalb dieses Reglers auf das Lautsprechersymbol ❹, können Sie die Wiedergabe von Systemsounds auch ganz ausschalten. Mit einem erneuten Tipp darauf aktivieren Sie sie wieder.

5. Mit einem Tipp auf das kleine Kreuzsymbol oben rechts ❺ blenden Sie den Dialog **Lautstärkemixer** wieder aus.

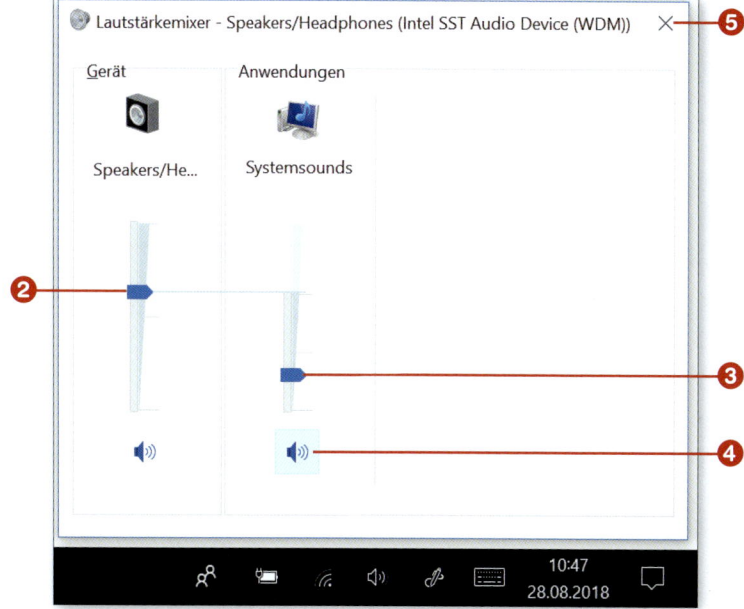

Für bessere Lesbarkeit: Text- und Symbolgrößen einstellen

Je länger man auf den Bildschirm des Tablets blickt, desto müder werden die Augen. Wenn Sie Schwierigkeiten haben, den Text auf dem Bildschirm zu entziffern und Symbole zu erkennen, passen Sie einfach ein paar Einstellungen an, und schon können Sie die Arbeit mit dem Tablet wieder genießen. Hierzu gehen Sie folgendermaßen vor:

1. Rufen Sie über das Startmenü mit einem Tipp auf das Zahnradsymbol

⚙ die Einstellungen-App auf und hier die Kategorie **System**. Stellen Sie sicher, dass in der linken Spalte **Anzeige** ❶ markiert ist.

2. Tippen Sie in der rechten Fensterhälfte in das Feld **Größe von Text, Apps und anderen Elementen ändern**. In der aufklappenden Liste wählen Sie einen Skalierungsgrad aus, etwa **175%** ❷. Sie können das Ergebnis gleich prüfen, da der Text der Einstellungen-App unmittelbar angepasst wird.

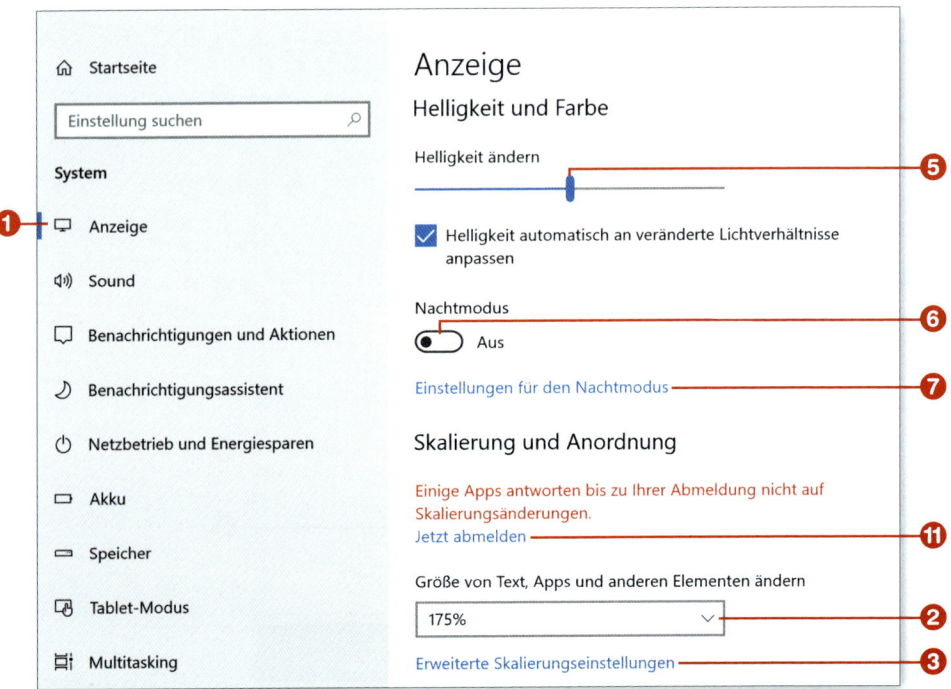

3. Bei manchen älteren Programmen kann es nach der Anpassung der Skalierung zu Darstellungsproblemen kommen. Sollten die Texte und Symbole dort etwas verschwommen wirken, tippen Sie auf **Erweiterte Skalierungseinstellungen** ❸.

4. Auf der folgenden Seite schalten Sie den Regler **Windows kann versuchen, Apps mit unscharfer Darstellung zu korrigieren** auf **Ein** ❹. Über den Pfeil ← in der Taskleiste kehren Sie wieder zur vorherigen Seite zurück. Haben Sie auf Ihrem Tablet den Desktopmodus aktiviert, finden Sie den Pfeil oben links.

> ⌂ Erweiterte Skalierungseinstellungen
>
> Skalierung für Apps korrigieren
>
> Einige Desktop-Apps können nach einer Änderung der Anzeigeeinstellungen unscharf werden. Windows kann versuchen, die Darstellung zu korrigieren, damit Apps besser dargestellt werden, wenn Sie sie das nächste Mal öffnen. Dies funktioniert nur für Apps auf dem Hauptbildschirm, nicht aber für alle Apps.
>
> Windows kann versuchen, Apps mit unscharfer Darstellung zu korrigieren.
>
> 🔵 Ein
>
> ❹

5. Nicht nur eine zu kleine Größe von Text und Apps wirkt sich negativ auf die Augen aus. Auch ein zu heller Bildschirm kann die Augen anstrengen. Zurück auf der Seite **Anzeige** sollten Sie daher probeweise die Helligkeit des Bildschirms anpassen. Ziehen Sie hierzu mit dem Finger den Regler unterhalb von **Helligkeit ändern** ❺ nach links oder rechts, bis Sie die Bildschirmhelligkeit als angenehm empfinden.

6. Arbeiten Sie auch nachts mit dem Tablet? Dann sollten Sie den **Nachtmodus** ausprobieren. Zur Aktivierung tippen Sie auf den gleichnamigen Regler ❻. Um den Nachtmodus optimal einzustellen, tippen Sie auf **Einstellungen für den Nachtmodus** ❼.

7. Verschieben Sie den Schieberegler **Farbtemperatur im Nachtmodus** ❽ mit dem Finger, wird sofort die Farbtemperatur verändert, und der Bildschirm erscheint in einem wärmeren Licht. Dies ändert sich aber sofort wieder, sobald Sie den Finger vom Bildschirm heben. Wählen Sie für die Nachtarbeit ein für Sie angenehmes Lichtverhältnis aus. Mit einem Tipp auf **Jetzt aktivieren** ❾ können Sie die eingestellte Farbtemperatur sofort aktivieren bzw. nochmals testen. Mit **Jetzt deaktivieren** kehren Sie wieder zur vorherigen Einstellung zurück.

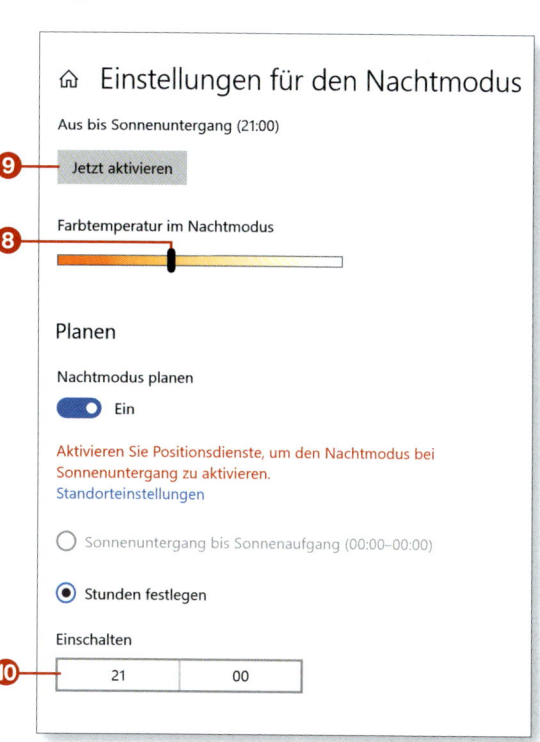

> ⌂ Einstellungen für den Nachtmodus
>
> Aus bis Sonnenuntergang (21:00)
>
> ❾ Jetzt aktivieren
>
> Farbtemperatur im Nachtmodus
> ❽
>
> Planen
>
> Nachtmodus planen
>
> 🔵 Ein
>
> Aktivieren Sie Positionsdienste, um den Nachtmodus bei Sonnenuntergang zu aktivieren.
> Standorteinstellungen
>
> ○ Sonnenuntergang bis Sonnenaufgang (00:00–00:00)
>
> ⦿ Stunden festlegen
>
> Einschalten
> ❿ | 21 | 00 |

8. Für die Aktivierung des Nachtmodus schlägt Windows 10 den Zeitrahmen zwischen 21 Uhr und 7 Uhr vor. Sie können aber auch selbst den Zeitrahmen jeweils nach einem Tipp in die Felder **Einschalten** (❿ auf Seite 67) und **Ausschalten** vorgeben. Gegebenenfalls müssen Sie auf der Dialogseite etwas von unten nach oben wischen, damit der untere Bereich sichtbar wird.

9. Über das Pfeilsymbol ⬅ in der Taskleiste bzw. – falls Sie den Desktopmodus nutzen – auf der Seite oben links kehren Sie wieder zur Seite **Anzeige** der Einstellungen-App zurück.

10. Damit alle vorgenommenen Einstellungen wirksam werden, müssen Sie sich nun einmal mit einem Tipp auf **Jetzt abmelden** (⓫ auf Seite 66) bei Windows 10 abmelden und dann wieder anmelden.

> ➕ **Rotationssperre aktivieren**
>
> Je nachdem, wie Sie Ihr Tablet halten, wird der Bildschirminhalt im Quer- oder Hochformat angezeigt. Wenn Sie das automatische Drehen stören sollte, sollten Sie die Rotationssperre aktivieren. Rufen Sie hierzu **Start ▸ Einstellungen ▸ System ▸ Anzeige** auf, und blättern Sie in der rechten Spalte etwas nach unten. Mit einem Tipp auf den Regler unterhalb von **Rotationssperre** schalten Sie diese ein oder natürlich auch wieder aus. Ist sie aktiviert, können Sie im Feld **Ausrichtung**, das Sie oberhalb des Reglers finden, die gewünschte Ausrichtung des Bildschirms einstellen, also z. B. **Querformat** oder **Hochformat**.

Passende Synchronisierungseinstellungen wählen

Wenn Sie mit einem Benutzerkonto am Tablet angemeldet sind, das mit einem Microsoft-Konto verknüpft ist, bietet Ihnen Windows 10 einen ganz besonderen Service an, nämlich die automatische Synchronisierung diverser Einstellungen. In der Praxis bedeutet dies: Wenn Sie an Ihrem Windows-Tablet z. B. das Hintergrundbild des Sperrbildschirms verändern, wird diese Einstellung automatisch auf allen anderen Windows-Geräten übernommen, bei denen Sie sich mit dem gleichen Microsoft-Konto anmelden. Wem dieser Automatismus zu viel des Guten ist, der sollte unbedingt einen Blick in die Synchronisierungseinstellungen werfen und ggf. Korrekturen vornehmen.

1. Rufen Sie über das Startmenü mit einem Tipp auf das Zahnradsymbol ⚙ die Einstellungen-App auf. Wählen Sie hier die Kategorie **Konten**.

2. Markieren Sie in der linken Spalte **Einstellungen synchronisieren** ❶.

3. Wünschen Sie generell nicht, dass Windows 10 Einstellungen synchronisiert, setzen Sie in der rechten Fensterhälfte den Regler **Synchronisierungseinstellungen** ❷ mit einem Tipp auf **Aus**.

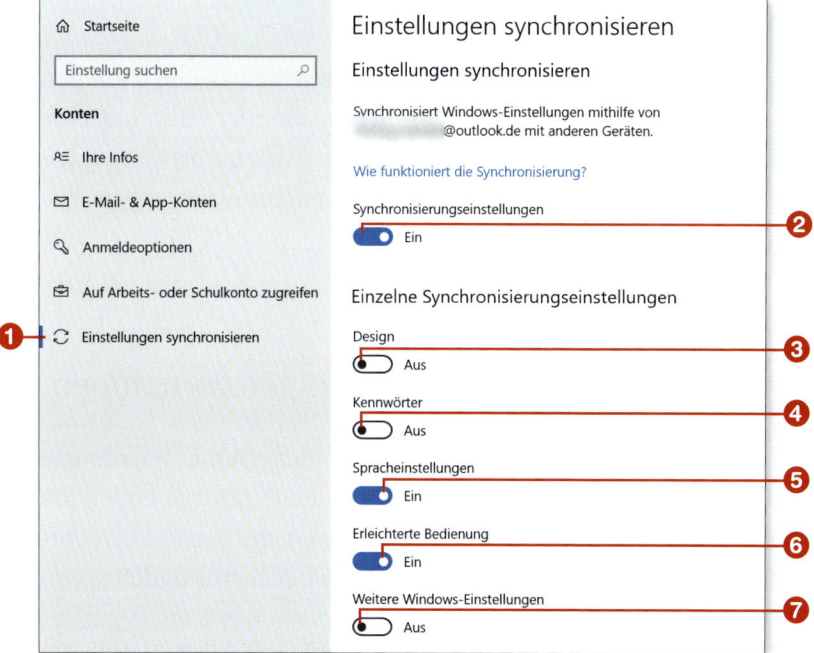

4. Wenn Sie nur bestimmte Synchronisierungen verhindern möchten, lassen Sie die **Synchronisierungseinstellungen** eingeschaltet. Über die Regler unterhalb von **Einzelne Synchronisierungseinstellungen** passen Sie nun individuell an, welche Synchronisierungen Windows vornehmen darf und welche nicht. Für das oben erwähnte Beispiel des Sperrbildschirms deaktivieren Sie z. B. den Regler **Design** ❸.

5. Zwar bequem, aber im Hinblick auf die Sicherheit eher skeptisch zu betrachten, ist die Synchronisierung von Kennwörtern. Kennwörter beinhalten hier auch alle Einstellungen für die Anmeldung bei WLANs. Wem die Sicherheit wichtiger ist, der deaktiviert auch hier den Regler ❹.

6. Wenn Sie über **Start ▸ Einstellungen ▸ Zeit und Sprache ▸ Region und Sprache** Änderungen an den Spracheinstellungen vorgenommen haben, ist es durchaus sinnvoll, diese auch gleich auf anderen Windows-Geräten nutzen zu können. Dieser Regler kann also eingeschaltet bleiben ❺.

7. Wer seh- oder hörgeschädigt ist, findet in der Kategorie **Erleichterte Bedienung** in der Einstellungen-App diverse Möglichkeiten, um sich den Bildschirm, aber auch die Sprachausgabe noch angenehmer zu gestalten. Auch diese Einstellungen können natürlich wunderbar synchronisiert werden ❻.

8. Hinter der allgemeinen Bezeichnung **Weitere Windows-Einstellungen** verstecken sich eine Vielzahl von Einstellungen, die nicht alle harmlos sind. So zählt hier z. B. auch die Synchronisierung von im Browser Edge gespeicherten Kennwörtern dazu. Wem diese Synchronisierung zu riskant ist, der schaltet den Regler einfach aus ❼.

Die wichtigsten Datenschutzeinstellungen vornehmen

Wenn Sie Ihr Tablet nach dem ersten Start selbst eingerichtet haben, wie im Abschnitt »Der erste Start des Tablets« ab Seite 29 gezeigt, haben Sie bereits einen kleinen Vorgeschmack auf den Wissensdurst von Microsoft erhalten. Wenn es nach dem Unternehmen geht, sollen möglichst viele Daten, die Aufschluss über Ihr Nutzungsverhalten des Tablets geben, weitergereicht werden. Damit steht Microsoft nicht alleine da, denn die Konkurrenz Apple und Google sind genauso neugierig. Sie sollten aber genau prüfen, welche Daten weitergeleitet werden dürfen und welche nicht. Auch den Datenaustausch zwischen den Apps sollten Sie genau unter die Lupe nehmen. Hierzu gehen Sie folgendermaßen vor:

Datenschutz
Position, Kamera

1. Rufen Sie über das Startmenü die Einstellungen-App auf und hier die Kategorie **Datenschutz**.

2. In der linken Spalte ist zunächst die Unterkategorie **Allgemein** ❶ markiert. Die in der rechten Fensterhälfte aufgeführten Einstellungen stellen für Sie keinen allzu großen Gewinn dar. Somit können Sie die Regler auch jeweils mit einem Tipp auf **Aus** ❷ setzen.

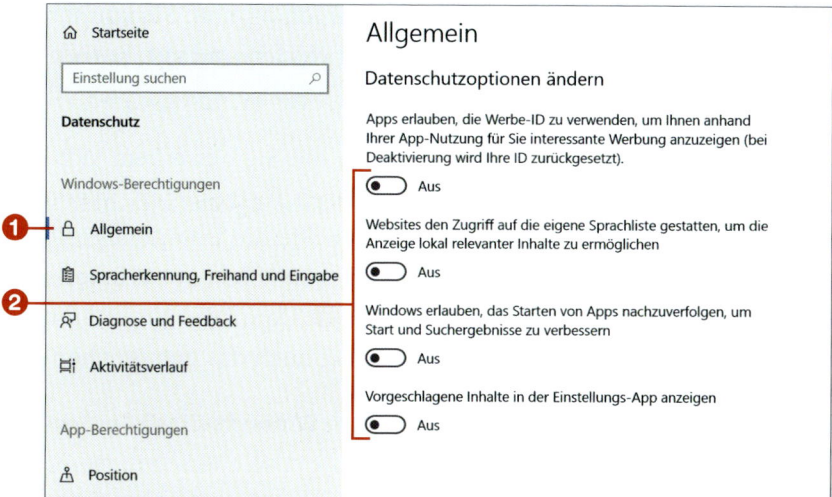

3. Markieren Sie in der linken Spalte die Unterkategorie **Spracherkennung, Freihand und Eingabe** ❸.

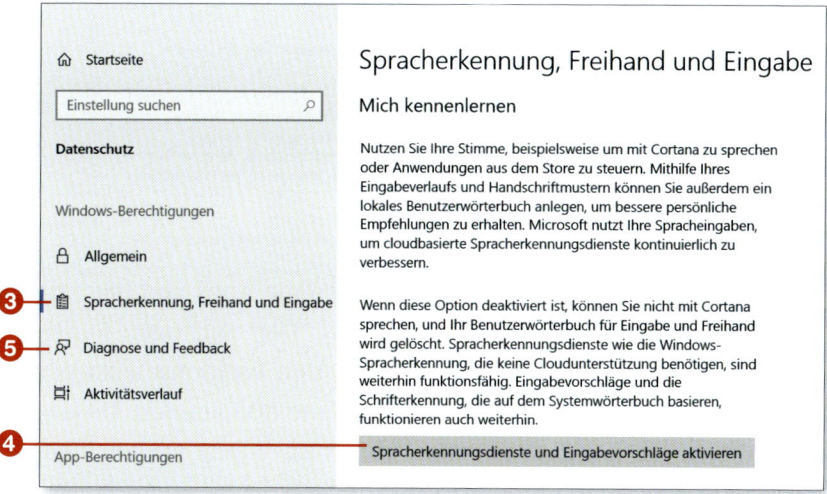

4. Wenn Sie die Sprachassistentin Cortana verwenden möchten (siehe auch den Abschnitt »Das Tablet per Sprachassistentin Cortana steuern« ab Seite 298), kommen Sie nicht umhin, in der rechten Fensterhälfte die

Spracherkennungsdienste und Eingabevorschläge zu aktivieren ❹. Wer die dort aufgeführten Dienste nicht nutzen möchte, kann auf die Aktivierung verzichten.

5. Die Einstellungen in der Unterkategorie **Diagnose und Feedback** ❺ wurden bereits während der Ersteinrichtung vorgenommen. Sie können hier aber natürlich nochmals einen Blick darauf werfen und ggf. Korrekturen vornehmen.

6. Windows 10 ermöglicht Ihnen, die Arbeit, die Sie auf einem Windows-Gerät begonnen haben, auf einem anderen fortzusetzen. Wenn Sie diese Funktion nicht nutzen möchten, rufen Sie die Unterkategorie **Aktivitätsverlauf** ❻ auf und entfernen rechts das Häkchen vor **Windows meine Aktivitäten auf diesem PC sammeln lassen** ❼. Damit die Aktivitäten nicht mit der Cloud synchronisiert werden, sollte auch das entsprechende Kästchen deaktiviert sein ❽.

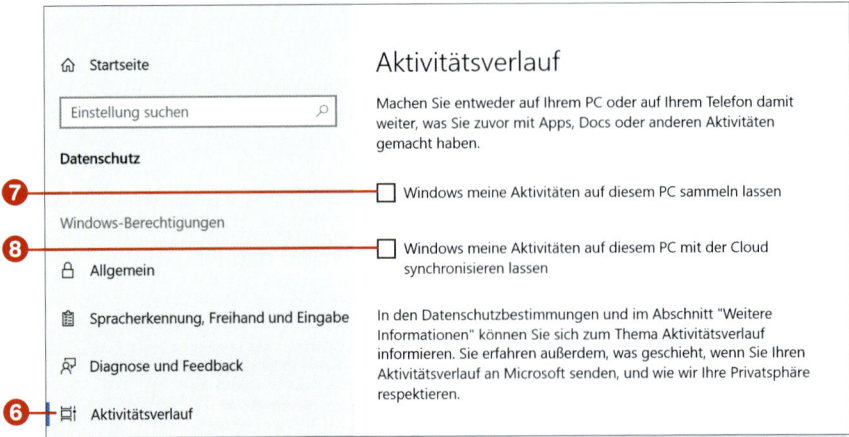

Die weiteren Datenschutzeinstellungen betreffen die Apps und hier vor allem den Datenaustausch zwischen den Apps. Den wichtigen **Positionsdienst** lernen Sie ausführlich im Abschnitt »Den Positionsdienst zur Standortermittlung ein- und ausschalten« ab Seite 305 kennen. Da das Prinzip bei allen weiteren Einstellungen gleich ist, werde ich nur eine exemplarisch herausgreifen und vorstellen.

7. Wohl jedes Tablet ist mit einer Kamera ausgestattet. Welche Apps diese nutzen dürfen, legen Sie in der Unterkategorie **Kamera** ❾ fest. In der rechten Fensterhälfte werden nun all die Apps aufgelistet, die auf die integrierte Kamera zugreifen können. Blättern Sie die Liste genau durch, und prüfen Sie, welcher App Sie den Zugriff gestatten möchten und welcher nicht. Wenn Sie die Kamera-App zum Fotografieren und Filmen nutzen möchten (siehe den Abschnitt »Fotografieren und Filmen mit der Kamera-App« ab Seite 209), muss der Regler für die App auf **Ein** gesetzt sein ❿. Nutzen Sie z. B. die App **Skype** für Videotelefonate (siehe den Abschnitt »Über das Internet telefonieren mit Skype« ab Seite 279), sollte auch der Regler dieser App eingeschaltet sein. Für die Sprachassistentin **Cortana** besteht wiederum sicherlich kein Grund, die Kamera zu nutzen, sodass Sie diesen Regler auf **Aus** ⓫ setzen können.

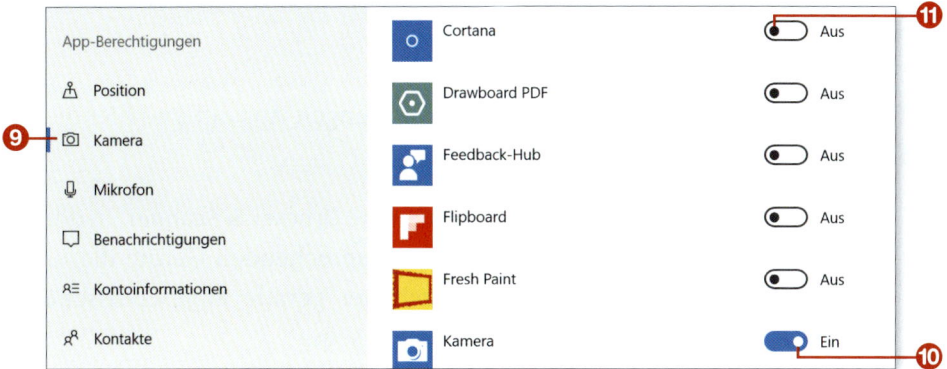

8. Wenn Sie keiner der aufgeführten Apps den Zugriff auf die Kamera erlauben möchten, wischen Sie in der rechten Fensterhälfte mit dem Finger von oben nach unten, um wieder zum Seitenanfang zu gelangen. Setzen Sie hier dann den Regler **Zulassen, dass Apps auf Ihre Kamera zugreifen** auf **Aus** ⓬.

Analog können Sie nun alle weiteren Kategorien wie etwa **Mikrofon**, **Kontoinformationen**, **Kontakte** und mehr individuell anpassen.

Einen Drucker ans Tablet anschließen

Mal eben schnell die Reiseunterlagen oder das Konzertticket ausdrucken? Ist ein Drucker am Tablet angeschlossen, ist das schnell erledigt. Je nach Drucker stehen Ihnen für den Anschluss mehrere Möglichkeiten zur Auswahl. Viele Drucker lassen sich beispielsweise ganz bequem per USB-Kabel an das Tablet anschließen. Das Vorgehen hierzu ist denkbar einfach: Verbinden Sie zunächst beide Geräte, also Drucker und Tablet, mithilfe des USB-Kabels. Schalten Sie jetzt den Drucker und, falls noch nicht geschehen, das Tablet ein. In den meisten Fällen erkennt Ihr Tablet nun automatisch, welches Gerät gerade angeschlossen wurde, und installiert entsprechend die Gerätetreibersoftware, die die Kommunikation zwischen Drucker und Tablet steuert. Das Ganze erfolgt meist so schnell, dass Sie kaum etwas davon mitbekommen. Ob der Drucker nun erfolgreich für Ihre Druckaufträge zur Verfügung steht, prüfen Sie folgendermaßen:

1. Rufen Sie über das Startmenü die Einstellungen-App auf und hier die Kategorie **Geräte**.

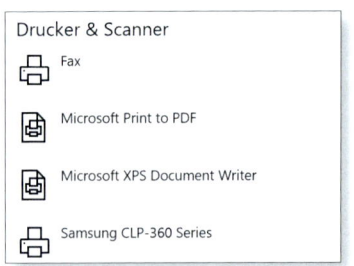

2. Markieren Sie in der linken Spalte **Drucker & Scanner**. In der rechten Spalte werden nun alle entsprechenden Geräte dieser Unterkategorie aufgeführt. Auch der gerade angeschlossene Drucker sollte in der Liste enthalten sein.

Handelt es sich bei Ihrem Drucker um einen WLAN-Drucker, lässt sich dieser auch schnell über das Drahtlosnetzwerk für das Tablet verfügbar machen. Voraussetzung hierfür ist, dass Sie das Tablet bereits an das heimatliche WLAN angeschlossen haben, wie im Abschnitt »Eine WLAN-Verbindung ins Internet herstellen« ab Seite 47 gezeigt. Auch der Drucker sollte im gleichen WLAN eingebunden sein. Sind beide Geräte eingeschaltet, gehen Sie folgendermaßen vor:

1. Rufen Sie, wie oben gezeigt, Start ▸ Einstellungen ▸ Geräte ▸ Drucker & Scanner auf. Tippen Sie anschließend in der rechten Spalte auf **Drucker oder Scanner hinzufügen**.

Windows 10 sucht nun nach neuen Geräten. Im Normalfall wird der Drucker bereits nach einem kurzen Moment aufgeführt. Ist dies nicht der Fall, fahren Sie so fort:

2. Tippen Sie auf **Der gewünschte Drucker ist nicht aufgelistet** ❶.

3. Im Dialog **Drucker hinzufügen** markieren Sie die Option **Bluetooth-, Drahtlos- oder Netzwerkdrucker hinzufügen** ❷. Bestätigen Sie mit **Weiter**.

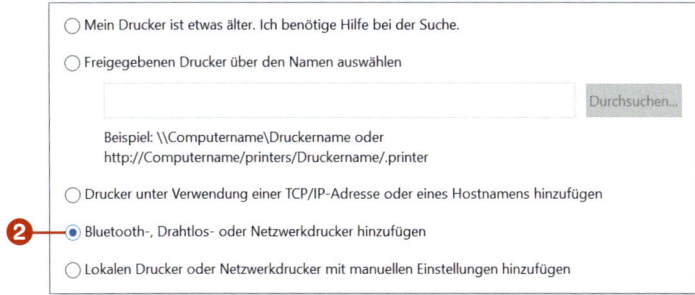

○ Mein Drucker ist etwas älter. Ich benötige Hilfe bei der Suche.

○ Freigegebenen Drucker über den Namen auswählen

Durchsuchen…

Beispiel: \\Computername\Druckername oder
http://Computername/printers/Druckername/.printer

○ Drucker unter Verwendung einer TCP/IP-Adresse oder eines Hostnamens hinzufügen

● Bluetooth-, Drahtlos- oder Netzwerkdrucker hinzufügen

○ Lokalen Drucker oder Netzwerkdrucker mit manuellen Einstellungen hinzufügen

4. Windows 10 beginnt nun die Suche nach dem WLAN-Drucker. Wird der Drucker im Dialog **Gerät hinzufügen** aufgeführt, markieren Sie ihn und bestätigen mit **Weiter**. Er erscheint anschließend in der Liste der Drucker und Scanner in der Einstellungen-App.

Geräte per Bluetooth verbinden

Viele Geräte, wie etwa ein Headset (also eine Kombination aus Kopfhörer und Mikrofon), ein Lautsprecher, eine Tastatur, Computermaus oder auch spezielle Tabletstifte, können über die Funktechnik *Bluetooth* mit dem Tablet verbunden werden. Auf diese Weise lässt sich sogar ein Smartphone mit dem Tablet verbinden. Damit das Tablet das entsprechende Gerät finden kann, muss seine Bluetooth-Funktion eingeschaltet sein. Wie Sie dies im Einzelnen für Ihr drahtloses Gerät einstellen, entnehmen Sie bitte dem Benutzerhandbuch, das dem Gerät entweder beim Kauf beiliegt oder über das Internet auf der Webseite des Geräteherstellers verfügbar ist.

Wenn Sie die Verbindung zwischen dem Gerät, etwa einem Tabletstift, und dem Tablet herstellen, sollte der räumliche Abstand zwischen beiden Geräten nicht zu groß sein. Die folgenden Schritte nehmen Sie an Ihrem Windows-Tablet vor:

1. Rufen Sie über das Startmenü mit einem Tipp auf das Zahnradsymbol ⚙ die Einstellungen-App auf und hier die Kategorie **Geräte**.

Geräte
Bluetooth, Drucker, Maus

2. Stellen Sie sicher, dass in der linken Spalte **Bluetooth- und andere Geräte** ❶ markiert ist. Setzen Sie in der rechten Spalte den Regler **Bluetooth** per Tipp auf **Ein** ❷.

3. Tippen Sie auf **Bluetooth- oder anderes Gerät hinzufügen** ❸ und im folgenden Dialog auf **Bluetooth**. Verfügt das Gerät, also etwa der Tablet-stift, über eine Taste zur Aktivierung der Bluetooth-Funktion, halten Sie diese jetzt für einen Moment gedrückt.

4. Windows 10 sucht nun nach verfügbaren Geräten und listet diese dann auf. Markieren Sie das gewünschte Gerät ❹. Im Falle eines Stifts sind damit keine weiteren Schritte mehr nötig, und Sie können den Dialog mit **Fertig** schließen.

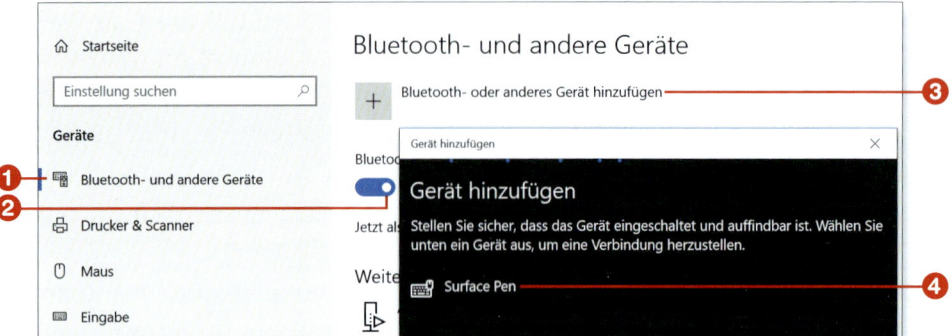

5. Bei manchen Geräten (z. B. einer Tastatur oder auch einem Smartphone) ist noch die Eingabe eines Codes nötig. Sollten Sie dazu aufgefordert werden, tippen Sie auf **Koppeln**.

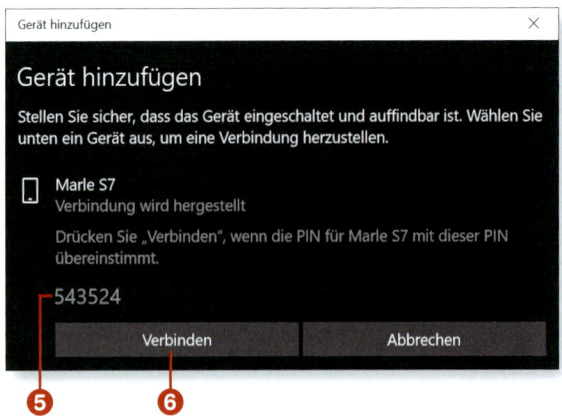

6. Auf dem Bildschirm des Tablets wird eine PIN ❺ eingeblendet, die Sie nun auf dem Gerät entweder eingeben (etwa bei einer Tastatur) oder – im Falle eines Smartphones – auf dem Gerät mit einem Tipp bestätigen. Auf dem Tablet bestätigen Sie die erfolgreiche Kopplung mit einem Tipp auf **Verbinden** ❻.

Das gerade verbundene Gerät wird nun in der Geräteliste als **Gekoppelt** aufgeführt und kann genutzt werden.

Kapitel 4

So starten und beenden Sie Apps

Das Tablet ist eingerichtet und auch die wichtigsten Einstellungen haben Sie, wie im vorherigen Kapitel beschrieben, bereits vorgenommen. In diesem Kapitel werden wir uns nun ansehen, wie Sie Apps auf einem Tablet öffnen, zwischen geöffneten Anwendungen wechseln und eine App auch wieder beenden. Wie Sie hierbei jeweils vorgehen, hängt vom Modus ab, in dem Sie mit dem Tablet arbeiten. So bietet der Tabletmodus einige Besonderheiten, die im Desktopmodus nicht zur Verfügung stehen und umgekehrt. Was es mit den beiden Modi auf sich hat, lesen Sie in Kapitel 2, »Erste Schritte mit dem Tablet«, ab Seite 21. Die Unterschiede beim Start und Schließen von Apps lernen Sie selbstverständlich auf den folgenden Seiten kennen.

So öffnen Sie Apps per Fingergesten

Eine App ist blitzschnell gestartet: Ein Tipp auf das entsprechende Symbol reicht, und schon wird die damit verknüpfte Anwendung geöffnet. Nun stellt sich nur die Frage: Wo findet man das entsprechende App-Symbol? Im Folgenden lernen Sie anhand von Beispielen drei Wege zum Aufruf einer App kennen:

1. über den Kachelbereich im Startmenü

2. über die App-Liste des Startmenüs

3. über die Cortana-Suchfunktion

Als erste Anwendung wählen wir in unserem Beispiel die *Wetter*-App, die unter Windows 10 schon vorinstalliert ist. Für die Anwendung existiert eine Kachel im Startmenü. Dabei handelt es sich um eine sog. *Live-*

Kachel, d. h., die Wetterinformationen, die auf der Kachel eingeblendet werden, werden in regelmäßigen Abständen aktualisiert.

1. Haben Sie an Ihrem Tablet eine Tastatur angeschlossen und den Desktopmodus aktiviert, muss das Startmenü zunächst eingeblendet werden. Hierzu drücken Sie entweder auf dem Bildschirm oder auf der Tastatur die ⊞-Taste. Alternativ können Sie auch auf das Windows-Logo ⊞ ❶ in der linken Ecke der Taskleiste klicken. Wenn Sie Ihr Tablet im Tabletmodus nutzen, wird das Startmenü nach dem Einschalten des Computers bereits über den vollen Bildschirm hinweg angezeigt.

2. Im rechten Bereich des Startmenüs finden Sie eine eigene Kachel für die Wetter-App. Tippen Sie auf die Kachel ❷.

3. Wenn Sie die Wetter-App das erste Mal starten, müssen Sie zunächst den gewünschten Ort für die Wettervorhersage festlegen. Tippen Sie hierzu in das Feld **Suchen**, und geben Sie den Ortsnamen ein ❸. Wird der gewünschte Ort vorgeschlagen, wählen Sie ihn per Tipp aus. Im Kasten »Die Wetter-App im Einsatz« auf Seite 79 erfahren Sie, wie Sie den Ort auch über die Kartenansicht auswählen können.

4. Wenn Sie auf dem Tablet den Positionsdienst eingeschaltet haben, können Sie sich auch die Wetterinformationen Ihres aktuellen Aufenthaltsortes anzeigen lassen. Hierzu müssen Sie lediglich die Option **Standort erkennen** ❹ auswählen. Wie Sie die Standortermittlung aktivieren, erfahren Sie im Abschnitt »Den Positionsdienst zur Standortermittlung ein- und ausschalten« ab Seite 305.

5. Mit einem Tipp auf **Starten** ❺ gelangen Sie zur Wettervorhersage für den ausgewählten Ort.

ℹ️ **Die Wetter-App im Einsatz**

Die Wetter-App kann den von Ihnen angegebenen Ort nicht finden? In diesem Fall rufen Sie nach Schritt 5 per Tipp auf das Symbol ☾ die Kartenansicht auf. Zum Vergrößern des Kartenausschnitts ziehen Sie entweder zwei Finger auf dem Bildschirm auseinander oder nutzen das Plussymbol in der rechten oberen Ecke der Wetterkarte. Um den Kartenausschnitt zu verschieben, reicht eine entsprechende Wischbewegung mit dem Finger über den Bildschirm. Tippen Sie am unteren Bildschirmrand auf das Wiedergabesymbol, zeigt Ihnen die Wetter-App die Temperaturentwicklung für die nächsten 24 Stunden an. Nach einem Tipp auf **Niederschlag** erfahren Sie, ob es regnen wird oder nicht. Wenn Sie an den Wettervorhersagen weiterer Orte interessiert sind, tippen Sie in der Menüleiste links auf das Symbol **Favoriten** ⧉. Tippen Sie auf das Plussymbol, und geben Sie den nächsten Ortsnamen ein. Sobald der Ortsname vorgeschlagen wird, markieren Sie ihn per Tipp. Über das Symbol **Favoriten** ⧉ erreichen Sie zukünftig alle Orte, die Sie der

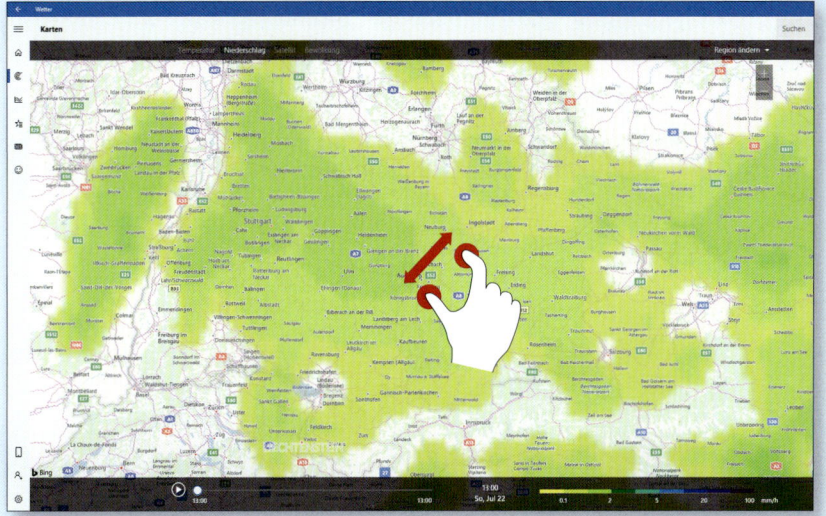

Wetter-App hinzugefügt haben. Die wichtigsten Wetterinformationen zeigt Ihnen die App bereits auf der Kachel im Startmenü an.

< *Mit der Wetter-App behalten Sie Temperaturen und Niederschläge immer im Blick.*

Im Tabletmodus wird das Fenster einer App grundsätzlich im Vollbildmodus geöffnet und somit über den gesamten Bildschirm hinweg angezeigt. Arbeiten Sie im Desktopmodus, nimmt das Fenster hingegen nur einen Teil des Bildschirms ein. Soll es auch in diesem Modus den gesamten Bildschirm ausfüllen, tippen Sie oben rechts auf das Maximieren-Symbol ▫ .

Im Tabletmodus bietet das Startmenü zwar viel Platz für Kacheln, doch nicht jede Anwendung ist hier mit einem eigenen Eintrag vertreten. Im Abschnitt »Verknüpfungen zu Apps, Ordnern und Co. an das Startmenü heften« ab Seite 102 erfahren Sie, wie Sie für Ihre Lieblings-Apps selbst Kacheln im Startmenü hinterlegen.

Für die nächste App, die geöffnet werden soll – die *Sport*-App –, existiert normalerweise noch keine Kachel im Startmenü. In einem solchen Fall führt der Weg zum Start der App über die App-Liste des Startmenüs, in der Sie alle auf dem Computer installierten Anwendungen finden.

1. Blenden Sie zunächst per Tipp auf das Windows-Logo ⊞ in der Taskleiste ❶ oder am Bildschirmrand das Startmenü ein.

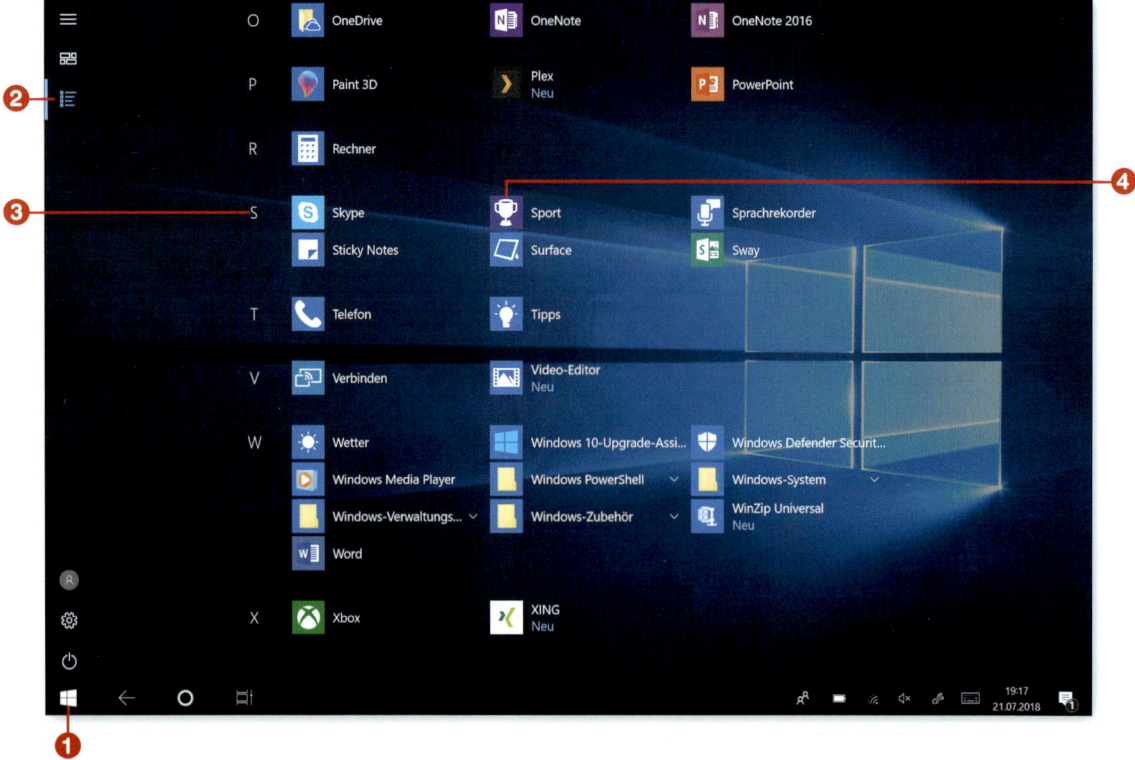

2. Ist auf Ihrem Gerät der Tabletmodus aktiviert, müssen Sie nun oben links auf das Symbol **Alle Apps** ▤ tippen ❷. Anschließend werden alle auf dem Tablet installierten Anwendungen alphabetisch sortiert aufgelistet. Arbeiten Sie im Desktopmodus, wird diese Liste bereits links vom Kachelbereich angezeigt.

3. Blättern Sie jetzt mit einer vertikalen Wischbewegung von unten nach oben, bis die Anwendungen angezeigt werden, die mit dem Buchstaben **S** ❸ beginnen. Alternativ können Sie auch auf einen Buchstaben zu Beginn der Liste tippen (z. B. auf den Buchstaben **A**) und in der Übersicht dann den Buchstaben **S** auswählen.

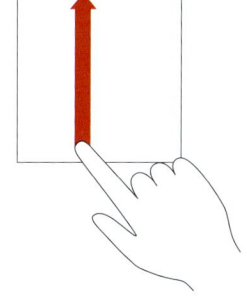

4. Mit einem Tipp auf die gewünschte App, in unserem Beispiel **Sport** ❹, starten Sie die Anwendung.

Auch das Fenster der Sport-App wird im Tabletmodus über den gesamten Bildschirm hinweg angezeigt. Bereits geöffnete Anwendungen, wie die Wetter-App, sind hierdurch komplett überdeckt. Arbeiten Sie im Desktopmodus und haben die Fenster nicht maximiert, kann es sein, dass ein Teil des bereits geöffneten Anwendungsfensters noch hinter der gerade geöffneten Sport-App zu sehen ist. Wie Sie zwischen geöffneten Anwendungen wechseln, erfahren Sie im nächsten Abschnitt ab Seite 83.

⌄ *Im Tabletmodus überdeckt die Sport-App alle bereits geöffneten Anwendungen.*

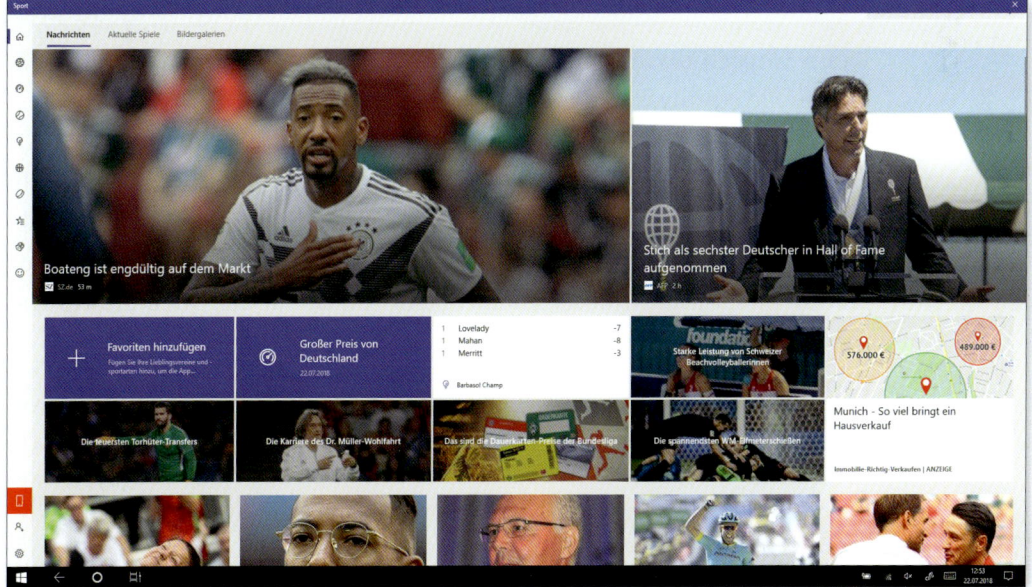

Manche Anwendungen werden in der App-Liste des Startmenüs nicht direkt aufgeführt, sondern nochmals in einem Ordner zusammengefasst. Dieser ist gut am Ordnersymbol sowie einem kleinen Pfeil rechts davon zu erkennen ❺. Mit einem Tipp auf den Ordner blenden Sie die Untereinträge ein. Ein Beispiel für eine Anwendung, die in einem Ordner versteckt ist, ist der *Explorer*. Ist auf Ihrem Computer der Tabletmodus aktiviert, müssten Sie zum Öffnen des Datei-Managers zunächst im Startmenü über das Symbol ▤ die App-Liste einblenden und dann per Tipp auf **Windows-System** ❻ den Inhalt dieses Ordners. Erst jetzt könnten Sie den Explorer ❼ mit einem Tipp auswählen.

∧ *Einige Anwendungen werden in Ordnern zusammengefasst.*

Wenn Sie sich diesen doch etwas umständlichen Weg sparen möchten, nutzen Sie stattdessen das Cortana-Suchfeld:

1. Tippen Sie in der Taskleiste auf das Cortana-Symbol ⭕ ❽. Oberhalb der Taskleiste wird nun das Cortana-Suchfeld eingeblendet, das im Desktopmodus schon in der Taskleiste zu sehen ist. Wenn Sie keine Tastatur an das Tablet angeschlossen haben, müssen Sie in das Suchfeld tippen, um die virtuelle Tastatur einzublenden.

2. Geben Sie als Suchbegriff »Explorer« ❾ ein (Groß- oder Kleinschreibung spielt hierbei keine Rolle), und tippen Sie auf die Eingabe-Taste ❿.

3. Sobald in der Ergebnisliste oberhalb des Suchfelds der Eintrag **Explorer Desktop-App** ⓫ erscheint, tippen Sie ihn an.

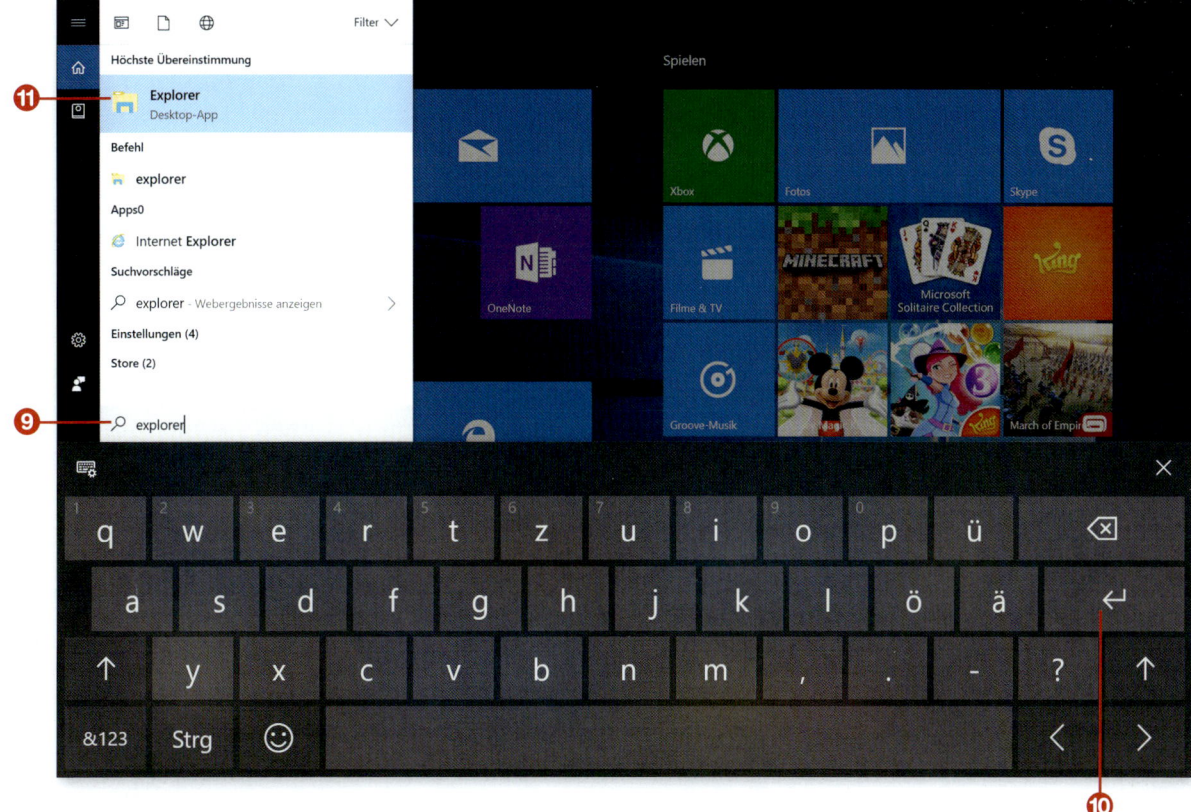

Im Tabletmodus wird auch der Explorer im Vollbildmodus geöffnet. In Kapitel 8, »Dateien und Ordner im Blick mit dem Explorer«, ab Seite 185 lernen Sie den Datei-Manager noch ausführlich kennen. In diesem Kapitel liegt unser Fokus auf dem Umgang mit den geöffneten Anwendungsfenstern. Im nächsten Abschnitt erfahren Sie, wie Sie zwischen den geöffneten Apps wechseln.

Schnelle Wege, um zwischen geöffneten Apps zu wechseln

Im vorherigen Abschnitt haben Sie drei Wege kennengelernt, um Apps zu öffnen. In unserem Beispiel wurden so nacheinander die Wetter-App, die Sport-App und abschließend der Explorer gestartet. Da das Anwendungsfenster des Datei-Managers zuletzt geöffnet wurde, überdeckt es

^ *Über das Pfeil-symbol kehren Sie zu zuvor besuchten Apps zurück.*

die anderen beiden Apps. Doch wie kehren Sie nun zu den zuvor geöffneten Anwendungen zurück?

Ist auf Ihrem Tablet der Tabletmodus aktiviert, finden Sie in der Taskleiste rechts vom Windows-Logo ein kleines Pfeilsymbol ←. Tippen Sie hierauf ❶, wird jeweils das Fenster der zuvor besuchten Anwendung auf dem Bildschirm angezeigt. Einfacher und vor allem schneller wechseln Sie allerdings mithilfe der *Taskansicht* zwischen den geöffneten Anwendungen.

1. Wischen Sie mit dem Finger vom linken Bildschirmrand Richtung Bildmitte, um die Übersicht über alle geöffneten Anwendungen – auch Taskansicht genannt – einzublenden. Alternativ können Sie auch auf das Symbol **Aktive Anwendungen** 🖵 ❷ in der Taskleiste tippen.

2. In der oberen Bildschirmhälfte werden alle geöffneten Apps jeweils mit einer Miniaturansicht aufgelistet. Ein Tipp auf eine Vorschau ❸ reicht, und schon findet sich das entsprechende App-Fenster wieder im Vordergrund.

➕ **Blitzschnell zu besuchten Webseiten und Dateien**

Die Taskansicht, die Sie per Tipp auf das Symbol 🖼 einblenden, zeigt nicht nur eine Übersicht über aktuell geöffnete Anwendungen, sondern auch über alle in letzter Zeit besuchten Webseiten und Dateien. Sind Sie mit einem lokalen Benutzerkonto am Tablet angemeldet, reicht die Anzeige etwa eine Woche zurück. Ist das Benutzerkonto mit einem Microsoft-Konto verknüpft, zeigt Ihnen diese *Timeline*-Funktion sogar die Aktivitäten der letzten 30 Tage an. Mithilfe des Schiebereglers in der Zeitleiste ❹ am rechten Bildschirmrand blättern Sie in der Liste. Alternativ können Sie mit dem Finger auch vertikal über den Bildschirm wischen. Möchten Sie z. B. eine der aufgeführten Dateien öffnen, reicht ein Tipp auf die entsprechende Vorschau. Wenn Sie eine Vorschau in der Timeline-Ansicht entfernen möchten, halten Sie den Finger etwas länger darauf gedrückt. Im Kontextmenü, das nach einem kurzen Moment eingeblendet wird, tippen Sie dann auf **Entfernen**.

Wer sein Tablet im Desktopmodus nutzt, findet in der Taskleiste für jede geöffnete Anwendung ein eigenes Symbol. Im Tabletmodus zeigt sich der linke Rand der Taskleiste mit dem Windows-Logo ⊞, dem Pfeil ←, dem Cortana-Symbol ⓞ sowie dem Symbol **Aktive Anwendungen** 🖼 dagegen recht übersichtlich. Das ist schade, denn die App-Symbole in der Taskleiste sind ausgesprochen praktisch: Ein Tipp auf ein Symbol reicht, und schon wird die entsprechende App im Vordergrund des Bildschirms angezeigt. Ein erneuter Tipp auf das Symbol minimiert das Anwendungsfenster. Noch schneller lässt sich kaum zwischen geöffneten Anwendungen wechseln. Wer deshalb auch im Tabletmodus nicht auf die App-Symbole in der Taskleiste verzichten möchte, kann sie schnell einblenden:

1. Tippen Sie mit dem Finger auf eine freie Stelle der Taskleiste (❶ auf Seite 86). Halten Sie den Finger so lange gedrückt, bis rund um den Finger ein Quadrat erscheint.

2. Heben Sie den Finger nun vom Bildschirm, wird das Kontextmenü eingeblendet. Versehen Sie den Eintrag **App-Symbole anzeigen** ❷ per Fingertipp mit einem Häkchen.

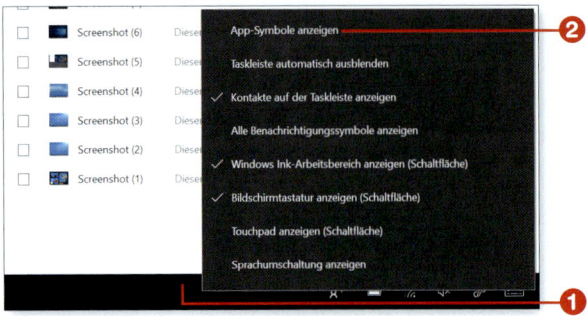

In der Taskleiste sind sofort die Symbole aller geöffneten Anwendungen zu sehen ❸. Und nicht nur das: Auch die Verknüpfungen zu häufig genutzten Anwendungen, die Windows 10 hier bereits angelegt hat, sind nun sichtbar. Bei den Apps handelt es sich um den Browser Edge ❹, den Explorer ❺, den Microsoft Store ❻ sowie die Mail-App ❼ (lesen Sie hierzu auch den folgenden Kasten »Programme an die Taskleiste heften«). Die Symbole von bereits geöffneten Anwendungen sind am unteren Rand mit einer dünnen Linie versehen ❽. Befindet sich das Fenster einer Anwendung auf dem Bildschirm im Vordergrund, ist das Symbol außerdem leicht grau hervorgehoben, wie im Bild unten am Beispiel des Explorers zu sehen ❺.

> *Über die App-*
> *Symbole in der*
> *Taskleiste wechseln*
> *Sie am schnellsten*
> *zwischen geöffneten*
> *Anwendungen.*

➕ **Programme an die Taskleiste heften**

Ein Tipp auf das Symbol für Edge, Explorer, Microsoft Store oder auch Mail-App in der Taskleiste reicht, und schon wird die damit verknüpfte Anwendung geöffnet. Haben Sie noch eine andere App, die Sie häufig verwenden und für die Sie gerne ein Symbol in der Taskleiste verankern möchten? Dann öffnen Sie die App zunächst. Sobald das Symbol der App in der Taskleiste eingeblendet wird, tippen Sie es an und halten den Finger etwas länger auf dem Symbol gedrückt. Erscheint rund um den Finger ein Quadrat, heben Sie den Finger vom Bildschirm. Im aufklappenden Kontextmenü wählen Sie nun **An Taskleiste anheften**. Das App-Symbol bleibt nun auch dann in der Taskleiste sichtbar, wenn Sie die App schließen. Umgekehrt können Sie natürlich auch Symbole aus der Taskleiste entfernen. In diesem Fall wird nach einem längeren Tipp auf das App-Symbol im Kontextmenü der Befehl **Von der Taskleiste lösen** angeboten.

Zwei App-Fenster nebeneinander anzeigen

Im Tabletmodus wird jedes Anwendungsfenster über die gesamte Bildschirmgröße hinweg angezeigt. Ein Verkleinern des Fensters ist nicht möglich. Manchmal wäre es allerdings ganz praktisch, wenn man zumindest zwei Anwendungsfenster nebeneinander anzeigen könnte. Mit einem kleinen Trick ist dies auch schnell umgesetzt. Die folgenden Schritte funktionieren zwar auch im Desktopmodus. Sie tun sich dort aber bedeutend leichter, wenn Sie sie mit der Maus bzw. dem Touchpad ausführen.

1. Öffnen Sie zunächst die beiden Apps, deren Fenster nebeneinander angezeigt werden sollen.

2. Tippen Sie mit dem Finger auf die Titelleiste der App ❶, deren Fenster sich im Vordergrund des Bildschirms befindet. Nutzen Sie Maus oder Touchpad, positionieren Sie den Mauszeiger auf der Titelleiste.

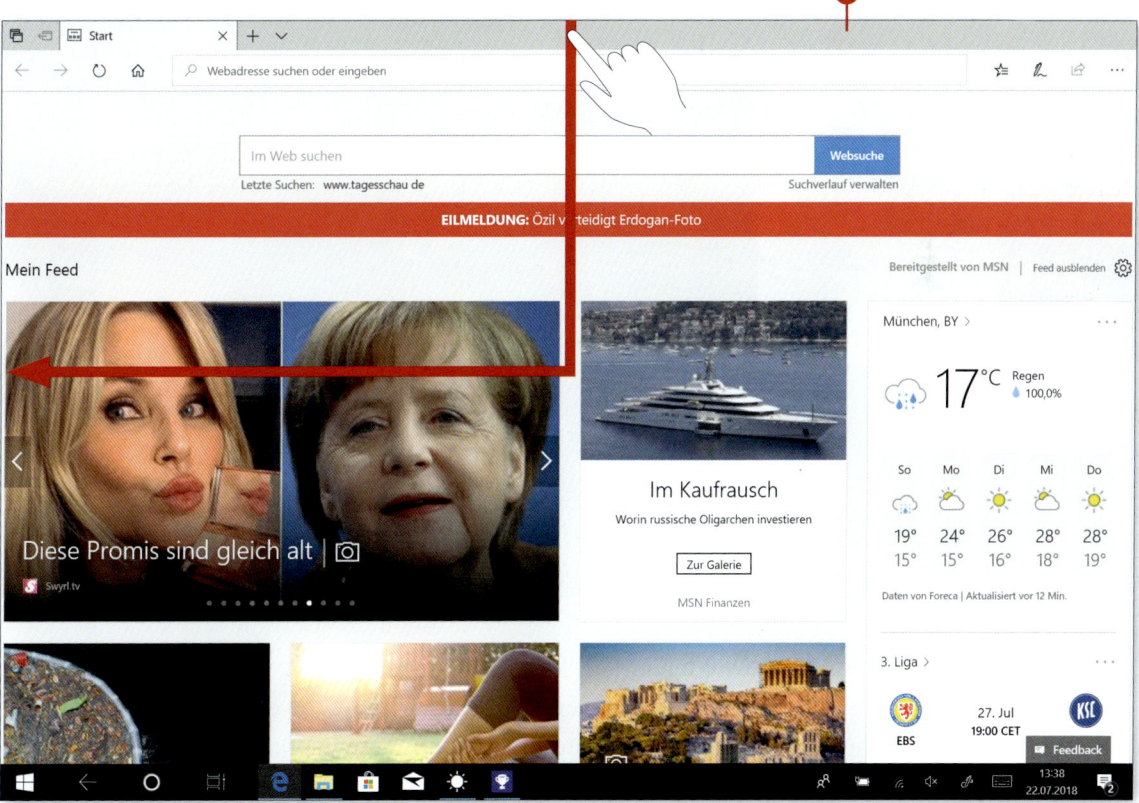

3. Ziehen Sie den Finger nun an den rechten bzw. linken Bildschirm-rand, je nachdem, ob das Programmfenster in der rechten bzw. linken Fensterhälfte angezeigt werden soll. Im Falle von Maus und Touchpad halten Sie die linke Maus- bzw. Touchpad-Taste während des Ziehens ge-drückt.

4. Sobald Sie mit dem Finger die gewünschte Bildschirmhälfte erreicht haben, wird in der Bildschirmmitte ein Balken eingeblendet ❷. Heben Sie nun den Finger vom Bildschirm. Arbeiten Sie mit der Maus oder dem Touchpad, ziehen Sie den Mauszeiger bis an den Bildschirmrand. Sobald ein transparenter Rahmen sichtbar wird, lassen Sie die Taste los.

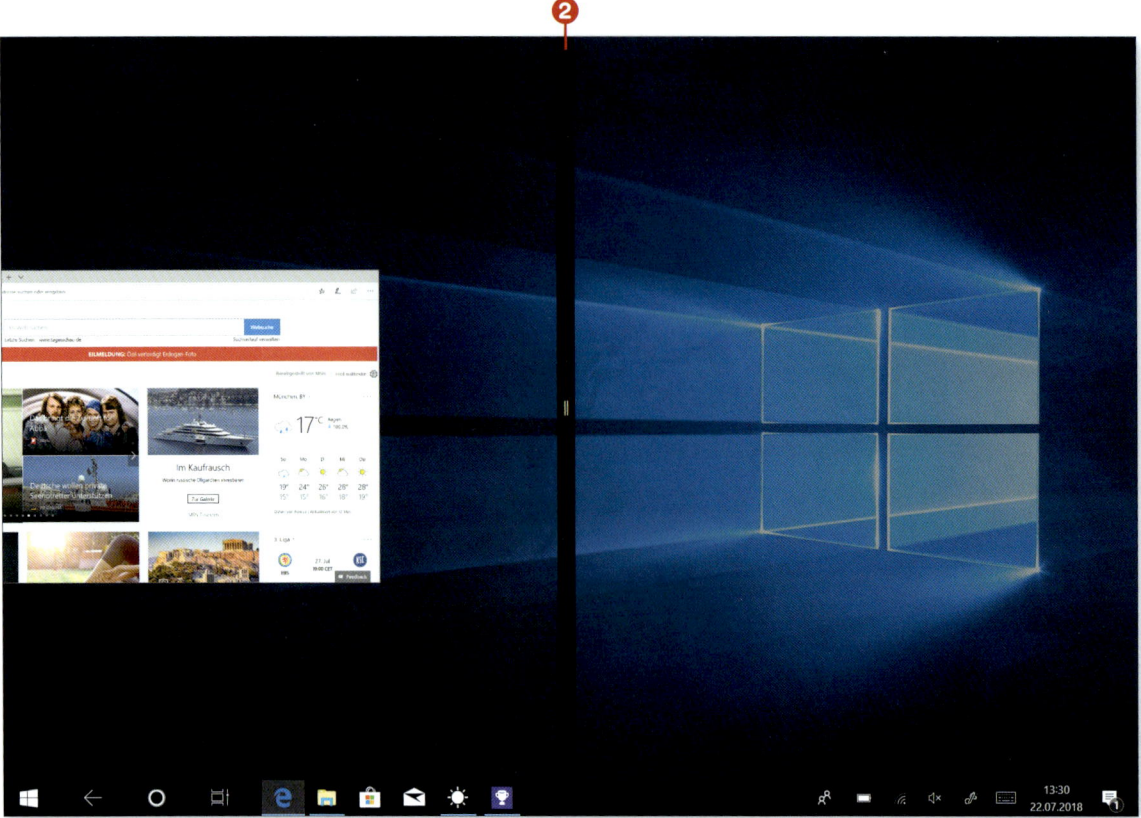

5. Das erste Programmfenster wird nun in der einen Bildschirmhälfte angezeigt. In der anderen Hälfte finden Sie jeweils eine Vorschau aller anderen bereits geöffneten Anwendungen. Tippen oder klicken Sie das Programm an, das in der anderen Fensterhälfte angezeigt werden soll.

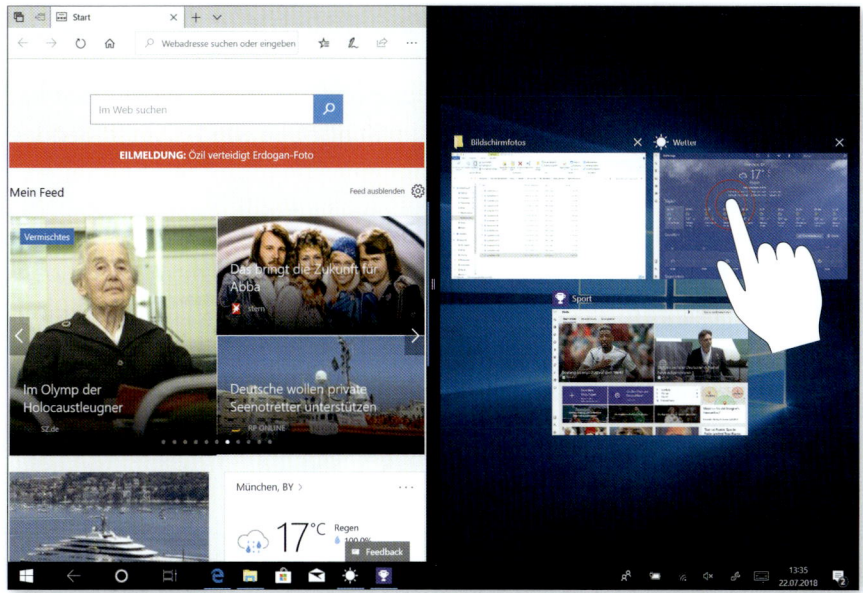

6. Möchten Sie die Breite eines der beiden Programmfenster verändern, verschieben Sie einfach den Balken zwischen den Fenstern.

7. Um ein Fenster wieder in voller Größe, also über den gesamten Bildschirm hinweg, anzuzeigen, ziehen Sie den Balken in Richtung des zweiten Programmfensters bis an den äußersten Bildschirmrand.

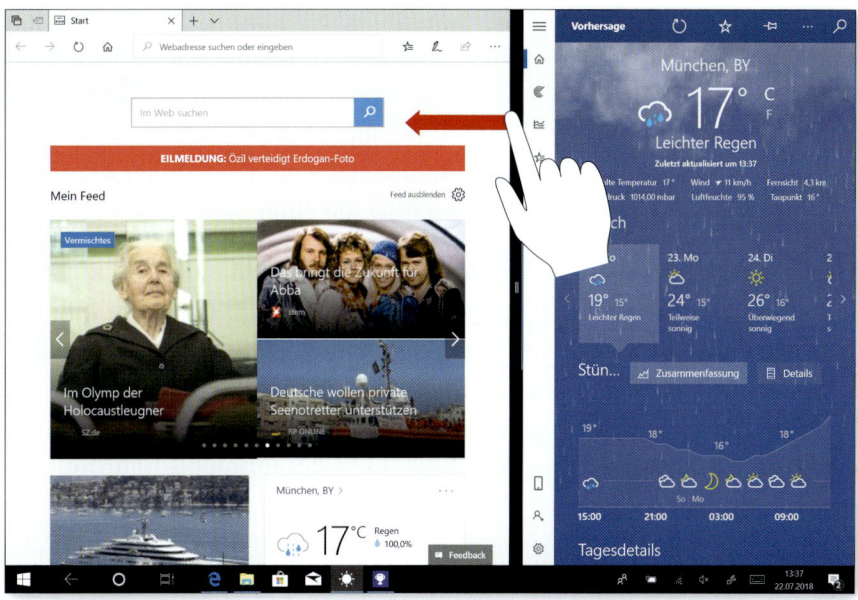

Arbeit beendet: So schließen Sie geöffnete Apps

So schnell eine App geöffnet ist, so schnell ist sie auch wieder beendet.
Wie für den Start stehen Ihnen auch zum Schließen wieder verschiedene
Möglichkeiten zur Auswahl:

■ Arbeiten Sie im Tabletmodus und befindet sich das Fenster der zu be-
endenden App im Vordergrund, setzen Sie den Finger auf den oberen Rand des Fensters. Ziehen Sie den Finger dann ganz nach unten
bis zum unteren Bildschirmrand ❶. Sobald Sie den Finger vom Bildschirm nehmen, wird das Programm geschlossen.

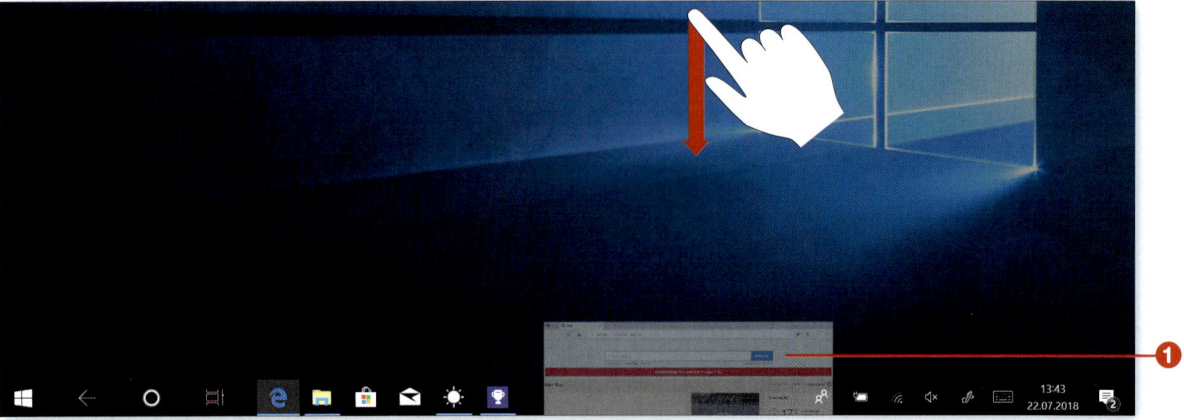

■ Im Desktopmodus funktioniert die gerade beschriebene Fingergeste
leider nicht. Hier müssen Sie auf das Schließen-Symbol ☒ ❷ in der
oberen rechten Ecke des Programmfensters tippen. Ist die Titelleiste
mit dem Symbol nicht zu sehen, wischen Sie mit dem Finger kurz vom
oberen Bildschirmrand nach unten, um sie einzublenden.

■ Befindet sich das Fenster der App, die Sie beenden möchten, nicht im
Vordergrund, können Sie auch den Weg über die Taskansicht wählen.
Blenden Sie diese per Tipp auf das Symbol **Aktive Anwendungen** 🗗
in der Taskleiste ein. In der rechten oberen Ecke einer jeden Miniatur-
ansicht der geöffneten Apps finden Sie ein kleines Schließen-Symbol
☒. Ein Tipp hierauf, und die Anwendung wird beendet.

Kapitel 5

Ihre ganz persönliche Windows-Oberfläche

Die Farben und das Hintergrundbild der Windows-Oberfläche entsprechen so gar nicht Ihrem Geschmack? Auch die Anordnung der Kacheln im Startmenü würden Sie gerne ändern? Nichts leichter all das. In diesem Kapitel erfahren Sie, wie Sie den Sperrbildschirm, das Startmenü oder auch die Taskleiste und das Info-Center ganz nach Ihren persönlichen Wünschen anpassen.

Ein individuelles Foto für den Sperrbildschirm einrichten

Wenn Sie das Tablet einschalten, bekommen Sie zunächst den *Sperrbildschirm* zu sehen. Er erscheint auch dann, wenn Sie über einen gewissen Zeitraum hinweg keinerlei Eingaben am Gerät vornehmen und der Computer somit in den Energiesparmodus wechselt. Gefällt Ihnen das Bild, das auf dem Sperrbildschirm angezeigt wird, nicht, können Sie es schnell austauschen:

1. Blenden Sie das Startmenü per Tipp auf das Windows-Logo ⊞ in der Taskleiste oder am Bildschirmrand ein, und tippen Sie links auf **Einstellungen** ⚙ ❶.

2. Im Dialog **Windows-Einstellungen** wählen Sie die Kategorie **Personalisierung** aus und auf der folgenden Seite in der linken Spalte den **Sperrbildschirm** ❷.

3. Unterhalb von **Vorschau** ist in der rechten Spalte das aktuelle Bild des Sperrbildschirms zu sehen ❸. Per Standardeinstellung präsentiert Ihnen Microsoft auf dem Sperrbildschirm immer wieder neue Fotos, aber auch die ein oder andere Werbung. Im Feld **Hintergrund** ❹ ist entsprechend **Windows-Blickpunkt** eingestellt. Um ein eigenes Foto für den Sperrbildschirm auszuwählen, tippen Sie in das Feld **Hintergrund** und markieren in der aufklappenden Liste **Bild**.

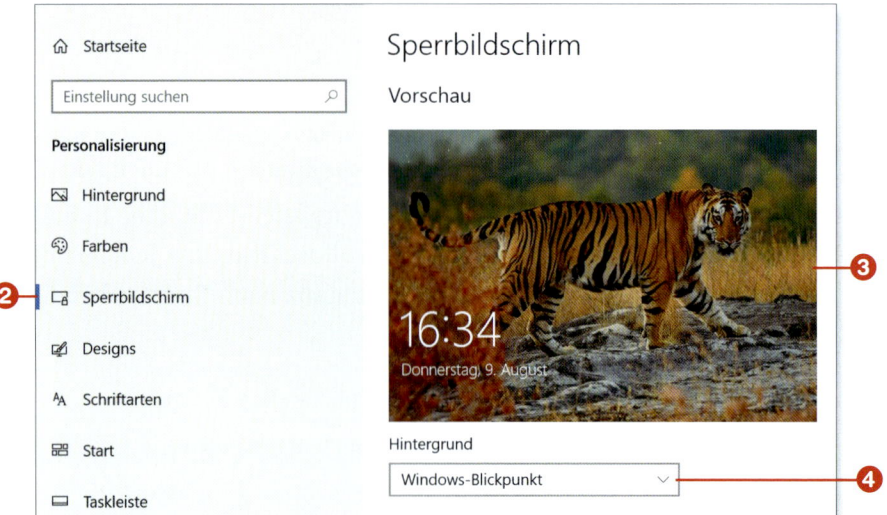

4. Windows 10 schlägt Ihnen unterhalb von **Bild auswählen** einige weitere Fotos vor. Gefällt Ihnen eine der Aufnahmen, reicht ein Tipp darauf ❺, um es zu übernehmen. Um zur eigenen Fotosammlung zu gelangen, tippen Sie auf **Durchsuchen** ❻.

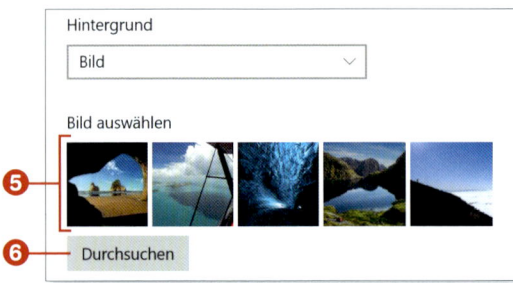

5. Im Dialog **Öffnen** wechseln Sie in den Ordner ❼, in dem sich das gewünschte Bild befindet. Markieren Sie das Foto ❽, und bestätigen Sie mit **Bild auswählen** ❾.

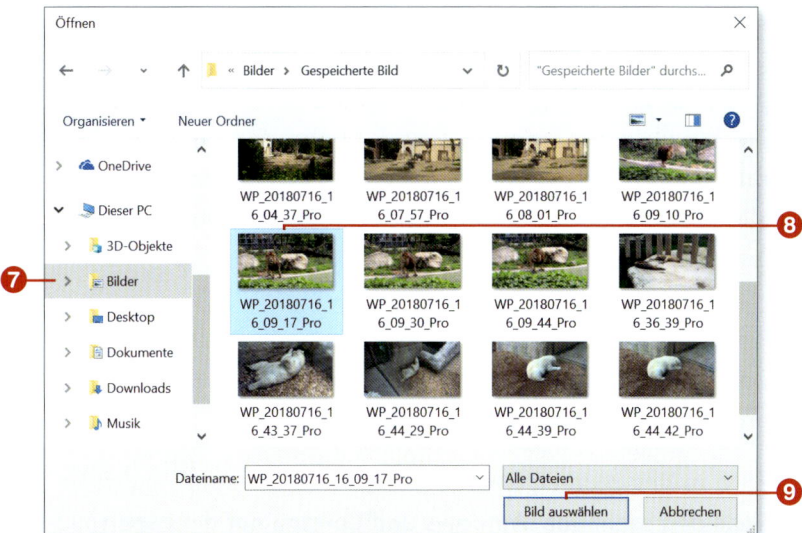

Zukünftig wird das ausgewählte Foto auf dem Sperrbildschirm eingeblendet.

➕ Lieblingsbilder als Diashow auf dem Sperrbildschirm

Statt eines einzelnen Fotos können Sie auf dem Sperrbildschirm auch
eine Diashow Ihrer Lieblingsbilder abspielen. Hierzu wählen Sie in
Schritt 3 auf Seite 92 im Feld **Hintergrund** ❹ die **Diashow** aus. Geben
Sie nichts anderes vor, zeigt Windows 10 alle im Ordner **Bilder** gespeicherten Fotos. Soll nur der Inhalt eines bestimmten Ordners präsentiert
werden, tippen Sie unterhalb von **Album für die Diashow auswählen**
auf **Bilder** und dann auf **Entfernen**. Nach einem Tipp auf **Ordner hinzufügen** markieren Sie das gewünschte Verzeichnis und bestätigen mit
Diesen Ordner auswählen. Nach einem Tipp auf **Erweiterte Diashoweinstellungen** können Sie anschließend noch weitere Einstellungen für
das Abspielen der Diashow vornehmen. Da die Anzeige der Diashow
sehr viel Energie kostet, sollten Sie sich hier allerdings genau überlegen,
ob Sie Einstellungen wie **Diashow im Akkumodus wiedergeben** oder
auch **Bei inaktivem PC Sperrbildschirm anzeigen und Bildschirm nicht
ausschalten** wirklich benötigen. Haben Sie alle Diashoweinstellungen
vorgenommen, kehren Sie im Tabletmodus über das Pfeilsymbol ← in
der Taskleiste zur vorherigen Seite **Sperrbildschirm** zurück. Im Desktopmodus finden Sie den Pfeil in der linken oberen Ecke des Dialogs **Erweiterte Diashoweinstellungen**.

Der Sperrbildschirm wird automatisch eingeblendet, sobald Sie mehrere Minuten lang nicht mit Ihrem Tablet arbeiten. Zusätzlich werden alle geöffneten Apps automatisch angehalten. Wenn Sie möchten, können Sie sich aber weiterhin über neu eingetroffene E-Mails oder auch anstehende Termine informieren lassen. Welche Benachrichtigungen Ihnen Windows 10 auf dem Sperrbildschirm zukommen lassen darf, bestimmen Sie selbst. Und dies funktioniert so:

1. Sollten Sie in der Zwischenzeit den Einstellungen-Dialog **Sperrbildschirm** geschlossen haben, rufen Sie ihn wieder über **Start** ▸ **Einstellungen** ▸ **Personalisierung** ▸ **Sperrbildschirm** auf.

2. Blättern Sie in der rechten Spalte nach unten bis zum Regler **Unterhaltung, Tipps und mehr von Windows und Cortana auf dem Sperrbildschirm anzeigen**. Wenn Sie weder an Werbung noch an Tipps von Windows auf dem Sperrbildschirm interessiert sind, setzen Sie den Regler mit einem Tipp auf **Aus** ❶.

3. Lediglich eine einzige App darf Ihnen ausführliche Informationen auf dem Sperrbildschirm anzeigen. Per Standardeinstellung sieht Windows hierfür die *Kalender*-App vor. Benötigen Sie stattdessen ausführliche Informationen einer anderen App, tippen Sie auf die Kalender-Kachel ❷ unterhalb von **App zum Anzeigen ausführlicher Statusinfos auswählen**.

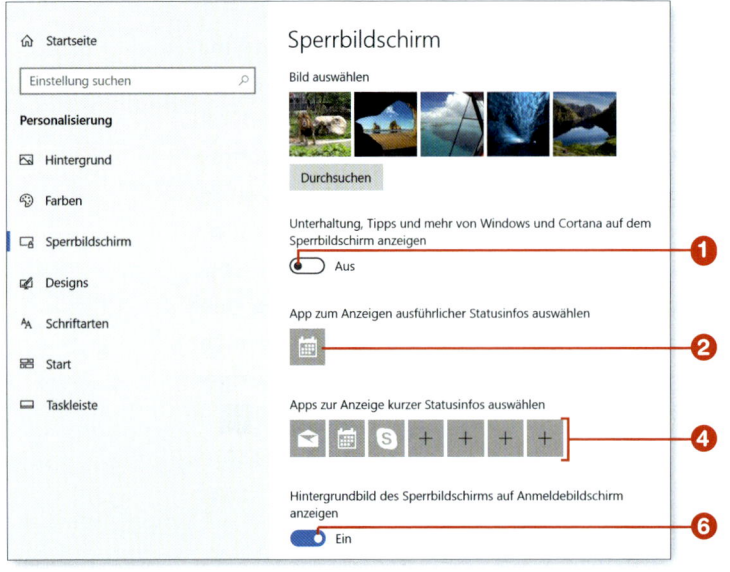
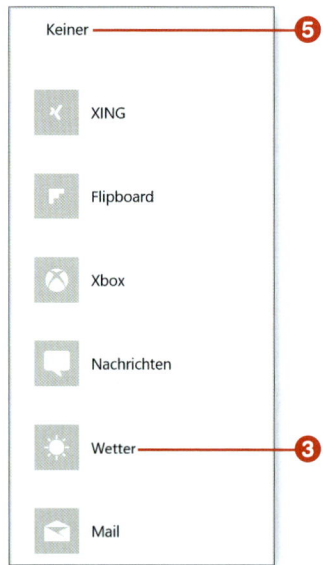

4. Es klappt eine Liste auf, in der alle Apps aufgeführt werden, die auf dem Sperrbildschirm Benachrichtigungen anzeigen können. Markieren Sie die gewünschte App (z. B. **Wetter**) ❸. Ihr Symbol wird nun statt des Kalenders in der Kachel angezeigt.

5. Analog wählen Sie als Nächstes bis zu sieben weitere Apps aus, die Ihnen zumindest kurze Benachrichtigungen auf dem Sperrbildschirm anzeigen dürfen. Tippen Sie hierzu im Bereich **Apps zur Anzeige kurzer Statusinfos auswählen** auf eine App-Kachel oder ein Plussymbol ❹, und markieren Sie in der aufklappenden Liste die gewünschte App.

6. Wenn Sie von einer App keinerlei Benachrichtigungen auf dem Sperrbildschirm wünschen, tippen Sie auf die entsprechende App-Kachel. In der Liste wählen Sie nun den Eintrag **Keiner** ❺ aus. Statt des App-Symbols wird in der kleinen Kachel dann stattdessen das Plussymbol eingeblendet.

7. Um das Tablet bei eingeblendetem Sperrbildschirm zu entsperren, reicht eine kurze Wischbewegung vom unteren Bildschirmrand nach oben. Anschließend ist der Anmeldebildschirm mit allen auf dem Gerät angelegten Benutzerkonten zu sehen. Damit der Anmeldebildschirm nicht einfarbig bleibt, stellen Sie den Regler **Hintergrundbild des Sperrbildschirms auf dem Anmeldebildschirm anzeigen** mit einem Tipp auf **Ein** ❻.

➕ **Das Tablet sperren**

Der Sperrbildschirm wird automatisch eingeblendet, sobald Sie das Tablet für ein paar Minuten nicht nutzen. Im Abschnitt »Die Akkuleistung optimieren« ab Seite 331 erfahren Sie, wie Sie diesen Zeitpunkt selbst festlegen. Sie können den Sperrbildschirm aber auch jederzeit selbst aktivieren und hierdurch das Tablet sperren. Dies ist z. B. sinnvoll, wenn Sie den Raum verlassen und während Ihrer Abwesenheit keiner anderen Person den Zugriff auf das Tablet gestatten wollen. Zum Sperren des Geräts tippen Sie im Startmenü links auf das Symbol Ihres Benutzerkontos 👤 und im aufklappenden Menü auf **Sperren**.

Verschönern Sie Desktop und Startmenü mit einem persönlichen Hintergrund

Wenn auf Ihrem Tablet der Desktopmodus aktiviert ist, bekommen Sie nach der Anmeldung am Computer die Desktopoberfläche zu sehen. Den Hintergrund dieses Desktops ziert ein von Windows vorgegebenes Bild, das Sie aber jederzeit durch ein eigenes Foto austauschen können. Wenn Sie im Tabletmodus arbeiten, müssen Sie auf das Bild zwar nicht verzichten, der Desktop scheint aber nur ganz zart im Hintergrund durch. Wenn Sie für den Desktop ein eigenes Hintergrundbild auswählen möchten, gehen Sie folgendermaßen vor:

1. Rufen Sie über das Startmenü zunächst die **Einstellungen** ⚙ auf. Wählen Sie die Kategorie **Personalisierung** aus. Stellen Sie sicher, dass in der linken Spalte der folgenden Seite **Hintergrund** ❶ markiert ist.

2. Ganz zu Beginn der rechten Spalte wird das aktuelle Hintergrundbild angezeigt. Im Feld **Hintergrund** sollte **Bild** ❷ eingestellt sein. Unterhalb von **Bild auswählen** schlägt Windows 10 Ihnen fünf Fotos vor. Gefällt Ihnen eines davon, tippen Sie es einfach an ❸.

3. Entspricht keines der Fotos Ihren Wünschen, tippen Sie auf die Schaltfläche **Durchsuchen** ❹.

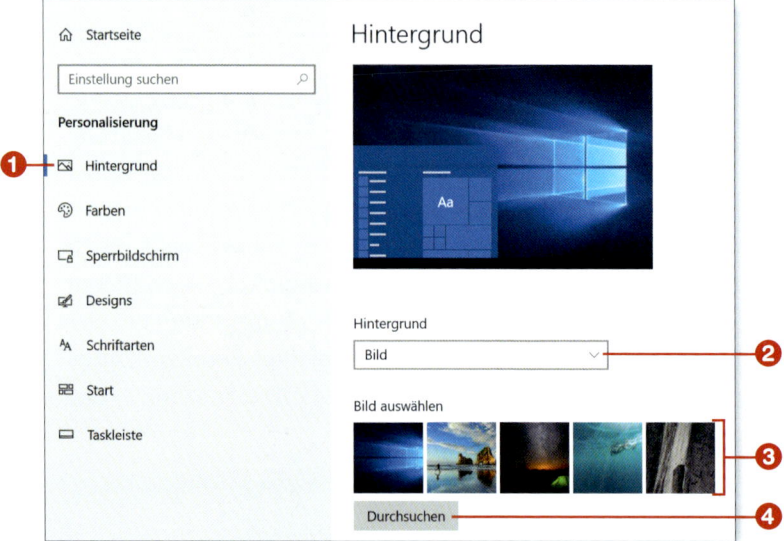

4. Wechseln Sie im Dialog **Öffnen** in den Ordner, in dem sich das Foto befindet, das Sie als Desktophintergrund wählen möchten. Markieren Sie das Bild per Tipp, und bestätigen Sie mit **Bild auswählen**. Das Foto erscheint sofort sowohl in der Vorschau als auch auf dem Desktop selbst.

Statt eines einzelnen Bildes können Sie sich auch eine Diashow Ihrer Lieblingsfotos auf der Desktopoberfläche anzeigen lassen. Hierzu stellen Sie in Schritt 2 im Feld **Hintergrund** die **Diashow** ❺ ein. Windows 10 gibt per Standardeinstellung den gesamten *Bilder*-Ordner für die Diashow vor. Ist Ihnen dies zu viel, können Sie die Auswahl auch eingrenzen. Da Sie hierfür allerdings nur einen kompletten Ordner und nicht einzelne Dateien innerhalb eines Ordners auswählen können, sollten Sie die gewünschten Fotos bereits in einem eigenen Verzeichnis abgelegt haben. Um diesen Ordner dann für die Diashow auszuwählen, tippen Sie im Einstellungen-Dialog unterhalb von **Alben für die Diashow auswählen** auf **Durchsuchen** ❻. Markieren Sie im Dialog **Ordner auswählen** das gewünschte Verzeichnis, und bestätigen Sie mit **Diesen Ordner auswählen**.

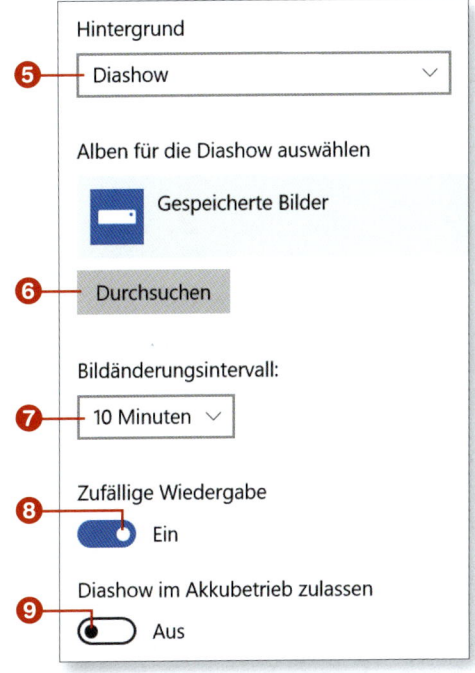

Nach einem Tipp in das Feld **Bildänderungsintervall** ❼ stellen Sie ein, in welchen Zeitabständen die Fotos auf dem Desktop ausgetauscht werden sollen. Möchten Sie, dass die Bilder in zufälliger Reihenfolge angezeigt werden, stellen Sie den Regler **Zufällige Wiedergabe** durch Antippen auf **Ein** ❽. Da die Diashow sehr viel Energie frisst, sollten Sie den Regler **Diashow im Akkubetrieb zulassen** ❾ ausgeschaltet lassen.

∧ Auch die Diashow auf dem Desktop sollten Sie nicht im Akkubetrieb abspielen.

Im nächsten Abschnitt erfahren Sie, wie Sie für mehr Farbe in der Taskleiste sowie den Titelleisten von Dialog- und Anwendungsfenstern sorgen. Den ausgewählten Farbton können Sie auch für das Startmenü übernehmen, falls Ihnen das zart durchscheinende Hintergrundbild des Desktops nicht gefällt.

So bringen Sie mehr Farbe in Task- und Titelleiste

Der Farbton, den Windows 10 für die Taskleiste, das Info-Center sowie die Titelleisten von Anwendungs- und Dialogfenstern vorsieht, ist Ihnen zu trist? Das lässt sich schnell ändern:

1. Sollten Sie den Einstellungen-Dialog, über den Sie, wie zuvor beschrieben, das Aussehen des Desktophintergrunds festgelegt haben, schon wieder geschlossen haben, öffnen Sie ihn über Start ▸ Einstellungen ▸ Personalisierung. Tippen Sie in der linken Spalte auf Farben ❶.

2. Am oberen Rand der rechten Spalte sehen Sie eine Vorschau auf den aktuell ausgewählten Desktophintergrund. Soll Windows 10 automatisch eine Akzentfarbe aus diesem Bild auswählen, versehen Sie das Kontrollkästchen links von Automatisch eine Akzentfarbe aus meinem Hintergrund auswählen per Tipp mit einem Häkchen ❷.

3. Wenn Sie selbst einen Farbton festlegen möchten, blättern Sie in der rechten Spalte etwas nach unten bis zum Bereich Windows-Farben. Gefällt Ihnen einer der Farbtöne, wählen Sie ihn per Tipp aus ❸.

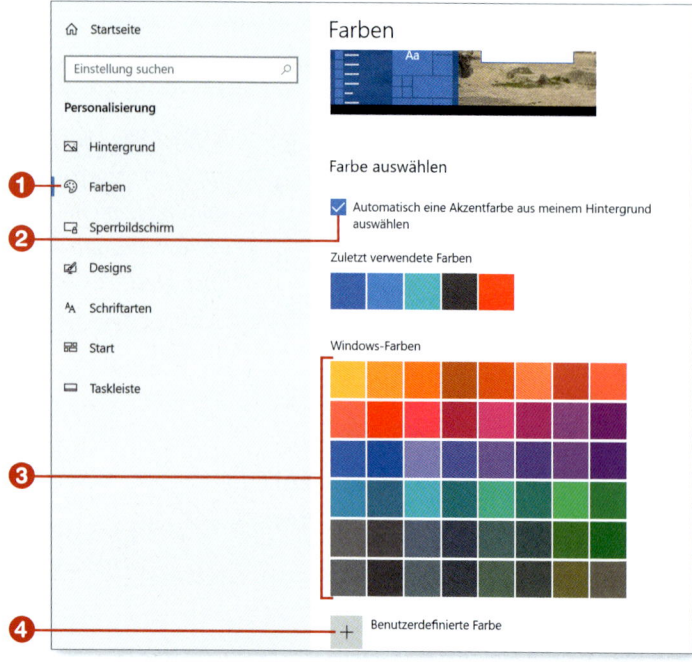

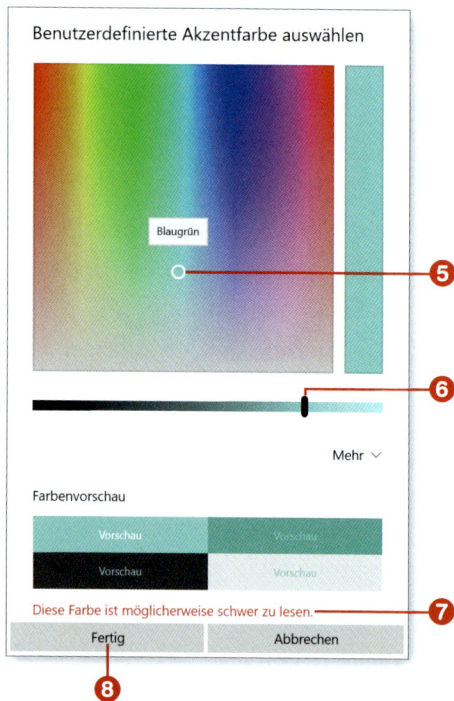

4. Sagt Ihnen keine der Farben zu, tippen Sie unterhalb der Farbpalette auf **Benutzerdefinierte Farbe** ❹. In der nun eingeblendeten Farbskala tippen Sie auf einen Farbton ❺. Über den Schieberegler unterhalb der Skala lässt sich die Farbe noch feiner einstellen ❻. Haben Sie sich für eine schwer lesbare Farbe entschieden, weist Windows 10 Sie im Bereich **Farbenvorschau** darauf hin ❼. In diesem Fall sollten Sie Ihre Farbauswahl korrigieren. Sind Sie mit ihr zufrieden, schließen Sie den Dialog **Benutzerdefinierte Akzentfarbe auswählen** mit **Fertig** ❽.

5. Zurück auf der Seite **Farben** blättern Sie in der rechten Spalte nach unten bis zum Bereich **Weitere Optionen**.

6. Wie im vorherigen Abschnitt beschrieben, scheint das Hintergrundbild des Desktops im Startmenü etwas hindurch. Dies gilt auch für die Taskleiste sowie das Info-Center, das nach einem Tipp auf das Benachrichtigungssymbol 💬 am rechten Rand der Taskleiste eingeblendet wird. Gefällt Ihnen der transparente Hintergrund nicht, setzen Sie den Regler **Transparenzeffekte** per Tipp auf **Aus** ❾.

7. Damit der zuvor ausgewählte Farbton im Startmenü, der Taskleiste und dem Info-Center zu sehen ist, setzen Sie per Tipp ein Häkchen vor **Start, Taskleiste und Info-Center** ❿.

8. Wenn Sie sich auch die Titelleisten von Fenstern etwas farbenfroher wünschen, setzen Sie zusätzlich ein Häkchen vor **Titelleisten** ⓫.

9. In Dialogen erscheint der Text normalerweise in schwarzer Schrift auf weißem Hintergrund. Für die Augen ist aber manchmal genau die umgekehrte Darstellung angenehmer, also weißer Text auf schwarzem Hintergrund. Wenn Sie diese Variante einmal ausprobieren möchten, aktivieren Sie unterhalb von **Standard-App-Modus auswählen** die Option **Dunkel** ⓬. Der Einstellungen-Dialog wird sofort in der neuen Kombination angezeigt. Gefällt Ihnen die Darstellung nicht, aktivieren Sie einfach wieder die Option **Hell**.

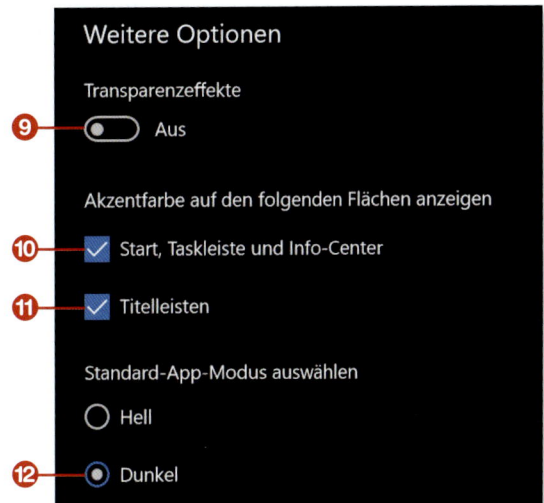

Im nächsten Abschnitt erfahren Sie, wie Sie das Startmenü Ihren Wünschen entsprechend anpassen. Die Einstellungen-App benötigen Sie hierfür zunächst nicht, d. h., Sie können das Anwendungsfenster schließen. Wie Sie hierzu vorgehen, lesen Sie im Abschnitt »Arbeit beendet: So schließen Sie geöffnete Apps« auf Seite 90.

So passen Sie die Kacheln des Startmenüs nach Ihren Wünschen an

Sehen wir uns nun das Startmenü etwas genauer an. Werfen Sie einen Blick auf die einzelnen Kacheln, werden Sie feststellen, dass manche von ihnen in regelmäßigen Abständen ihr Aussehen ändern. So blendet die *Nachrichten*-App z. B. immer wieder aktuelle Schlagzeilen ein. Über die Kachel des Microsoft Stores erhalten Sie wiederum Informationen zu neuen Apps oder auch speziellen Angeboten, die Sie über den Store beziehen können (lesen Sie hierzu auch Kapitel 10, »Apps, Spiele und Filme über den Microsoft Store beziehen«, ab Seite 243). Eine kleine Diashow Ihrer Bildersammlung wird in der Kachel der *Fotos*-App abgespielt. Kacheln, die immer wieder neue Inhalte anzeigen, werden *Live-Kacheln* genannt. Sind Sie an den Informationen nicht interessiert, können Sie sie individuell für jede Live-Kachel deaktivieren.

1. Blenden Sie das Startmenü, falls noch nicht geschehen, per Tipp auf das Windows-Logo ⊞ in der Taskleiste oder auf dem Bildschirmrand ein.

2. Um die Funktion einer Live-Kachel zu deaktivieren, halten Sie den Finger etwas länger auf der entsprechenden Kachel gedrückt. Nach einem kurzen Moment werden in der rechten oberen und unteren Ecke der ausgewählten Kachel zwei Symbole sichtbar.

3. Tippen Sie auf das untere der beiden Symbole ❶ und dann nacheinander auf **Mehr** ❷ ▸ **Live-Kachel deaktivieren** ❸. Die Kachel zeigt nun nur noch ein statisches Bild an. Sollten Sie später doch wieder an den Informationen interessiert sein, wiederholen Sie die drei Schritte und wählen dieses Mal **Mehr** ▸ **Live-Kachel aktivieren**.

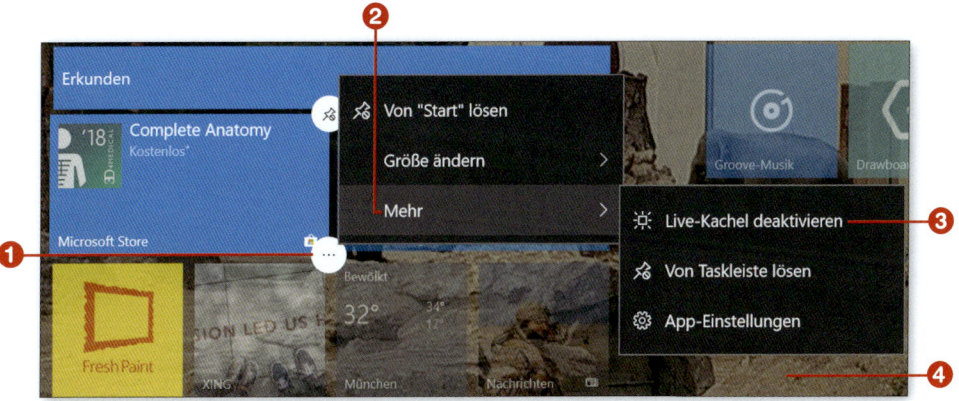

4. Um die Markierung der Kachel und somit die beiden Symbole am rechten Kachelrand aufzuheben, reicht ein Tipp auf einen freien Bereich innerhalb des Startmenüs ❹.

5. Manch eine der Kacheln im Startmenü ist größer, manch eine auch kleiner. Wenn Sie die Größe einer Kachel selbst festlegen möchten, blenden Sie, wie in Schritt 2 gezeigt, die beiden Symbole am rechten Rand der entsprechenden Kachel ein. Tippen Sie auf das untere Symbol ❺ und im aufklappenden Dialog auf **Größe ändern** ❻. Sobald Sie eine der aufgeführten Kachelgrößen ❼ per Tipp auswählen, wird auch schon die Kachel entsprechend angepasst.

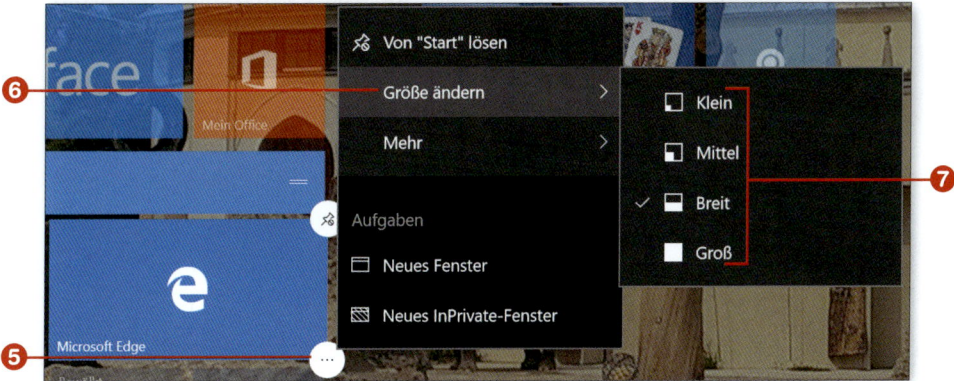

Reicht der Platz an der aktuellen Position im Startmenü nicht aus, wird die Kachel an eine neue Stelle verschoben. Im nächsten Abschnitt erfahren Sie, wie Sie selbst Kacheln neu anordnen, nicht benötigte Kacheln entfernen und dafür Kacheln Ihrer Lieblings-Apps dem Startmenü hinzufügen.

Verknüpfungen zu Apps, Ordnern und Co. an das Startmenü heften

Jede einzelne Kachel im Startmenü stellt eine Verknüpfung zu einer App dar. Tippen Sie auf die Kachel, wird automatisch die damit verbundene Anwendung geöffnet. Welche Kacheln im Startmenü angezeigt werden und welche nicht, liegt ganz in Ihren Händen. Bei einigen der Kacheln, die bereits zu Beginn im Startmenü zu sehen sind, handelt es sich um Werbung für Spiele oder auch andere Apps, die Sie über den Microsoft Store erwerben könnten. Auf solche Werbung kann man meist gut verzichten. Aber auch so manch andere Verknüpfung, die Sie im Startmenü finden, werden Sie persönlich vielleicht gar nicht benötigen. Diese Kacheln sollten Sie gleich entfernen und so Platz schaffen für eigene Verknüpfungen:

1. Blenden Sie, falls noch nicht geschehen, das Startmenü ein. Hierzu reicht z. B. ein Tipp auf das Windows-Logo ⊞ in der Taskleiste.

2. Tippen Sie nun etwas länger auf die Kachel, die Sie vom Startmenü entfernen möchten. Sobald die beiden Symbole am rechten Rand der Kachel eingeblendet werden, heben Sie den Finger vom Bildschirm.

3. Tippen Sie auf das Pinnnadelsymbol ❶ in der rechten oberen Ecke. Die Kachel verschwindet sofort aus dem Startmenü, an ihrer Stelle bleibt eine Lücke.

Die App selbst, die mit der Kachel verknüpft war, wird hierdurch aber nicht deinstalliert. Sie können sie weiterhin über die App-Liste im Startmenü aufrufen. Wie Sie Apps deinstallieren, erfahren Sie im Abschnitt »Apps wieder vom Tablet deinstallieren« ab Seite 255.

Die Lücke, die die entfernte Kachel hinterlassen hat, lässt sich gleich wieder füllen. Hierzu verschieben Sie entweder eine bereits vorhandene Kachel oder fügen dem Startmenü eine neue Kachel hinzu. Das Verschieben ist schnell erledigt: Halten Sie hierzu den Finger etwas länger auf der Kachel, die eine neue Position im Startmenü erhalten soll. Sobald die beiden Symbole ❷ am rechten Kachelrand eingeblendet werden, können Sie die Kachel mit dem Finger auf dem Bildschirm verschieben. Befindet sich die Kachel an der gewünschten neuen Position, heben Sie den Finger vom Bildschirm. Nun noch ein Tipp auf einen freien Bereich des Startmenüs ❸, und die beiden Symbole am Kachelrand werden wieder ausgeblendet.

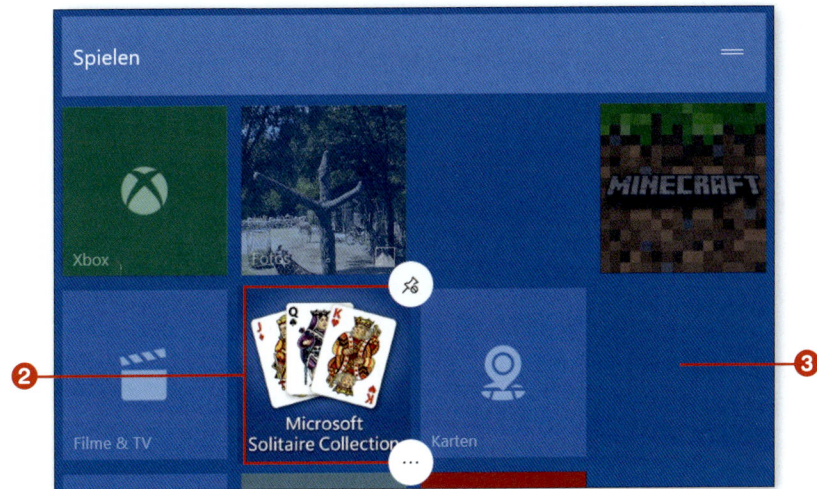

< *Kacheln lassen sich schnell mit dem Finger verschieben.*

Für eine Anwendung, die Sie häufig nutzen, existiert noch keine Kachel im Startmenü? Wie das Entfernen und das Verschieben ist auch das Hinzufügen einer Kachel nicht schwierig:

1. Nutzen Sie das Tablet im Tabletmodus, blenden Sie im Startmenü per Tipp auf das Symbol **Alle Apps** ▤ (❶ auf Seite 104) oben links die Liste aller auf dem Computer installierten Anwendungen ein. Im Desktopmodus wird die Liste bereits links vom Kachelbereich eingeblendet.

2. Blättern Sie in der Liste bis zur gewünschten Anwendung. Tippen Sie auf den App-Namen, und halten Sie den Finger so lange darauf gedrückt, bis das Kontextmenü eingeblendet wird.

3. Im Kontextmenü tippen Sie auf **An „Start" anheften** ❷. Mit einem Tipp auf das Symbol **Angeheftete Kacheln** ▦ ❸ oben links kehren Sie im Tabletmodus wieder zur Kachelübersicht zurück.

Windows fügt am unteren oder rechten Rand des Kachelbereichs eine Kachel ❹ für die gerade ausgewählte App hinzu. Die Position hängt von der Bildschirmgröße ab. Alle Kacheln werden zeilen- und spaltenweise im Startmenü angezeigt. Zusätzlich lassen sie sich auch in Gruppen zusammenfassen. Per Standardeinstellung sind die bereits vorhandenen Kacheln in mindestens zwei, teilweise auch drei Gruppen aufgeteilt, die Titel wie z. B. **Spielen**, **Erkunden** oder auch **Auf einen Blick** tragen. Nicht nur diese Titel kennzeichnen eine Gruppe, sondern auch der Abstand zwischen Zeilen und Spalten, der zwischen zwei Gruppen größer ist als innerhalb einer Gruppe.

> *Gruppen sind im Startmenü gut an den Abständen erkennbar.*

Sie können die Kacheln sowohl innerhalb einer Gruppe als auch zwischen den Gruppen beliebig verschieben. Auch das Anlegen einer eigenen Gruppe oder das Umbenennen der bereits vorhandenen Gruppen ist möglich. Wie dies funktioniert, sehen wir uns nun an. In unserem Beispiel sollen die Kacheln der *Nachrichten*-App, der *Wetter*-App und des Browsers *Microsoft Edge* in einer neuen Gruppe zusammengefasst werden, der wir den Namen »Information« geben. Für alle drei Apps sieht Windows 10 bereits per Standardeinstellung eine Kachel im Startmenü vor. Falls dies bei Ihrem Tablet nicht der Fall ist, wählen Sie als Beispiel einfach andere beliebige Apps aus oder heften, wie zuvor gezeigt, die fehlenden Kacheln für die Apps ans Startmenü an. Zum Anlegen der neuen Gruppe gehen Sie dann so vor:

1. Tippen Sie etwas länger auf die erste Kachel **Nachrichten** ❶, die der neuen Gruppe angehören soll. Sobald die beiden Symbole am rechten Kachelrand eingeblendet werden, ziehen Sie die Kachel mit dem Finger in einen leeren Bereich innerhalb des Startmenüs.

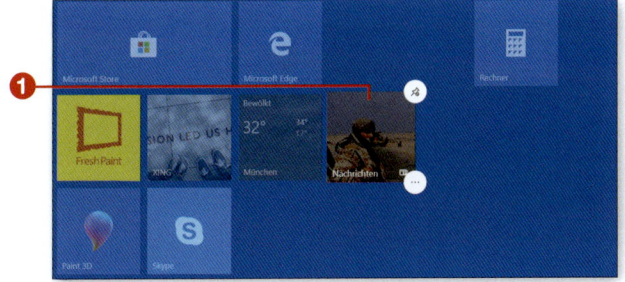 

2. Sobald direkt unter- bzw. oberhalb der verschobenen Kachel ein Balken eingeblendet wird, heben Sie den Finger vom Touchscreen. Damit ist bereits die neue Gruppe angelegt, die Sie nun mit weiteren Kacheln füllen.

3. Positionieren Sie nun, wie gerade beschrieben, die **Wetter**-Kachel rechts von der **Nachrichten**-Kachel ❷.

4. Als weitere Kachel verschieben Sie analog die Kachel der App **Microsoft Edge** ❸. Wie viele Kacheln jeweils innerhalb einer Zeile angezeigt werden können, hängt von der Größe des Startmenüs sowie der Kacheln ab. Sollte rechts von den Kacheln **Nachrichten** und **Wetter** kein Platz mehr sein, positionieren Sie die **Microsoft Edge**-Kachel einfach unterhalb der beiden Kacheln.

In unserem kleinen Beispiel ist die Gruppe damit komplett. Was noch fehlt, ist der Gruppenname. Der ist aber schnell ergänzt:

5. Tippen Sie einmal oberhalb der gerade positionierten Kacheln auf den Schriftzug **Gruppe benennen** ❹. Sollten Sie nach Schritt 4 auf einen freien Bereich innerhalb des Startmenüs getippt haben, wird der Schriftzug nicht mehr angezeigt. In diesem Fall tippen Sie einfach auf den freien Bereich oberhalb der drei Kacheln.

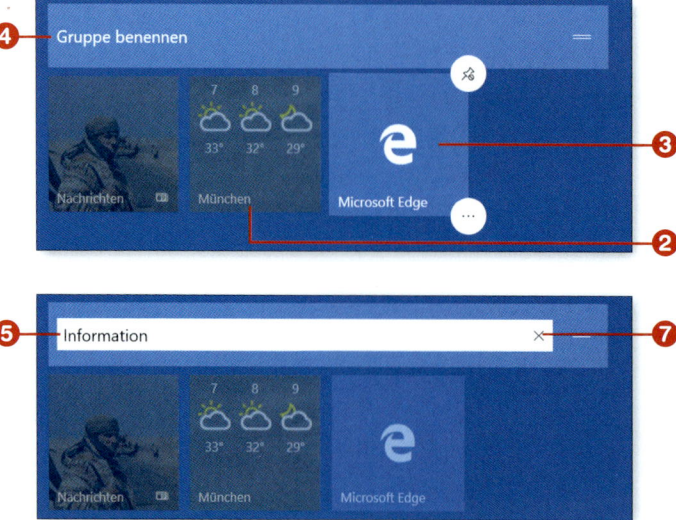

6. Es wird nun ein weißes Feld eingeblendet. Nutzen Sie die virtuelle Tastatur, wird diese automatisch geöffnet. Je nach Bildschirmgröße kann es sein, dass die Tastatur das weiße Feld überdeckt, was aber nicht weiter schlimm ist. Geben Sie nun die Bezeichnung für die neue Gruppe ein, in unserem Beispiel also »Information« ❺. Durch Drücken der Eingabe-Taste ⏎ schließen Sie die Eingabe ab.

Der Gruppentitel **Information** wird jetzt oberhalb der Gruppe eingeblendet. Wenn Sie möchten, können Sie die gesamte Gruppe an eine neue Position im Startmenü schieben.

7. Tippen Sie mit dem Finger etwas länger auf den gerade hinzugefügten Gruppentitel **Information**. Sobald die Kacheln unterhalb des Titels ausgeblendet sind und nur noch der Balken zu sehen ist ❻, können Sie diesen an die gewünschte neue Position ziehen.

8. Heben Sie den Finger vom Touchscreen, werden die Kacheln wieder eingeblendet. Die Gruppe, die sich zuvor an dieser Stelle befand, wird automatisch nach unten verdrängt.

➕ **Gruppenname korrigieren oder löschen**

Sie haben sich bei der Eingabe eines Gruppennamens vertippt oder möchten einen Gruppennamen ganz entfernen? Kein Problem. Nach einem Tipp auf einen Gruppentitel wird wieder das weiße Feld eingeblendet. Arbeiten Sie mit der virtuellen Tastatur und überdeckt diese das Feld, blenden Sie die Tastatur zunächst mit einem Tipp auf das Schließen-Symbol ✖ in der rechten oberen Ecke aus. Am rechten Rand des weißen Feldes sehen Sie nun ein kleines Kreuzsymbol (❼ auf Seite 106). Mit einem Tipp hierauf löschen Sie den bisherigen Titel. Sie können nun entweder einen neuen Namen eingeben oder das leere Textfeld durch Drücken der Eingabe-Taste ⏎ schließen. Die Bildschirmtastatur blenden Sie hierzu per Tipp auf das Symbol ⌨ in der Taskleiste wieder ein.

Sie können natürlich nicht nur eine neue Gruppe erzeugen, sondern auch eine vorhandene auflösen. Hierzu müssen Sie lediglich alle Kacheln innerhalb dieser zu entfernenden Gruppe in eine andere, bereits vorhandene Gruppe verschieben. Sobald Sie die letzte Kachel innerhalb der zu löschenden Gruppe entfernt haben, wird die Gruppe aufgelöst, und der Gruppenname verschwindet.

Je mehr Kacheln Sie dem Startmenü hinzufügen, desto schwieriger wird es, sich hier zurechtzufinden. Können nicht mehr alle Kacheln auf dem Bildschirm angezeigt werden, müssen Sie sogar vertikal mit dem Finger auf dem Touchscreen wischen, um zu den weiteren Kacheln zu gelangen. Wenn Sie in diesem Fall nicht nur für mehr Übersicht, sondern auch für mehr Ordnung im Startmenü sorgen möchten, empfiehlt es sich, die Kacheln in Ordnern zusammenzufassen. Im Startmenü ist anschließend zunächst nur die Kachel des Ordners zu sehen. Um die im Ordner zusammengefassten Kacheln einzublenden, reicht ein Tipp auf die Ordner-Kachel. Wenn Sie Ihr Tablet im Desktopmodus nutzen, sollten Sie zumindest für das Anlegen eines Ordners kurzzeitig in den Tabletmodus wechseln. Die Arbeit per Fingergeste wird sonst zu einer echten Geduldsprobe. Der Tabletmodus ist schnell per Tipp auf das Benachrichtigungssymbol ⬜ am linken Rand der Taskleiste und dann per Tipp auf **Tabletmodus** aktiviert.

> *Für das Anlegen von Ordnern sollten Sie – falls noch nicht geschehen – den Tabletmodus aktivieren.*

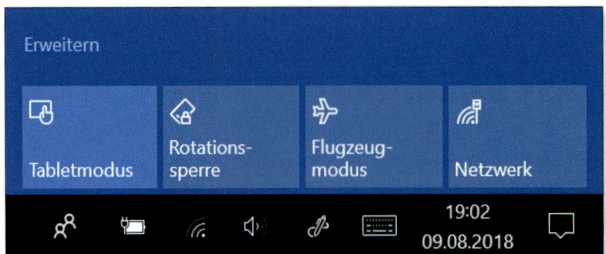

Mit einem Tipp auf das Windows-Logo ⊞ blenden Sie anschließend das Startmenü ein. Sobald Sie den Ordner angelegt haben, können Sie den Tabletmodus auf dem gleichen Weg wieder deaktivieren. Für das Erzeugen eines Ordners gehen Sie zuvor aber folgendermaßen vor:

1. Tippen Sie mit dem Finger auf die erste Kachel, die Sie in einem Ordner zusammenfassen möchten, und halten Sie den Finger auf dem Touchscreen gedrückt.

2. Ziehen Sie den Finger nun ganz langsam auf die zweite Kachel, die ebenfalls in den Ordner wandern soll ❶. Die Geschwindigkeit ist wichtig, denn bewegen Sie den Finger zu schnell, wird die zweite Kachel verschoben. Arbeiten Sie langsam genug, können Sie die erste Kachel direkt über der zweiten positionieren. Sobald die zweite Kachel hinter der ersten etwas größer wird, heben Sie den Finger vom Bildschirm.

3. Die beiden übereinandergelegten Kacheln werden nun durch eine Kachel mit einem nach oben weisenden Pfeil ❷ ersetzt. Unterhalb dieser Kachel sehen Sie zwischen zwei Linien den Inhalt des soeben erzeugten Ordners, sprich die beiden Kacheln ❸.

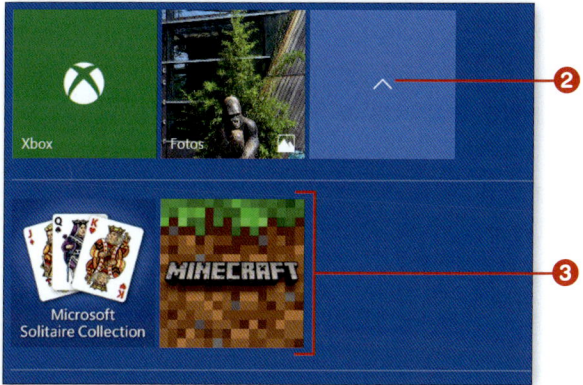

4. Mit einem Tipp auf die Pfeil-Kachel schließen Sie den Ordner. Statt des Pfeils werden auf der Kachel nun die Miniaturansichten der hinzugefügten Kacheln eingeblendet ❹.

Wenn Sie möchten, können Sie, wie in den vorherigen Schritten gezeigt, dem Ordner noch weitere Kacheln hinzufügen. Die Ordner-Kachel lässt sich außerdem wie jede andere Kachel auch im Startmenü verschieben. Wenn Sie die Größe der Ordner-Kachel ändern möchten, halten Sie den Finger etwas länger auf der Kachel gedrückt, bis die beiden Symbole am rechten Kachelrand sichtbar werden. Nach einem Tipp auf das Symbol rechts unten wählen Sie **Größe ändern** und markieren dann die gewünschte Kachelgröße. Mit einem Tipp außerhalb der Ordner-Kachel blenden Sie die beiden Symbole rechts wieder aus.

> *Auch die Größe einer Ordner-Kachel lässt sich ändern.*

Wenn Sie eine im Ordner befindliche App öffnen möchten, reicht, wie zuvor bereits erwähnt, ein Tipp auf die Ordner-Kachel. Anschließend wird der Inhalt des Ordners angezeigt, und Sie können die gewünschte App per Tipp starten. Möchten Sie eine Kachel aus einem Ordner entfernen, gehen Sie folgendermaßen vor:

1. Tippen Sie auf die Ordner-Kachel, um den Inhalt des Ordners einzublenden.

2. Ziehen Sie die Kachel, die aus dem Ordner entfernt werden soll, nun mit dem Finger aus dem Bereich zwischen den beiden Linien heraus auf eine beliebige Stelle innerhalb des Startmenüs.

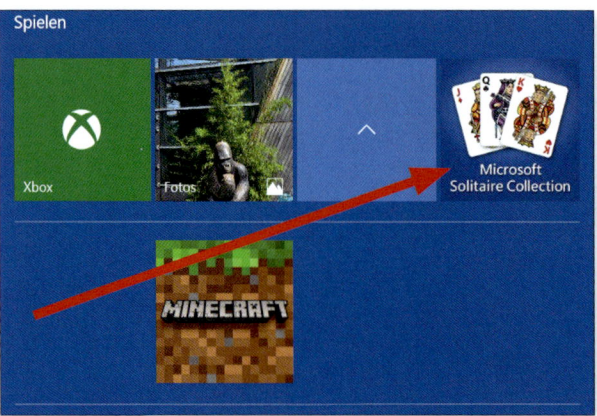

Ein Ordner wird übrigens automatisch aufgelöst, sobald Sie die letzte Kachel entfernt haben.

Noch schneller ans Ziel: die Schnellstartleiste anpassen

Das Startmenü besteht nicht nur aus dem Kachelbereich bzw. der Liste aller auf dem Tablet installierten Anwendungen. An ihrem linken Rand finden Sie auch die Schnellstartleiste. Über die kleinen Symbole in dieser Leiste erreichen Sie blitzschnell wichtige Funktionen, wie etwa den Befehl zum Herunterfahren des Tablets.

Die Schnellstartleiste enthält mindestens zwei Symbole: das Symbol **Ein/ Aus** ⏻ sowie das Symbol Ihres Benutzerkontos 🯄. Diese beiden sind fest in der Schnellstartleiste verankert. Welche weiteren Symbole hier angezeigt werden – etwa das Symbol zum Aufruf der Einstellungen ⚙ –, können Sie selbst bestimmen. Und das funktioniert so:

1. Rufen Sie über das entsprechende Symbol ⚙ in der Schnellstartleiste des Startmenüs die Einstellungen-App auf.

2. Wählen Sie per Tipp die Kategorie **Personalisierung** aus. Auf der folgenden Seite markieren Sie in der linken Spalte **Start** ❶.

3. Tippen Sie in der rechten Spalte auf **Ordner auswählen, die im Startmenü angezeigt werden** ❷.

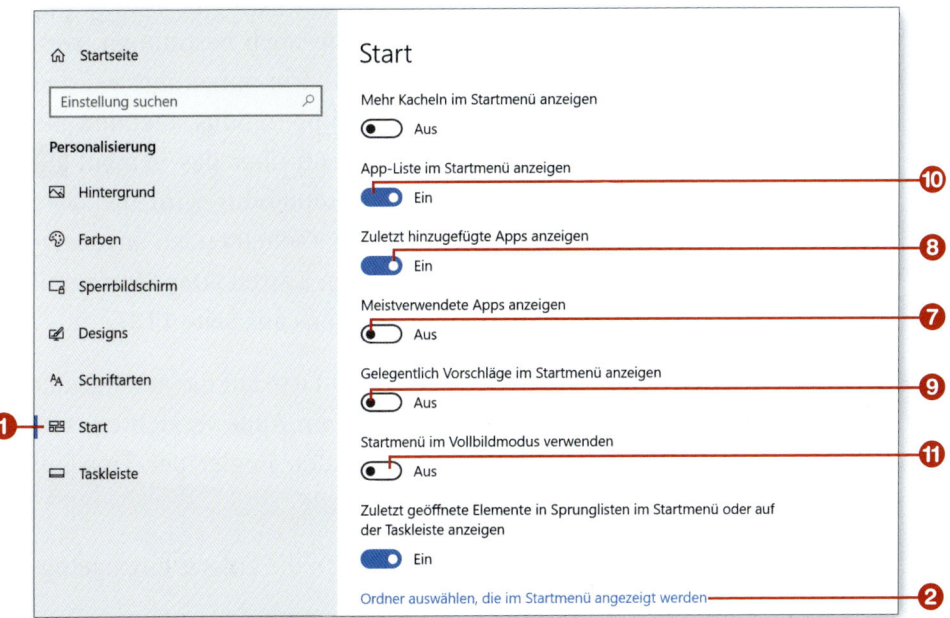

In der folgenden Übersicht werden alle Ordner aufgelistet, die Sie in der Schnellstartleiste des Startmenüs hinzufügen können. Zu Beginn finden Sie hier den **Datei-Explorer** ❸. Mit ihm wird der Explorer in einer Übersicht über alle Elemente im Schnellzugriff gestartet. Bei den Elementen handelt es sich um die zuletzt geöffneten Ordner und Dateien. Mit dem Eintrag **Persönlicher Ordner** ❹ am Ende der Liste lässt sich der Explorer mit einer Übersicht über all Ihre persönlichen Ordner wie Dokumente, Bilder und mehr öffnen.

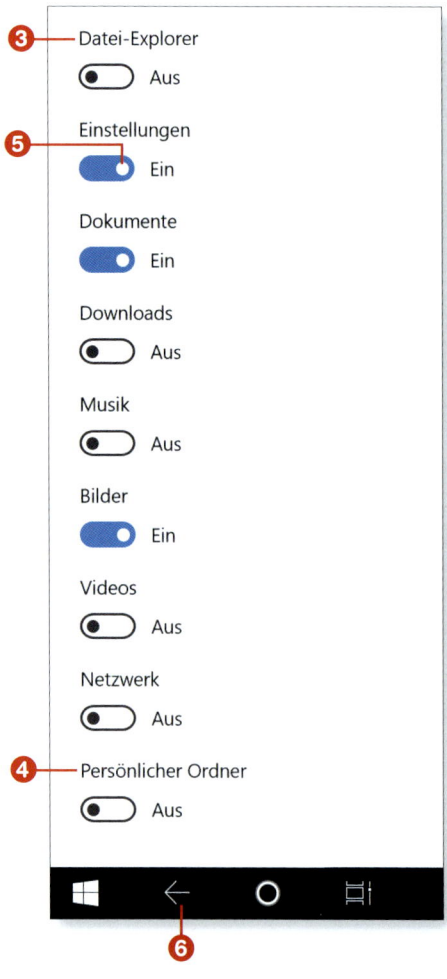

4. Mit einem Tipp auf einen Regler legen Sie fest, welche Ordner in der Schnellstartleiste ein- bzw. ausgeblendet werden sollen. Mein Tipp: Da Sie die **Einstellungen**-App wahrscheinlich häufiger benötigen werden, sollten Sie diesen Regler auf **Ein** ❺ belassen.

5. Um zur vorherigen Dialogseite zurückzukehren, tippen Sie im Tabletmodus auf das Pfeilsymbol ← ❻ in der Taskleiste. Im Desktopmodus finden Sie den Pfeil oben links oberhalb der Ordnerübersicht.

Auf der Dialogseite **Start** (siehe die Abbildung auf Seite 111) können Sie noch bestimmen, welche Elemente in der App-Liste aufgeführt werden sollen. Nutzen Sie den Tabletmodus, blenden Sie die App-Liste im Startmenü über das Symbol ⊞ oben links ein. Im Desktopmodus wird die Liste standardmäßig links vom Kachelbereich angezeigt (lesen Sie hierzu auch den Kasten »Das Startmenü im Desktopmodus anpassen« auf Seite 113).

6. Wollen Sie in der App-Liste auf die Anzeige der am häufigsten verwendeten Apps verzichten, setzen Sie den entsprechenden Regler per Tipp auf **Aus** (❼ auf Seite 111).

7. Analog lassen sich auch die zuletzt hinzugefügten Apps ausblenden ❽.

8. Im Kachelbereich des Startmenüs zeigt Windows nicht nur Verknüpfungen zu bereits auf dem PC installierten Apps an, sondern auch viel Werbung für Apps, die Sie über den Microsoft Store allerdings erst erwerben müssten. Sind Sie an dieser Werbung nicht interessiert, schalten Sie den Regler **Gelegentlich Vorschläge im Startmenü anzeigen** ebenfalls auf **Aus** ❾.

➕ **Das Startmenü im Desktopmodus anpassen**

Normalerweise werden im Desktopmodus alle auf dem Computer installierten Apps in der mittleren Spalte des Startmenüs angezeigt. Wünschen Sie dies nicht, setzen Sie im Einstellungen-Dialog einfach den Regler **App-Liste im Startmenü anzeigen** auf **Aus** (❿ auf Seite 111). Nun können Sie wie im Tabletmodus im Startmenü über die beiden Symbole **Alle Apps** ▤ und **Angeheftete Kacheln** ▦ zwischen der Anzeige der App-Liste sowie der Kachelübersicht wechseln. Soll das Startmenü auch im Desktopmodus über den gesamten Bildschirm hinweg angezeigt werden, aktivieren Sie in der Einstellungen-App den Regler **Startmenü im Vollbildmodus verwenden** ⓫.

Die Taskleiste auf dem Tablet optimal einrichten

Im Abschnitt »Schnelle Wege, um zwischen geöffneten Apps zu wechseln« ab Seite 83 haben Sie bereits erfahren, wie Sie in der Taskleiste die Symbole aller geöffneten und angehefteten Apps einblenden. Damit ist die individuelle Einrichtung der Taskleiste aber noch nicht abgeschlossen. Tippen Sie etwas länger auf einen freien Bereich der Taskleiste ❶, bis rund um den Finger ein Quadrat eingeblendet wird. Heben Sie nun den Finger vom Bildschirm, wird das Kontextmenü mit weiteren Einstellungsmöglichkeiten eingeblendet.

Mit einem Tipp auf **Windows Ink-Arbeitsbereich anzeigen** ❷ lässt sich das entsprechende Symbol des Arbeitsbereichs im Infobereich der Taskleiste ein- bzw. ausblenden ❸. Der Windows Ink-Arbeitsbereich wurde speziell für das Tablet entworfen und enthält einen Skizzenblock, eine Kurznotizen-Funktion sowie Bildschirmskizzen. Was sich hierunter im Einzelnen verbirgt, erfahren Sie im Abschnitt »Notizen und Skizzen: So nutzen Sie den Windows Ink-Arbeitsbereich« ab Seite 285.

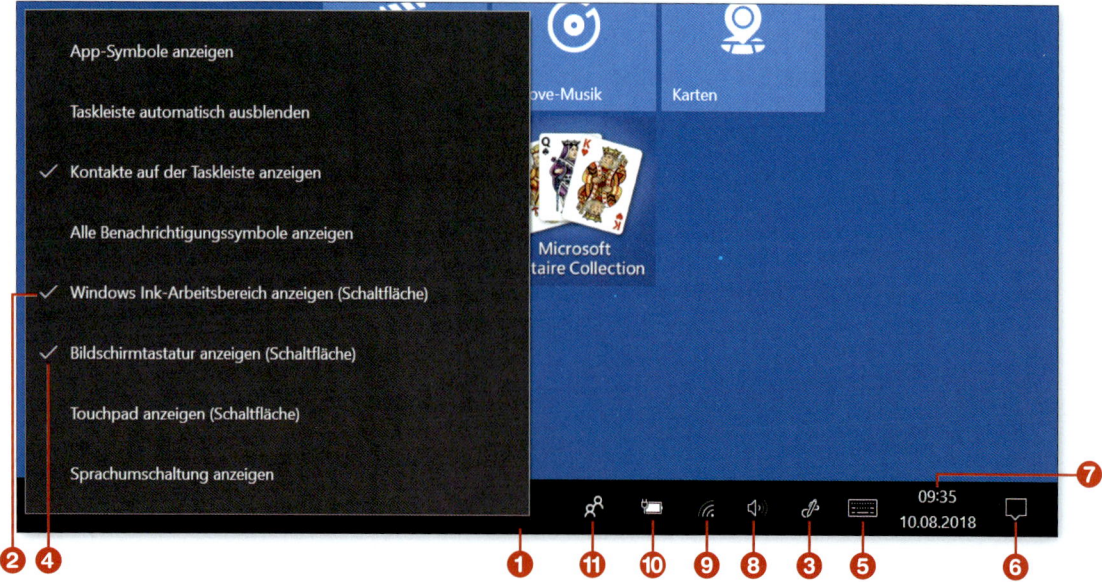

Über den Eintrag **Bildschirmtastatur anzeigen** ❹ im Kontextmenü der Taskleiste legen Sie fest, ob das Symbol der Bildschirmtastatur im Infobereich aufgeführt werden soll oder nicht. Ein Tipp auf das Symbol ❺ reicht, und schon wird die virtuelle Tastatur geöffnet. Das ist natürlich vor allem dann praktisch, wenn Sie Ihr Tablet ohne angeschlossene »normale« Tastatur nutzen.

Im Infobereich der Taskleiste lassen sich aber nicht nur die beiden Symbole **Windows Ink-Arbeitsbereich** ❸ und **Bildschirmtastatur** ❺ einblenden. Per Standardeinstellung finden Sie hier bereits folgende Systemsymbole:

- das Benachrichtigungssymbol ❻, über das Sie das Info-Center aufrufen (siehe auch den Abschnitt »Benachrichtigungen und Aktionen: So richten Sie das Info-Center ein« ab Seite 116)

- die Uhr ❼, die sowohl das aktuelle Datum als auch die Uhrzeit anzeigt

- das Lautsprechersymbol ❽, über das Sie die Lautstärke der Lautsprecher Ihres Tablets regulieren

- das WLAN-Symbol ❾, das anzeigt, ob das Gerät mit dem Internet verbunden ist oder nicht

- ein kleines Batteriesymbol ❿, das den aktuellen Ladezustand des Akkus anzeigt

- das Kontakte-Symbol ⓫ (siehe auch den Kasten »Schneller Zugriff auf Kontakte über die Taskleiste« auf Seite 177)

Wenn Sie selbst bestimmen möchten, welche Systemsymbole im Infobereich eingeblendet werden, rufen Sie über das Startmenü die Einstellungen-App ⚙ auf und hier die Kategorie **Personalisierung**. Markieren Sie in der linken Spalte **Taskleiste**. Blättern Sie in der rechten Spalte nach unten bis zum **Infobereich**. Hier tippen Sie auf **Systemsymbole aktivieren oder deaktivieren**. Auf der folgenden Dialogseite finden Sie die gerade eben erwähnten Systemsymbole. Über die Regler bestimmen Sie nun selbst, welche der Symbole im Infobereich ein- oder welche ausgeblendet werden sollen. Haben Sie die gewünschten Einstellungen vorgenommen, tippen Sie im Tabletmodus auf den Pfeil in der Taskleiste und im Desktopmodus auf den Pfeil oben links, um zur vorherigen Dialogseite zurückzukehren.

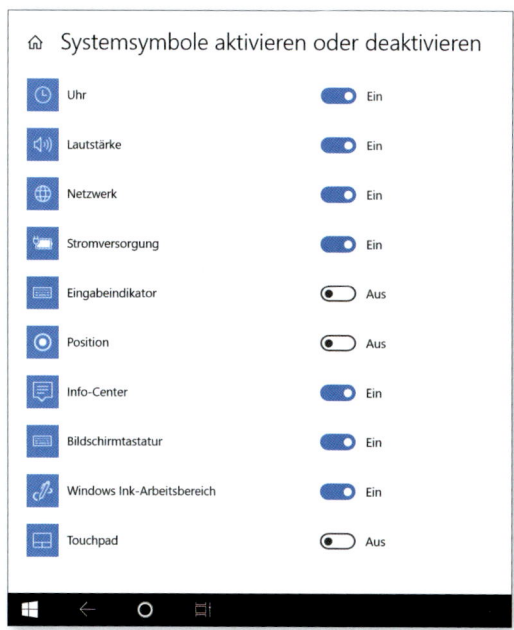

< Über die Regler legen Sie fest, welche Systemsymbole in der Taskleiste angezeigt werden sollen.

Im nächsten Abschnitt beschäftigen wir uns mit dem Info-Center, das Sie per Tipp auf das Benachrichtigungssymbol am rechten Rand der Taskleiste aufrufen.

Benachrichtigungen und Aktionen: So richten Sie das Info-Center ein

Sie haben gerade eine neue Mail erhalten? Oder wurde auf Ihrem Tablet ein neues Update installiert? Windows 10 informiert Sie über all diese Aktionen im sog. *Info-Center*. Dieser spezielle Benachrichtigungsbereich klappt am rechten Bildschirmrand auf, sobald Sie auf das Benachrichtigungssymbol ▢ am rechten Rand der Taskleiste tippen oder alternativ vom rechten Bildschirmrand Richtung Bildmitte wischen.

Ob überhaupt neue Informationen für Sie bereitstehen, lässt sich direkt am Benachrichtigungssymbol ablesen. Ist die Sprechblase leer, sind keine Informationen vorhanden. Eine Sprechblase mit grafisch angedeutetem Text weist dagegen auf neue Benachrichtigungen hin. Wie viele Neuigkeiten es gibt, erfahren Sie anhand der auf dem Benachrichtigungssymbol eingeblendeten Zahl ▢. Sind Sie an der Anzahl nicht interessiert, tippen Sie etwas länger auf das Benachrichtigungssymbol ❶. Sobald das Quadrat rund um den Finger sichtbar wird, heben Sie den Finger vom Bildschirm. Tippen Sie dann im Kontextmenü auf den Eintrag **Anzahl neuer Benachrichtigungen nicht anzeigen** ❷. Möchten Sie die Einstellung später doch wieder rückgängig machen, rufen Sie erneut das Kontextmenü auf. Dieses Mal erscheint der Befehl **Anzahl neuer Benachrichtigungen anzeigen**.

> *Die Anzahl der Benachrichtigungen müssen nicht auf dem Benachrichtigungssymbol angezeigt werden.*

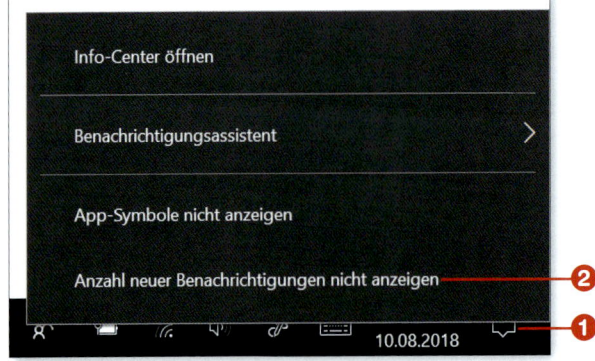

Die Benachrichtigungen über neu eingetroffene E-Mails oder auch wichtige Informationen zum Sicherheitsstatus Ihres Tablets werden im oberen Bereich des Info-Centers eingeblendet. Im unteren Bereich finden Sie einige Symbole, die einen schnelleren Zugriff auf verschiedene Systemfunktionen bieten. Bevor ich Ihnen ab Seite 119 zeige, wie Sie die Symbole für schnelle Aktionen im Info-Center auswählen, sehen wir uns die Einstellungsmöglichkeiten für die Benachrichtigungen an.

Windows 10 sortiert die Benachrichtigungen für Sie im Info-Center nach Prioritäten: Sicherheitsrelevante Meldungen (z. B. ein deaktivierter Virenschutz) erscheinen zu Beginn der Liste, während eher unwichtige Informationen (etwa über neu installierte Apps aus dem Microsoft Store) weiter unten auftauchen. Die Priorität, in der die Benachrichtigungen einer App eingestuft werden, können Sie zwar selbst bestimmen, Sie müssen sie aber für jede Anwendung einzeln vornehmen. Und das funktioniert so:

1. Rufen Sie über das Startmenü die **Einstellungen**-App auf. Wählen Sie die Kategorie **System** aus, und markieren Sie dann links **Benachrichtigungen und Aktionen** ❶.

2. Blättern Sie in der rechten Spalte nach unten bis zum Bereich **Benachrichtigungen dieser Absender abrufen**. Hier werden alle Apps aufgeführt, die Ihnen Benachrichtigungen im Info-Center zukommen lassen können. Tippen Sie auf die erste App, deren Einstellungen Sie ändern möchten ❷.

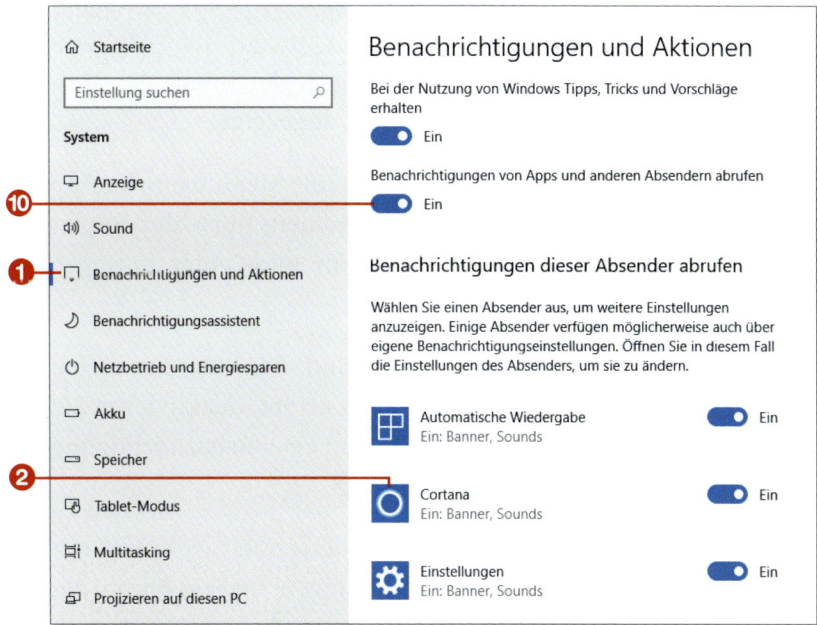

3. Wünschen Sie keinerlei Benachrichtigungen der App, setzen Sie den Regler **Benachrichtigungen** per Tipp auf **Aus**. Hierdurch werden automatisch alle weiteren Einstellungsmöglichkeiten ebenfalls deaktiviert. Falls Sie an der ein oder anderen Meldung doch Interesse haben, belassen Sie den Regler auf **Ein** ❸.

Sobald eine neue Information eintrifft, weist Windows Sie in Form eines kleinen Hinweisfensters oberhalb des Infobereichs der Taskleiste darauf hin. Ein Tipp auf dieses sog. *Benachrichtigungsbanner* führt Sie direkt zur Anwendung bzw. zu den Einstellungen, die die Meldung ausgelöst haben. Ignorieren Sie das Banner, wird es nach einem kurzen Moment automatisch ausgeblendet.

4. Sind Sie an dem Benachrichtigungsbanner nicht interessiert, setzen Sie den Regler **Benachrichtigungsbanner anzeigen** mit einem Tipp auf **Aus** ❹.

Speziell bei einem Tablet, das gerne mal unbeaufsichtigt auf einem Tisch liegt, ist die folgende Einstellungsmöglichkeit interessant:

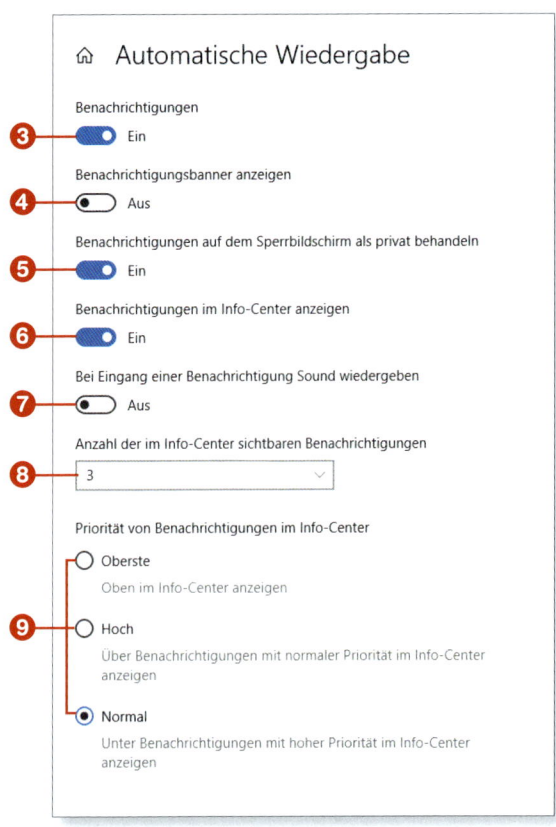

5. Setzen Sie den Regler **Benachrichtigungen auf dem Sperrbildschirm als privat behandeln** ❺ auf **Ein**, werden Sie auf dem Sperrbildschirm zwar über neu eingetroffene Meldungen der App informiert, der Inhalt der Meldung wird aber nicht angezeigt.

6. Möchten Sie, dass die Meldungen der App im Info-Center erscheinen, muss der Regler **Benachrichtigungen im Info-Center anzeigen** aktiviert sein ❻.

7. Stört Sie der Sound, der beim Eintreffen einer neuen Meldung ertönt, deaktivieren Sie den Regler **Bei Eingang einer Benachrichtigung Sound wiedergeben** ❼.

8. Manche Apps übertreiben es etwas mit der Anzahl der Meldungen. Im Feld **Anzahl der im Info-Center sichtbaren Benachrichtigungen** legen Sie fest, wie viele Meldungen die App maximal im Info-Center einblenden darf ❽.

9. Im unteren Bereich der Seite finden Sie die drei Optionen **Oberste**, **Hoch** und **Normal** ❾. Mit ihnen legen Sie fest, mit welcher Priorität die Meldungen im Info-Center aufgelistet werden sollen. Voreingestellt ist für die meisten Apps **Normal**. Sind Ihnen die Benachrichtigungen einer Anwendung aber sehr wichtig, wählen Sie die Option **Oberste**. In diesem Fall erscheinen die Meldungen am oberen Rand des Info-Centers.

Wenn Sie alle Einstellungen für die ausgewählte App vorgenommen haben, kehren Sie über das Pfeilsymbol ⬅ in der Taskleiste bzw. im Falle des Desktopmodus in der linken oberen Fensterecke zur vorherigen Seite zurück. Hier können Sie nun die nächste Anwendung auswählen und für sie die Art der Benachrichtigungen festlegen.

➕ **Benachrichtigungen aller Apps deaktivieren**

Für jede Anwendung individuell festzulegen, welche Benachrichtigung man möchte und welche nicht, ist recht aufwendig. Wenn Sie von keinerlei App Meldungen erhalten wollen, können Sie sich viel Arbeit sparen, indem Sie die Benachrichtigungen mit nur einem Tipp deaktivieren. Rufen Sie hierzu **Start ▸ Einstellungen ▸ System ▸ Benachrichtigungen und Aktionen** auf, und blättern Sie rechts nach unten bis zum Bereich **Benachrichtigungen**. Mit einem Tipp auf **Benachrichtigungen von Apps und anderen Absendern abrufen** (❿ auf Seite 117) setzen Sie den Regler auf **Aus**. Wünschen Sie zwar Benachrichtigungen im Info-Center, nicht aber auf dem Sperrbildschirm, belassen Sie **Benachrichtigungen von Apps und anderen Absendern abrufen** aktiviert und setzen nur den Regler **Benachrichtigungen auf dem Sperrbildschirm anzeigen** auf **Aus**.

Blättern Sie auf der Seite **Benachrichtigungen und Aktionen** der Einstellungen-App ganz nach oben, gelangen Sie zum Bereich **Schnelle Aktionen**. Hier legen Sie als Nächstes fest, welche Schaltflächen im unteren Bereich des Info-Centers angezeigt werden sollen. Eine dieser Schaltflächen ist z. B. der **Tabletmodus**, über die Sie blitzschnell den entsprechenden Modus aktivieren oder auch deaktivieren, wenn Sie in den Desktopmodus wechseln möchten. Aber auch die Schaltfläche **Flugzeugmodus** ist ausgesprochen praktisch, um den gleichnamigen Modus ein- bzw. auszuschalten. Bei aktiviertem Flugzeugmodus wird die gesamte Funkkommunikation des Tablets gestoppt. Welche Schaltfläche in welcher Reihenfolge im Info-Center angezeigt wird, legen Sie folgendermaßen fest:

1. Tippen Sie auf der Seite **Benachrichtigungen und Aktionen** der Einstellungen-App im Bereich **Schnelle Aktionen** auf **Schnelle Aktionen hinzufügen/entfernen** .

2. Sie sehen nun eine Auflistung aller Schaltflächen, die Windows 10 im Info-Center einblenden kann. Mit einem Tipp auf den jeweiligen Regler bestimmen Sie, welche Schaltfläche angezeigt (**Ein**) werden soll und welche nicht (**Aus**).

3. Arbeiten Sie im Desktopmodus, tippen Sie oben links auf den Pfeil, um zur vorherigen Seite zurückzukehren. Im Tabletmodus erfolgt der Tipp auf das Pfeilsymbol ← in der Taskleiste.

In der Übersicht **Schnelle Aktionen** werden nur die Schaltflächen angezeigt, die auch im Info-Center zu sehen sind. Überlegen Sie sich, in welcher Reihenfolge die Schaltflächen angeordnet werden sollen. Wenn Sie eine Schaltfläche verschieben möchten, tippen Sie sie etwas länger mit dem Finger an. Sobald die anderen Schaltflächen nur noch dezent im Hintergrund angezeigt werden, können Sie die angetippte Schaltfläche mit dem Finger auf die gewünschte Position ziehen.

> *Die Schaltflächen der schnellen Aktionen lassen sich beliebig anordnen.*

> ∧ *Über die Schaltfläche »Erweitern« blenden Sie alle Symbole der schnellen Aktionen ein.*

Die Schaltflächen, die Sie in der ersten Zeile positionieren, werden direkt nach dem Tipp auf das Benachrichtigungssymbol 💬 ❷ im unteren Abschnitt des Info-Centers eingeblendet. Die restlichen Schaltflächen erscheinen erst nach einem Tipp auf **Erweitern** ❸. Wenn Sie diese Schaltflächen wieder ausblenden möchten, tippen Sie auf **Reduzieren**.

Kapitel 6

Im Internet unterwegs mit dem Browser Edge

Kaum einer von uns kommt heute noch ohne das Internet aus. Egal, ob Sie online einkaufen, die nächste Reise planen oder sich einfach nur über das aktuelle Tagesgeschehen informieren möchten: Im Web ist dies und natürlich noch viel mehr möglich. Mit einem Tablet lässt sich alles sogar bequem unterwegs erledigen – vorausgesetzt natürlich, das Gerät ist mit dem Internet verbunden. Wie Sie eine Internetverbindung herstellen, erfahren Sie im Abschnitt »Eine WLAN-Verbindung ins Internet herstellen« ab Seite 47 sowie im Abschnitt »Auch unterwegs ins Internet: eine mobile Datenverbindung herstellen« ab Seite 51. In diesem Kapitel stelle ich Ihnen die App vor, die Windows 10 zum Surfen im Internet bereits mit an Bord hat: den Browser *Microsoft Edge*, kurz auch nur *Edge* genannt.

Erste Schritte mit dem Browser Edge

Der Browser Edge lässt sich zum einen über die Kachel **Microsoft Edge** im Startmenü öffnen, zum anderen aber auch über das App-Symbol e in der Taskleiste. Wenn Sie Letzteres auch im Tabletmodus nutzen möchten, müssen Sie zunächst die App-Symbole in der Taskleiste einblenden. Wie Sie hierzu vorgehen, erfahren Sie im Abschnitt »Schnelle Wege, um zwischen geöffneten Apps zu wechseln« ab Seite 83.

> *Der Browser Microsoft Edge lässt sich über die Kachel oder das App-Symbol in der Taskleiste öffnen.*

Wenn Sie Microsoft Edge das erste Mal öffnen, informiert Sie der Browser zunächst über neue Funktionen. Diese Seite, die meist den Titel **Willkommen** bzw. **Tipps für Microsoft Edge** trägt, können Sie mit einem Tipp auf das Kreuzsymbol ❶ rechts vom Titel schließen.

> *Die Seite »Tipps für Microsoft Edge« können Sie schließen.*

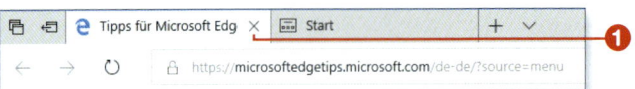

Sie sehen nun die *Startseite* des Browsers. Per Standardeinstellung handelt es sich dabei um die Internetseite von MSN, dem Webportal von Microsoft. Sie bietet Ihnen eine Übersicht über verschiedene Nachrichten aus der ganzen Welt. Der Titel dieser Seite lautet **Start** ❷. Gefällt Ihnen diese Seite nicht, erfahren Sie im Abschnitt »So legen Sie die Startseite des Browsers fest« ab Seite 127, wie Sie selbst die Webseite festlegen, die nach dem Start des Browsers angezeigt werden soll.

> *Die Startseite von MSN bietet die unterschiedlichsten Nachrichten aus der ganzen Welt.*

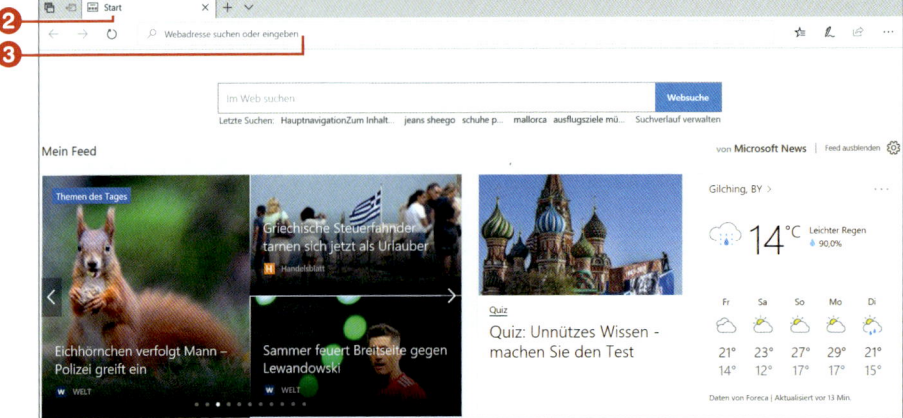

Normalerweise können Sie die Adresse der Internetseite, auf der Sie sich gerade befinden, im Adressfeld direkt unterhalb der Titelleiste des Browsers ablesen. Für die voreingestellte Startseite von Edge, also die

MSN-Seite, gilt dies allerdings nicht. Statt der Adresse erscheint hier der Text **Webadresse suchen oder eingeben** ❸. Das Feld dient sowohl als Adressfeld als auch als Eingabefeld für Suchanfragen.

Wenn Sie eine ganz bestimmte Webseite aufrufen möchten, tippen Sie in das Adressfeld. Handelt es sich bei der aktuell im Browser angezeigten Seite nicht um die MSN-Seite, wird die im Adressfeld bereits aufgeführte Webadresse farbig markiert. Haben Sie an Ihr Tablet keine externe Tastatur angeschlossen, wird beim Tipp in das Adressfeld automatisch die virtuelle Tastatur eingeblendet. Tippen Sie die gewünschte Webadresse ein, etwa *www.tagesschau.de*. Bereits die Eingabe weniger Buchstaben reicht ❹, und schon schlägt Ihnen Windows 10 einige Webadressen vor, die mit der gleichen Buchstabenfolge beginnen. Ist die gewünschte Adresse dabei, beenden Sie die Eingabe und tippen einfach auf den Link ❺. Wenn sich die gewünschte Adresse nicht unter den Vorschlägen befindet, müssen Sie die Webadresse selbst vollständig eingeben. Durch Drücken der ⏎-Taste auf der externen Tastatur oder einen Tipp auf das Symbol → ❻ in der virtuellen Tastatur schließen Sie die Eingabe ab.

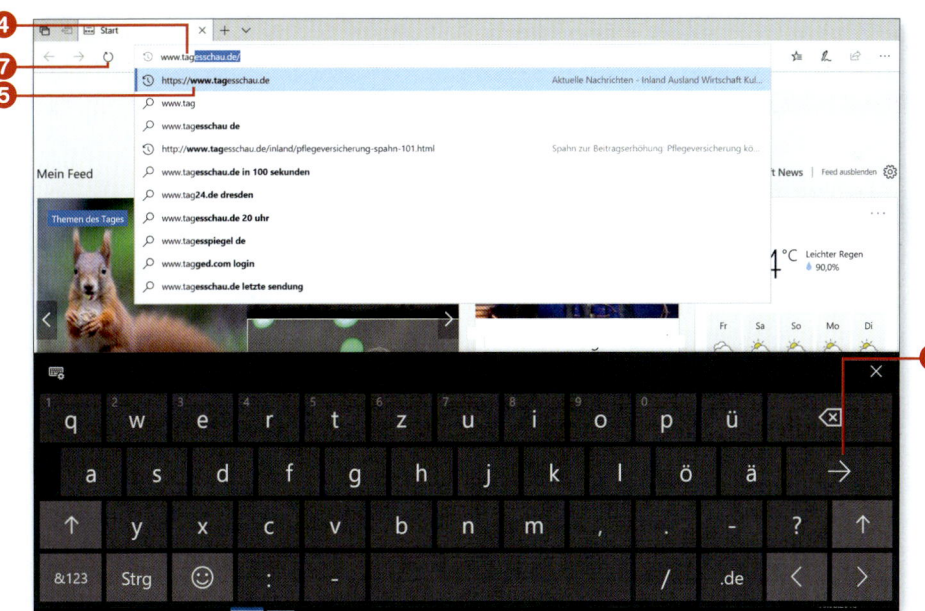

◀ *Die Eingabe weniger Buchstaben reicht, und schon schlägt Ihnen Edge passende Webseiten vor.*

Die Webseite wird nun geladen. Im Adressfeld erscheint dann die Webadresse der gerade angezeigten Webseite. Mit einem Tipp auf das Symbol ⟳ ❼ links vom Adressfeld können Sie die Webseite aktualisieren. Das ist vor allem auf Nachrichtenseiten interessant, die ihren Lesern immer wieder neue Informationen anbieten.

Während des Ladens einer Webseite wird statt des Symbols $\circlearrowleft$ ein Kreuzsymbol links vom Adressfeld angezeigt. Dauert das Laden z. B. aufgrund eines schwachen Funksignals einmal etwas länger, lässt sich der Ladevorgang mit einem Tipp auf dieses Symbol abbrechen. In diesem Fall wird die zuvor angezeigte Webseite eingeblendet.

Viele Webseiten enthalten mehr Inhalt, als auf dem Bildschirm angezeigt werden kann. Um auf der Seite zu blättern, reicht auf der Seite eine Wischbewegung mit dem Finger von unten nach oben und umgekehrt. Wenn Ihnen der Text auf der Seite zu klein ist, können Sie ihn schnell vergrößern: Ziehen Sie hierzu einfach zwei Finger auf dem Bildschirm auseinander. Möchten Sie den Text wieder verkleinern, ziehen Sie die Finger wieder zusammen.

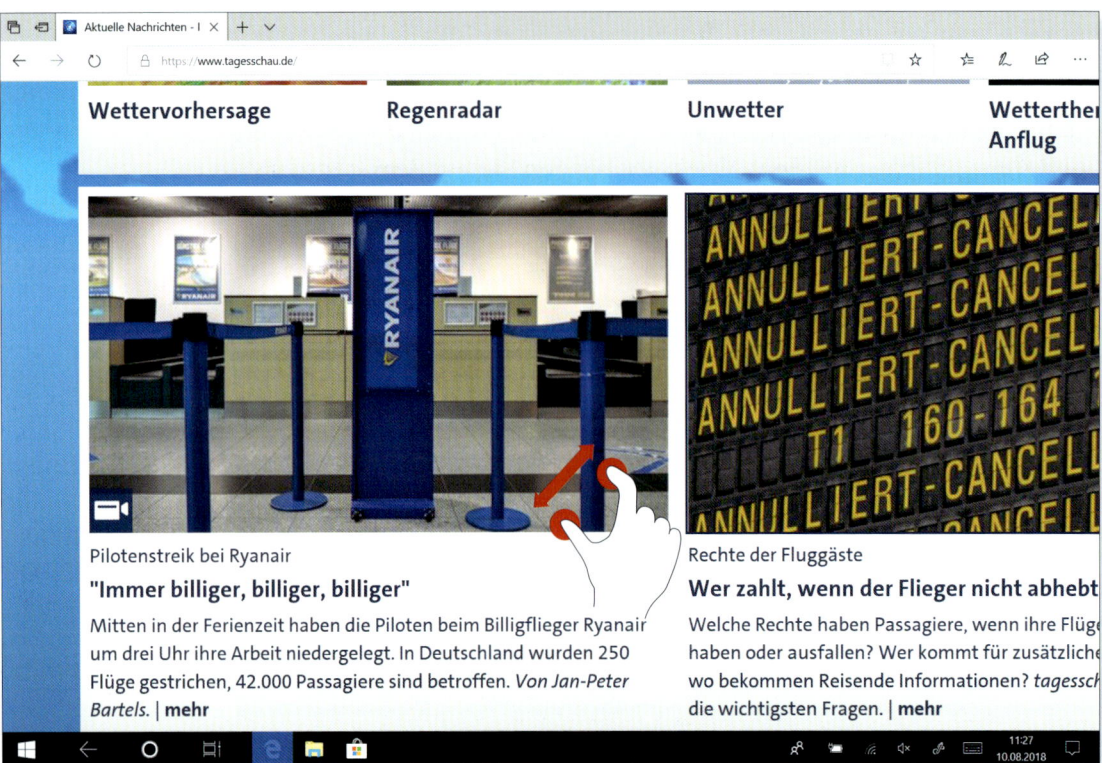

∧ *Der Text auf der Webseite lässt sich auf dem Touchscreen schnell mit zwei Fingern vergrößern.*

Webseiten stummschalten

Manche Videos auf Webseiten sind so eingestellt, dass sie direkt nach dem Öffnen der Seite automatisch wiedergegeben werden. Dies ist z. B. häufig bei Werbung der Fall. Der Film selbst würde nicht so sehr stören, wenn nicht der laute Ton dazu wäre. Wenn Sie die Webseite schnell stummschalten möchten, tippen Sie einfach im Registerreiter der Webseite auf das Lautsprechersymbol. Dieses wird immer dann eingeblendet, wenn auf einer Seite ein Video abgespielt wird.

Pfiffige Tipps zur Navigation

Mehr oder weniger jede Webseite enthält Verknüpfungen zu anderen Webseiten, sog. *Links*. Nach einem Tipp auf solch einen Link wird automatisch die damit verknüpfte Webseite geladen. Wenn Sie zu einer bereits besuchten Webseite zurückkehren möchten, nutzen Sie z. B. die beiden Pfeilsymbole Zurück und Vorwärts ❶, die links vom Aktualisieren-Symbol ⟳ eingeblendet werden. Alternativ können Sie auf dem Bildschirm des Tablets auch von links nach rechts und umgekehrt wischen.

Meistens werden Webseiten nach einem Tipp auf einen Link auf der gleichen Registerkarte (auch *Tab* genannt) wie die vorherige geöffnet. Manchmal wird eine Webseite aber auch auf einer neuen Registerkarte angezeigt. Den Titel dieser Seite lesen Sie im Registerreiter rechts von der ersten Registerkarte ab. Um zwischen den geöffneten Webseiten zu wechseln, reicht ein Tipp auf den jeweiligen Registerreiter. Wenn Sie selbst eine weitere, zunächst leere Registerkarte öffnen möchten, gehen Sie folgendermaßen vor:

1. Um eine neue Registerkarte zu öffnen, tippen Sie auf das kleine Plussymbol ❷ rechts neben dem letzten geöffneten Register.

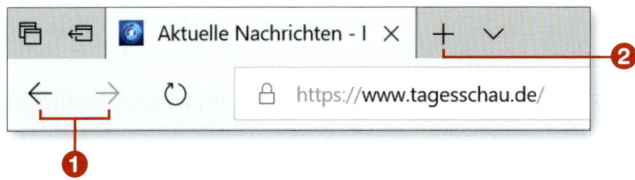

2. Edge schlägt Ihnen auf der neuen Registerkarte einige Webseiten, aber auch weitere Apps vor, die Sie mit nur einem Tipp aus dem Microsoft Store herunterladen könnten ❸. Wenn Sie stattdessen eine ganz bestimmte Webseite öffnen möchten, tippen Sie in das Adressfeld und geben wie gewohnt die Webadresse der gewünschten Seite ein ❹.

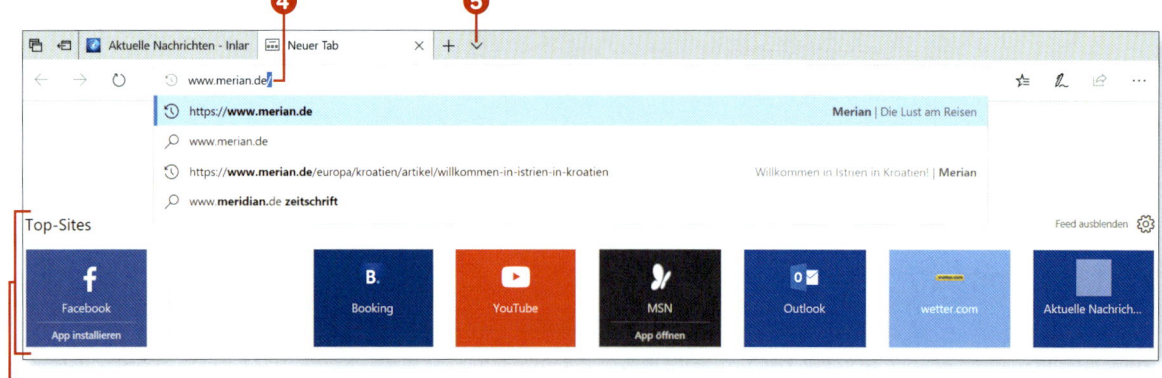

3. Tippen Sie auf den kleinen nach unten weisenden Pfeil ❺ rechts vom Plussymbol, blendet Edge oberhalb des Adressfeldes je eine Vorschau der geöffneten Webseiten ein.

4. Mit einem Tipp auf eine Vorschau oder einen Registerreiter ❻ wechseln Sie zwischen den Webseiten.

5. Um die Vorschau wieder auszublenden, ist ein Tipp auf den nun nach oben weisenden Pfeil ❼ nötig.

6. Möchten Sie eine Registerkarte wieder schließen, holen Sie sie zunächst mit einem Tipp auf den Registerreiter nach vorne. Am rechten

Rand des Reiters ist nun ein kleines Kreuz sichtbar **8**. Ein Tipp hierauf, und die Registerkarte wird geschlossen. Wenn nur noch eine Registerkarte, also eine Webseite, geöffnet ist, wird durch den Tipp auf das Kreuz das gesamte Anwendungsfenster des Browsers Edge geschlossen.

➕ Registerkarte für Schnellzugriff anheften

Haben Sie eine Lieblingswebseite, die Sie sehr häufig öffnen? Statt jedes Mal die Webadresse selbst einzugeben, können Sie die Webseite auch fest im Anwendungsfenster von Edge verankern. Hierzu rufen Sie die Webseite zunächst wie gewohnt auf. Tippen Sie dann etwas länger auf den Registerreiter der Webseite. Nach einem kurzen Moment klappt das Kontextmenü auf, in dem Sie den Befehl **Anheften** wählen. Die Registerkarte wird anschließend am linken Rand des Anwendungsfensters eingeblendet. Wann immer Sie zukünftig den Browser starten, finden Sie die angeheftete Registerkarte an dieser Position. Mit einem Tipp hierauf wird die dazugehörige Webseite angezeigt. Wenn Sie die Registerkarte wieder entfernen möchten, tippen Sie wieder etwas länger auf ihren Registerreiter. Im Kontextmenü wählen Sie nun **Loslösen**.

So legen Sie die Startseite des Browsers fest

Wenn Sie den Browser Edge starten, wird zunächst die Informationsseite von MSN angezeigt. Diese Seite ist nicht jedermanns Geschmack. Sie können sie aber schnell durch eine andere Startseite ersetzen:

1. Tippen Sie in der Symbolleiste von Edge auf das Symbol ⋯. Am rechten Rand klappt nun ein Menü auf, in dem Sie ganz unten auf **Einstellungen 1** tippen.

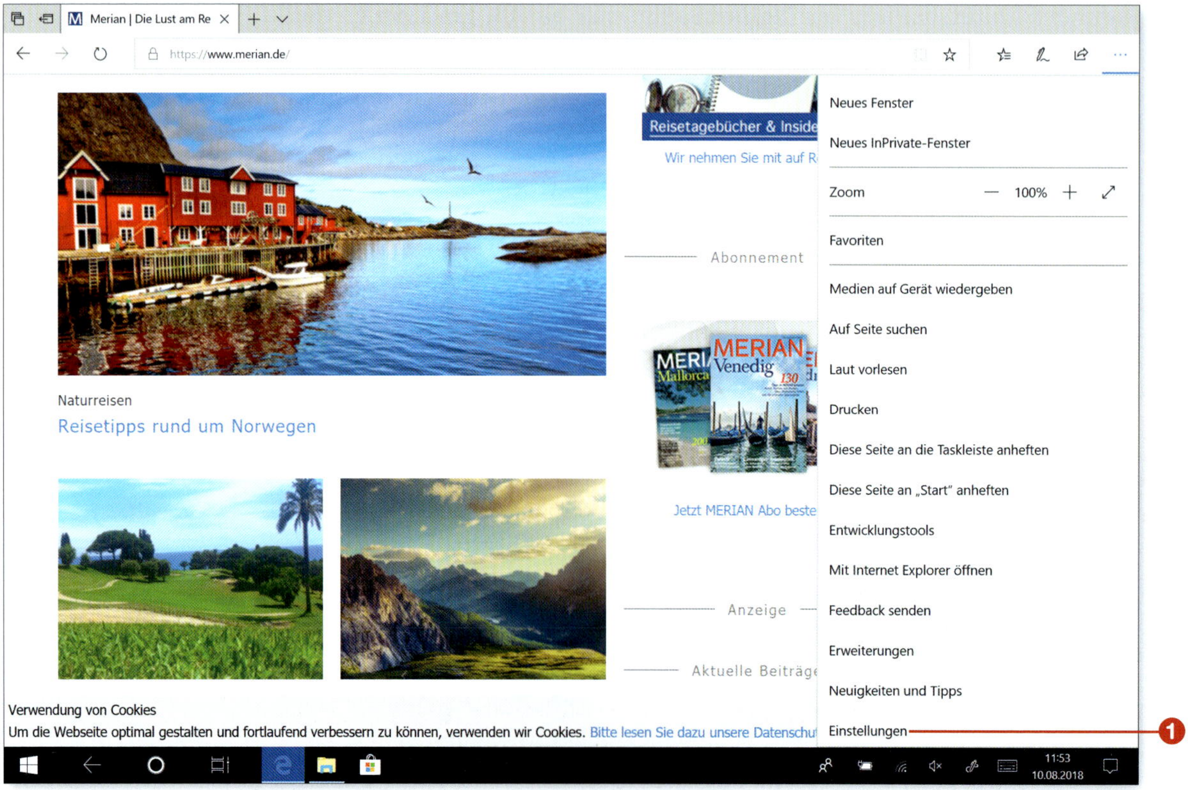

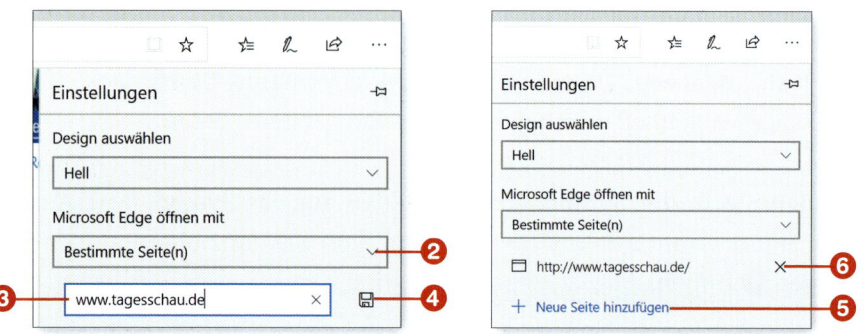

2. In der Spalte **Einstellungen** tippen Sie auf den Pfeil rechts vom Feld **Microsoft Edge öffnen mit** ❷. Markieren Sie in der aufklappenden Liste **Bestimme Seite(n)**.

3. Tippen Sie in das Feld **URL eingeben**, und geben Sie die Adresse der von Ihnen gewünschten Startseite ein ❸. Möchten Sie, dass der Browser Edge nach dem Start eine leere Seite anzeigt, geben Sie den Text »about:blank« ein.

4. Durch Drücken der Eingabe-Taste ⏎ oder einen Tipp auf das Speichern-Symbol ❹ rechts vom Feld speichern Sie die eingetragene Webadresse.

Sollte Ihnen eine Startseite nicht ausreichen, können Sie auch weitere einrichten. Microsoft Edge öffnet dann nach dem Start mehrere Registerkarten mit jeweils festgelegten Webseiten.

5. Um eine weitere Startseite anzulegen, tippen Sie auf **Neue Seite hinzufügen** ❺.

6. Geben Sie in das nun sichtbare Feld die Webadresse der zweiten Startseite ein, und bestätigen Sie durch Drücken der Eingabe-Taste ⏎.

7. Wenn Sie später eine der gerade eingerichteten Startseiten nicht mehr benötigen, rufen Sie in Edge die Spalte **Einstellungen** auf, wie in Schritt 1 gezeigt. Mit einem Tipp auf das Kreuzsymbol ❻ rechts von der zu löschenden Adresse entfernen Sie die Startseite.

Wenn Sie in Edge per Tipp auf das Plussymbol rechts von einem Registerreiter eine neue Registerkarte öffnen, schlägt Ihnen der Browser einige Websites und Apps vor. Ziehen Sie stattdessen eine leere Seite vor, tippen Sie in der Spalte **Einstellungen** auf den Pfeil rechts vom Feld **Neue Tabs öffnen mit**. In der aufklappenden Liste markieren Sie den Eintrag **Leere Seite**.

Lesezeichen setzen und nutzen

Sie haben eine interessante Webseite entdeckt, die Sie zukünftig sicherlich häufiger besuchen werden? Um die Webadresse nicht jedes Mal erneut eingeben zu müssen, sollten Sie sie in die Liste Ihrer Favoriten aufnehmen. Die wenigen Schritte hierfür sind blitzschnell erledigt:

1. Rufen Sie die Webadresse wie gewohnt im Browser Edge auf. Tippen Sie dann am rechten Rand des Adressfeldes auf das Symbol ☆ ❶.

2. In der aufklappenden Liste stellen Sie sicher, dass die Schaltfläche **Favoriten** ❷ aktiviert ist, gut zu erkennen am blauen Schriftzug.

3. Wenn Sie möchten, ersetzen Sie im Feld **Name** den vorgeschlagenen Titel der Webseite durch eine eigene Bezeichnung. Tippen Sie hierzu einfach auf das kleine Kreuzsymbol am rechten Rand des Feldes ❸. Damit wird der vorherige Titel gelöscht, und Sie können einen neuen eintragen. Benötigen Sie zur Eingabe die virtuelle Tastatur, müssen Sie ggf. auf das Symbol ▦ rechts im Infobereich der Taskleiste tippen ❹, um die Bildschirmtastatur einzublenden.

Je mehr Webadressen Sie in der Favoritenliste speichern, desto schwieriger wird es mit der Zeit, die gewünschte Adresse schnell zu finden. Legen Sie deshalb am besten frühzeitig schon nach Themen sortierte Ordner an (z. B. Gesundheit oder auch Reisen), in denen Sie dann die Adressen ablegen.

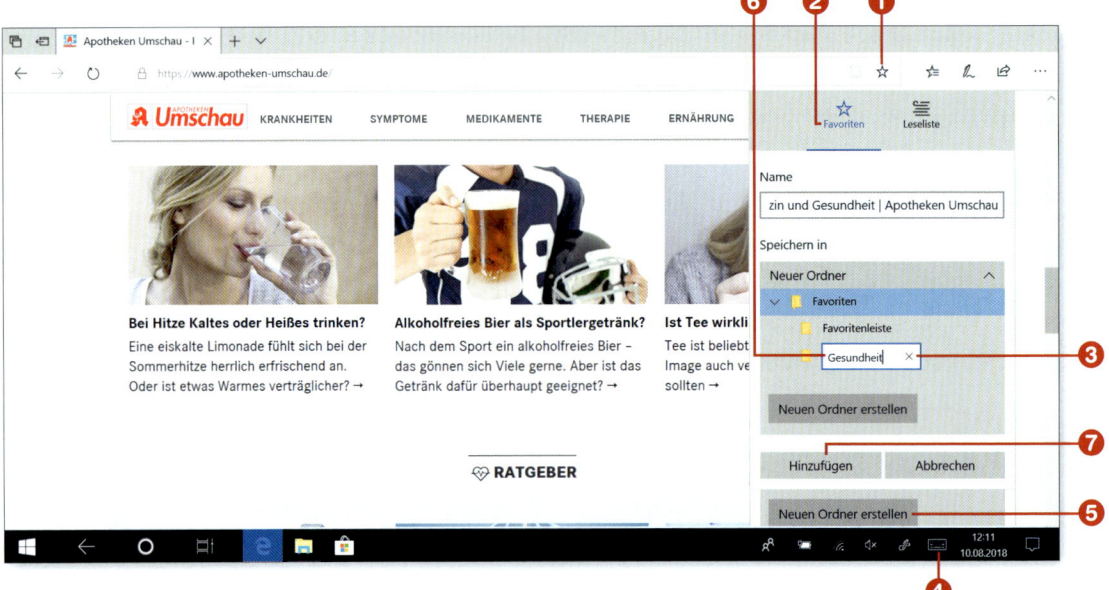

4. Um einen neuen Ordner anzulegen, tippen Sie in das Feld unterhalb von **Speichern in** und in der aufklappenden Liste auf **Neuen Ordner erstellen** ❺. In dem nun neu eingeblendeten Feld überschreiben Sie den Schriftzug **Neuer Ordner** mit dem gewünschten Ordnernamen, z. B. »Gesundheit« ❻. Durch Drücken der Eingabe-Taste ⏎ wird der Ordner erstellt.

5. Der neu angelegte Ordner ist bereits blau markiert. Mit einem Tipp auf **Hinzufügen** ❼ wird die aktuelle Webadresse in diesem Ordner innerhalb der Favoritenliste gespeichert.

Wenn Sie zukünftig eine Ihrer favorisierten Webseiten öffnen möchten, tippen Sie in der Symbolleiste von Edge zunächst auf das Symbol ⌐ ❽. In der aufklappenden Liste markieren Sie links den Eintrag **Favoriten**, sofern er noch nicht ausgewählt ist. Tippen Sie rechts auf den gewünschten Ordner, also etwa **Gesundheit**, und dann auf die Adresse ❾.

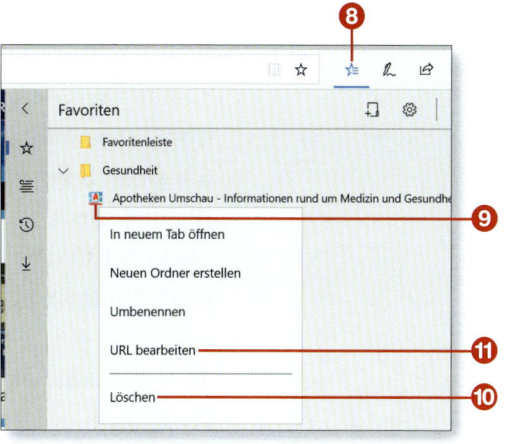

Nicht mehr benötigte Adressen können Sie natürlich jederzeit aus der Favoritenliste löschen. Öffnen Sie hierzu die Favoriten per Tipp auf das Symbol ⌐, und wechseln Sie ggf. in den Ordner, in dem Sie die Adresse abgelegt haben. Tippen Sie etwas länger auf den Eintrag, bis das Kontextmenü eingeblendet wird. Ein Tipp auf **Löschen** ❿, und die Adresse wird entfernt. Im gleichen Kontextmenü finden Sie übrigens auch den Befehl **URL bearbeiten** ⓫, mit dem Sie die Webadresse eines Favoriten ändern können, falls sich diese einmal ändern sollte.

∧ *Favoriten können auch wieder gelöscht werden.*

Mit einem Tipp auf das Symbol ⌐ gelangen Sie nicht zur Favoritenliste, sondern können auch den **Verlauf** ⌚ aufrufen. Tippen Sie darauf, wird eine Liste mit allen bereits besuchten Webseiten angezeigt. Im Bereich **Download** ↧ werden wiederum alle aus dem Internet heruntergeladenen Dateien aufgeführt. Wie ein solcher Download funktioniert, erfahren Sie im Abschnitt »Downloads aus dem Internet« ab Seite 149.

➕ Interessante Webadresse in der Leseliste ablegen

Haben Sie eine Webseite entdeckt, die Sie gerne zu einem späteren Zeitpunkt lesen möchten, müssen Sie die Adresse nicht unbedingt in der Favoritenliste speichern. Alternativ steht Ihnen auch die Leseliste zur Verfügung. Tippen Sie hierzu am rechten Rand des Adressfeldes auf das Symbol ☆, und markieren Sie in der aufklappenden Liste nun die **Leseliste**. Wie bei den Favoriten können Sie noch den Namen der Webseite anpassen, bevor Sie den Eintrag mit einem Tipp auf **Hinzufügen** in der Leseliste speichern. Wenn Sie die Seite später in Edge aufrufen möchten, tippen Sie auf das Symbol ⌐, markieren die **Leseliste** ☰ und dann die gewünschte Webadresse. Um eine Adresse aus der Leseliste zu entfernen, halten Sie den Finger länger auf dem Eintrag gedrückt und tippen im Kontextmenü auf den Befehl **Löschen**.

Besitzen Sie gleich mehrere Windows-10-Geräte, z. B. zusätzlich zum Tablet noch einen Desktop-PC oder ein Notebook? Wenn Sie auf allen Computern mit dem gleichen Microsoft-Konto angemeldet sind, können Sie die in Edge gespeicherten Favoriten sowie die Leseliste synchronisieren und somit von allen Geräten aus darauf zugreifen. Hierzu müssen Sie die Synchronisierung sowohl in Microsoft Edge aktivieren als auch in der Einstellungen-App:

1. Tippen Sie in der Symbolleiste auf das Symbol $\boxed{\cdots}$ und dann auf **Ein-stellungen**.

2. Blättern Sie in der Spalte **Einstellungen** etwas nach unten, und stellen Sie sicher, dass der Regler unterhalb von **Konto** auf **Ein** ❶ eingestellt ist. Der Regler lässt sich nur dann aktivieren, wenn Sie mit einem Microsoft-Konto am Computer angemeldet sind.

3. Rufen Sie als Nächstes per Tipp auf **Einstellungen für Gerätesyn-chronisierung** ❷ die Einstellungen-App auf. Arbeiten Sie im Tabletmodus, werden beide Fenster – also das des Browsers Edge und das der Einstellungen-App – nebeneinander angezeigt. Informationen zu dieser Darstellung erhalten Sie im Abschnitt »Zwei App-Fenster nebeneinander anzeigen« ab Seite 87.

4. In der Einstellungen-App wird automatisch die Kategorie **Konten** mit der Unterkategorie **Einstellungen synchronisieren** ❸ geöffnet. Stellen Sie sicher, dass rechts der Regler **Synchronisierungseinstellungen** auf **Ein** ❹ gesetzt ist.

Das Fenster der Einstellungen-App können Sie nun wieder schließen, wie im Abschnitt »Arbeit beendet: So schließen Sie geöffnete Apps« auf Seite 90 gezeigt.

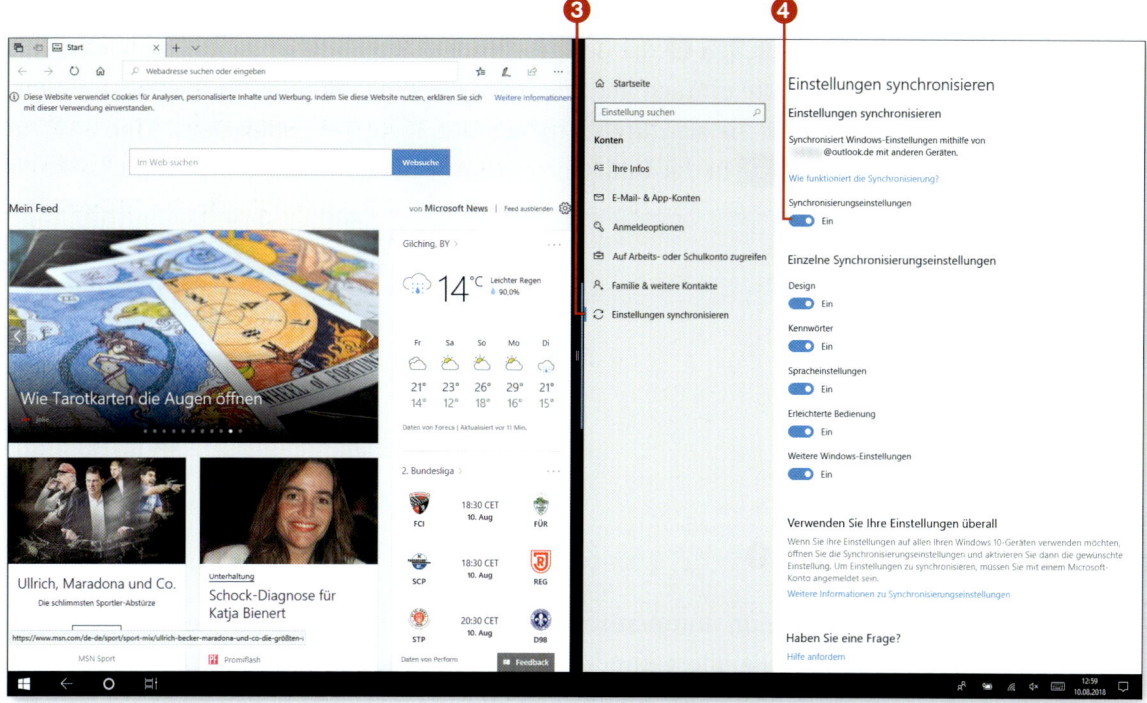

Webseiten suchen und finden

Der Begriff *googeln* steht als Inbegriff für die Recherche im Internet und hat sogar den Weg in den Duden geschafft. Google (*www.google.de*) mag damit zwar die bekannteste, aber keineswegs die einzige Suchmaschine im Internet sein. So bietet z. B. auch Microsoft einen eigenen Suchdienst mit dem Namen *Bing* an. Wenn Sie mit der App Microsoft Edge im Internet surfen, müssen Sie nicht einmal die Webseite des Suchdienstes aufrufen, um eine Suchanfrage zu stellen:

1. Tippen Sie in Microsoft Edge in das Adressfeld. Die aktuell angezeigte Webadresse wird hierdurch markiert.

2. Statt einer neuen Webadresse geben Sie in das Adressfeld den oder auch die Suchbegriffe ein, etwa »Ausflugsziele München« ❶, wenn Sie auf der Suche nach Ideen für die nächste Wochenendplanung rund um München sind. Bereits während der Eingabe der Suchbegriffe erhalten

Sie Vorschläge ❷. Ist der gewünschte Suchbegriff dabei, tippen Sie ihn in der Liste einfach an. Wenn Sie die Eingabe selbst fortsetzen müssen, schließen Sie sie durch Drücken der Taste [←] oder einen Tipp auf das Symbol → in der Bildschirmtastatur ab.

Es wird nun automatisch die Webseite des Bing-Suchdienstes geöffnet, auf der Sie alle gefundenen Treffer zu Ihrem Suchbegriff finden. Über die Pfeiltasten am unteren Seitenrand blättern Sie von einer Suchergebnisseite zur nächsten. Wie Google finanziert sich auch Bing durch Werbung. Entsprechende Treffer werden mit dem Hinweis **Anzeige** gekennzeichnet. Interessiert Sie eines der Suchergebnisse näher, gelangen Sie per Tipp auf den Eintrag zur entsprechenden Webseite.

So legen Sie Ihre Lieblingssuchmaschine fest

Die Suchmaschinen Bing und Google ähneln sich sehr stark in der Bedienung. Und nicht nur dort: Beide stehen auch im Ruf, viele Daten über Ihr Surfverhalten zu speichern. Diese Datensammelwut kommt nicht bei jedem gut an. Dass es auch anders geht, zeigen z. B. die beiden Suchmaschinen *DuckDuckGo* sowie *Startpage* (früher *IxQuick*). Beide zeichnen sich dadurch aus, dass sie Ihre Privatsphäre respektieren. Weitere Informationen zu den Suchmaschinen erhalten Sie jeweils auf deren Webseiten *http:// duckduckgo.com* sowie *www.startpage.de*. Wenn Ihnen eine der Suchmaschinen richtig gut gefällt, können Sie sie in Edge auch als feste Suchmaschine für all Ihre Suchanfragen eintragen. Um die Standardsuchmaschine in Microsoft Edge zu ändern, gehen Sie folgendermaßen vor:

1. Rufen Sie zunächst die Webseite der gewünschten Suchmaschine auf.

2. Tippen Sie in der Symbolleiste von Edge ganz rechts auf das Symbol ⌜···⌟. In der aufklappenden Liste markieren Sie dann ganz unten die **Einstellungen**.

3. Blättern Sie in der Spalte **Einstellungen** ganz nach unten, und tippen Sie hier auf **Erweiterte Einstellungen anzeigen**.

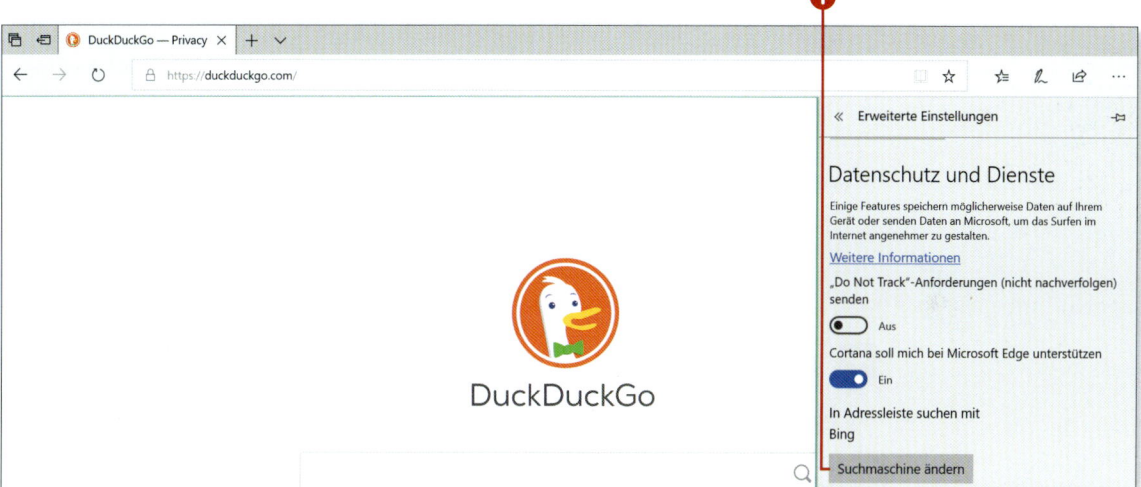

4. Ein Blättern nach unten ist nun auch in der Spalte **Erweiterte Einstellungen** nötig. Sind Sie im Bereich **Datenschutz und Dienste** angelangt, finden Sie hier unterhalb von **In Adressleiste suchen mit** als Suchmaschine zunächst noch Bing. Tippen Sie auf **Suchmaschine ändern** ❶.

5. Im Dialog **Suchmaschine ändern** werden neben Bing alle Suchmaschinen aufgeführt, die Sie bisher in Edge geöffnet haben. Mit einem Tipp markieren Sie Ihre Lieblingssuchmaschine und bestätigen die Auswahl mit **Als Standard** ❷.

6. Sollten Sie eine der aufgeführten Suchmaschinen aus der Liste löschen wollen, markieren Sie sie ebenfalls per Tipp. Tippen Sie dann auf **Entfernen** ❸. Dies funktioniert mit allen Suchmaschinen außer Bing. Der Microsoft-eigene Dienst lässt sich nicht entfernen.

➕ **Auf einer Webseite suchen**

Sie haben eine Webseite geöffnet, die Ihnen als Treffer für Ihren Suchbegriff angezeigt wurde. Den Begriff können Sie nun allerdings auf der
Seite nirgends entdecken? Bevor Sie verzweifelt weitersuchen, nutzen
Sie einfach die Funktion **Auf Seite suchen**, die Sie nach einem Tipp auf
das Symbol ⋯ in der Symbolleiste aufrufen. Unterhalb der Symbolleiste wird links ein Suchfeld eingeblendet, in das Sie den gewünschten
Suchbegriff eingeben. Bestätigen Sie die Eingabe durch Drücken der Eingabe-Taste ↵ auf der Tastatur. Edge durchsucht die aktuelle Webseite
nun nach dem Suchbegriff. Die Ergebnisse werden anschließend farbig
hervorgehoben. Wie viele Treffer der Browser findet, erfahren Sie rechts
vom Suchfeld. Über die beiden Pfeiltasten gelangen Sie von einem Treffer zum nächsten. Mit einem Tipp auf das Kreuzsymbol rechts blenden
Sie die Suchleiste wieder aus.

➕ **Mehr Überblick mit der Leseansicht**

Manche Webseiten sind so überhäuft von Werbung, Inhaltsverzeichnis-
sen und mehr, dass man sich kaum auf den eigentlichen Artikel kon-
zentrieren kann. Damit Sie zukünftig doch wieder Spaß an solchen Seiten haben, sollten Sie unbedingt einmal die Leseansicht-Funktion von
Edge ausprobieren. Sie lässt sich blitzschnell per Tipp auf das Symbol
📖 am rechten Rand des Adressfeldes aktivieren. Statt der überladenen
Originalseite bekommen Sie nun eine wunderbar übersichtliche Seite
zu Gesicht, die nur noch den eigentlichen Artikel enthält. Mit einem erneuten Tipp auf das Symbol 📖 deaktivieren Sie die Funktion wieder.
Leider steht die Leseansicht nicht auf allen Webseiten zur Verfügung.
Das Symbol 📖 erscheint in einem solchen Fall hellgrau und lässt sich
nicht aktivieren.

Webseiten mit eigenen Notizen versehen

Wenn Sie in einer Zeitung einen interessanten Artikel finden, den Sie
selbst aufbewahren oder an andere weiterreichen möchten, schneiden
Sie ihn aus. Eventuell markieren Sie zusätzlich wichtige Passagen oder

fügen Notizen hinzu. All dies ist auch in Microsoft Edge möglich. Die Funktion hierfür nennt sich passenderweise *Webseitennotiz*. Und so funktioniert die Funktion auf Webseiten:

1. Rufen Sie in Edge die Webseite auf, auf der Sie Notizen hinzufügen möchten. Tippen Sie dann in der Symbolleiste (siehe Seite 135) auf das Symbol ✏, um die Funktion **Webseitennotiz erstellen** zu aktivieren.

Statt der Symbolleiste wird am oberen Fensterrand nun die lila Symbolleiste der Webseitennotiz-Funktion eingeblendet. Solange der Notiz-Modus aktiviert ist, können Sie zwar wie gewohnt auf der Webseite blättern, ein Aufruf anderer Webseiten ist aber nicht möglich. Sehen wir uns die einzelnen Notizmöglichkeiten kurz an:

2. Die wichtigste Schaltfläche in dieser neuen Symbolleiste ist das Symbol **Schreiben durch Berühren** (❶ auf Seite 138). Nur wenn sie aktiviert ist – erkennbar an der dünnen Linie unterhalb der Schaltfläche –, können Sie auf einer Webseite Notizen hinzufügen. Fehlt die Linie bei Ihnen, tippen Sie einmal auf das Symbol, um die Funktion einzuschalten.

3. Wenn Sie bestimmte Textpassagen unterstreichen möchten, nutzen Sie am besten den **Stift** ❷. Sobald Sie ihn antippen, klappt eine Farbpalette auf, in der Sie den gewünschten Farbton auswählen. Über den Schieberegler stellen Sie die Stiftgröße ein.

4. Markieren Sie nun den gewünschten Text einfach mit dem Finger. Sollten Sie für Ihr Tablet einen speziellen Stift besitzen (siehe auch den Abschnitt »Nützliches Zubehör für das Windows-Tablet« ab Seite 16), lässt sich das Markieren mit diesem natürlich noch einfacher durchführen. Auch die Computermaus – sofern denn angeschlossen – kann hierfür genutzt werden. Beim Markieren müssen Sie lediglich die linke Maustaste gedrückt halten.

5. Der **Textmarker**, den Sie über das Symbol rechts vom Stift aktivieren, funktioniert ähnlich. Nach einem erneuten Tipp auf das Symbol können Sie auch hier in der Farbpalette den gewünschten Farbton ❸ auswählen und die Stiftbreite ❹ anpassen. Fahren Sie dann mit dem Finger (bzw. dem Stift oder der Computermaus) den Textabschnitt entlang, den Sie markieren möchten ❺.

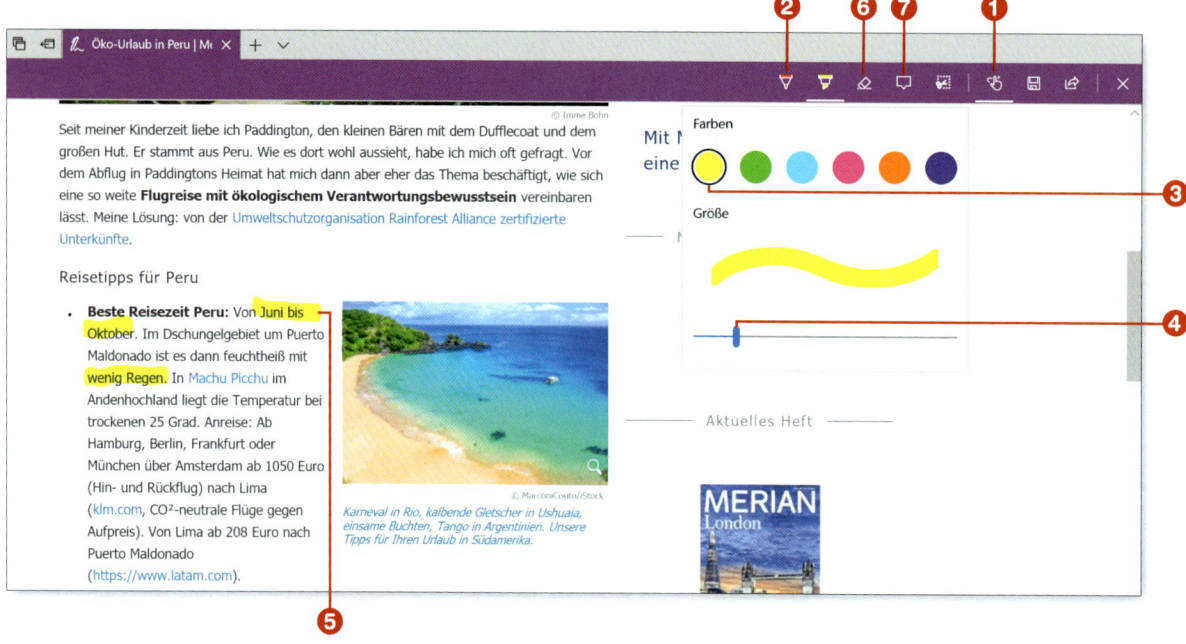

Sowohl mit dem Finger als auch mit der Computermaus ist das Markieren von Text manchmal gar nicht so einfach. Schnell verrutscht man hier mal in der Zeile. Ist Ihnen solch ein Fehler unterlaufen, können Sie ihn mithilfe des Radierers schnell ungeschehen machen.

6. Aktivieren Sie den Radierer ❻ zunächst per Tipp auf das entsprechende Symbol in der Symbolleiste. Wischen Sie dann kurz mit dem Finger über die Markierung, und schon wird die Textmarkierung entfernt. Wenn Sie alle vorgenommenen Markierungen löschen möchten, tippen Sie erneut auf das Symbol des Radiergummis. Mit einem Tipp auf den Befehl **Freihand vollständig löschen** werden alle Markierungen entfernt.

7. Möchten Sie gerne ein paar persönliche Notizen auf der Webseite hinzufügen? Auch das ist möglich. Tippen Sie hierzu einfach auf das Symbol **Notiz hinzufügen** ❼. Das aktivierte Symbol ist wieder an der Linie unterhalb des Symbols zu erkennen. Tippen Sie nun auf die Stelle auf der Webseite, an der Sie die Notiz ergänzen möchten. Es klappt ein kleines Textfeld auf, in das Sie nun den gewünschten Text eingeben ❽. Wenn Sie hierfür die virtuelle Tastatur benötigen, können Sie diese mit einem Tipp in das Textfeld einblenden. Sollten Sie die Notiz falsch positioniert haben oder doch nicht benötigen, löschen Sie sie mit einem Tipp auf das Papierkorbsymbol ❾.

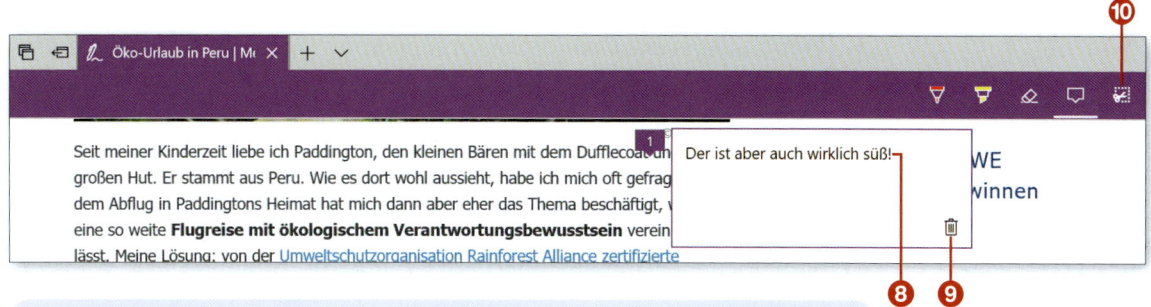

➕ **Abschnitt einer Webseite ausschneiden**

Wenn Sie nur einen bestimmten Abschnitt einer Webseite ausschneiden möchten, aktivieren Sie per Tipp das Symbol **Ausschneiden** ❿. Über die gesamte Webseite hinweg erscheint der leicht durchsichtige Hinweis **In den Kopierbereich ziehen**. Markieren Sie nun einfach mit dem Finger den Bereich, den Sie ausschneiden möchten. Dieser Bereich erscheint anschließend wieder in der normalen Farbe. Der markierte Abschnitt wird automatisch in die Zwischenablage kopiert. Von hier aus können Sie die Kopie z. B. in einer E-Mail ergänzen. Dazu tippen Sie im Nachrichtentext der E-Mail auf die gewünschte Stelle, an der der Webseitenausschnitt eingefügt werden soll. Halten Sie den Finger etwas länger gedrückt, bis eine kleine Symbolleiste eingeblendet wird. Ein Tipp auf **Einfügen**, und der Ausschnitt wird eingefügt.

Wenn Sie auf der Webseite alle Notizen hinzugefügt und Markierungen vorgenommen haben, stehen Ihnen verschiedene Möglichkeiten zur Weiterverarbeitung zur Auswahl. Wollen Sie die kommentierte Seite nur für sich selbst speichern, können Sie sie z. B. in der Favoritenliste ablegen.

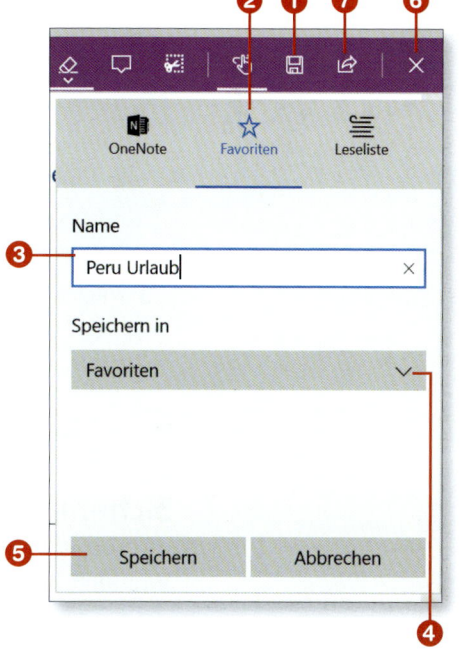

1. Tippen Sie in der Symbolleiste auf das Speichern-Symbol ❶.

Den Dialog, der nun aufklappt, haben Sie bereits im Abschnitt »Lesezeichen setzen und nutzen« ab Seite 129 kennengelernt.

2. Aktivieren Sie im Dialog per Tipp die **Favoriten** ❷. Tippen Sie dann in das Feld **Name**, und überschreiben Sie den nun markierten Text mit einer neuen Bezeichnung für die Webseite ❸.

3. Wenn Sie bereits Ordner zur Organisation Ihrer Favoritenliste einge-richtet haben, tippen Sie auf den Pfeil am rechten Rand des Feldes un-terhalb von **Speichern in** ❹. In der aufklappenden Liste wählen Sie den gewünschten Ordner aus. Mit einem Tipp auf den nach oben weisenden Pfeil blenden Sie die Liste wieder aus.

4. Nun noch ein Tipp auf **Speichern** ❺, und die kommentierte Webseite wird in die Favoritenliste aufgenommen.

Zukünftig können Sie, wie bereits für die Favoriten beschrieben, nach einem Tipp auf das Symbol ⧖ in der Symbolleiste von Edge auf die ge-rade gespeicherte Adresse mit allen Markierungen und Notizen zugreifen.

5. Um im Browser Edge nun den Webseitennotiz-Modus wieder zu ver-lassen und zur normalen Webseiten-Ansicht zurückzukehren, tippen Sie in der Symbolleiste auf das Schließen-Symbol ❻.

➕ **Kommentierte Webseite per E-Mail versenden**

Möchten Sie Freunden gerne die Webseite mit Ihren Notizen und Markie-rungen per E-Mail schicken? Dann tippen Sie in der Symbolleiste der Web-seitennotiz-Funktion auf das Symbol **Webseitennotiz teilen** (❼ auf Seite 139). Im Dialog **Freigeben** markieren Sie nun die gewünschte App zum Teilen, also etwa die Mail-App. Wenn Sie in der Mail-App mehrere Kon-ten eingerichtet haben, müssen Sie das Konto auswählen, mit dem Sie die E-Mail verschicken möchten. Im Nachrichtenfenster, das anschließend ge-öffnet wird, müssen Sie nur noch die E-Mail-Adresse des Empfängers so-wie einen kurzen Nachrichtentext ergänzen. Ihre kommentierte Webseite wird als sog. *Screenshot* (auf Deutsch »Bildschirmfoto«) im JPG-Format an die E-Mail angehängt. Mit einem Tipp auf **Senden** verschicken Sie die E-Mail. Ausführliche Informationen zur Mail-App erhalten Sie in Kapitel 7, »E-Mails, Adressen und Termine«, ab Seite 153.

Sicher im Internet unterwegs

Wer sich in sozialen Netzwerken bewegt, über das Internet einkauft, Rei-sen bucht oder, um sich zu informieren, im Internet surft, sollte sich immer bewusst sein, dass das weltweite Datennetz auch viele Gefahren birgt. Viren, Trojaner und andere Schadsoftware (allgemein unter dem Begriff *Malware* zusammengefasst) können z. B. in E-Mails und ihren Dateianhängen lauern, in Dateien, die Sie über das Internet herunterladen oder auch auf Webseiten selbst. Der Schaden, den sie zufügen, reicht von Datendiebstahl bis hin zur kompletten Zerstörung Ihres Computers. In Kapitel 15, »Alles sicher – Tablet und Daten schützen«, ab Seite 313 erfahren Sie, welche Schutzmaßnahmen Sie auf dem Computer selbst nutzen sollten.

Auch der Browser Microsoft Edge bringt einige Sicherheitsmechanismen mit sich. Vieles ist zwar bereits voreingestellt, dennoch sollten Sie einen prüfenden Blick auf die Einstellungen werfen. Tippen Sie hierzu in der Symbolleiste von Microsoft Edge auf das Symbol ⋯ und dann auf **Einstellungen**. Blättern Sie in der Spalte **Einstellungen** ganz nach unten, und tippen Sie hier auf **Erweiterte Einstellungen anzeigen**.

> Erweiterte Einstellungen
>
> Erweiterte Einstellungen anzeigen

∧ *In den »Erweiterten Einstellungen« finden Sie wichtige Sicherheitseinstellungen.*

Gleich der zweite Regler unter **Erweiterte Einstellungen** betrifft ein zwar nicht unbedingt gefährliches, dafür aber lästiges Thema: die Werbung. Microsoft Edge verfügt über einen sog. *Pop-up-Blocker*. Bei Pop-ups handelt es sich um zusätzliche Fenster, meist Werbung, die beim Aufruf einer Webseite angezeigt werden. Stellen Sie sicher, dass der Regler **Popups blockieren** auf **Ein** ❶ gesetzt ist. Versucht eine Webseite, ein solches Pop-up-Fenster zu öffnen, verhindert Microsoft Edge diese Aktion. Am unteren Rand des Programmfensters erscheint ein entsprechender Hinweis. Sollten Sie sich das Pop-up doch ansehen wollen, klicken Sie einfach auf die Schaltfläche **Einmal zulassen**.

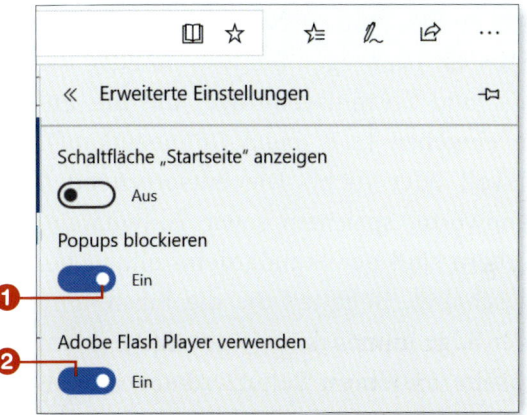

< *Der Pop-up-Blocker verhindert das Einblenden unerwünschter Werbefenster.*

Die nächste Einstellung betrifft die Einbindung von multimedialen Inhalten (z. B. Videos) in Webseiten. Früher wurde hierfür noch der *Adobe Flash Player* verwendet. Dieser fällt allerdings immer wieder negativ durch immense Sicherheitslücken auf. Da mittlerweile für die Darstellung von Filmen eine andere Technik, nämlich HTML5, eingesetzt wird, wird der Adobe Flash Player immer seltener benötigt.

Meistens blockiert Microsoft Edge Flash-Inhalte bereits automatisch. Sobald Sie eine Webseite aufrufen, auf der die Flash-Technik zum Einsatz kommt, weist der Browser Sie darauf hin. Wenn Sie den Flash-Inhalt trotzdem ansehen möchten, aktivieren Sie den Adobe Flash Player mit einem Tipp auf **Verstanden**.

> *Adobe Flash-Inhalte werden vom Browser automatisch blockiert.*

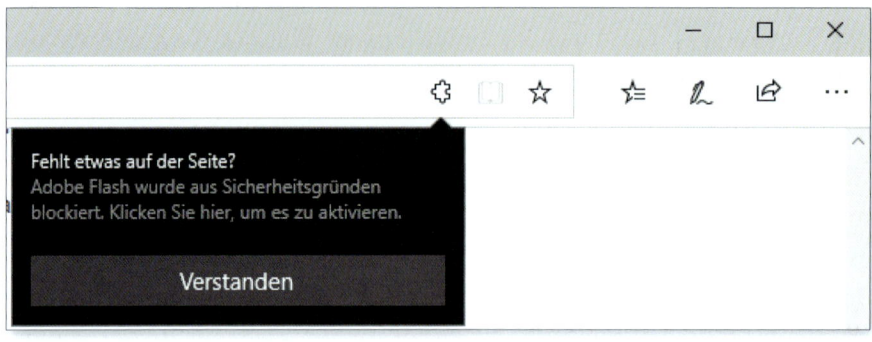

> *Haben auch andere Personen Zugriff auf das Tablet, sollten Sie das Speichern von Kennwörtern unterbinden.*

Ist es Ihnen aus Sicherheitsgründen lieber, den Adobe Flash Player gar nicht zu nutzen, deaktivieren Sie ihn einfach. Den entsprechenden Regler **Adobe Flash Player verwenden** (❷ auf Seite 141), den Sie ebenfalls in der Spalte **Erweiterte Einstellungen** finden, setzen Sie hierzu per Tipp auf **Aus**.

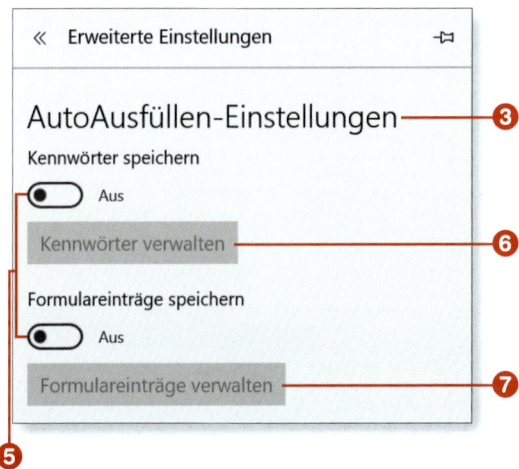

Blättern Sie in der Spalte etwas weiter nach unten, gelangen Sie zum Bereich **AutoAusfüllen-Einstellungen** ❸. Hier legen Sie fest, ob Edge die Kennwörter und Formulareinträge, die Sie auf Webseiten eingeben (z. B. beim Onlineeinkauf), speichern soll oder nicht. Die entsprechenden Regler **Kennwörter speichern** sowie **Formulareinträge speichern** sind per Standardeinstellung bereits eingeschaltet. Behalten Sie die Einstellung bei, blendet Edge immer dann, wenn Sie sich auf einer Webseite mit Ihren Benutzerdaten anmel den möchten, einen Dialog ein. In diesem wird Ihnen angeboten, das Kennwort zu speichern ❹. Nehmen Sie das Angebot an, müssen Sie bei der nächsten Anmeldung auf der Webseite nur noch den Benutzernamen angeben. Das Kennwort wird anschließend automatisch vom *Passwort-Manager* von Edge ergänzt.

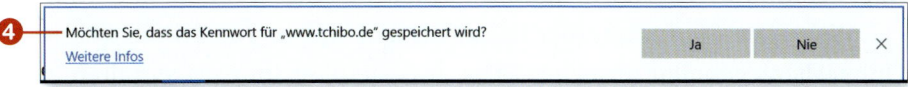

∧ *Edge bietet die Möglichkeit, Kennwörter und Formulardaten zu speichern.*

Auch wenn der Passwort-Manager recht praktisch ist, sollten Sie aber immer daran denken, dass nicht nur Ihnen dieser Service zur Verfügung steht, sondern auch allen anderen, die Zugang zu Ihrem Computer haben. Falls die falsche Person die sensiblen Daten in die Hände bekommt, hat sie automatisch Zugang zu Onlineshops, Onlinebanking oder auch sozialen Netzwerken und kann Ihnen somit womöglich großen Schaden zufügen. Wem dies zu heikel ist, dem empfehle ich, die beiden Regler **Kennwörter speichern** sowie **Formulareinträge speichern** lieber zu deaktivieren ❺.

> **＋ Kennwörter regelmäßig aktualisieren**
>
> Bei der Registrierung auf einer Webseite (z. B. in einem Onlineshop oder auch Reiseportal) legen Sie das Kennwort selbst fest. Dies sollte aus Groß- und Kleinbuchstaben, Ziffern und Sonderzeichen bestehen. Je länger das Kennwort ist, desto besser. Verwenden Sie ein Kennwort nie zweimal, und ändern Sie es regelmäßig. Haben Sie sich entschieden, den Passwort-Manager von Edge zu nutzen, müssen Sie in einem solchen Fall natürlich auch hier das alte Kennwort durch das neue ersetzen. Rufen Sie hierzu in Edge nach einem Tipp auf das Symbol $\boxed{\cdots}$ nacheinander **Einstellungen ▸ Erweiterte Einstellungen anzeigen ▸ Kennwörter verwalten** ❻ auf. Markieren Sie in der Kennwörterliste den Eintrag, den Sie ändern möchten. Nehmen Sie dann alle Korrekturen vor, und speichern Sie die neuen Daten. Wenn Sie ein gespeichertes Kennwort ganz aus der Liste löschen möchten, tippen Sie den entsprechenden Eintrag in der Kennwortliste so lange an, bis das Kontextmenü erscheint. Mit einem Tipp auf **Anmeldeinformationen löschen** entfernen Sie den Eintrag aus der Kennwortliste. Analog gehen Sie auch mit den Formulareinträgen vor, die Sie über **Formulareinträge verwalten** ❼ erreichen.

Blättern Sie in der Spalte **Erweiterte Einstellungen** weiter nach unten, gelangen Sie zum Bereich **Datenschutz und Dienste**. Haben Sie sich schon einmal gewundert, warum Ihnen plötzlich immer wieder eine ganz bestimmte Werbung auf Webseiten angeboten wird? Höchstwahrscheinlich haben Sie sich vor nicht allzu langer Zeit über genau dieses Produkt im Internet informiert. Websitebetreiber sind sehr daran interessiert, welche Webseiten Sie im Internet besuchen und welche Artikel Sie sich in Onlineshops genauer ansehen. Alles, was sie über Ihr Surfverhalten in Erfahrung bringen, wird ausgewertet. Das Ergebnis: Sie erhalten genau auf dieses Surfverhalten zugeschnittene Werbung. Der Browser Microsoft Edge bietet einen sog. *Do Not Track*-Schutz. Ist dieser eingeschaltet, signalisieren Sie den Websitebetreibern, dass Sie nicht möchten, dass diese Ihr Surfverhalten mithilfe von Cookies o. Ä. nachverfolgen. Per Standardeinstellung ist der Do-Not-Track-Schutz ausgeschaltet. Wenn Sie ihn aktivieren möchten, setzen Sie in der Spalte **Erweiterte Einstellungen** den Regler unterhalb von „**Do Not Track**"-**Anforderungen** ... mit einem Tipp auf **Ein** ❶. Eine Garantie, dass Websites diese Einstellung berücksichtigen, gibt es allerdings nicht. Denn nach wie vor gibt es leider Unternehmen, die es mit dem Datenschutz nicht so genau nehmen.

> *Die Unterstützung durch Cortana kann deaktiviert werden.*

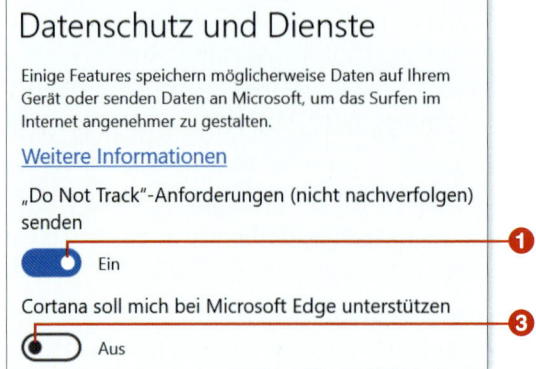

Eines dieser Unternehmen ist Microsoft selbst. Speziell die Sprachassistentin Cortana ruft bei Datenschützern großen Unmut hervor. Im Abschnitt »Das Tablet per Sprachassistentin Cortana steuern« ab Seite 298 lernen Sie die Funktionen von Cortana etwas genauer kennen. Auch in Microsoft Edge bietet die Sprachassistentin ihre Dienste an. So können Sie z. B. Cortana beauftragen, Suchanfragen für Sie zu starten. Tippen Sie hierzu auf einer Webseite einfach einmal kurz auf einen Begriff, um diesen zu markieren. Über die beiden Schieberegler, die am Anfang und Ende der Markierung eingeblendet werden, können Sie den markierten Bereich noch anpassen. Halten Sie dann den Finger etwas länger auf der Markierung gedrückt, bis ein Quadrat rund um Ihren Finger sichtbar wird. Heben Sie nun den Finger vom Bildschirm, und wählen Sie im aufklappenden Kontextmenü den Befehl **Cortana zu ... fragen** aus ❷.

◀ Cortana unterstützt Sie auch auf Webseiten bei der Suche.

Am rechten Fensterrand wird nun eine Spalte eingeblendet, in der Cortana Ihnen alle Suchergebnisse zum markierten Begriff anzeigt, die es mithilfe der Suchmaschine Bing im Internet gefunden hat. Mit einem Tipp auf die Webseite selbst blenden Sie die Spalte wieder aus.

Wenn Sie die Dienste von Cortana nicht in Anspruch nehmen möchten, sollten Sie sie deaktivieren. Setzen Sie hierzu in der Spalte **Erweiterte Einstellungen** den Regler unterhalb von **Cortana soll mich bei Microsoft Edge unterstützen** mit einem Tipp auf **Aus** (❸ auf Seite 144).

Die nächste Sicherheitseinstellung betrifft die _Cookies_. Diese kleinen Textdateien enthalten zwar keine Viren, sie ermöglichen aber das Ausspionieren Ihres Surfverhaltens. Wenn Sie im Internet einkaufen, sind die Cookies dagegen zwingend nötig, da mit ihrer Hilfe die Artikel im Warenkorb gespeichert werden. Sie sollten also genau abwägen, welche Rechte Sie Websitebetreibern einräumen möchten und wo Sie klare Grenzen setzen wollen. Die entsprechende Einstellung nehmen Sie am unteren Rand der Spalte **Erweiterte Einstellungen** im Feld **Cookie** vor. Die Voreinstellung **Keine Cookies blockieren** sollten Sie keineswegs übernehmen. Einen guten Mittelweg bietet die Einstellung **Nur Cookies von Drittanbietern blockieren**. Damit werden Cookies von Erstanbietern, also

145

den Webseiten, auf denen Sie sich gerade befinden, akzeptiert, die von Drittanbietern (Werbefenster u. Ä.) dagegen blockiert ❶.

Unterhalb des Feldes **Cookies** befindet sich der Regler **Websites das Speichern geschützter Medienlizenzen auf meinem Gerät erlauben**. Dies ist dann erforderlich, wenn Sie Musik oder Videos zum Streamen über den Browser Edge kaufen. Ist der Regler eingeschaltet, werden die entsprechenden Lizenzen auf Ihrem Computer gespeichert, und Sie können Ihre Multimediadateien jederzeit genießen. Nutzen Sie die Möglichkeit des Streamens nicht, können Sie den Regler auch getrost ausschalten ❷.

> *Den SmartScreen-Filter sollten Sie unbedingt eingeschaltet lassen.*

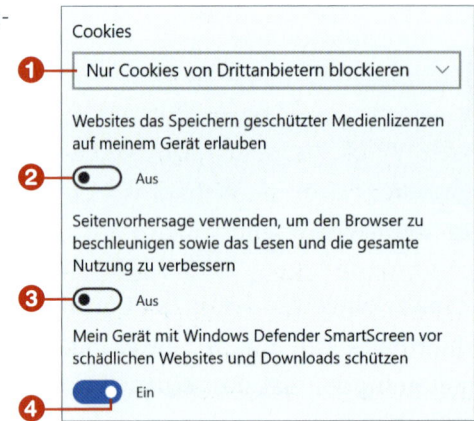

Die nächste Einstellung **Seitenvorhersage verwenden, um den Browser zu beschleunigen …**, die per Standardeinstellung aktiviert ist, verspricht ein schnelleres Laden von Seiten. Was sich wirklich dahinter verbirgt, ist aber nicht ganz ohne: Ist der Regler auf **Ein** gesetzt, sendet Microsoft Edge die Adressen aller Webseiten, die Sie besucht haben, an Microsoft, wo sie wiederum analysiert werden. Anhand der Ergebnisse, die an Edge zurückgeschickt werden, wird eine Vorhersage getroffen, welche Seite Sie wahrscheinlich als Nächstes ansehen werden. Diese Seite wird nun vorsorglich im Hintergrund geladen, sodass der Zugriff schneller erfolgen kann. Wer nicht möchte, dass all diese Informationen an Microsoft gesendet werden, sollte den Regler unterhalb von **Seitenvorhersage verwenden, um den Browser zu beschleunigen …** per Tipp auf **Aus** stellen ❸.

Ausgesprochen wichtig ist dagegen der *SmartScreen-Filter*, der über den letzten Regler am unteren Rand der Spalte **Erweiterte Einstellungen** aktiviert bzw. deaktiviert wird. Letzteres sollten Sie allerdings unbedingt unterlassen. Leider gibt es heutzutage zahlreiche Webseiten, die versuchen, sicherheitskritische Daten wie etwa Kreditkartendaten oder auch Passwörter auszuspionieren. Dem voran gehen häufig E-Mails, angeblich von Onlineshops oder Banken versendet, in denen der Nutzer aufgefordert wird, zur Sicherheit eine bestimmte Webseite aufzurufen und dort die geforderten Daten einzugeben. Diese Mails werden auch *Phishing*-Mails genannt. Tippen Sie tatsächlich auf den angegebenen Link, wird statt der Webseite der Bank eine ähnlich aussehende Seite eines Betrügers geöffnet. Ist der Regler **Mein Gerät mit Windows Defender SmartScreen vor schädlichen Websites und Downloads schützen** auf **Ein** ❹ gesetzt, erhalten Sie eine Warnung, falls Sie auf eine solche Webseite gelangen.

Wie Sie in diesem Abschnitt erfahren konnten, speichert Microsoft Edge während des Surfens im Internet einige Informationen, wie etwa Kennwörter, Formulardaten oder auch Cookies. Auch Webseiten, die Sie bereits besucht haben, werden protokolliert. Wenn Sie eine Webadresse erneut eingeben, reicht meist schon die Eingabe weniger Buchstaben, und schon schlägt Ihnen der Browser die gewünschte Adresse vor. Wenn Sie wissen möchten, welche Adressen Edge protokolliert hat, tippen Sie in der Symbolleiste auf das Symbol ⌐☰ und dann auf **Verlauf** ❶. Wählen Sie nun einen Zeitraum aus, z. B. **Letzte Woche** ❷, werden alle besuchten Webadressen aufgelistet. Ein Tipp auf eine Adresse reicht, und schon wird die Webseite geladen.

◄ *Über den Verlauf erreichen Sie bereits besuchte Webseiten.*

Um einen Datenmissbrauch vorzubeugen, sollten Sie all die gespeicherten Informationen wie Cookies oder auch den Browserverlauf regelmäßig löschen. Hierzu gehen Sie folgendermaßen vor:

1. Tippen Sie in der Symbolleiste von Edge auf das Symbol ⋯ und dann auf **Einstellungen**.

2. Blättern Sie in der Spalte **Einstellungen** bis zum Bereich **Browserdaten löschen**. Tippen Sie hier auf **Zu löschendes Element auswählen** ❶.

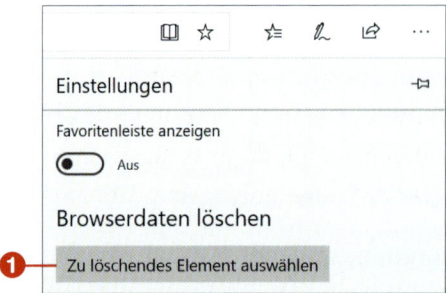

3. In der Spalte **Browserdaten löschen** sind die ersten vier Kontrollkästchen bereits mit einem Häkchen versehen und sollten auch aktiviert bleiben. Möchten Sie, dass auch die gespeicherten **Formulardaten** und **Kennwörter** gelöscht werden, setzen Sie auch hier per Tipp ein Häkchen vor die beiden Kästchen ❷.

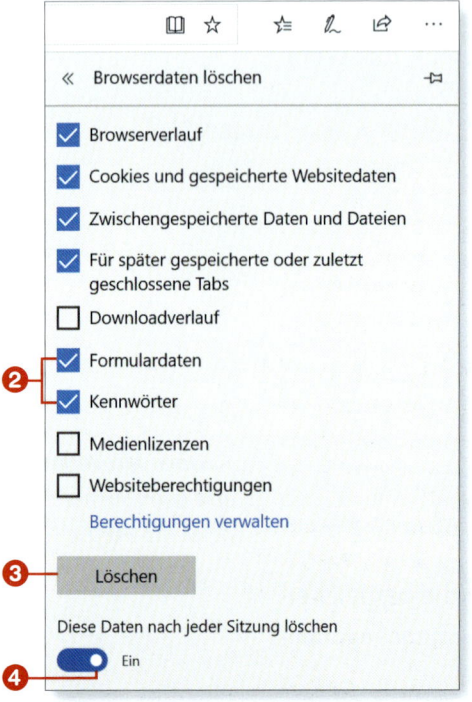

4. Mit einem Tipp auf **Löschen** ❸ wird der Browserverlauf geleert.

5. Wenn Sie möchten, können Sie Edge veranlassen, zukünftig nach jedem Aufruf des Browsers die Browserdaten zu löschen. Setzen Sie hierzu einfach den Regler unterhalb von **Diese Daten nach jeder Sitzung löschen** per Tipp auf **Ein** ❹.

Sind Sie auf Webseiten unterwegs, auf denen Sie sensible Daten wie Kreditkarteninformationen oder Kennwörter eingeben müssen, sollten Sie ganz besonders auf die Sicherheit achten. Achten Sie z. B. darauf, dass die Datenübertragung über eine sichere Verbindung stattfindet, in der alle Daten verschlüsselt übertragen werden. Bei einer sicheren Verbindung beginnt die Webadresse im Adressfeld mit *https://* und nicht wie sonst üblich nur mit *http://*.

Zusätzlich empfiehlt es sich, Webseiten, auf denen Sie Kennwörter oder Kreditkarteninformationen eingeben müssen, im *InPrivate-Modus* zu öffnen. Ist dieser Modus aktiviert, speichert Edge keine Daten während des Surfens im Internet. Die Aktivierung muss allerdings vor dem Aufruf einer Webseite erfolgen. Tippen Sie hierzu in der Symbolleiste von Edge auf das Symbol ⋯ und dann auf **Neues InPrivate-Fenster** ❶. Es wird nun automatisch ein zweites Programmfenster von Microsoft Edge geöffnet. Links neben dem Adressfeld erscheint die Schaltfläche **InPrivate** ❷. Geben Sie nun wie gewohnt die Webadresse in das Adressfeld ein, und surfen Sie im Internet, wie es Ihnen beliebt. Wenn Sie den Modus wieder beenden wollen, schließen Sie das Programmfenster mit einem Tipp auf das Schließen-Symbol ❸ in der rechten oberen Ecke des Fensters. Ist das Symbol zunächst nicht sichtbar, wischen Sie einmal kurz vom oberen Bildschirmrand nach unten.

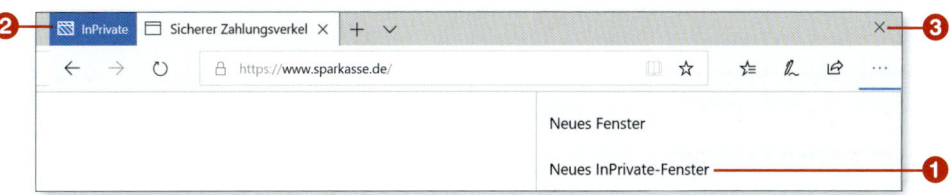

∧ *Ist das InPrivate-Browsen aktiviert, speichert Edge keine Daten.*

Downloads aus dem Internet

Früher fand die Installation von Software in erster Linie über CDs und DVDs statt. Das ist vielen Herstellern mittlerweile aber zu teuer. Weitaus günstiger kommt es, wenn sie ihre Produkte zum Download im Internet anbieten. Da viele Windows-Tablets gar kein CD/DVD-Laufwerk besitzen, bleibt Ihnen bei diesen Geräten von vornherein kaum eine Alternative zur Installation eines Programms übrig. Zwar können Sie die ein oder andere Software noch im Fachhandel oder einem Onlineshop kaufen, in der Produktbox finden Sie dann allerdings nur noch einen Zettel, auf dem die Website des Herstellers notiert ist, von der Sie das Programm herunterladen können. Zusätzlich enthält die Box den Product-Key, mit dem Sie das installierte Programm dann aktivieren. Alternativ können

Sie eine Windows-Anwendung natürlich auch direkt über die Webseite des Herstellers erwerben.

Wie der Download und die anschließende Installation einer Software aussehen kann, zeige ich Ihnen am Beispiel des Browsers Mozilla Firefox.

1. Rufen Sie im Browser Edge die Webseite *www.mozilla.org/de* ❶ auf.

2. Tippen Sie oben rechts auf die Schaltfläche **Firefox herunterladen** ❷.

3. Am unteren Bildschirmrand wird nun eine Symbolleiste eingeblendet, in der Sie auf **Speichern** ❸ tippen.

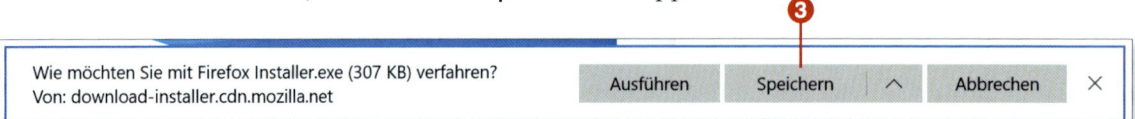

Windows beginnt nun sofort, die Installationsdatei des Browsers herunterzuladen, die automatisch im Ordner *Downloads* gespeichert wird. Nach dem erfolgreichen Download können Sie auf unterschiedliche Weise fortfahren:

4. Tippen Sie in der Symbolleiste am unteren Fensterrand auf **Ausführen** ❹, wird die Installation des Programms sofort gestartet.

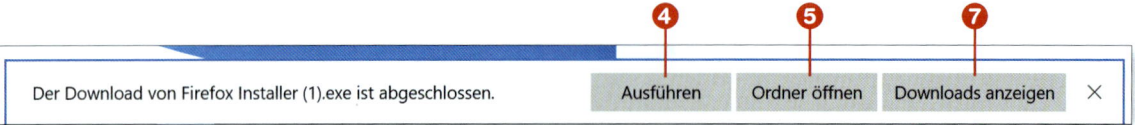

5. Wählen Sie dagegen die Schaltfläche **Ordner öffnen** ❺, wird der Explorer mit dem Verzeichnis *Downloads* gestartet. Um hier die Installation der Software zu starten, tippen Sie zweimal schnell hintereinander auf die Installationsdatei (in unserem Beispiel *Firefox Installer.exe* ❻).

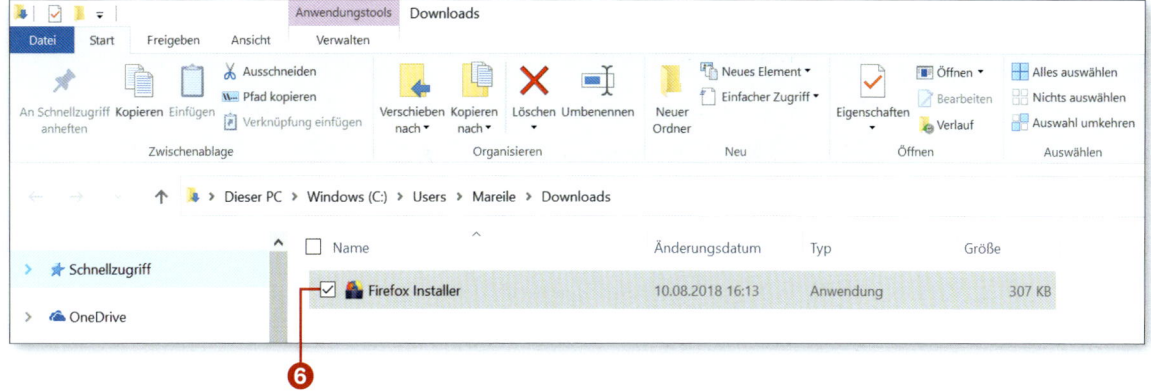

6. Als dritte Möglichkeit wird Ihnen in der Symbolleiste die Schaltfläche **Downloads anzeigen 7** angeboten. Ein Tipp hierauf, und es wird automatisch der Hub mit einer Übersicht über die bereits getätigten Downloads geöffnet. Der Hub lässt sich auch mit einem Tipp auf das Symbol ⭐ in der Symbolleiste von Edge einblenden. In diesem Fall müssen Sie nur sicherstellen, dass die Kategorie **Downloads** ausgewählt ist.

7. Unabhängig vom zuvor gewählten Weg sind die nächsten Installationsschritte immer identisch: Bestätigen Sie zunächst die Benutzerkontensteuerung mit einem Tipp auf **Ja**. Sollte die Installation nun nicht automatisch starten, tippen Sie im anschließend eingeblendeten Dialog **Firefox-Installation** auf **Installieren**.

Der Browser Firefox wird nun installiert und anschließend auch gleich gestartet. Bei anderen Programmen sind während der Installation teilweise noch weitere Einstellungen vorzunehmen. So müssen Sie bei einigen z. B. auswählen, in welchem Verzeichnis die Programmdateien gespeichert werden sollen. Haben Sie die Software gekauft und einen Product-Key erhalten, wird dieser meist nach dem ersten Start des Programms abgefragt. Erst durch die Eingabe des Schlüssels schalten Sie das Programm frei und haben anschließend Zugriff auf alle Funktionen der Software.

Kapitel 7

E-Mails, Adressen und Termine

Im Berufsleben geht es kaum mehr ohne, aber auch privat werden sie häufig genutzt: Die Rede ist von E-Mails, den elektronischen Nachrichten. Windows 10 hat bereits eine eigene App mit an Bord – die *Mail*-App –, mit der Sie E-Mails empfangen und versenden können. Auch ein elektronisches Adressbuch (die *Kontakte*-App) sowie eine *Kalender*-App sind mit von der Partie. Alle drei Apps lernen Sie in diesem Kapitel kennen. Für die Anmeldung bei diesen Apps können Sie z. B. Ihr Microsoft-Konto nutzen (siehe den Abschnitt »Ein Microsoft-Konto einrichten« ab Seite 52), aber auch ein Google- oder iCloud-Konto sowie bei anderen Providern angelegte E-Mail-Konten.

So richten Sie Ihr E-Mail-Konto in der Mail-App ein

Wenn Sie mit Ihrem Tablet eine E-Mail verschicken möchten, können Sie gleich loslegen, denn unter Windows 10 ist die passende App bereits installiert. Zum Aufruf der Mail-App tippen Sie entweder auf die Kachel **Mail** im Startmenü oder auf das Programmsymbol ◼ in der Taskleiste. Alternativ starten Sie die App über den Eintrag **Mail**, den Sie in der App-Liste des Startmenüs finden.

∧ *Die Kachel der Mail-App*

Wenn Sie die Mail-App das erste Mal öffnen, müssen Sie zunächst ein E-Mail-Konto hinzufügen. Sollten Sie sich mit einem Benutzerkonto am Computer angemeldet haben, das mit einem Microsoft-Konto verknüpft ist (siehe den Abschnitt »Ein Microsoft-Konto einrichten« ab Seite 52), wird dieses Konto bereits in der Menüleiste links unterhalb von **Konten** angezeigt. Die E-Mail-Adresse und das Kennwort des Microsoft-Kontos wurden somit bereits in der Mail-App gespeichert. Wenn Sie keine weiteren E-Mail-Konten hinzufügen möchten, können Sie gleich zum nächsten Abschnitt »E-Mails schreiben und lesen mit der Mail-App« blättern.

Wenn Sie mit einem lokalen Benutzerkonto am Computer angemeldet sind oder neben dem Microsoft-Konto noch weitere E-Mail-Konten hinzufügen möchten, müssen Sie die entsprechenden Daten wie E-Mail-Adresse und Kennwort selbst eingeben. Hierzu gehen Sie folgendermaßen vor:

1. Haben Sie noch kein Konto hinzugefügt, wird direkt nach dem Start der Mail-App der Dialog **Konto hinzufügen** angezeigt. Ist dies bei Ihnen nicht der Fall, tippen Sie in der Menüleiste links auf **Konten** ❶. Nach einem Tipp auf **Konto hinzufügen** ❷ in der rechten Spalte erscheint der gleichnamige Dialog.

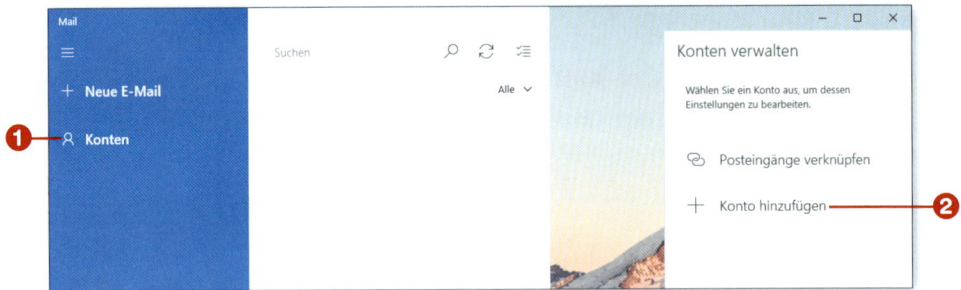

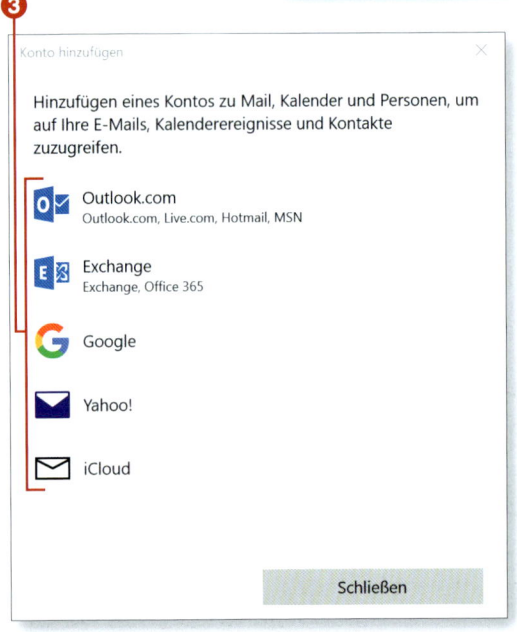

2. Wählen Sie im Dialog **Konto hinzufügen** per Tipp Ihren Anbieter ❸ aus (z. B. **Google**, wenn Sie über ein E-Mail-Konto bei Google verfügen, oder **Outlook.com**, wenn Sie ein Microsoft-Konto hinzufügen möchten). Wird Ihr Anbieter nicht aufgeführt, tippen Sie auf **Anderes Konto**. Der Eintrag befindet sich am unteren Rand des Dialogs, sodass Sie wahrscheinlich etwas nach unten blättern müssen, um ihn einzublenden.

Die nächsten Schritte hängen zwar vom gewählten Anbieter ab, sie ähneln sich aber stark.

3. Ergänzen Sie in den entsprechenden Feldern Ihre E-Mail-Adresse sowie das Kennwort Ihres E-Mail-Kontos ❹.

4. Haben Sie keinen bestimmten Provider gewählt, sondern sich für **Anderes Konto** entschieden, werden Sie zusätzlich aufgefordert, den Namen anzugeben, der beim Empfänger Ihrer Nachrichten angezeigt werden soll ❺. Bestätigen Sie die Eingaben mit **Anmelden** ❻.

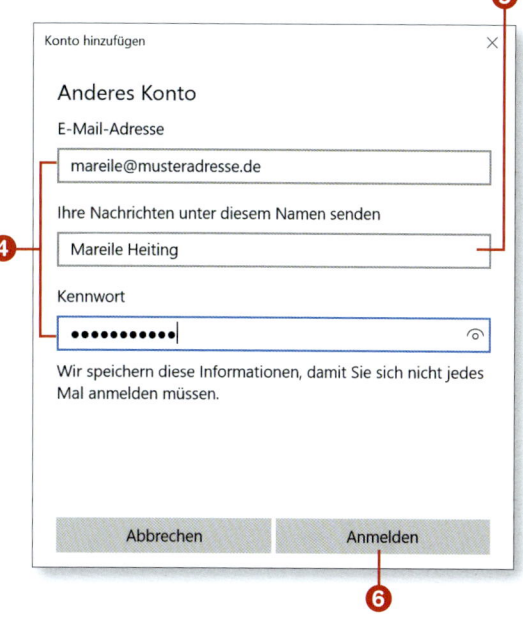

5. Für den Fall, dass Sie mit einem lokalen Konto am Computer angemeldet sind und gerade ein E-Mail-Konto von Microsoft (z. B. eine outlook.de-, outlook.com- oder auch hotmail.com-Adresse) einrichten, werden Sie nun gefragt, ob Sie dieses Microsoft-Konto überall auf Ihrem Gerät verwenden möchten. Mit einem Tipp auf **Nur Microsoft-Apps** ❼ beschränken Sie die Anmeldung auf die Anmeldung bei Apps von Microsoft selbst. Lesen Sie hierzu auch den Kasten »Automatische Anmeldung bei Microsoft-Apps verhindern« auf Seite 60.

6. Den Hinweis **Alles erledigt!** schließen Sie mit einem Tipp auf **Fertig**.

7. Wenn Sie noch weitere E-Mail-Konten hinzufügen möchten, wiederholen Sie die Schritte 1 bis 6.

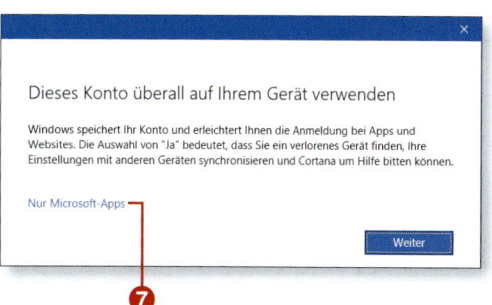

Die Mail-App stellt nun automatisch eine Verbindung zum E-Mail-Server Ihres Providers her und prüft regelmäßig, ob eine neue Nachricht eingetroffen ist. Sollten Sie sich bei der Eingabe des Kennwortes vertippt haben, weist Windows 10 Sie mit dem Vermerk **Ihre Kontoeinstellungen sind veraltet** darauf hin. Am rechten Rand des Programmfensters wird in der Spalte **Konten verwalten** unterhalb der E-Mail-Adresse außerdem der Vermerk **Aktion erforderlich** (❶ auf Seite 157) eingeblendet. Um die Angaben zu korrigieren, gehen Sie folgendermaßen vor:

1. Wird die Spalte rechts bei Ihnen nicht angezeigt, tippen Sie in der linken Spalte auf **Konten**.

2. Nach einem Tipp auf **Aktion erforderlich** ❶ wählen Sie nun **Konto reparieren** aus.

ℹ **Verbindungsdaten des Providers manuell eingeben**

Der Mail-App sind die Verbindungsdaten der meisten E-Mail-Anbieter bekannt, sodass sie bereits anhand Ihrer E-Mail-Adresse und des Kennwortes eine Verbindung zum E-Mail-Server herstellen kann. Gilt dies für Ihren Anbieter nicht, kommt es beim ersten Synchronisationsversuch mit dem Server zu einer Fehlermeldung. In diesem Fall müssen Sie die Daten wie etwa den Posteingangs- und Postausgangsserver des Providers selbst angeben. Schließen Sie in diesem Fall den Dialog **Anderes Konto** mit einem Tipp auf **Abbrechen**. Tippen Sie dann im Dialog **Konto hinzufügen** auf **Erweitertes Setup**. Wenn Sie ein POP- oder IMAP-Konto hinzufügen möchten, markieren Sie **Internet-E-Mail**. Was es mit diesen beiden Konten auf sich hat, erfahren Sie im Kasten »Die Protokolle des Posteingangs- und Postausgangsservers« auf Seite 157. Sie werden als Nächstes aufgefordert, in den entsprechenden Feldern die Daten Ihres Internet-E-Mail-Kontos einzugeben. Dabei handelt es sich um die E-Mail-Adresse, den Benutzernamen (dieser ist bei vielen Providern identisch mit der E-Mail-Adresse), das Kennwort, den Kontonamen (unter diesem wird das E-Mail-Konto in der Mail-App angezeigt) sowie den Namen, unter dem Ihre E-Mails versendet werden sollen. Die weiteren Angaben wie **Posteingangsserver**, **Kontotyp** sowie **Postausgangsserver** erhalten Sie von Ihrem Provider. Das gilt auch für die weiteren Einstellungen, die Sie am unteren Rand des Dialogs vornehmen müssen. Hier können Sie z. B. angeben, ob für die ein- und ausgehenden E-Mails eine Verschlüsselung (SSL) erforderlich ist. Häufig werden diese Informationen auch auf der Website des E-Mail-Anbieters veröffentlicht. Haben Sie alle Angaben ergänzt, schließen Sie den Dialog mit **Anmelden**.

---

3. Im Dialog **Kontoeinstellungen** können Sie nochmals prüfen, ob die Mail-App im Feld **Benutzername** ❷ die korrekte Angabe ergänzt hat. Bei den meisten Providern ist der Benutzername identisch mit der E-Mail-Adresse.

4. Das Kennwort wird nur durch Punkte symbolisiert. Um es erneut einzugeben, tippen Sie im entsprechenden Feld hinter das letzte Zeichen ❸. Löschen Sie die bereits vorhandenen Zeichen über die Taste ⬅ bzw.

⌫ auf Ihrer Tastatur. Geben Sie dann das Kennwort erneut ein, und bestätigen Sie mit **Speichern** ❹.

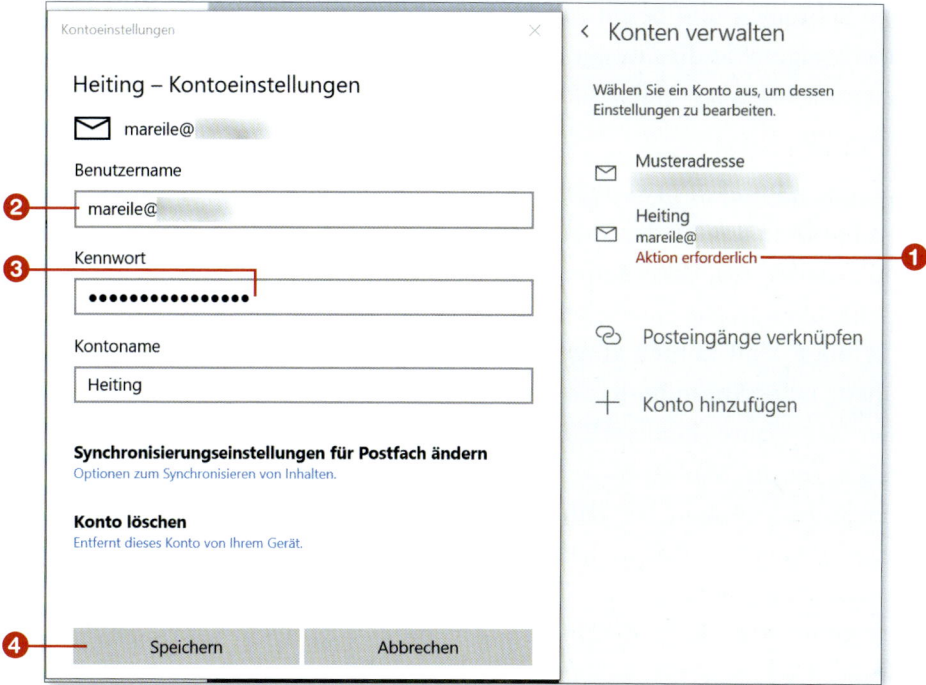

ℹ Die Protokolle des Posteingangs- und Postausgangsservers

Das Empfangen und Versenden von E-Mails wird durch bestimmte Protokolle gesteuert. Für das Empfangen von E-Mails, also den Posteingangsserver, stehen zwei Protokolle (in der Mail-App auch *Kontotyp* genannt) zur Auswahl: POP3 und IMAP4. Beim Protokoll IMAP4 (Abkürzung für *Internet Message Access Protocol Version 4*) wird lediglich eine Kopie einer Nachricht in die Mail-App geladen. Die E-Mail selbst bleibt weiterhin auf dem E-Mail-Server des Providers gespeichert. Wenn Sie von unterschiedlichen Computern aus auf Ihr E-Mail-Konto zugreifen möchten, sollten Sie sich daher für IMAP4 entscheiden. Möchten Sie dagegen, dass die Nachrichten nach dem Übertragen auf Ihr Tablet auf dem E-Mail-Server gelöscht werden, wählen Sie das Protokoll POP3 (Abkürzung für *Post Office Protocol Version 3*). Das Versenden von E-Mails, also der Postausgangsserver, wird durch das Protokoll SMTP (*Simple Mail Transfer Protocol*) gesteuert.

E-Mails schreiben und lesen mit der Mail-App

Sobald Sie Ihre E-Mail-Konten in der Mail-App hinzugefügt haben, steht dem Schreiben und Lesen von E-Mails nichts mehr im Wege. Bevor ich Ihnen zeige, wie dies in der App funktioniert, werfen wir zur besseren Orientierung noch einen schnellen Blick auf das Programmfenster der Mail-App.

Am linken Rand des Fensters finden Sie die Menüleiste. Über das Menü-Symbol ❶ zu Beginn der Spalte blenden Sie den Inhalt der Leiste ein oder auch wieder aus. Unterhalb des Menü-Symbols befindet sich die Schaltfläche, über die Sie eine neue E-Mail erstellen ❷. Im Bereich **Konten** werden alle E-Mail-Konten aufgelistet, die Sie in der Mail-App eingerichtet haben. Jedes Konto besitzt einen eigenen Namen. Die Bezeichnung des Microsoft-Kontos lautet z. B. **Outlook** ❸. Im Abschnitt »Nützliche Einstellungen für die Mail-App« ab Seite 169 zeige ich Ihnen, wie Sie den Namen ändern können. Die Zahl hinter dem Kontonamen gibt an, wie viele neue E-Mails Sie erhalten haben. Mit einem Tipp auf einen Kontonamen wechseln Sie zwischen den Konten.

⌄ Übersicht über das Programmfenster der Mail-App im Querformat

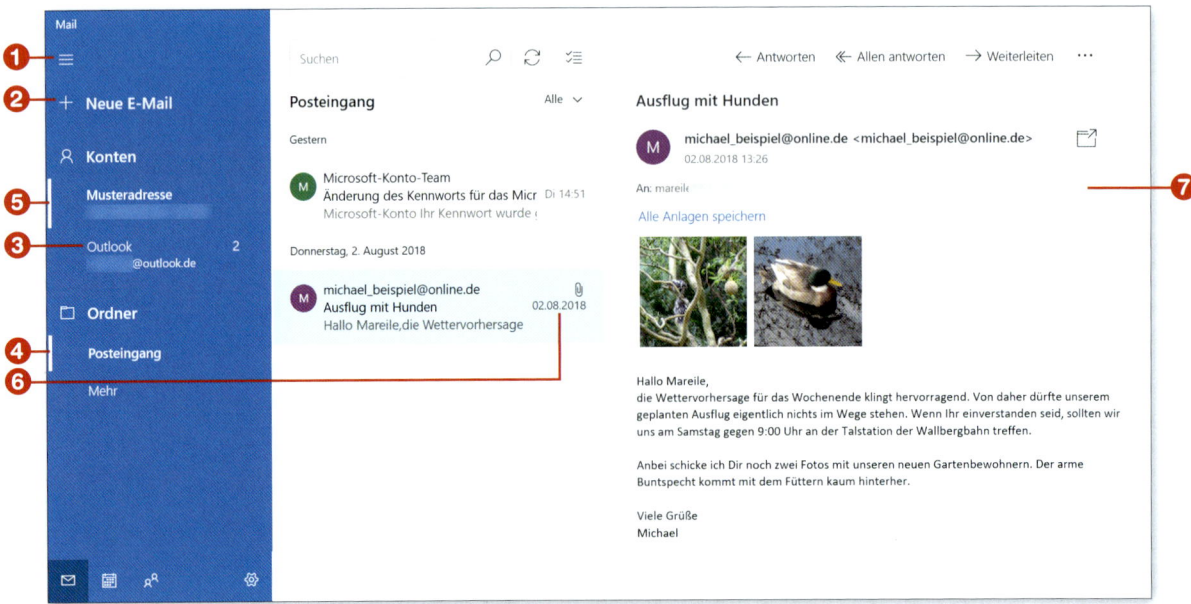

Unterhalb der Konten befindet sich der Bereich **Ordner**. Nach dem Start der Mail-App ist hier meist der Ordner **Posteingang** ❹ ausgewählt, erkennbar am Balken links vom Ordnernamen. In der Spalte rechts von der Menüleiste sehen Sie damit alle Mails, die Ihnen an das im Bereich **Konten** markierte E-Mail-Konto geschickt wurden. Auch das markierte Konto erkennen Sie übrigens gut am Balken links vom Kontonamen ❺.

Sobald Sie in dieser Spalte eine E-Mail ausgewählt haben ❻, wird ihr Inhalt in einer weiteren Spalte rechts eingeblendet ❼. Wenn Sie keine E-Mail markiert oder noch keine Nachricht erhalten haben, ist rechts ein Hintergrundbild zu sehen. Die Aufteilung in drei Spalten gilt allerdings nur, wenn Sie Ihr Tablet quer halten. Halten Sie es dagegen hochkant, zeigt die Mail-App lediglich zwei Spalten an: Links die Menüleiste und rechts entweder die Liste der empfangenen E-Mails oder, falls Sie eine E-Mail ausgewählt haben, den Inhalt dieser Nachricht. Mit einem Tipp auf den Pfeil oben links ❽ gelangen Sie in diesem Fall wieder zur Übersicht über Ihre E-Mails zurück.

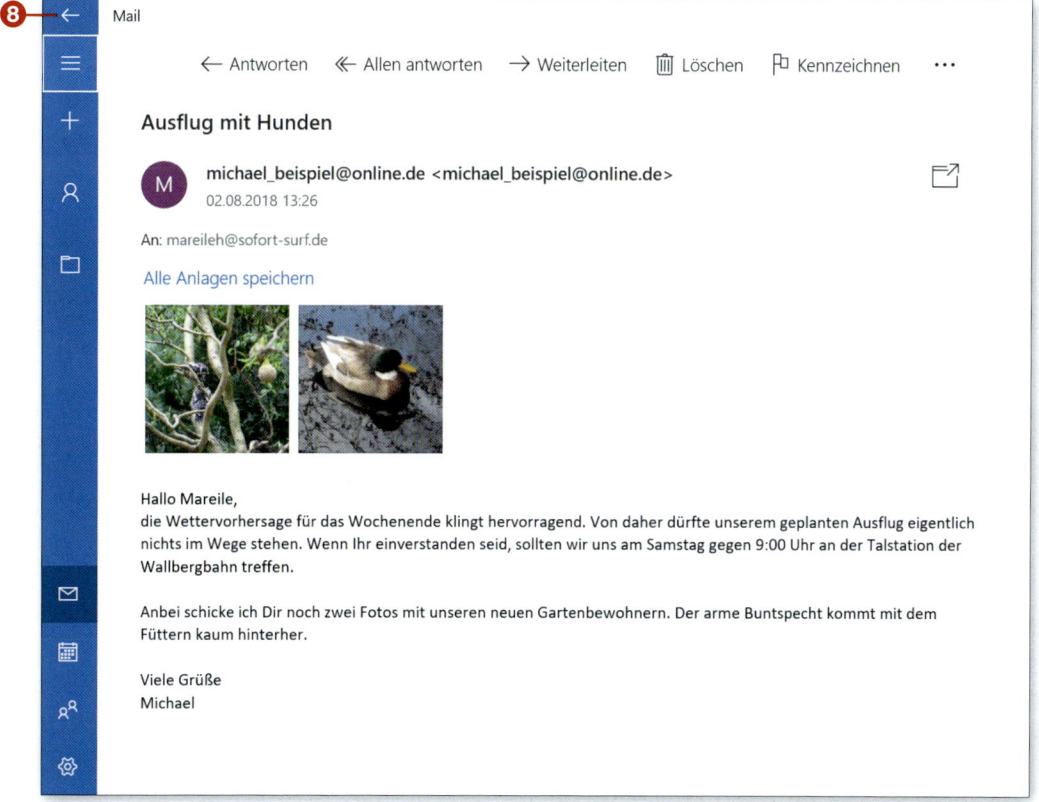

∧ *Halten Sie das Tablet hochkant, sehen Sie nur zwei Spalten.*

> **ℹ** **Relevante und sonstige E-Mails des Outlook-Kontos**
>
> Die E-Mails, die Ihnen an Ihr Outlook-Konto geschickt werden, sortiert die Mail-App auf eine besondere Weise vor: E-Mails, die Sie mit großer Wahrscheinlichkeit interessieren werden, finden Sie im Register **Relevant** (dies sind z.B. Nachrichten Ihrer Kontakte), alle anderen Mails werden dagegen im Register **Sonstige** abgelegt. Wem der Wechsel zwischen den Registern zu umständlich ist, kann diese Priorisierung auch unterbinden. Tippen Sie hierzu am unteren Rand der linken Spalte auf das Zahnradsymbol, und wählen Sie in der nun rechts sichtbaren Spalte den Eintrag **Posteingang mit Relevanz**. Markieren Sie im Feld **Konto auswählen** das gewünschte Konto, also etwa **Outlook**. Setzen Sie dann den Regler **Nachrichten in "Relevant" und "Sonstige" sortieren** per Tipp auf **Aus**.

Die Mail-App wurde speziell für Geräte mit Touchscreen entwickelt. Das kommt Ihnen als Tabletnutzer nun sehr entgegen, denn das Versenden einer E-Mail ist damit denkbar einfach:

1. Wenn Sie mehrere E-Mail-Konten in der Mail-App eingerichtet haben, wählen Sie in der linken Spalte per Tipp das Konto aus, das Sie für das Versenden der Nachricht nutzen möchten ❶.

2. Tippen Sie in der Menüleiste auf **Neue E-Mail** ❷, erscheint in der rechten Spalte die Maske zum Erstellen einer neuen Mail.

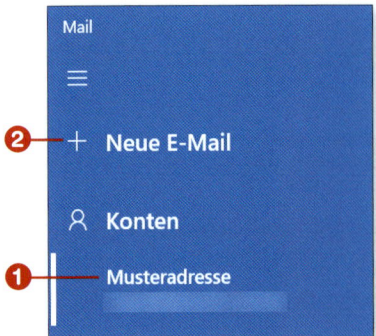

3. Im Feld **Von** ❸ wird bereits die E-Mail-Adresse des in Schritt 1 ausgewählten Kontos eingeblendet. Geben Sie in das Feld **An** ❹ nun die

E-Mail-Adresse des Empfängers ein. Während der Eingabe wird der Hinweis **Diese Adresse verwenden** eingeblendet. Er verschwindet, sobald Sie die Adresse vollständig eingetragen und durch Drücken der Eingabe-Taste ⏎ bestätigt haben.

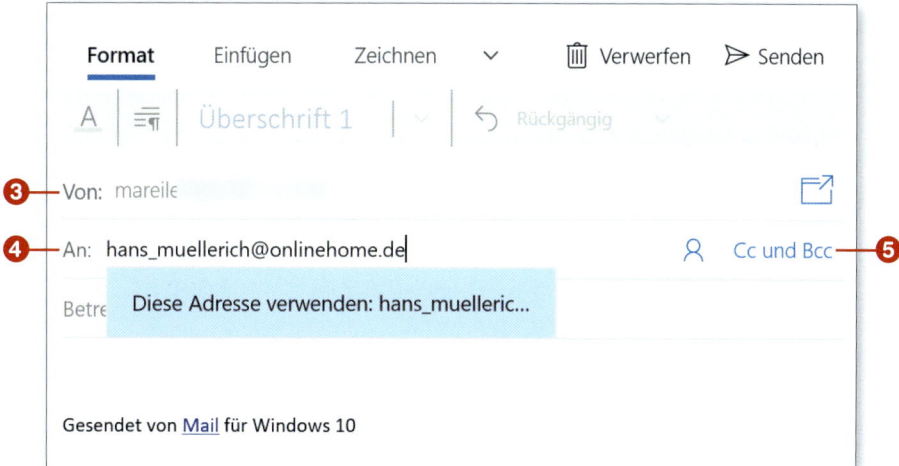

Wenn Sie in Windows 10 bereits Kontaktdaten erfasst haben, reicht in der Mail-App die Eingabe weniger Buchstaben der E-Mail-Adresse, und schon werden Ihnen passende Adressen vorgeschlagen. Ist die gewünschte Adresse dabei, wählen Sie sie einfach per Tipp aus. Wie Sie mit der Kontakte-App ein eigenes Adressbuch anlegen, zeige ich Ihnen im Abschnitt »Adressen in der Kontakte-App speichern« ab Seite 174.

4. Soll eine Person eine Kopie der Mail erhalten, tippen Sie auf die Schaltfläche **Cc und Bcc** ❺.

5. Tragen Sie die E-Mail-Adresse in das nun sichtbare Feld **Cc** ❻ ein. Das Feld **Bcc** ist dann relevant, wenn Sie jemandem eine Kopie der E-Mail senden möchten, ohne dass die in den Feldern **An** und **Cc** aufgeführten Empfänger die Adresse sehen können. Wenn Sie die Mail an mehrere Personen schicken möchten, können Sie in den Feldern **An**, **Cc** und **Bcc** auch mehrere Adressen eintragen. Sie müssen diese lediglich durch ein Semikolon (;) voneinander trennen. Dieses wird bereits automatisch hinter eine E-Mail-Adresse eingefügt ❼, sobald Sie die Eingabe-Taste ⏎ betätigt haben.

6. Tippen Sie nun in das Feld **Betreff** ❽, und geben Sie einen Titel für Ihre E-Mail ein.

7. Den eigentlichen Text Ihrer Mail tragen Sie in das Feld unterhalb des **Betreff**-Feldes ein ❾. Windows 10 ergänzt hier automatisch die Signatur **Gesendet von Mail für Windows 10** ❿. Wen diese Werbung stört, der kann den Text natürlich löschen. Im Abschnitt »Nützliche Einstellungen für die Mail-App« ab Seite 169 zeige ich Ihnen, wie Sie eine eigene Signatur z. B. mit Ihren Adressdaten, einrichten.

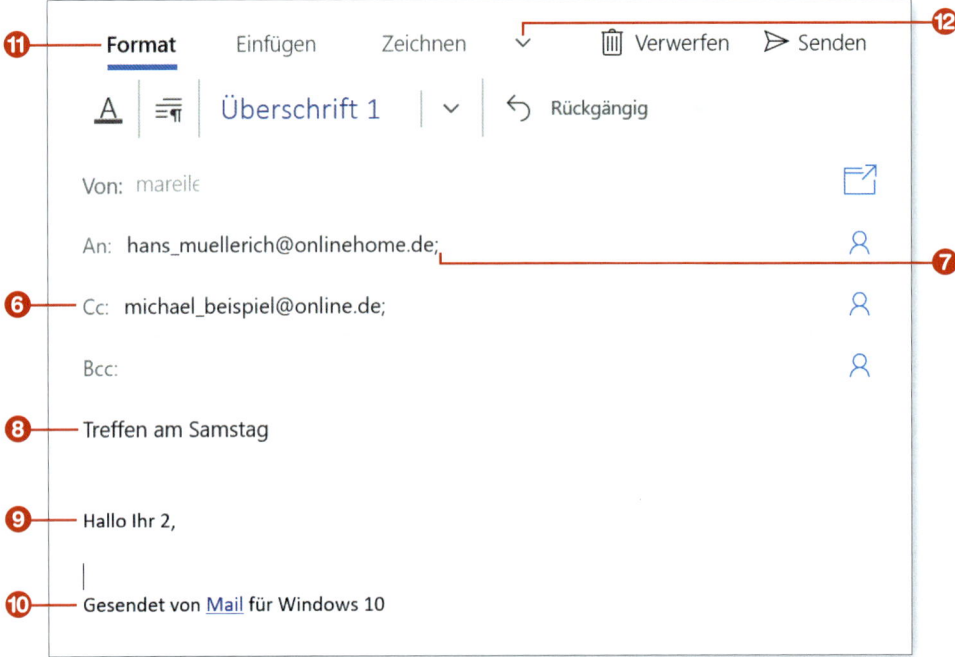

8. Möchten Sie ein Wort innerhalb der Mail besonders hervorheben? Die hierfür nötigen Befehle finden Sie im Register **Format** ⓫. Über die beiden Symbole [A] und [≡] lassen sich in den anschließend aufklappenden Listen weitere Formatierungen wie Schriftfarbe oder auch Absatzformatierungen auswählen. Wie Sie per Fingergesten auf einem Touchscreen Wörter markieren, erfahren Sie im Abschnitt »Das Tablet per Fingergesten oder Computermaus bedienen« ab Seite 21. Nach einem Tipp auf **Optionen** können Sie Ihre Nachricht auf korrekte Rechtschreibung überprüfen lassen. Eventuell müssen Sie hier zuvor auf den Pfeil ⓬ tippen, um dann die **Optionen** auszuwählen.

9. Möchten Sie mit der E-Mail noch Fotos oder andere Dokumente mitschicken, tippen Sie in der rechten Spalte auf **Einfügen** ⑬ und dann auf **Dateien** ⑭.

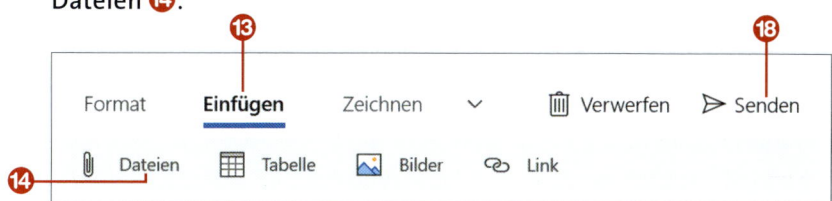

10. Es öffnet sich das Fenster des Explorers, in dem Sie in den Ordner wechseln, in dem sich die zu versendenden Dateien befinden. Markieren Sie die Dateien ⑮, und bestätigen Sie Ihre Auswahl mit **Öffnen** ⑯.

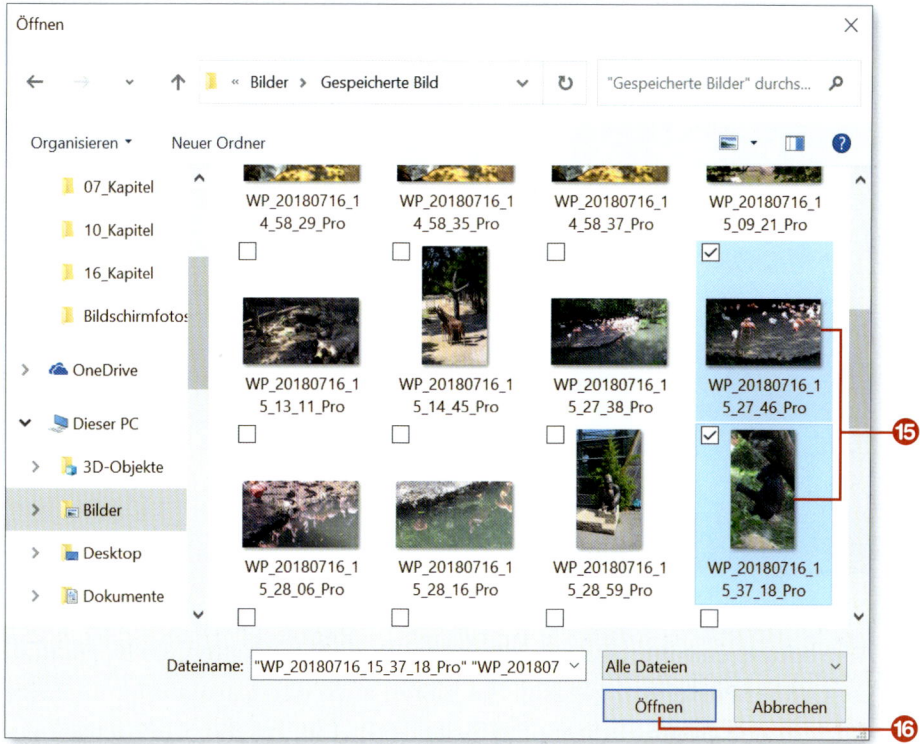

Den Explorer lernen Sie in Kapitel 8, »Dateien und Ordner im Blick mit dem Explorer«, ab Seite 185 kennen. Dort erfahren Sie auch im Detail, wie Sie Ordner öffnen und eine oder auch mehrere Dateien markieren.

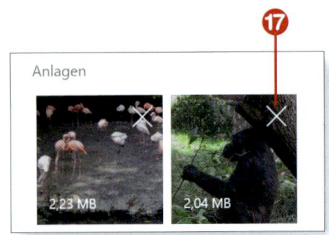

11. Die ausgewählten Dateien werden nun oberhalb Ihres Nachrichtentextes als Anlagen aufgelistet. Wenn Sie eine der Dateien doch wieder entfernen möchten, tippen Sie einfach auf das kleine Kreuz in der rechten oberen Ecke der Datei ⑰.

12. Mit einem Tipp auf **Senden** (⑱ auf Seite 163) verschicken Sie die E-Mail.

Wenn Sie später nochmals einen Blick auf eine gesendete E-Mail werfen möchten, markieren Sie in der Menüleiste links zunächst das Konto und dann nach einem Tipp auf **Mehr** ⑲ den Ordner **Gesendete Elemente** ⑳. In der mittleren Spalte werden nun alle Nachrichten aufgelistet, die Sie von dem markierten Konto aus verschickt haben.

> *Nach einem Tipp auf »Mehr« werden weitere Ordner eingeblendet.*

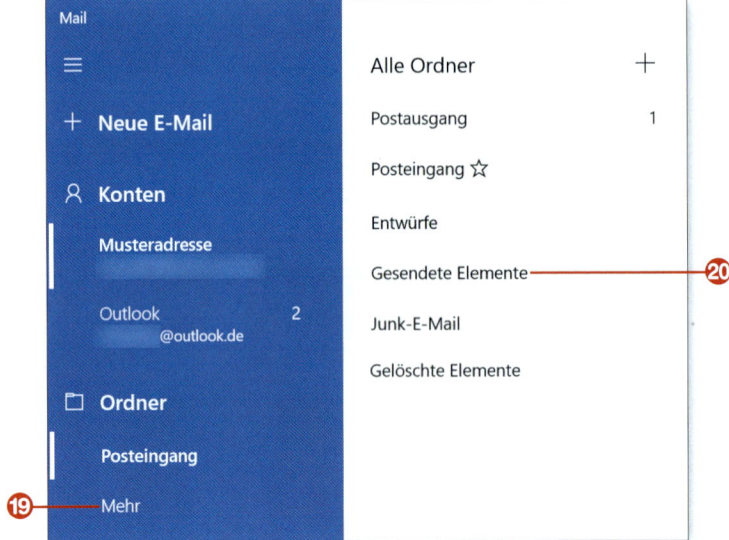

Wie bereits erwähnt, landen alle E-Mails, die Sie erhalten, im Normalfall im Ordner **Posteingang** (lesen Sie hierzu auch den Kasten »Der wichtige Blick in den Spam-Ordner« auf Seite 165). Um auf die Nachrichten zugreifen zu können, müssen Sie links zunächst das entsprechende E-Mail-Konto markieren. In der Spalte rechts von der Menüleiste werden die E-Mails chronologisch sortiert angezeigt. Zu Beginn der Spalte finden Sie also die zuletzt empfangenen Nachrichten. Sobald Sie in der Spalte eine Mail markieren, wird der Nachrichtentext eingeblendet.

➕ Der wichtige Blick in den Spam-Ordner

Ein Freund behauptet, er hätte Ihnen eine E-Mail geschickt, die Sie aber nie erhalten haben. Vielleicht ist sie aber doch angekommen. Ihr E-Mail-Anbieter prüft die Nachrichten nämlich vorab. Stößt er dabei auf vermeintliche *Spam-* bzw. *Junk-E-Mails* (unter diesen beiden Bezeichnungen versteht man unerwünschte Mails, meist Werbung), werden diese automatisch in einen speziellen Ordner verschoben. Diesen Ordner sollten Sie regelmäßig prüfen, denn häufig landen hier auch durchaus erwünschte und dringend erwartete Nachrichten. In der Mail-App erreichen Sie den Ordner, indem Sie in der Menüleiste auf **Mehr** tippen. In der aufklappenden Liste markieren Sie dann den Ordner **Spam** bzw. **Junk-E-Mail**. Welche Bezeichnung Sie hier vorfinden, gibt Ihr E-Mail-Anbieter vor. In der mittleren Spalte werden nun alle als Spam eingestuften E-Mails eingeblendet. Vergessen Sie anschließend nicht, wieder mit einem Tipp auf **Posteingang** zum regulären Postfach zurückzukehren.

Hat der Absender eine Datei mitgeschickt, finden Sie in der E-Mail oberhalb des Nachrichtentextes jeweils eine Miniaturansicht des Bildes ❶ bzw. ein Dateisymbol, falls es sich z. B. um ein Word-Dokument handelt. Wenn Sie die Datei auf Ihrem Computer speichern möchten, halten Sie den Finger so lange auf dem Bild bzw. dem Symbol gedrückt, bis das Kontextmenü eingeblendet wird. Tippen Sie auf **Speichern** ❷.

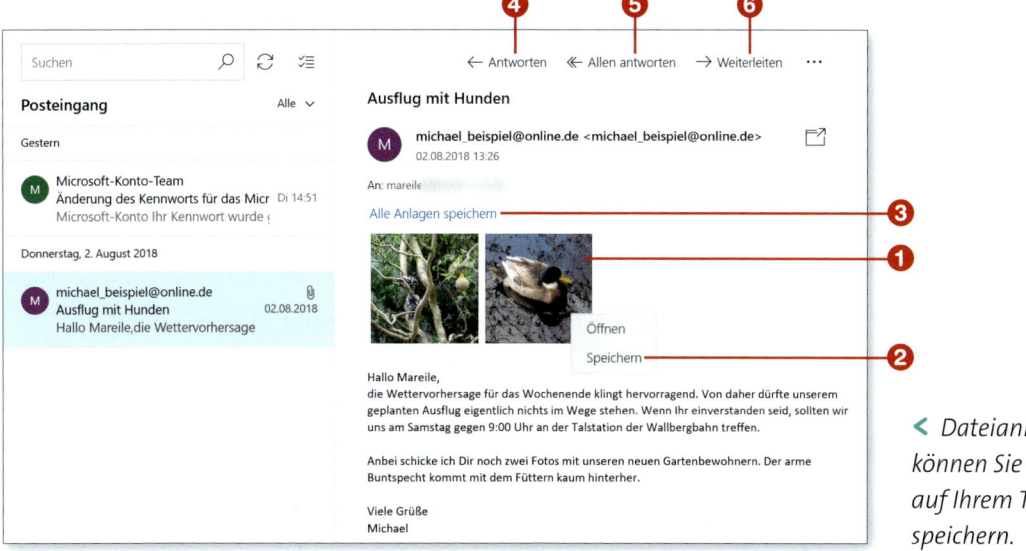

‹ *Dateianhänge können Sie schnell auf Ihrem Tablet speichern.*

Wurden mehrere Dateien mitgeschickt, die Sie alle in einem Rutsch speichern möchten, tippen Sie hingegen auf den Link **Alle Anlagen speichern** (❸ auf Seite 165).

Es öffnet sich wieder ein Fenster des Explorers, wie Sie es bereits selbst beim Einfügen von Dateien in Ihre E-Mails auf Seite 163 kennengelernt haben. Wählen Sie hier den gewünschten Ordner aus, in dem die Datei abgelegt werden soll (z. B. *Bilder* oder auch *Dokumente*). Bestätigen Sie die Auswahl mit einem Tipp auf **Speichern**.

Wenn Sie dem Absender einer E-Mail antworten möchten, markieren Sie die gewünschte Mail in der mittleren Spalte. Tippen Sie dann oberhalb der rechten Spalte auf die Schaltfläche **Antworten** ❹. Wurde die Mail an mehrere Personen verschickt, denen Sie Ihre Antwort ebenfalls zukommen lassen möchten, wählen Sie stattdessen die Schaltfläche **Allen antworten** ❺. Gleich rechts von dieser Schaltfläche finden Sie auch den Befehl **Weiterleiten** ❻, über den Sie die E-Mail an eine weitere Person verschicken können.

In allen drei Fällen erscheint anschließend das Nachrichtenfenster, das Sie bereits vom Versenden einer Mail kennen. Wenn Sie eine E-Mail beantworten, wird die E-Mail-Adresse (bei mehreren Empfängern entsprechend die E-Mail-Adressen) bereits automatisch ergänzt. Leiten Sie die E-Mail weiter, müssen Sie die Adresse noch selbst in das Feld **An** einfügen. Der Titel der E-Mail wird ebenfalls automatisch im Feld **Betreff** übernommen, allerdings jeweils um ein Präfix ergänzt: Bei einem Antwortschreiben finden Sie hier ein **AW**, bei einer Weiterleitung wiederum **WG**. Ihren persönlichen Text der E-Mail ergänzen Sie oberhalb des alten Textes. Mit einem Tipp auf **Senden** schicken Sie die Mail ab.

So sorgen Sie für Ordnung im E-Mail-Chaos

Im Laufe der Zeit sammeln sich immer mehr E-Mails im Postfach. Wer hier nicht den Überblick verlieren möchte, muss regelmäßig aufräumen. Wenn Sie sich z. B. sicher sind, dass Sie eine E-Mail nicht mehr benötigen, sollten Sie sie löschen. Markieren Sie die Nachricht hierzu in der Spalte rechts von der Menüleiste. Tippen Sie dann rechts oben auf das

Symbol ⸬ und in der aufklappenden Liste auf **Löschen** ❶. In der gleichen Liste finden Sie übrigens auch den Befehl **Drucken** ❷, über den Sie eine E-Mail zu Papier bringen können – vorausgesetzt natürlich, Sie haben einen Drucker an das Tablet angeschlossen (lesen Sie hierzu auch den Abschnitt »Einen Drucker ans Tablet anschließen« ab Seite 73).

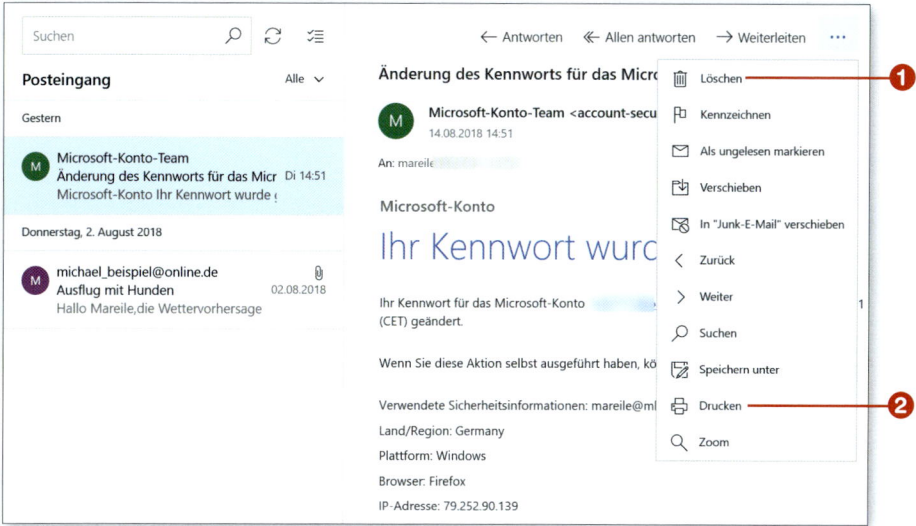

^ *Nicht mehr benötigte E-Mails sollten Sie gleich löschen.*

Wichtige E-Mails, wie etwa Reisebestätigungen, müssen über einen bestimmten Zeitpunkt hinweg aufbewahrt werden. Am besten legen Sie hierfür eigene Ordner an, in denen Sie diese Nachrichten dann ablegen. Hierfür gehen Sie folgendermaßen vor:

1. Markieren Sie in der linken Spalte zunächst das Konto, für das Sie einen Ordner einrichten möchten. Tippen Sie im Bereich **Ordner** dann auf **Mehr** (❶ auf Seite 168).

2. In der aufklappenden Liste werden nun alle bereits vorhandenen Ordner aufgeführt. Um einen eigenen Ordner einzurichten, tippen Sie am oberen Rand der Liste auf das Plussymbol ❷.

3. Geben Sie in das nun eingeblendete leere Feld einen Namen für Ihren Ordner ein ❸, und übernehmen Sie diesen durch Drücken der Eingabe-

Taste ⏎. Mit einem Tipp auf einen leeren Bereich in der Menüleiste blenden Sie die Liste wieder aus.

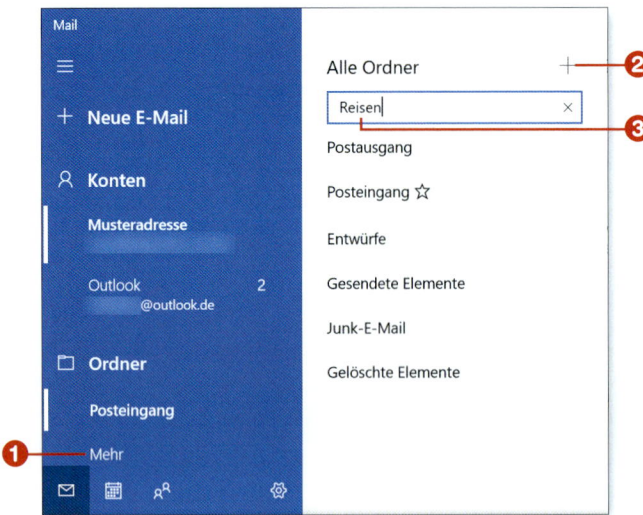

4. Um eine bereits erhaltene E-Mail in den gerade angelegten Ordner zu verschieben, markieren Sie in der Menüleiste zunächst das Konto und dann den Ordner, in dem sich die Nachricht aktuell befindet, also etwa **Posteingang**.

5. Halten Sie den Finger nun so lange auf der Mail gedrückt, bis das Kontextmenü eingeblendet wird. Heben Sie den Finger vom Bildschirm, und wählen Sie im Kontextmenü den Befehl **Verschieben** ❹.

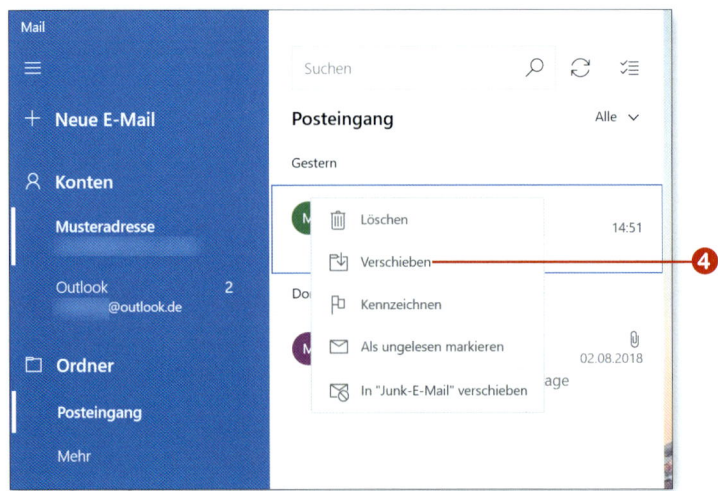

6. Die Ordner-Liste, die nun angezeigt wird, kennen Sie bereits aus Schritt 2. Sobald Sie den gewünschten Ordner per Tipp markieren, wird die Mail auch schon in diesen verschoben.

Wenn Sie später wieder auf die Nachricht zugreifen möchten, markieren Sie zunächst das E-Mail-Konto, tippen dann im Bereich **Ordner** auf **Mehr** und anschließend auf den selbst angelegten Ordner.

Nützliche Einstellungen für die Mail-App

Die Zahl der unerwünschten Werbemails nimmt immer stärker zu. Viele dieser Nachrichten enthalten Bilder, die allerdings nicht direkt in die E-Mail eingefügt wurden. Stattdessen enthalten die Mails Links (also Verknüpfungen) zu den eigentlich extern gespeicherten Bildern.

Wenn Sie die Bilder per Tipp auf den Link laden, erhält der Absender der E-Mail hierdurch die Bestätigung, dass Sie die E-Mail gelesen haben und die E-Mail-Adresse damit gültig ist. Durch den Verkauf von E-Mail-Adressen lässt sich viel Geld verdienen. Doch nicht nur das: Im schlimmsten Fall sind die Bilder sogar infiziert. Laden Sie deshalb keineswegs diese Bilder, außer Sie trauen dem Absender blind. Die Mail-App unterstützt Sie hierbei mit einer wichtigen Sicherheitseinstellung, die Sie folgendermaßen prüfen:

1. Tippen Sie in der Mail-App am unteren Rand der linken Spalte auf das Zahnradsymbol ⚙. Am rechten Fensterrand wird nun die Spalte **Einstellungen** eingeblendet. Markieren Sie hier den **Lesebereich ❶**.

2. Blättern Sie in der rechten Spalte etwas nach unten bis zum Bereich **Externer Inhalt**. Setzen Sie hier jeweils den Regler unterhalb von **Externe Bilder und Formatierungen, außer S/MIME-Mail automatisch herunterladen** sowie **Externe Bilder und Formatierungen für S/MIME-Mail automatisch herunterladen** per Tipp auf **Aus ❷**. *S/MIME* steht für *Secure Multipurpose Internet Mail Extension* und ist ein Standard für das Signieren und Verschlüsseln von E-Mails.

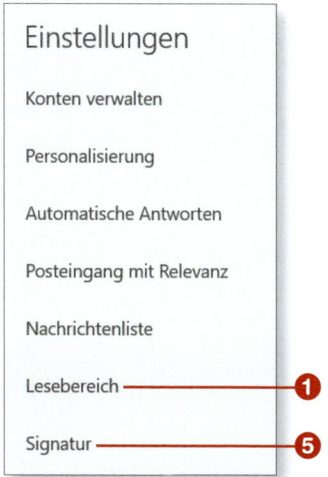

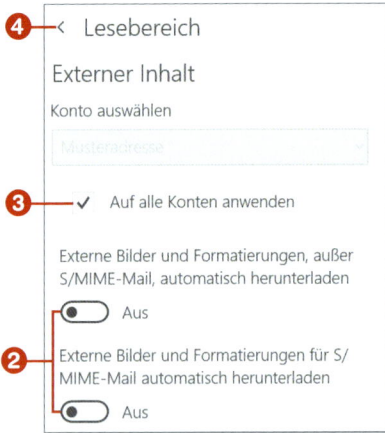

3. Wenn Sie in der Mail-App mehrere E-Mail-Konten hinzugefügt haben, sollten Sie das Kästchen **Auf alle Konten anwenden** ❸ mit einem Häkchen versehen. So wird die Einstellung gleich für alle Konten übernommen.

4. Tippen Sie am oberen Rand der Spalte auf den Pfeil links von **Lesebereich** ❹, um zur Spalte **Einstellungen** zurückzukehren.

Die nächste Einstellung, die wir uns ansehen werden, betrifft die Signatur. Windows ergänzt unter jedem Nachrichtentext automatisch die Signatur **Gesendet von Mail für Windows 10**. Diese Werbung für Windows 10 in jeder E-Mail erneut zu löschen ist auf Dauer sehr lästig. Stattdessen sollten Sie besser eine persönliche Signatur einrichten, die entweder nur eine Grußformel enthalten kann oder auch Ihre Adressdaten. Diese Signatur wird dann jeweils automatisch unterhalb Ihrer Nachricht eingeblendet. Um eine eigene Signatur einzurichten, gehen Sie folgendermaßen vor:

1. Tippen Sie in der Spalte **Einstellungen** auf **Signatur** (❺ auf Seite 169). Sollten Sie die Spalte in der Zwischenzeit ausgeblendet haben, reicht ein Tipp auf das Zahnradsymbol ⚙ am unteren Rand der Menüleiste, und schon ist sie wieder da.

2. Im Dialog **E-Mail-Signatur** tippen Sie auf den Pfeil am rechten Rand des Feldes **Ein Konto auswählen …** ❻. Markieren Sie das Konto, für das Sie die Signatur erstellen möchten. Soll die Signatur für alle Konten übernommen werden, reicht ein Tipp auf **Auf alle Konten anwenden** ❼.

3. Tippen Sie in das Feld unterhalb von **E-Mail-Signatur verwenden**, und löschen Sie den Text **Gesendet von Mail mit Windows 10**. Geben Sie dann den gewünschten Text für Ihre Signatur ein ❽.

4. Sollten Sie ganz auf eine Signatur verzichten wollen, setzen Sie den Regler unter **E-Mail-Signatur verwenden** ❾ mit einem Tipp auf **Aus**.

5. Tippen Sie auf **Speichern** ❿, um Ihre Einstellungen zu übernehmen.

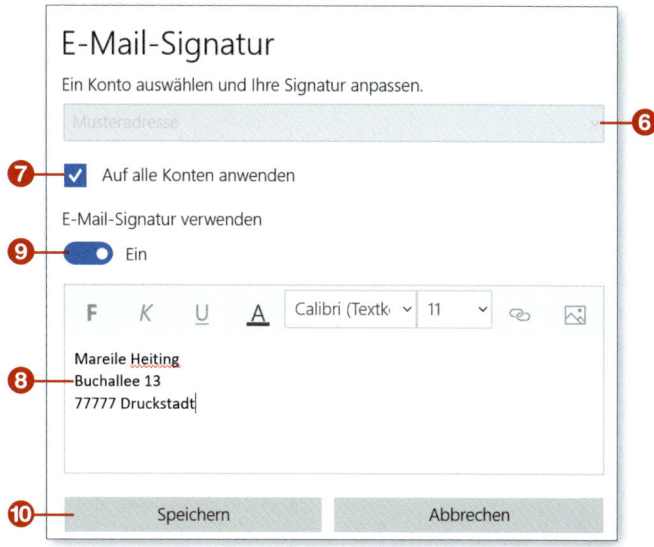

Die Mail-App prüft normalerweise automatisch, ob Sie neue E-Mails erhalten haben. Wenn Sie selbst kontrollieren möchten, ob seit der letzten Synchronisation mit dem E-Mail-Server neue Nachrichten eingetroffen sind, tippen Sie auf das Symbol 🔁 am oberen Rand der mittleren Spalte.

Wie häufig die Mail-App Nachrichten vom E-Mail-Server abruft, hängt von Ihrer Nutzungshäufigkeit ab: Sollten Sie die Mail-App nur alle paar Tage öffnen und Ihre E-Mails abrufen, werden auch die E-Mails entsprechend selten vom Server heruntergeladen. Wenn Sie diese Voreinstellung ändern möchten, gehen Sie so vor:

1. Tippen Sie in der Menüleiste ganz unten auf das Zahnradsymbol ⚙ und dann in der rechten Spalte auf **Konten verwalten**.

2. In der Spalte **Konten verwalten** markieren Sie das Konto, für das Sie die Synchronisierungseinstellungen anpassen möchten ❶. Der Dialog **Kontoeinstellungen** wird nun geöffnet.

3. Im Feld **Kontoname** wird der Name angezeigt, den die Mail-App für das Konto festgelegt hat. Wenn Sie einen anderen Namen vorziehen, überschreiben Sie den Kontonamen hier einfach ❷.

4. Tippen Sie auf **Synchronisierungseinstellungen für Postfach ändern** ❸. Diese und die folgenden Bezeichnungen können je nach E-Mail-Anbieter etwas variieren.

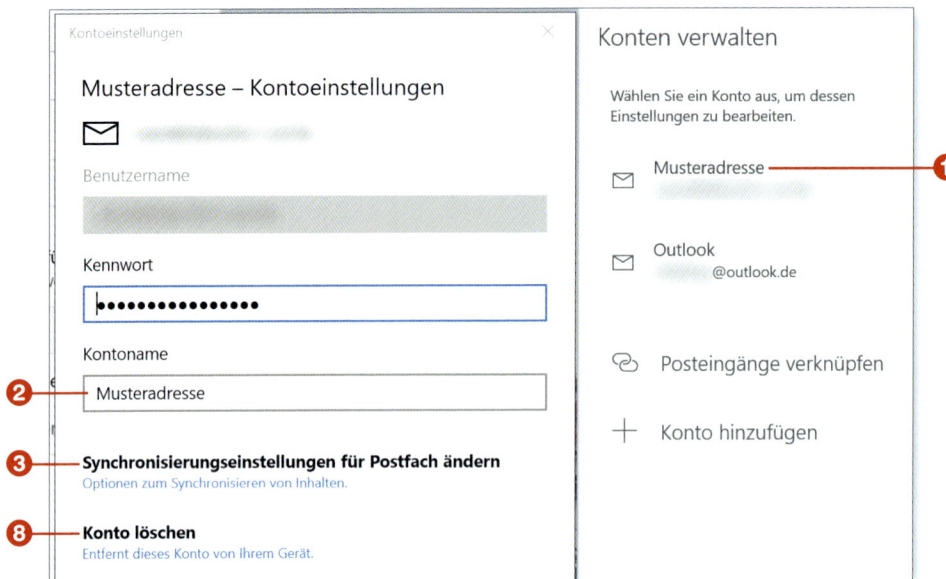

5. Nach einem Tipp auf den Pfeil rechts vom Feld **Neue E-Mail herunterladen** wählen Sie aus, wann die Mail-App neue E-Mails herunterladen soll. Die Auswahl reicht von **Bei Eintreffen** ❹ über **Stündlich** bis hin zu **Manuell** (also immer dann, wenn Sie auf das Symbol ⟳ tippen).

6. Aus Sicherheitsgründen sollten Sie auch das Kästchen **Immer vollständige Nachricht und Internetbilder herunterladen** deaktivieren, indem Sie per Tipp das Häkchen entfernen ❺.

7. Per Standardeinstellung lädt die Mail-App lediglich die E-Mails vom E-Mail-Server, die Sie während der letzten drei Monate erhalten haben. Damit alle erhaltenen E-Mails zu sehen sind, wählen Sie im Feld **E-Mail herunterladen von** den Eintrag **jedem Zeitraum** ❻ aus.

8. Wenn es sich beim ausgewählten Konto nicht um ein Microsoft-Konto handelt, lassen sich über die Schaltfläche unterhalb von **Erweiterte Postfacheinstellungen** ❼ Angaben für den Posteingangs- und Postausgangsserver einblenden und anschließend ändern. Die Schaltfläche wird sichtbar, wenn Sie im Dialog etwas nach unten blättern.

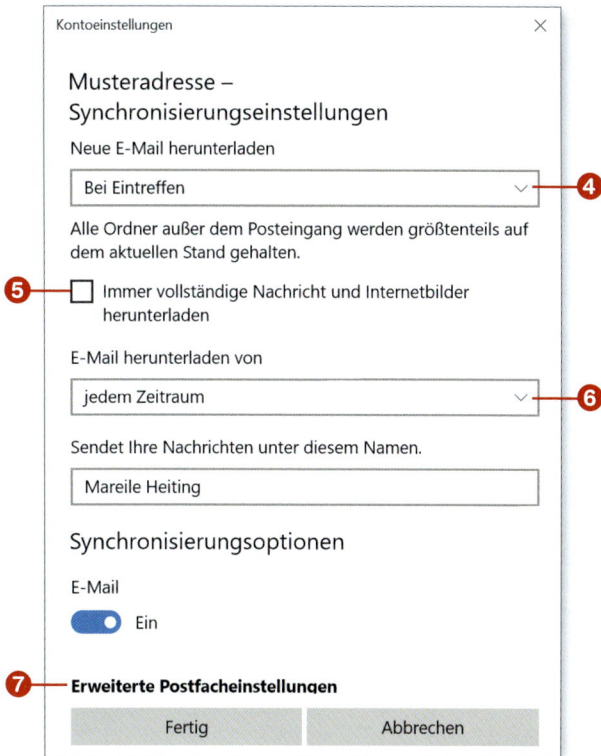

9. Haben Sie die gewünschten Einstellungen vorgenommen, schließen Sie den Dialog **Synchronisierungseinstellungen** mit **Fertig** und den Dialog **Kontoeinstellungen** mit **Speichern**.

Die Spalte **Konten verwalten** wird rechts immer noch eingeblendet. Mit einem Tipp auf den Pfeil gelangen Sie wieder zu den **Einstellungen** zurück. Sehen Sie sich hier in Ruhe auch die anderen Einstellungsmöglichkeiten an. Über die Kategorie **Personalisierung** können Sie z. B. die Farben und den Hintergrund der Mail-App anpassen.

➕ **E-Mail-Konto in der Mail-App löschen**

Sie haben ein E-Mail-Konto gekündigt oder möchten es zumindest nicht mehr mit der Mail-App abrufen? Den entsprechenden Befehl **Konto löschen** finden Sie im Dialog **Kontoeinstellungen** (❽ auf Seite 172). Das Konto wird anschließend nicht mehr in der Mail-App aufgeführt.

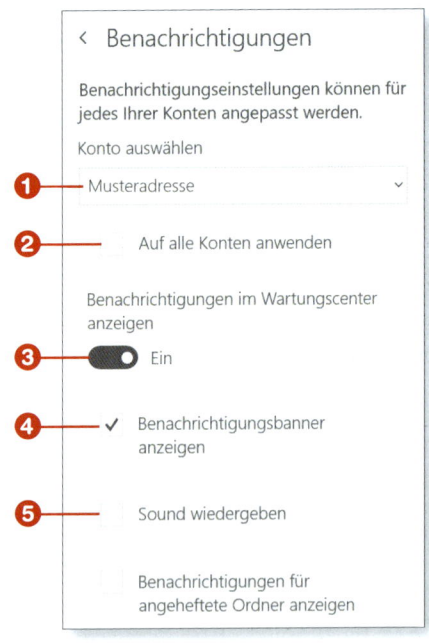

Um festzulegen, wie die Mail-App Sie über neu eingetroffene E-Mails benachrichtigen soll, öffnen Sie in der Spalte **Einstellungen** die Kategorie **Benachrichtigungen**. Wählen Sie das Konto aus, für das Sie die Benachrichtigungseinstellungen vornehmen möchten ❶. Wenn Sie möchten, können Sie die Einstellungen auch **Auf alle Konten anwenden** ❷. Ist der Regler unter **Benachrichtigungen im Wartungscenter anzeigen** auf **Ein** ❸ gesetzt, wird im Info-Center ein entsprechender Hinweis eingeblendet. Dieser Hinweis ist allerdings leicht zu übersehen. Versehen Sie das Kästchen **Benachrichtigungsbanner anzeigen** per Tipp mit einem Häkchen ❹, wird zusätzlich ein kleines Fenster in der rechten unteren Ecke des Bildschirms eingeblendet. Wer sich zudem mit einem akustischen Signal auf eingegangene E-Mails hinweisen lassen möchte, aktiviert auch das Kästchen **Sound wiedergeben** ❺.

∧ *Bestimmen Sie selbst, wie Sie über neu eingetroffene E-Mails benachrichtigt werden möchten.*

Adressen in der Kontakte-App speichern

Die Kontaktdaten werden heute immer umfangreicher. Während man sich früher nur die Postanschrift und den Festnetzanschluss notieren musste, kommen heute noch Handynummer, E-Mail-Adresse und mehr hinzu. Das Ganze gibt es dann womöglich noch in doppelter Ausführung, da man sowohl die Privat- als auch die Geschäftsadresse einer Person speichern möchte. Mit der *Kontakte*-App behalten Sie all diese Daten bequem im Blick.

Da die App bereits in Windows 10 integriert ist, können Sie mit dem Erfassen der Kontaktdaten sofort loslegen. Zum Aufruf der Kontakte-App tippen Sie entweder auf die entsprechende Kachel im Startmenü oder auf den Eintrag **Kontakte** in der App-Liste, die Sie ebenfalls über das Startmenü erreichen. Wenn Sie in der Mail-App bereits ein Microsoft-Konto hinzugefügt haben oder mit einem Benutzerkonto am Tablet angemeldet sind, das mit einem Microsoft-Konto verknüpft ist, wird dieses Microsoft-Konto automatisch auch für die Kontakte-App genutzt. Zur Nutzung der Kontakte-App ist ein Konto aber nicht zwingend notwendig.

∧ *Die Kontakte-App lässt sich über das Startmenü öffnen.*

> **✚ Microsoft-Konto in der Kontakte-App hinzufügen**
>
> Um die Kontakte-App nutzen zu können, ist kein Microsoft-Konto notwendig. Sollten Sie es später doch noch benötigen, etwa zur Synchronisation mit anderen Geräten, tippen Sie in der Menüleiste der Kontakte-App auf das Zahnradsymbol ⚙. Nach einem Tipp auf **Konto hinzufügen** erscheint der gleichnamige Dialog, den Sie bereits im Zusammenhang mit der Mail-App auf Seite 154 kennengelernt haben. Gehen Sie wie für die Mail-App beschrieben vor, um ein Konto hinzuzufügen. Dabei muss es sich natürlich nicht um ein Microsoft-Konto handeln. Wenn Sie für die Synchronisation Ihrer Daten auf den diversen Geräten ein Google-Konto nutzen, lässt sich auch dieses selbstverständlich ergänzen. Mit einem Tipp auf das Symbol Ⓡ in der Menüleiste der Kontakte-App kehren Sie wieder zur Kontaktliste zurück.

Um in der Kontakte-App die Kontaktdaten einer Person hinzuzufügen, gehen Sie folgendermaßen vor:

1. Tippen Sie in der Menüleiste links auf das Plussymbol ❶.

2. In der rechten Spalte wird jetzt der Dialog **Neuer Kontakt** eingeblendet. Tippen Sie hier rechts vom Feld **Name** auf das Stiftsymbol ❷.

3. Im Dialog **Namen bearbeiten**, der nun angezeigt wird, tragen Sie in die entsprechenden Felder Vorname, Nachname oder auch Spitznamen des ersten Kontakts ein. Mit einem Tipp auf **Fertig** bestätigen Sie Ihre Eingaben. Nutzen Sie zur Texteingabe die virtuelle Tastatur, überdeckt diese wahrscheinlich die Schaltfläche. Mit einem Tipp auf das Kreuzsymbol ✕ in der rechten oberen Ecke der Tastatur blenden Sie die Tastatur aus. Der Tipp auf **Fertig** führt Sie automatisch zum Dialog **Neuer Kontakt** zurück.

4. Ergänzen Sie in den übrigen Feldern die weiteren Kontaktdaten wie Handynummer und E-Mail-Adresse ❸.

5. Über die Plussymbole lassen sich in den angegebenen Kategorien – etwa **Telefon**, **E-Mail** oder auch **Adresse** – weitere Felder einblenden ❹. Ein Tipp hierauf, und es klappt eine entsprechende Liste auf, in der Sie das gewünschte Element auswählen.

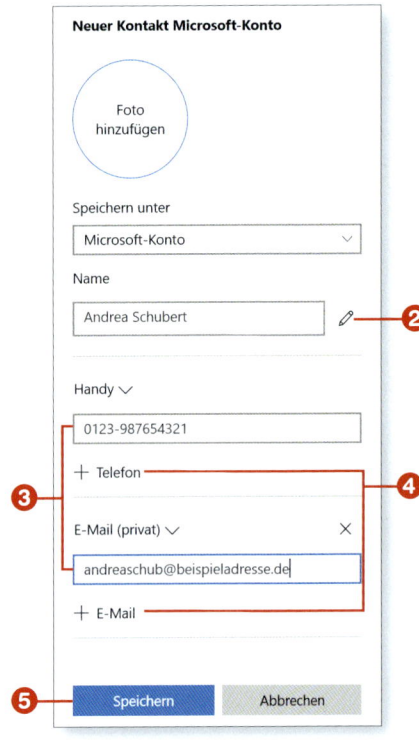

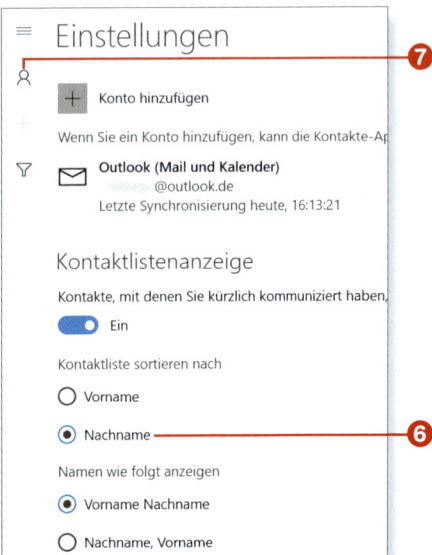

Die Sortierung der Kontakte lässt sich ändern.

6. Wenn Sie alle Kontaktdaten eingegeben haben, tippen Sie auf **Speichern** ❺.

7. Wiederholen Sie die Schritte 1 bis 6, um der Kontakte-App weitere Kontakte hinzuzufügen.

Die Kontakte werden in der App alphabetisch nach Vornamen sortiert angezeigt. Ist Ihnen eine Sortierung dem Nachnamen nach lieber, tippen Sie am unteren Rand der Menüleiste auf das Zahnradsymbol ⚙. Im Dialog **Einstellungen** aktivieren Sie unter **Kontaktliste sortieren nach** die Option **Nachname** ❻. Mit einem Tipp auf 🔳 ❼ in der Menüleiste kehren Sie wieder zur Kontaktliste zurück.

In der Kontaktliste sehen Sie links vom Namen des Kontakts die Initialen. Rechts davon werden meist die E-Mail-Adresse und die Telefonnummer angezeigt. Wenn Sie sich die vollständigen Kontaktdaten einer Person anzeigen lassen möchten, tippen Sie auf ihren Namen ❽. In der rechten Spalte werden nun die persönlichen Daten aufgelistet. Zusätzlich erfahren Sie, ob mit dieser Person ein gemeinsamer Termin ansteht, wann Sie das letzte Mal Nachrichten mit ihr ausgetauscht oder telefoniert haben. Mit einer vertikalen Wischbewegung blättern Sie in der rechten Spalte.

Ein Freund hat einen neuen Job begonnen oder ist umgezogen? Um die Kontaktdaten einer Person auf den neuesten Stand zu bringen, markieren Sie den Kontakt in der Kontaktliste. Tippen Sie dann in der rechten Spalte auf **Bearbeiten** ❾, und nehmen Sie die nötigen Korrekturen vor. Mit einem Tipp auf **Speichern** sichern Sie die aktualisierten Daten. Wenn Sie einen Kontakt wieder aus der Kontakte-App entfernen möchten, markieren Sie den Kontakt zunächst ebenfalls in der Kontakte-App. Tippen Sie dann in der rechten Spalte oben rechts auf das Symbol mit den drei Punkten ❿. Nach einem Tipp auf **Löschen** und einer erneuten Bestätigung mit **Löschen** wird der Kontakt entfernt.

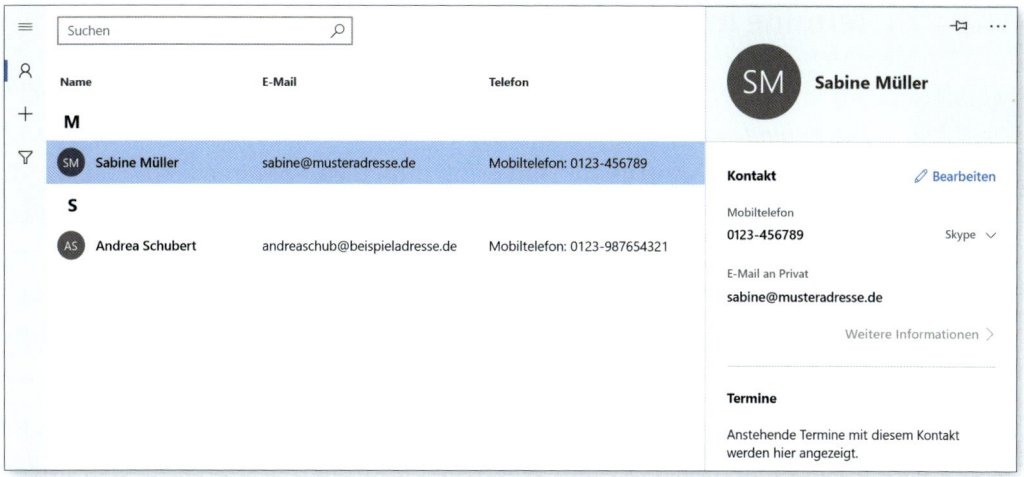

⌃ *In der rechten Spalte werden die ausführlichen Daten des links markierten Kontakts angezeigt.*

➕ Schneller Zugriff auf Kontakte über die Taskleiste

Im Infobereich am rechten Rand der Taskleiste finden Sie ein kleines Kontakte-Symbol, über das sich wichtige Kontakte direkt an die Taskleiste heften lassen. Tippen Sie darauf, klappt eine Liste aller Kontakte auf. Sobald Sie den gewünschten Kontakt per Tipp markieren, wird auch schon ein Symbol mit seinen Initialen an die Taskleiste geheftet. Die Kontaktdaten der Person werden außerdem in der rechten Bildschirmhälfte eingeblendet (lesen Sie hierzu auch den Abschnitt »Zwei App-Fenster nebeneinander anzeigen« ab Seite 87). Um das Fenster zu schließen, tippen Sie etwas länger auf das Initialen-Symbol in der Taskleiste, bis das Kontextmenü eingeblendet wird, und wählen **Fenster schließen**.

Möchten Sie der Person schnell eine E-Mail schicken, reicht ein Tipp auf das Symbol mit seinen Initialen und dann auf die E-Mail-Adresse. In der linken Fensterhälfte wird die Mail-App mit einem Nachrichtenfenster geöffnet. Das Feld **An** enthält bereits die E-Mail-Adresse, Sie müssen nur noch wie gewohnt den Betreff sowie den Nachrichtentext ergänzen, und schon können Sie die E-Mail senden. Wenn Sie den Kontakt wieder aus der Taskleiste entfernen möchten, halten Sie ebenfalls den Finger etwas auf dem Initialen-Symbol gedrückt. Im Kontextmenü wählen Sie dann **Von Taskleiste lösen**. Wenn Sie auch das Kontakte-Symbol aus der Taskleiste entfernen möchten, rufen Sie **Start ▸ Einstellungen ▸ Personalisierung ▸ Taskleiste** auf. Blättern Sie in der rechten Spalte nach unten bis zum Bereich **Kontakte**. Setzen Sie hier den Regler **Kontakte auf der Taskleiste anzeigen** per Tipp auf **Aus**.

‹ *Wichtige Kontakte lassen sich direkt an die Taskleiste heften.*

Termine mit der Kalender-App erfassen

^ *Die Kachel der Kalender-App*

Vor lauter Terminen wissen Sie gar nicht mehr, wo Ihnen der Kopf steht? Die *Kalender*-App hilft Ihnen dabei, dass Sie keine wichtige Verabredung vergessen. Der Aufruf der App erfolgt über die entsprechende Kachel im Startmenü oder den Eintrag **Kalender** in der App-Liste des Startmenüs. Sollte nach dem ersten Aufruf der Willkommensdialog erscheinen, gelangen Sie mit einem Tipp auf **Zum Kalender wechseln** direkt zum Kalender (lesen Sie hierzu auch den Kasten »Konto hinzufügen in der Kalender-App« auf der folgenden Seite).

Nach dem Öffnen der Kalender-App sehen Sie zunächst eine Übersicht über den aktuellen Monat. Wenn Sie eine andere Darstellung vorziehen, tippen Sie in der Symbolleiste am oberen Fensterrand einfach auf die gewünschte Ansicht. Zur Auswahl stehen hier z. B. die **Tagesansicht**, **Woche** und, nach einem Tipp auf das Symbol ···, der **Monat** oder das **Jahr** ❶.

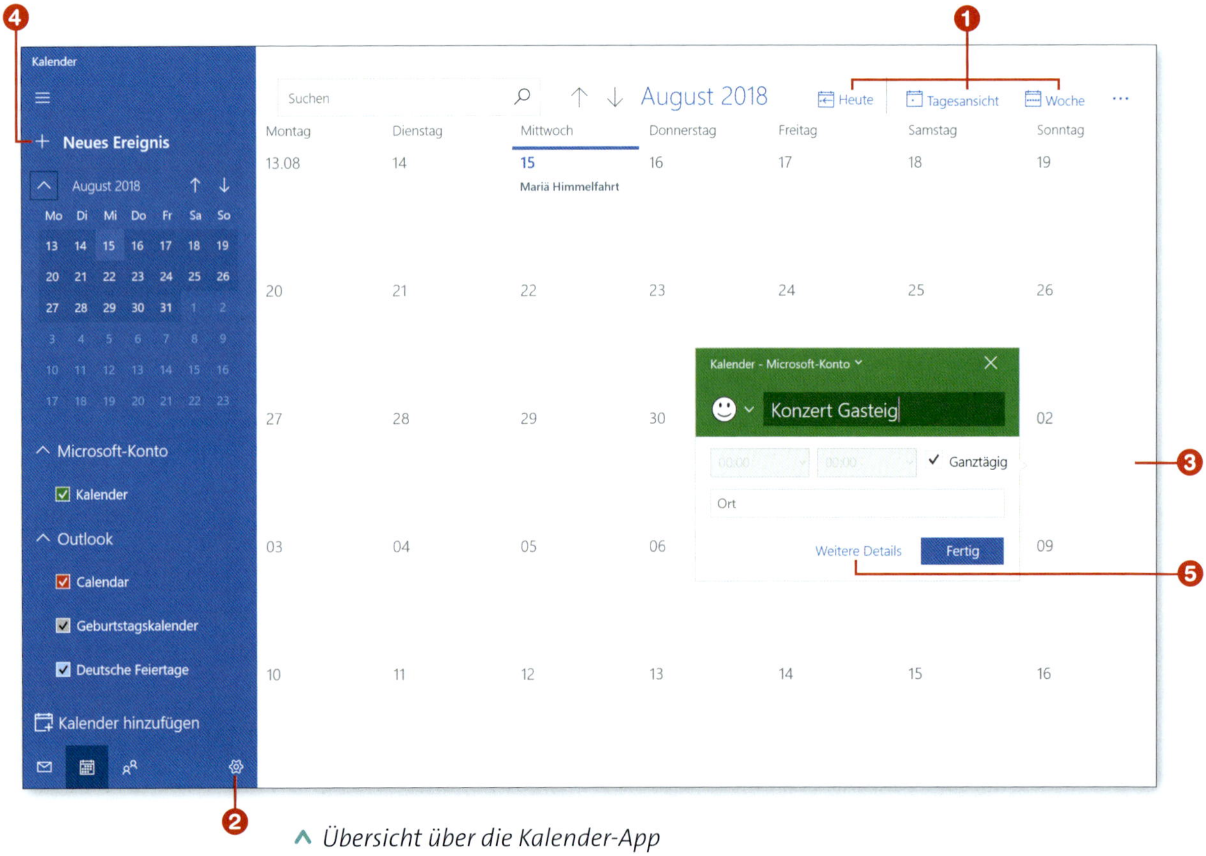

❹ ❶ ❸ ❺ ❷

^ *Übersicht über die Kalender-App*

> **i** **Konto hinzufügen in der Kalender-App**
>
> Wenn Sie Ihre Termine gerne auf mehreren Geräten synchronisieren möchten, müssen Sie in der Kalender-App ein entsprechendes Konto hinzufügen. Dies ist bereits automatisch geschehen, wenn Sie am Tablet mit einem Benutzerkonto angemeldet sind, das mit einem Microsoft-Konto verknüpft ist, oder in einer anderen App (z. B. der Mail-App) bereits ein entsprechendes Konto hinzugefügt haben (lesen Sie hierzu auch den Abschnitt »Ein Microsoft-Konto einrichten« ab Seite 52 sowie den Kasten »Automatische Anmeldung bei Microsoft-Apps verhindern« auf Seite 60). Haben Sie für die Anmeldung am Computer ein lokales Konto gewählt und noch keine andere App mit einem Microsoft-Konto verknüpft, tippen Sie in der Menüleiste der Kalender-App unten links auf das Zahnradsymbol ❷ und dann rechts auf **Konten verwalten**. Nach einem Tipp auf **Konto hinzufügen** erscheint der gleichnamige Dialog. Das Hinzufügen des Kontos funktioniert nun genauso wie im Abschnitt »So richten Sie Ihr E-Mail-Konto in der Mail-App ein« ab Seite 153 gezeigt. Statt ein Microsoft-Konto hinzuzufügen, können Sie natürlich auch ein Google-Konto o. Ä. wählen.

Um einen neuen Termin im Kalender einzutragen, haben Sie zwei Möglichkeiten: Entweder tippen Sie im Kalender selbst auf das gewünschte Datum ❸ oder in der linken Spalte auf **Neues Ereignis** ❹. Haben Sie sich für das Datum entschieden, öffnet sich eine Art Maske, in der Sie bereits einige Angaben zum Termin vornehmen können. Noch mehr Informationen zur Verabredung lassen sich allerdings nach einem Tipp auf **Weitere Details** ❺ ergänzen. Der Dialog, der nun eingeblendet wird, erscheint auch nach einem Tipp auf die zuvor genannte zweite Möglichkeit **Neues Ereignis**. Hier können Sie nun folgende Angaben zum Termin eintragen:

1. Das Feld **Name des Termins** bietet Platz für einen Titel für die Verabredung (❶ auf Seite 180). Nach einem Tipp auf den Pfeil rechts vom Smiley lässt sich ein kleines Symbol für die Veranstaltung auswählen ❷. Wenn Sie in der Kalender-App z. B. ein Microsoft-Konto hinzugefügt haben, können Sie dieses nach einem Tipp auf den Pfeil am rechten Rand des Feldes auswählen. Vorsicht: Ihr Microsoft-Konto trägt hier die Bezeichnung des Dienstanbieters, also etwa **Outlook** ❸!

2. In das Feld **Ort** tragen Sie den Ort des Geschehens ein ❹.

3. Prüfen Sie, ob die Felder **Start** und **Ende** bereits das richtige Datum enthalten. Ist dies nicht der Fall, tippen Sie auf das Kalender-Symbol, das jeweils rechts in den beiden Feldern angezeigt wird ❺. Über die beiden Pfeiltasten rechts vom Monatsnamen, der nun eingeblendet wird, blättern Sie bis zum gewünschten Monat. Den Tag markieren Sie dann einfach durch Antippen.

4. Rechts vom Feld **Start** können Sie nun die Uhrzeit festlegen, zu der der Termin beginnt. Im Feld rechts von **Ende** geben Sie an, wann der Termin voraussichtlich beendet sein wird ❻.

5. Nimmt die Verabredung den ganzen Tag in Anspruch, setzen Sie im Kästchen vor **Ganztägig** ein Häkchen ❼.

6. Damit Sie den Termin nicht vergessen, sollten Sie sich rechtzeitig daran erinnern lassen. Den Zeitpunkt, zu dem ein entsprechender Hinweis eingeblendet werden soll, wählen Sie nach einem Tipp in das Feld **Erinnerung** ❽ in der nun aufklappenden Liste aus.

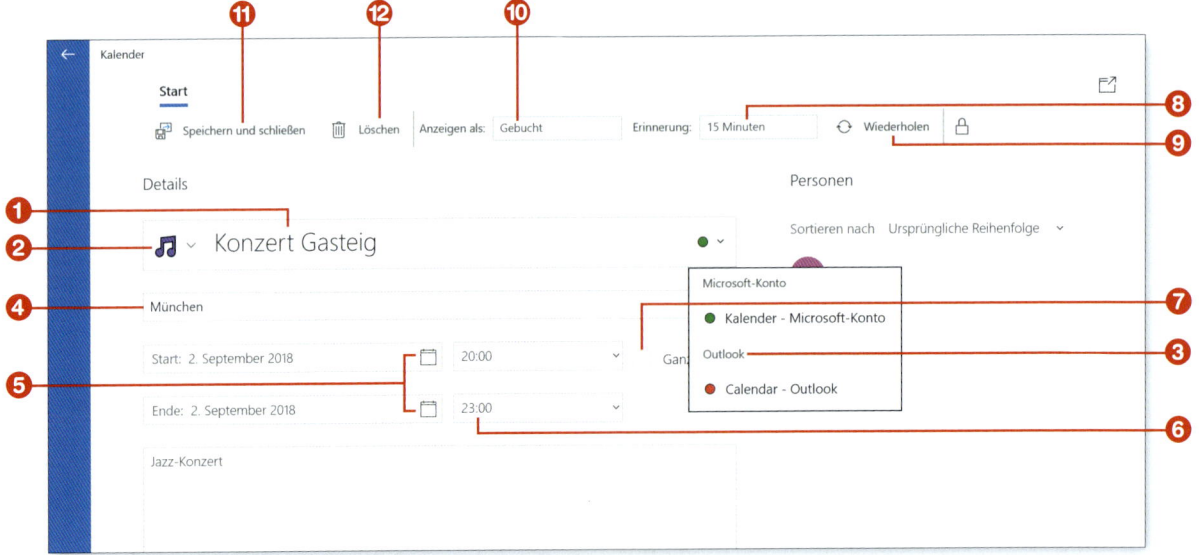

7. Tippen Sie auf die Schaltfläche **Wiederholen** ❾, werden weitere Felder eingeblendet. Hier können Sie beispielsweise festlegen, ob der Termin täglich oder über einen begrenzten Zeitrahmen hinweg an einem bestimmten Wochentag stattfindet.

8. Das Feld **Anzeigen als** ❿ ist vor allem für Berufstätige interessant, denn hier geben Sie an, ob Sie zum Zeitpunkt des Termins beschäftigt (also **Gebucht**) oder abwesend sind oder einen anderen Status haben. Diese Angabe ist vor allem interessant, wenn Sie Ihre Termine mit Ihren Kontakten austauschen.

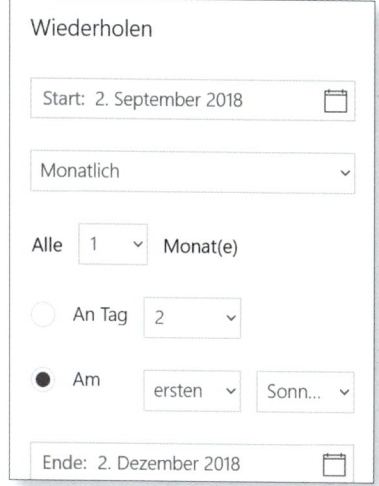

9. Wenn Sie schließlich alle wichtigen Angaben ergänzt haben, übernehmen Sie den Termin mit einem Tipp auf **Speichern und schließen** ⓫ in Ihren Kalender. Anschließend wird automatisch wieder die Kalenderübersicht angezeigt.

Natürlich kann es vorkommen, dass sich eine Verabredung verschiebt oder ganz entfällt. Markieren Sie in diesem Fall den Termin im Kalender. Nun können Sie die Korrekturen vornehmen und mit **Speichern und schließen** in den Kalender übernehmen. Entfällt der Termin ganz, tippen Sie stattdessen auf **Löschen** ⓬ und dann auf **Ereignis löschen**.

Tippen Sie auf die Uhrzeit im Infobereich der Taskleiste, wird übrigens ebenfalls ein Kalender eingeblendet. Wählen Sie hier ein Datum aus, erfahren Sie unterhalb des Kalenders, ob und welche Termine an diesem Tag anstehen. Wenn Sie einen neuen Termin eintragen möchten, tippen Sie auf das Plussymbol. Es wird nun automatisch die Kalender-App gestartet, in der Sie alle Details zur Verabredung angeben.

Mail, Kontakte und Kalender im Team

Die drei Apps Mail ✉, Kalender 📅 und Kontakte 👥 arbeiten eng zusammen. Das zeigt sich bereits daran, dass Sie in jedem der drei Programmfenster am unteren Rand der linken Spalte (sprich der Menüleiste) jeweils eine Verknüpfung zu den anderen beiden anderen Programmen finden. Ein Tipp auf eines der Symbole reicht, und schon wird die entsprechende App gestartet.

Damit ist die Teamarbeit aber noch lange nicht beendet. Angenommen, Sie befinden sich gerade in der Mail-App und haben mit einem Tipp auf

Neue-E-Mail ein neues Nachrichtenfenster geöffnet. Werfen Sie hier einen Blick auf den rechten Rand des Feldes **An**, entdecken Sie ein kleines Kontakte-Symbol ❶. Ein Tipp hierauf, und der Dialog **Kontakte auswählen** wird geöffnet. Sie können hier nun bequem die gewünschte E-Mail-Adresse aus Ihrer Kontaktliste auswählen. Wenn Sie gleich mehreren Personen die Mail schicken möchten, tippen Sie zuvor auf das Symbol 🔲 ❷.

> *Sie können aus der Mail-App heraus direkt auf Ihre Kontakte zugreifen.*

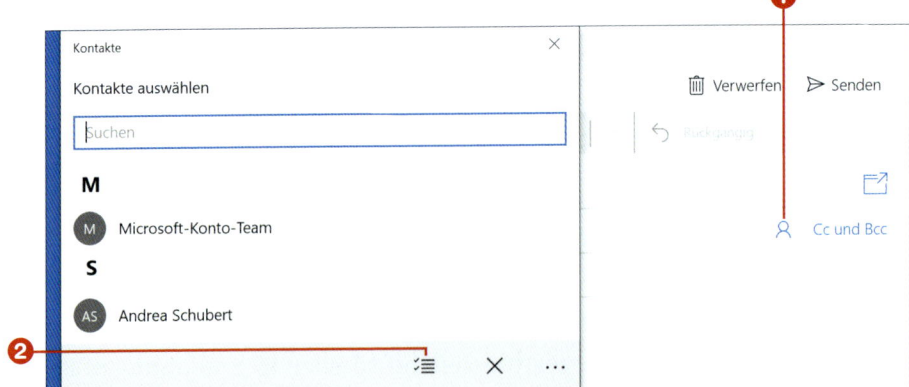

Vor jedem Kontakt wird nun ein Kästchen eingeblendet. Versehen Sie die Kästchen vor den gewünschten Adressen per Tipp mit einem Häkchen. Tippen Sie zur Bestätigung dann auf das Häkchen-Symbol am unteren Rand des Dialogs. Die markierten Adressen werden automatisch im Feld **An** ergänzt.

Das Ganze funktioniert natürlich auch umgekehrt: Befinden Sie sich also gerade in der Kontakte-App und möchten einem Ihrer Freunde eine E-Mail schicken, markieren Sie den Kontakt zunächst in der Kontaktliste. Die Daten des Kontakts werden nun in der rechten Spalte der Kontakte-App eingeblendet. Tippen Sie hier auf die E-Mail-Adresse ❸. Es wird automatisch die Mail-App mit einem neuen Nachrichtenfenster geöffnet, in dem Sie nur noch den Nachrichtentext und einen Betreff ergänzen müssen, bevor Sie die E-Mail mit **Senden** ❹ verschicken. Sollten Sie in der Mail-App mehrere E-Mail-Konten hinterlegt haben, werden Sie noch aufgefordert, das Konto auszuwählen, mit dem Sie die Nachricht verschicken möchten. Ist auf Ihrem Tablet der Tabletmodus aktiviert, werden beide Fenster (also das des Kontakts und das Nachrichtenfenster) nebeneinander auf dem Bildschirm angezeigt (siehe auch den Abschnitt »Zwei App-Fenster nebeneinander anzeigen« ab Seite 87).

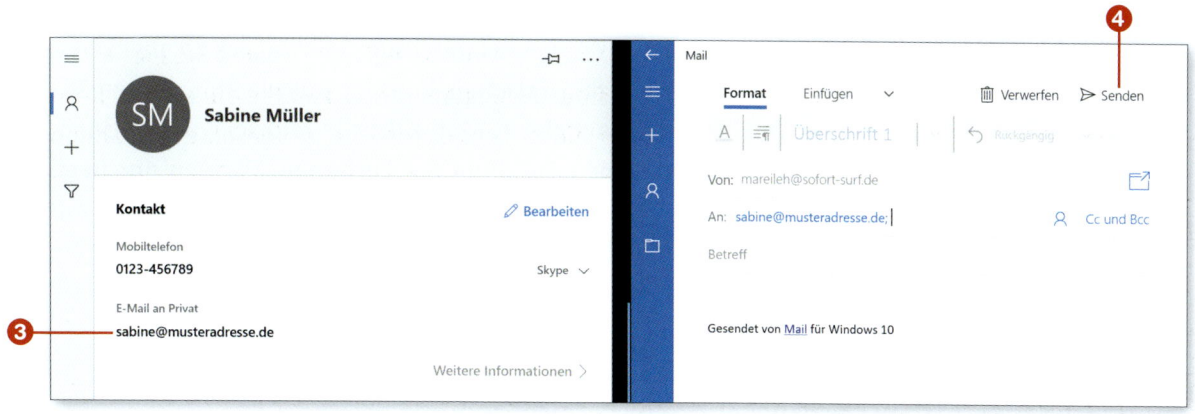

^ Ist der Tabletmodus aktiviert, werden beide Fenster nebeneinander angezeigt.

Auch in der Kalender-App beschränkt sich die Teamarbeit nicht auf den Wechsel zwischen den Programmen über die entsprechenden Symbole in der Menüleiste. So können Sie z. B. einen oder mehrere Kontakte zu einem Termin einladen. Damit Ihnen die entsprechende Funktion angeboten wird, müssen Sie der Kalender-App allerdings ein entsprechendes Konto hinzugefügt und dieses beim Einrichten des Termins im Feld **Name des Termins** ❶ ausgewählt haben (siehe Schritt 1 auf Seite 179).

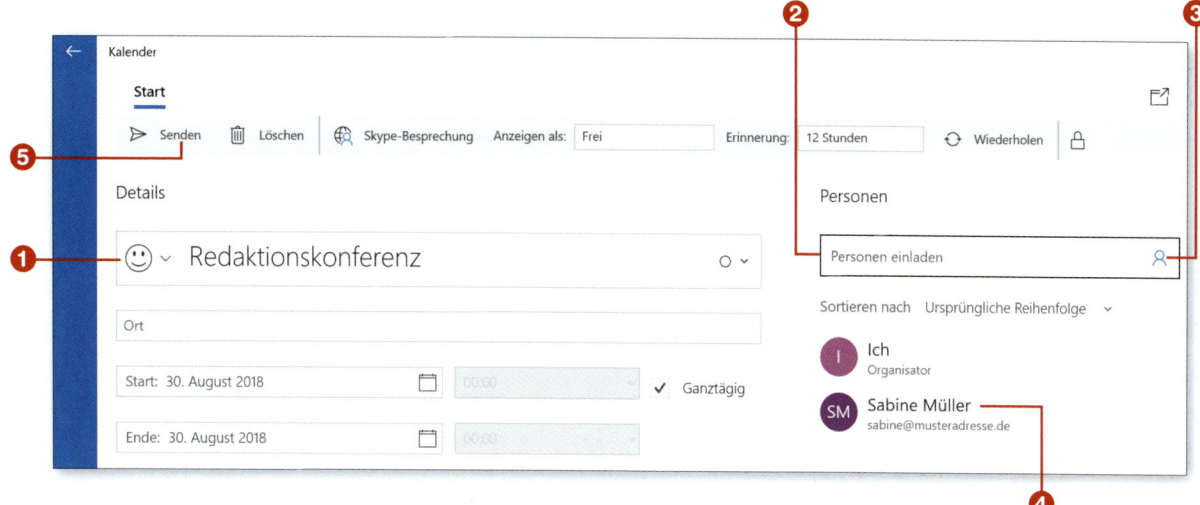

Ist dies der Fall, finden Sie in der rechten Fensterhälfte das Feld **Personen einladen** ❷. Nach einem Tipp auf das Kontakte-Symbol ❸ am rechten Rand des Feldes klappt eine Liste mit einer Übersicht über all Ihre Kontakte auf. Wählen Sie auch hier nun die gewünschten Kontakte aus.

^ Sie können aus der Kalender-App heraus Kontakte zu einem Termin einladen.

Der oder die Kontakte werden rechts nun unterhalb von **Ich** ❹ angezeigt. Haben Sie versehentlich den falschen Kontakt ausgewählt, halten Sie den Finger etwas länger auf der E-Mail-Adresse gedrückt. Im aufklappenden Kontextmenü tippen Sie dann auf **Entfernen**. Werden nur noch die gewünschten Personen aufgeführt, verschicken Sie die Einladung mit einem Tipp auf **Senden** ❺. Der Termin wird hiermit zugleich in Ihrem Kalender gespeichert.

➕ **Per Microsoft-Konto E-Mails, Termine und Kontaktdaten synchronisieren**

Sie möchten auf allen Windows-10-Geräten, auf denen Sie sich mit Ihrem Microsoft-Konto anmelden, auf anstehende Termine, E-Mails oder auch Kontaktdaten zugreifen können? Normalerweise werden diese Daten automatisch synchronisiert. Zur Sicherheit können Sie die entsprechende Einstellung aber auch prüfen. Tippen Sie hierzu entweder in der Mail- oder in der Kalender-App in der Menüleiste auf das Zahnradsymbol ⚙. Im Dialog **Einstellungen** wählen Sie den Eintrag **Konten verwalten** aus. Markieren Sie rechts das Microsoft-Konto, für das Sie die Synchronisierungseinstellungen vornehmen möchten. Im Dialog **Kontoeinstellungen** tippen Sie auf **Postfachsynchronisierungseinstellungen ändern**. Blättern Sie im Dialog **Synchronisierungseinstellungen** ganz nach unten. Dort finden Sie für die drei Apps (E-Mail, Kalender und Kontakte) jeweils einen Regler. Nur wenn der Regler eingeschaltet ist, werden die Inhalte der entsprechenden App auch auf allen Windows-10-Geräten synchronisiert. Wünschen Sie die Synchronisation für eine App nicht, setzen Sie den Regler entsprechend auf **Aus**.

Kapitel 8

Dateien und Ordner im Blick mit dem Explorer

Schon seit einigen Generationen ist der *Explorer* (früher noch *Windows-Explorer* genannt) fester Bestandteil von Windows. Die Windows-Anwendung wurde vor vielen Jahren für den Einsatz auf Desktop-PCs und Notebooks entwickelt, auf denen Tastatur, Computermaus und Touchpad zur Verfügung stehen. Den Explorer per Fingergesten auf einem Touchscreen zu bedienen ist aufgrund der kleinen Schaltflächen daher gar nicht so einfach. Wenn Sie auf Ihrem Tablet den Tabletmodus aktiviert haben, kommen Sie aber zum Glück in den Genuss einiger Verbesserungen, die Microsoft speziell für diese Geräte am Explorer vorgenommen hat. In diesem Kapitel erfahren Sie, wie Sie mit dem Datei-Manager auch auf dem Touchscreen die Übersicht über Ihre Dateien und Ordner behalten.

Übersicht über den Explorer

Ein paar Möglichkeiten, wie Sie den Explorer aufrufen, haben Sie bereits im Abschnitt »So öffnen Sie Apps per Fingergesten« ab Seite 77 kennengelernt. Drei schnelle Wege seien hier nochmals kurz erwähnt:

■ Nutzen Sie Ihr Tablet im Desktopmodus, befindet sich bereits in der Taskleiste das Symbol des Explorers 📁. Ein Tipp hierauf ❶, und das Programmfenster wird geöffnet. Wie Sie die App-Symbole auch im Tabletmodus in der Taskleiste einblenden, erfahren Sie im Abschnitt »Schnelle Wege, um zwischen geöffneten Apps zu wechseln« ab Seite 83.

■ Ein weiterer Weg zum Aufruf des Explorers führt über das Cortana-Suchfeld in der Taskleiste. Tippen Sie in das Suchfeld (im Tabletmodus wird dies erst nach einem Tipp auf das Cortana-Symbol 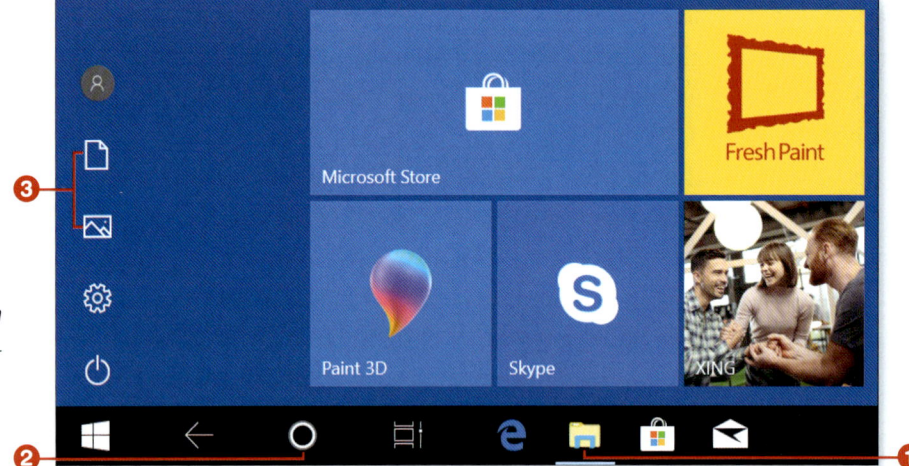 ❷ eingeblendet), und geben Sie den Suchbegriff »Explorer« ein. Sobald das Ergebnis **Explorer Desktop-App** angezeigt wird, reicht ein Antippen, und der Explorer wird gestartet.

■ Auch über das Startmenü, das Sie jederzeit per Tipp auf die Windows-Taste ⊞ einblenden, lässt sich der Explorer schnell starten. Denn hier können Sie sich direkt in der Schnellstartleiste am linken Rand ein entsprechendes Symbol ❸ hinzufügen. Wie dies funktioniert, erfahren Sie im Abschnitt »Noch schneller ans Ziel: die Schnellstartleiste anpassen« ab Seite 111.

> *Der Explorer kann z. B. über die Schnellstartleiste oder die Taskleiste geöffnet werden.*

Wenn Sie im Tabletmodus arbeiten, wird das Programmfenster des Explorers nach dem Start bereits über den gesamten Bildschirm hinweg angezeigt. Diese Darstellung empfehle ich Ihnen auch für den Desktopmodus. Wird das Fenster hier noch nicht im Vollbildmodus eingeblendet, tippen Sie oben rechts einfach auf das Symbol ▢ .

Je nach verwendetem Modus zeigt sich der Explorer in einem etwas anderen Gewand. Der grobe Aufbau ist aber immer gleich. So befindet sich am oberen Rand des Programmfensters die *Titelleiste* (❶ auf Seite 187). Sie trägt den Namen des Ordners, der im *Navigationsbereich* ❷ am linken Fensterrand markiert ist. Haben Sie den Explorer z. B. über das Cortana-Suchfeld oder das Programmsymbol in der Taskleiste gestartet, ist dies der **Schnellzugriff** ❸. Dieser Bereich ist in Windows 10 neu hinzugekommen und zeigt die häufig verwendeten Ordner und zuletzt genutzten Dateien. Er ersetzt damit die von früher bekannten *Favoriten*.

Die große Fläche rechts vom Navigationsbereich ist der sog. *Inhaltsbereich* ❹, in dem der Inhalt des links markierten Elements aufgelistet wird. Wählen Sie im Navigationsbereich per Tipp **Dieser PC** ❺ aus, erhalten Sie im Inhaltsbereich eine Übersicht über alle auf Ihrem Computer verfügbaren Laufwerke. Dabei handelt es sich um interne sowie externe Festplatten, Speicherkarten oder auch USB-Sticks. USB-Sticks sind kleine Speichermedien, die über die USB-Schnittstelle mit dem Tablet verbunden werden. Auch die über das Netzwerk verfügbaren Geräte werden hier eingeblendet.

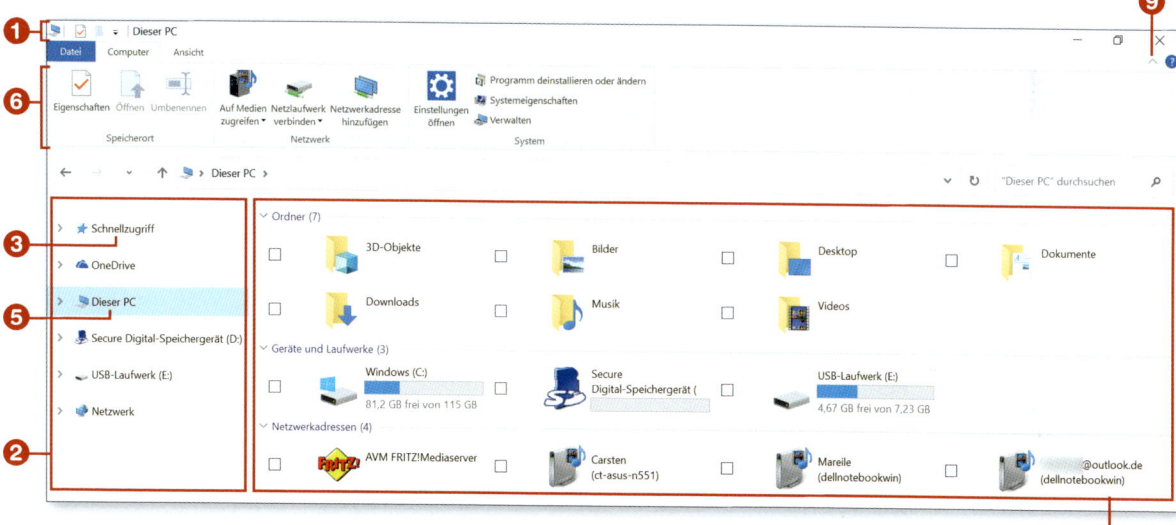

∧ *Übersicht über den Explorer*

Mithilfe des Explorers können Sie eigene Ordner anlegen, Dateien verschieben, kopieren, umbenennen oder auch löschen. Die Funktionen, die Sie hierfür benötigen, finden Sie im *Menüband* ❻ direkt unterhalb der Titelleiste. Da der Platz im Menüband nur begrenzt ist, sind die Funktionen in verschiedenen Registern aufgeteilt. Welche Register angezeigt werden, hängt vom im Navigationsbereich ausgewählten Ordner ab. Wenn Sie im Navigationsbereich z. B. den Ordner **Dieser PC** ausgewählt haben, sehen Sie am linken Rand des Menübands die drei Registerreiter **Datei**, **Computer** und **Ansicht** ❼.

Tippen Sie auf einen der Registerreiter, werden alle seine Funktionen eingeblendet. Hierbei zeigt sich gleich ein Unterschied zwischen dem Desktopmodus und dem Tabletmodus: Während im Tabletmodus das

Menüband mit allen Funktionen immer vollständig zu sehen ist, klappt es im Desktopmodus erst dann auf, wenn Sie einen Reiter antippen. Sobald Sie wieder auf einen Bereich außerhalb der Registerkarte tippen, verschwindet die Registerkarte hier wieder, und nur die Registerreiter bleiben bestehen. Damit das Menüband auch im Desktopmodus immer sichtbar bleibt, tippen Sie am rechten Rand des Menübands auf den kleinen nach unten weisenden Pfeil ❽. Sollten Sie das Menüband später doch wieder ausblenden wollen, reicht ein erneuter Tipp auf den nun nach oben weisenden Pfeil (❾ auf Seite 187). Das funktioniert nicht nur im Desktop-, sondern auch im Tabletmodus.

> *Das eingeklappte Menüband im Desktopmodus*

Jede Registerkarte besteht aus mehreren Gruppen. Blenden Sie das Register **Ansicht** per Tipp auf den gleichnamigen Registerreiter ein, finden Sie z. B. die Gruppen **Bereiche**, **Layout**, **Aktuelle Ansicht** und **Ein-/ausblenden**. Jede dieser Gruppen enthält wiederum verschiedene Befehle in Form von Symbolen und teilweise auch Beschriftungen. Was im Einzelnen zu sehen ist, hängt von der Größe des Programmfensters ab. Ist das Fenster groß genug, werden alle Symbole inklusive Beschriftung eingeblendet. Bei kleineren Fenstern bleiben nur die Symbole bestehen. Wird die Fenstergröße noch stärker minimiert, beschränkt sich die Anzeige sogar nur noch auf die Gruppenbezeichnungen. Diese Darstellung ist nicht nur bei der Bedienung per Fingergesten schwierig, sondern auch dann, wenn Sie eine Computermaus oder ein Touchpad zur Verfügung haben. Wie bereits zu Beginn des Kapitels empfohlen, sollten Sie den Explorer deshalb möglichst im Vollbildmodus nutzen.

∨ *Das Register »Ansicht« mit seinen Gruppen und Befehlen*

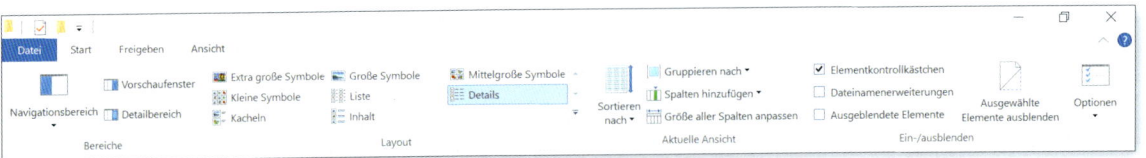

Das gerade aktive Register ist im Menüband – mit Ausnahme des blauen Registers **Datei** – übrigens gut am leicht grauen Hintergrund zu erkennen. Welche Registerkarten Sie im Menüband vorfinden, hängt von dem Element ab, das Sie im Navigationsbereich ausgewählt haben. In diesem werden zu Beginn die Bereiche **Schnellzugriff**, **OneDrive**, **Dieser PC** ❶ und **Netzwerk** aufgelistet. Haben Sie z. B. eine externe Festplatte am Tablet angeschlossen, ist diese ebenfalls im Navigationsbereich zu sehen. Jeweils links von den Elementen sehen Sie kleine Dreiecke ❷. Wenn Sie den Desktopmodus aktiviert haben und eine Computermaus oder das Touchpad nutzen, müssen Sie den Mauszeiger im Navigationsbereich positionieren, damit die Dreiecke eingeblendet werden. Tippen Sie auf eines dieser Symbole, werden die Unterordner des jeweiligen Elements angezeigt. Mit einem erneuten Tipp auf das Dreieck werden die Unterordner wieder ausgeblendet.

⌄ Mit einem Tipp auf die Dreiecke blenden Sie Unterordner ein und auch wieder aus.

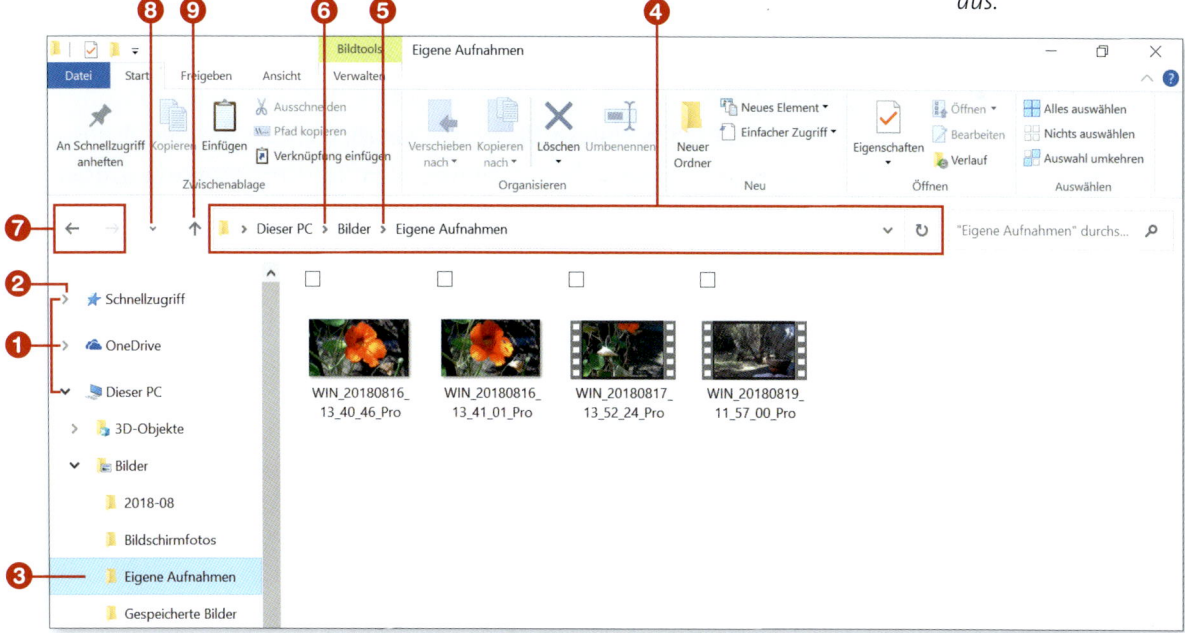

Tippen Sie im Navigationsbereich direkt auf einen Ordner bzw. Unterordner ❸, wird rechts im Inhaltsbereich dessen Inhalt angezeigt. Auf diese Weise können Sie sich von Verzeichnis zu Verzeichnis bis hin zu den einzelnen Dateien vorarbeiten.

In unserer Übersicht über das Programmfenster fehlt nun noch das *Adressfeld* ❹, das sich unterhalb des Menübands befindet. Es ermöglicht eine ähnliche Navigation wie der Navigationsbereich: Mit einem Tipp auf ein Dreieck rechts von einem Ordnernamen ❺ blenden Sie dessen Unterordner ein. Tippen Sie dagegen auf ein Dreieck links vom Ordner-

namen ❻, klappt eine Liste mit den übergeordneten Verzeichnissen auf. Per Tipp wählen Sie jeweils den Ordner aus, dessen Inhalt Sie im Inhaltsbereich anzeigen möchten.

Um schnell direkt zu zuvor aufgerufenen Ordnern zu gelangen, nutzen Sie am besten die beiden Pfeiltasten ← und → links neben dem Adressfeld ❼. Tippen Sie auf den kleinen nach unten weisenden Pfeil ❽, klappt eine Liste mit den zuletzt besuchten Verzeichnissen auf. Wenn Sie wieder zum übergeordneten Ordner gelangen möchten, tippen Sie auf das Symbol ↑ ❾.

➕ Exakten Dateipfad im Adressfeld einblenden

Tippen Sie in den weißen Bereich des Adressfeldes, erscheint statt der Ordnerangabe mit Dreiecken eine ganz andere Darstellung der Pfadangabe. Aus **Dieser PC ▸ Bilder ▸ Blumen** wird z. B. *C:\Users\Mareile\Pictures\Blumen*. Dieser Dateipfad gibt den genauen Speicherort des Ordners auf Ihrem Tablet an. *C:* ist hierbei die Bezeichnung der Festplatte des Computers, *Users* steht für Benutzer. Welcher Benutzer dies ist, wird anschließend angegeben (hier: *Mareile*). *Pictures* ist der Ordner *Bilder*, und *Blumen* der Name eines selbst angelegten Verzeichnisses. Diese Art der Pfadangabe werden Sie z. B. bei der Installation eines Programms begegnen, wenn Sie den Speicherort für die Programmdateien auswählen sollen. Tippen Sie im Explorer einmal wieder in den Inhaltsbereich des Programmfensters, wird wieder die ursprüngliche Darstellung der Pfadangabe angezeigt.

Passen Sie den Explorer individuell an

Wenn Sie im Explorer zu einem bestimmten Ordner gelangen möchten, können Sie entweder den Weg über den Navigationsbereich oder über das Adressfeld gehen, wie im vorherigen Abschnitt beschrieben. Sobald ein Ordner im Inhaltsbereich eingeblendet wird, lässt er sich hier auch durch ein schnelles doppeltes Antippen öffnen. Im Gegensatz zu den Vorgängerversionen passt Windows 10 hier leider nicht mehr den Navigationsbereich an. Um den aktuellen Pfad zu erfahren, müssen Sie einen

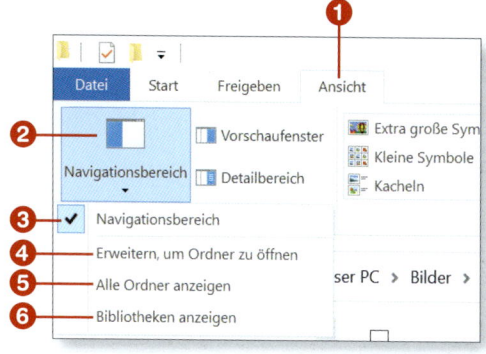

Blick in das Adressfeld werfen. Wenn Sie möchten, dass der ausgewählte Ordner auch im Navigationsbereich angezeigt wird, gehen Sie folgendermaßen vor:

1. Tippen Sie im Menüband auf den Registerreiter **Ansicht ❶**, um in das gleichnamige Register zu wechseln.

2. In der Gruppe **Bereiche**, die Sie am linken Rand des Menübands finden, tippen Sie auf die Schaltfläche **Navigationsbereich ❷**.

Es klappt eine Liste auf, in der der Eintrag **Navigationsbereich** bereits mit einem Häkchen versehen ist **❸**. Damit ist sichergestellt, dass der gleichnamige Bereich auch im Programmfenster zu sehen ist.

3. Aktivieren Sie in der aufgeklappten Liste durch Antippen den Eintrag **Erweitern, um Ordner zu öffnen ❹**.

Öffnen Sie zukünftig im Inhaltsbereich des Explorers einen Ordner durch doppeltes Antippen, wird nun die Anzeige im Navigationsbereich entsprechend angepasst und werden die zuvor ausgeblendeten Ordner angezeigt.

Wer bereits mit einer älteren Windows-Version gearbeitet hat, wird im Navigationsbereich eventuell Elemente wie den Papierkorb oder auch die Systemsteuerung vermissen. Sie lassen sich aber schnell wieder zurückholen. Tippen Sie hierzu erneut auf die Schaltfläche **Navigationsbereich** im Register **Ansicht**. Dieses Mal versehen Sie den Eintrag **Alle Ordner anzeigen ❺** per Tipp mit einem Häkchen. Sollen auch die **Bibliotheken ❻** im Navigationsbereich angezeigt werden, aktivieren Sie nach einem Tipp auf **Navigationsbereich** auch noch diesen Eintrag (lesen Sie hierzu auch den Kasten »Was sind Bibliotheken?« auf Seite 192). Nun können Sie sowohl den Papierkorb, die Bibliotheken als auch die Systemsteuerung über den Explorer aufrufen. Um im Navigationsbereich zu blättern, reicht übrigens eine vertikale Wischbewegung innerhalb der Spalte. Alternativ können Sie auch die Bildlaufleiste am rechten Rand der Spalte verschieben, was mit dem Finger allerdings nicht ganz so einfach ist. Nutzen Sie hierfür eine Computermaus, halten Sie die linke Maustaste während des Verschiebens gedrückt.

i Was sind Bibliotheken?

Mithilfe von Bibliotheken, die bereits mit Windows 7 eingeführt wurden, lassen sich Dateien und Ordner thematisch zusammenfassen. Da die Bibliotheken nur eine Verknüpfung zum Originalspeicherort der Daten enthalten, müssen sich die Daten nicht am gleichen Speicherort befinden, sondern können z. B. auch über mehrere Festplatten verteilt sein. Windows 10 bringt die vier Standardbibliotheken *Bilder*, *Dokumente*, *Musik* und *Videos* mit. Im Explorer erscheinen sie allerdings nur, wenn Sie sie wie auf Seite 191 beschrieben über die Schaltfläche **Navigationsbereich** im Register **Ansicht** aktiviert haben.

Vergleicht man die Ansicht des Explorers im Desktopmodus mit der im Tabletmodus, stellt man fest, dass die Abstände zwischen den einzelnen Elementen im Navigations- und Inhaltsbereich im Tabletmodus größer sind. Das erleichtert bereits etwas die Bedienung per Fingergesten. Für die Elemente im Inhaltsbereich gibt es zudem in beiden Modi eine Möglichkeit, die Ansicht zu verändern.

1. Blenden Sie per Tipp auf den Registerreiter **Ansicht** das gleichnamige Register ein.

2. Im Bereich **Layout** werden Ihnen acht verschiedene Ansichten angeboten. Aus Platzgründen werden meist nicht alle gleichzeitig angezeigt. Tippen Sie in diesem Fall auf das Symbol ⨯ **❶**, um die Palette mit allen Ansichten einzublenden.

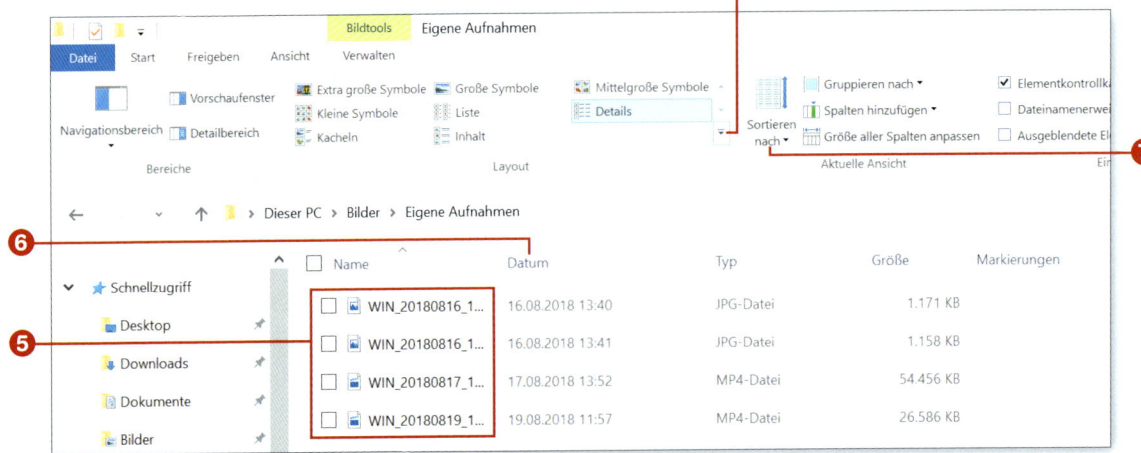

3. Mit einem Tipp wählen Sie eine der Kategorien aus. Speziell die unterschiedlich großen Symbole ❷ sind bei der Bedienung mit Fingergesten interessant, denn je größer das Symbol ist, desto besser lässt es sich natürlich antippen.

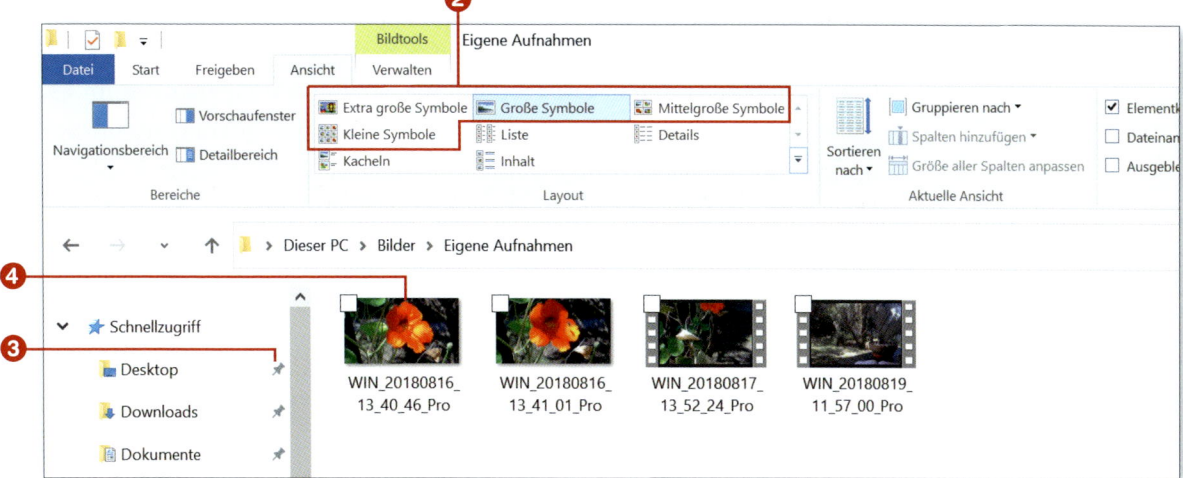

Dateien und Ordner über den Schnellzugriff öffnen

Markieren Sie im Navigationsbereich des Explorers den **Schnellzugriff**, werden im Inhaltsbereich alle Dateien und Ordner aufgeführt, die Sie in letzter Zeit geöffnet haben. Ein doppelter Tipp auf den Ordner oder die Datei, und das Element wird geöffnet. Wenn es Daten gibt, die Sie zukünftig häufiger benötigen, können Sie diese auch fest an den Schnellzugriff heften. Öffnen Sie hierzu den Ordner, in dem sich das gewünschte Element – Datei oder Ordner – befindet. Markieren Sie das Element dann im Inhaltsbereich. Tippen Sie im Menüband nun im Register **Start** in der Gruppe **Zwischenablage** auf den Befehl **An Schnellzugriff anheften**. Befindet sich das Element bereits im Schnellzugriff, ist die Schaltfläche hellgrau und lässt sich nicht auswählen. Alle fest an den Schnellzugriff gehefteten Elemente sind mit einer Pinnnadel gekennzeichnet ❸. Befinden sich im Schnellzugriff wiederum Daten, die Sie dort lieber wieder entfernen möchten, markieren Sie im Navigationsbereich zunächst den **Schnellzugriff**. Tippen Sie dann rechts etwas länger auf das zu entfernende Element. Wird das Quadrat eingeblendet, heben Sie den Finger vom Bildschirm. Im Kontextmenü wählen Sie den Befehl **Aus Schnellzugriff entfernen**. Der Ordner bzw. die Datei wird nun nicht mehr im Schnellzugriff angezeigt.

Handelt es sich bei den Elementen im Inhaltsbereich um Fotos, sehen Sie bei einer der Symbol-Ansichten jeweils eine Miniaturansicht des Bildes (❹ auf Seite 193). Haben Sie sich dagegen für die Ansicht **Details** entschieden, werden neben dem Dateinamen (❺ auf Seite 192) spaltenweise weitere interessante Informationen wie das Erstelldatum und die Dateigröße angezeigt. Wenn Sie Ihre Fotos z. B. nach dem Aufnahmedatum sortieren möchten, reicht ein Tipp auf die Spaltenüberschrift **Datum** ❻. Tippen Sie erneut auf die Spaltenüberschrift, wird die Sortierreihenfolge – also die jüngsten oder umgekehrt die ältesten Dateien zuerst – umgedreht. Über die Schaltfläche **Sortieren nach** ❼ im Register **Ansicht** können Sie noch weitere Sortierkriterien auswählen.

Im nächsten Abschnitt erfahren Sie, wie Sie Ihre Dateien übersichtlicher organisieren.

Ordner anlegen und Dateien verschieben, kopieren und löschen

Ob Urlaubsbilder, Musik oder die Korrespondenz: Im Laufe der Zeit sammeln sich immer mehr Dateien auf dem Computer. Wer hier nicht rechtzeitig für Ordnung sorgt, wird schnell den Überblick verlieren. Windows 10 bringt bereits die Standardordner *Bilder*, *Dokumente*, *Downloads*, *Musik* und *Videos* mit. Diese Verzeichnisse werden von Programmen wie Microsoft Word, Paint 3D oder auch Edge als Standardspeicherort ausgewählt. Speichern Sie also z. B. in Microsoft Word ein Dokument, schlägt das Textverarbeitungsprogramm automatisch den Ordner *Dokumente* vor, das Zeichenprogramm Paint 3D wählt zum Sichern der Bilder den Ordner *Bilder*. Alle aus dem Internet heruntergeladenen Dateien werden vom Browser Edge wiederum automatisch im Ordner *Downloads* abgelegt.

Wenn Sie immer nur die vorgeschlagenen Verzeichnisse zum Speichern Ihrer Daten verwenden, werden Sie schnell die Übersicht verlieren. Abhilfe verschaffen hier sinnvoll angelegte Unterordner. Für den Ordner *Dokumente* bieten sich z. B. Unterkategorien wie *Gesundheit*, *Versicherungen* oder *Steuer* an. Letzteres wähle ich als Beispiel, um Ihnen zu zeigen, wie Sie im Explorer einen eigenen Ordner anlegen.

ℹ Dateien direkt aus dem Explorer mit der Lieblings-App öffnen

Wenn Sie im Explorer eine Datei doppelt antippen, öffnet sich automatisch das der Datei zugeordnete Programm. Handelt es sich dabei z. B. um ein Foto im JPG-Format, wird automatisch die Fotos-App geöffnet. Wenn Sie Ihre Bilder lieber mit einem anderen Programm öffnen möchten, halten Sie den Finger etwas länger auf der Datei gedrückt, bis rund um den Finger das Quadrat erscheint. Heben Sie den Finger nun vom Bildschirm, wird das Kontextmenü eingeblendet, in dem Sie auf **Öffnen mit** tippen. In der aufklappenden Liste werden alle Programme aufgeführt, die auf Ihrem Tablet zum Öffnen einer Fotodatei vorhanden sind. Wenn Sie eines dieser Programme nur für den nächsten Arbeitsschritt nutzen möchten, können Sie es bereits hier durch Antippen auswählen. Soll das Programm dagegen zukünftig als Standardprogramm zum Öffnen der Fotos dienen, wählen Sie **Andere App auswählen**. Im nächsten Dialog setzen Sie per Tipp in das Kästchen vor **Immer diese App zum Öffnen von JPG-Dateien verwenden** ein Häkchen. Wählen Sie nun das gewünschte Programm aus. Wann immer Sie zukünftig im Explorer doppelt eine Datei in diesem Format antippen, wird die gerade ausgewählte App geöffnet und nicht mehr die Fotos-App. Das Verfahren funktioniert natürlich nicht nur mit JPG-Dateien, sondern auch allen anderen Dateitypen.

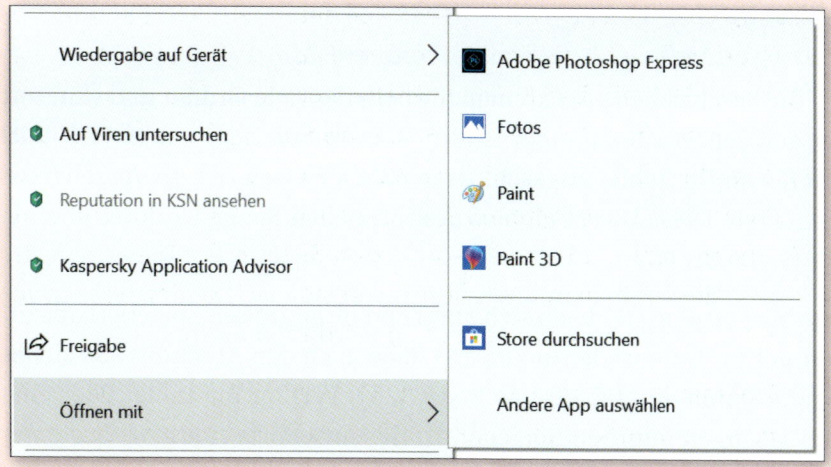

⌃ *Wählen Sie im Kontextmenü den Befehl »Öffnen mit«, um die Lieblings-App zum Öffnen einer Datei auszuwählen.*

1. Tippen Sie im Navigationsbereich des Explorers zunächst auf den Eintrag **Dieser PC** ❶ und dann auf **Dokumente** ❷. Damit wird der Inhalt des Ordners *Dokumente* im Inhaltsbereich angezeigt.

2. Holen Sie im Menüband per Tipp auf den Registerreiter **Start** ❸ das gleichnamige Register in den Vordergrund.

3. Tippen Sie in der Gruppe **Neu** auf die Schaltfläche **Neuer Ordner** ❹.

4. Im Inhaltsbereich erscheint nun ein neuer Ordner. Sein Name ist bereits blau markiert ❺. Wenn Sie eine externe Tastatur am Tablet angeschlossen haben, können Sie den Text gleich mit der neuen Bezeichnung überschreiben, für unser Beispiel also etwa mit »Steuer«. Mit der Taste ⏎ schließen Sie die Eingabe ab.

5. Nutzen Sie dagegen die virtuelle Tastatur, müssen Sie diese erst mit einem Tipp auf das Bildschirmtastatursymbol ⌨ im Infobereich der Taskleiste einblenden. Sollte das Symbol bei Ihnen nicht zu sehen sein, erfahren Sie im Abschnitt »Die Taskleiste auf dem Tablet optimal einrichten« ab Seite 113, wie Sie es in den Infobereich der Taskleiste holen. Sobald die virtuelle Tastatur auf dem Bildschirm erscheint, können Sie nun ebenfalls den markierten Text überschreiben und mit der Eingabe-Taste ❻ bestätigen. Wird die virtuelle Tastatur anschließend nicht automatisch ausgeblendet, tippen Sie oben rechts auf das Kreuzsymbol ❼.

Auf die beschriebene Art können Sie beliebig viele Ordner und Unterordner anlegen. Auch auf einer externen Festplatte oder einem USB-Stick, den Sie an Ihr Tablet angeschlossen haben, lassen sich so Verzeichnisse einrichten. Diese *Wechseldatenträger* erreichen Sie im Explorer über den Eintrag **Dieser PC**.

Externe Festplatten bieten sich aufgrund ihrer großen Speicherkapazität sehr gut für Datensicherungen an (siehe auch den Abschnitt »So sichern Sie die Daten des Tablets« ab Seite 326). Verfügt Ihr Tablet über einen eher geringen internen Speicher, ist der Anschluss eines Wechseldatenträgers sogar fast schon zwingend nötig, wenn Sie z. B. über eine umfangreiche Musik- oder auch Fotosammlung verfügen. Denn der interne Speicher ist bei diesen Geräten schnell voll. Aber auch für den Datenaustausch zwischen Ihren Windows-Geräten eignen sich die Wechseldatenträger wunderbar. Um dabei Datenverlust auszuschließen, sollten Sie die Wechseldatenträger auch wieder ordnungsgemäß von Ihrem Gerät trennen (siehe dazu den Kasten »Externe Festplatten und USB-Sticks sicher entfernen« auf Seite 17).

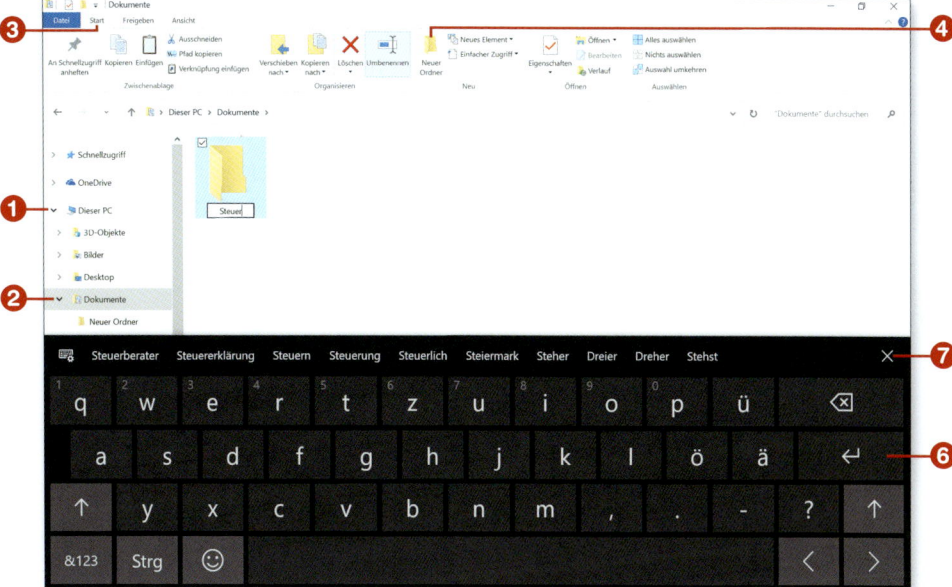

Sollten Sie sich bei der Eingabe des Namens für den neuen Ordner vertippt haben, ist das kein Problem. Denn jeder Ordner und natürlich auch jede Datei lassen sich umbenennen.

1. Wechseln Sie zunächst über den Navigationsbereich des Explorers in den Ordner, in dem sich das Element befindet, das Sie umbenennen möchten.

2. Wird das Element im Inhaltsbereich des Explorers angezeigt, markieren Sie es durch Antippen. Wenn auf Ihrem Tablet der Desktopmodus aktiviert ist, wird das markierte Element lediglich farbig hervorgehoben. Im Tabletmodus finden Sie zusätzlich links oder oberhalb vom Element ein Kontrollkästchen. Durch Antippen des Elements wird das Kästchen automatisch mit einem Häkchen versehen (❶ auf Seite 198).

3. Wechseln Sie im Menüband zum Register **Start**, und tippen Sie hier in der Gruppe **Organisieren** auf **Umbenennen** ❷.

4. Der Name des markierten Elements wird nun blau hervorgehoben und kann mit dem gewünschten Text überschrieben werden. Nutzen Sie für die Texteingabe die virtuelle Tastatur, blenden Sie diese wieder per Tipp auf das Bildschirmtastatursymbol ⌨ im Infobereich der Taskleiste ein. Durch Drücken der Eingabe-Taste ⏎ schließen Sie die Eingabe wie gewohnt ab.

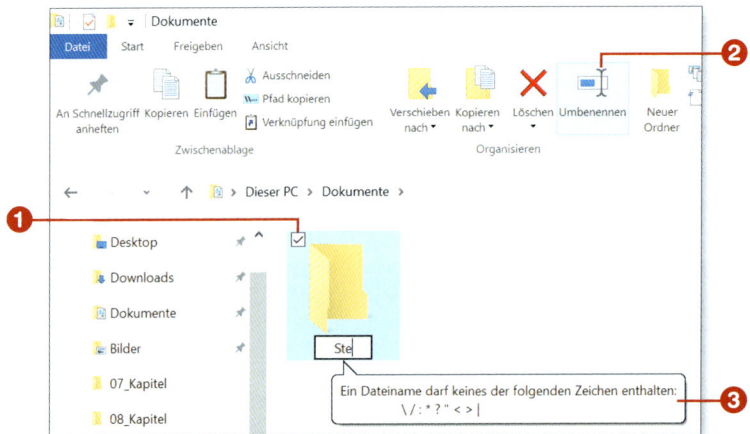

Bei der Namenswahl für Ihre Ordner und Dateien sollten Sie übrigens auf Sonderzeichen wie \ oder auch ? verzichten. Falls Sie versehentlich doch solch ein Zeichen angetippt haben, erhalten Sie einen entsprechenden Hinweis ❸. Löschen Sie in diesem Fall einfach das Sonderzeichen, und fahren Sie dann mit der Eingabe des Namens fort.

Sobald Sie einen eigenen Ordner angelegt haben, können Sie diesen mit Dateien oder auch weiteren Unterordnern füllen. Um diese Daten in den neuen Ordner verschieben zu können, müssen Sie sie zuvor im Inhaltsbereich markieren. Handelt es sich dabei lediglich um ein einzelnes Element, reicht ein Tipp darauf.

Wenn Sie mehrere Dateien markieren möchten, tippen Sie im Tabletmodus jeweils exakt in die Kästchen, die – abhängig von der gewählten Ansicht – entweder oberhalb oder links von den gewünschten Dateien zu sehen sind ❹. Hierbei ist allerdings Vorsicht geboten, denn verrutschen Sie beim Antippen etwas und erwischen damit nicht direkt das Kästchen, heben Sie damit die Markierung der zuvor angetippten Elemente auf. Bei solchen Arbeiten ist ein spezieller Stift, wie er im Abschnitt »Nützliches

Zubehör für das Windows-Tablet« ab Seite 16 vorgestellt wurde, ausgesprochen nützlich. Wenn Sie Ihr Tablet mit angeschlossener externer Tastatur nutzen, ist die Markierung mehrerer Dateien erheblich einfacher: In diesem Fall halten Sie die Taste `Strg` gedrückt, während Sie nacheinander alle gewünschten Dateien anklicken.

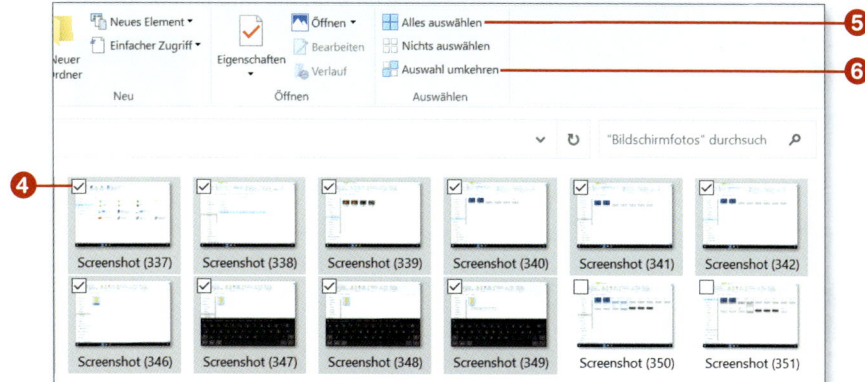

< *Beim Markieren von Dateien ist auf einem Tablet Fingerspitzengefühl nötig.*

Liegen die zu markierenden Dateien direkt nebeneinander, können Sie zum Markieren im Tabletmodus auch mit dem Finger unterhalb der Dateien entlangfahren. Während des Ziehens erscheint auf dem Bildschirm ein blaues Rechteck. Ziehen Sie den Finger nun so über den Bildschirm, dass alle zu markierenden Dateien von dem Rechteck umrahmt und mit einem Häkchen versehen werden (siehe die Abbildung auf Seite 200). Sind alle gewünschten Dateien erfasst, heben Sie den Finger vom Bildschirm.

➕ **Viele Dateien schneller markieren**

Möchten Sie im Explorer eine große Anzahl an Dateien markieren, ist dies meist eine recht mühselige Aufgabe. Über die Schaltfläche **Alles auswählen** ❺, die Sie im Register **Start** ganz rechts in der Gruppe **Auswählen** finden, können Sie schnell den gesamten Inhalt eines Ordners markieren. Sollen innerhalb eines Ordners z. B. zwei Elemente nicht, der große Rest der Dateien aber schon markiert werden, wenden Sie einen kleinen Trick an: Markieren Sie zunächst durch Antippen der jeweiligen Kästchen die beiden Elemente, die Sie eigentlich nicht markieren möchten. Tippen Sie dann in der Gruppe **Auswählen** auf **Auswahl umkehren** ❻. Schon sind alle anderen Elemente markiert, nur die beiden zuvor ausgewählten nicht.

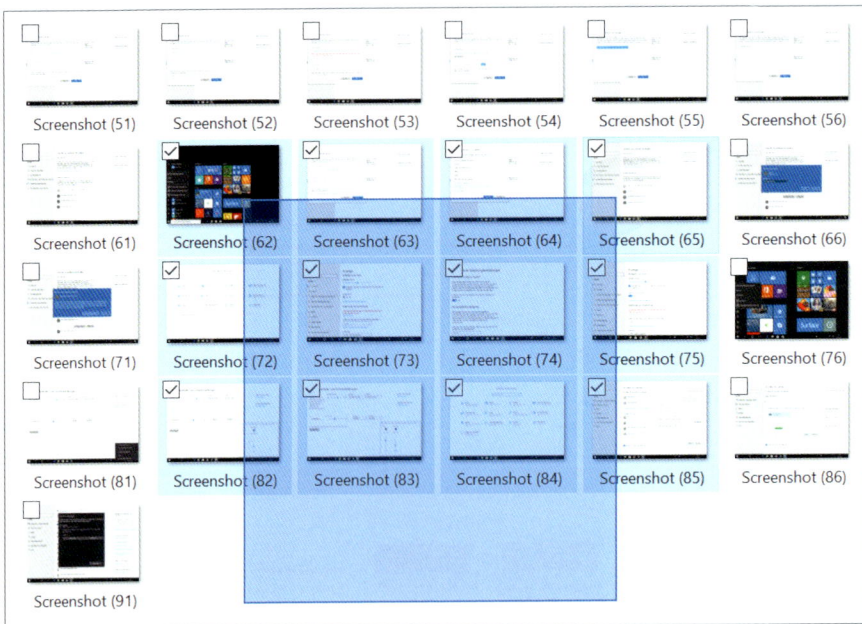

> *Umfahren Sie die zu markierenden Bilder einfach mit dem Finger.*

Alle markierten Elemente sind gut am hellblauen Hintergrund bzw. im Tabletmodus zusätzlich am Häkchen erkennbar. Wenn Sie alle gewünschten Elemente markiert haben, gehen Sie zum Verschieben folgendermaßen vor:

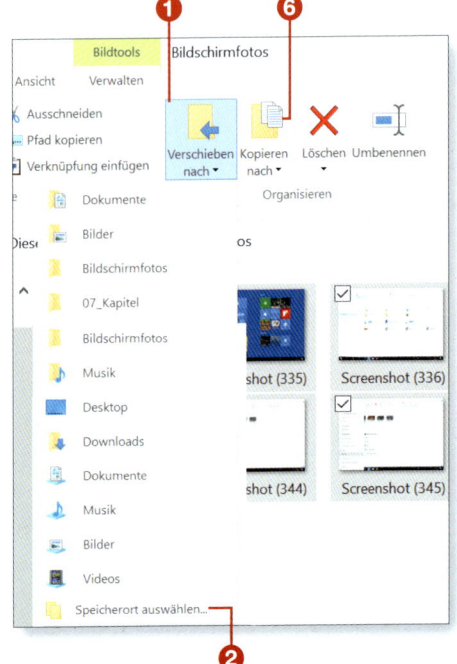

1. Tippen Sie im Register **Start** in der Gruppe **Organisieren** auf die Schaltfläche **Verschieben nach** ❶.

2. In der aufklappenden Liste werden zu Beginn die Ordner aufgeführt, die Sie in letzter Zeit häufiger geöffnet haben. Ist das Verzeichnis, in das Sie die markierten Elemente verschieben möchten, bereits dabei, wählen Sie es einfach durch Antippen aus. Die Daten werden damit sofort in den Ordner verschoben. Wird das Verzeichnis dagegen nicht aufgelistet, tippen Sie ganz am Ende der Liste auf **Speicherort auswählen** ❷. Der Dialog **Elemente verschieben** wird geöffnet.

3. Markieren Sie im Dialog den gewünschten Speicherort. Wird er nicht sofort angezeigt, blättern Sie mit einer vertikalen Wischbewegung innerhalb der

Ordnerliste. Um Unterordner einzublenden, tippen Sie jeweils auf das kleine Dreieck links von einem Ordnernamen ❸.

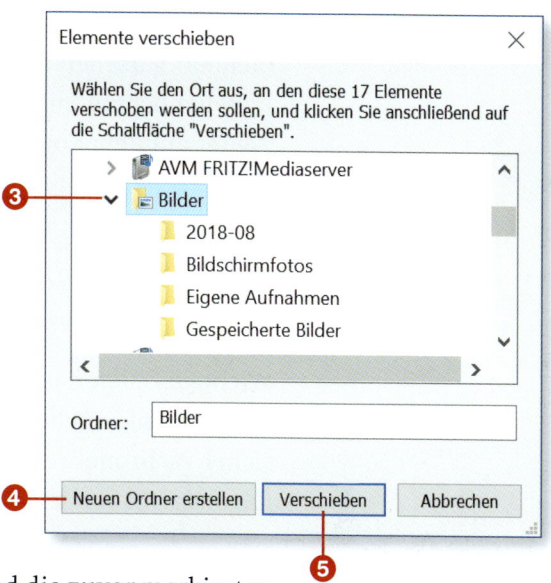

4. Haben Sie einen Ordner markiert, können Sie über die Schaltfläche **Neuen Ordner erstellen** ❹ auch noch ein Extraverzeichnis anlegen, in dem das zu verschiebende Element dann abgelegt wird. In diesem Fall erscheint wieder das bereits bekannte Feld **Neuer Ordner**, in das Sie nur noch den Namen für den neuen Ordner eintragen müssen.

5. Mit einem Tipp auf **Verschieben** ❺ bestätigen Sie die Ordnerauswahl. Der Dialog **Elemente verschieben** wird hierdurch geschlossen, und die zuvor markierten Daten werden in das ausgewählte Verzeichnis verschoben.

Wenn Sie Daten nicht in einen anderen Ordner verschieben, sondern kopieren möchten, gehen Sie fast genauso vor: Den hierfür nötigen Befehl **Kopieren nach** ❻ finden Sie ebenfalls im Register **Start** in der Gruppe **Organisieren**. Das Kopieren ist vor allem im Zusammenhang mit einer Datensicherung interessant, wenn Sie z. B. Ihre Urlaubsbilder auf einer externen Festplatte sichern, die Originaldateien aber trotzdem auf dem Tablet beibehalten möchten.

Sollten Sie versuchen, Dateien oder Ordner an einen Ort zu verschieben, an dem bereits Daten mit gleichem Namen vorhanden sind, warnt Windows 10 Sie entsprechend. Möchten Sie die bereits vorhandenen Dateien durch die kopierten oder verschobenen Dateien ersetzen, wählen Sie die Option **Dateien im Ziel ersetzen**. Sollen die Dateien im Zielordner umgekehrt beibehalten werden, wählen Sie **Diese Dateien überspringen**. Wenn Sie die Dateien lieber erst noch miteinander vergleichen möchten, bevor Sie sich entscheiden, wählen Sie **Für jede Datei selbst entscheiden**. In diesem Fall wird ein kleines Fenster mit zu-

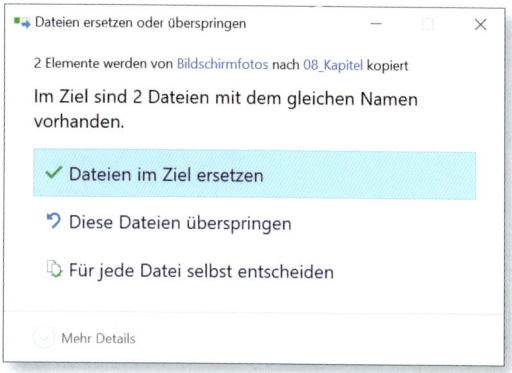

∧ *Der Explorer weist Sie auf Probleme hin.*

sätzlichen Informationen zum Speicherdatum und zur Dateigröße eingeblendet. Versehen Sie das Kontrollkästchen vor der Datei, die Sie beibehalten möchten, mit einem Häkchen, und fahren Sie mit einem Tipp auf
Weiter mit dem Kopier- oder Verschiebevorgang fort.

Das Kopieren bzw. Verschieben kleiner Datenmengen erledigt Windows
10 so schnell, dass Sie meist gar nichts davon mitbekommen. Bei größeren Datenmengen dauert der Vorgang dagegen länger. In einem entsprechenden Dialog werden Sie über den Fortschritt informiert.

Wichtige Dateien und Ordner sollten Sie regelmäßig z. B. auf einer externen Festplatte sichern. Unwichtige Elemente dagegen, die Sie zukünftig
sicher nicht mehr benötigen, löschen Sie am besten. Hierzu gehen Sie
folgendermaßen vor:

1. Öffnen Sie den Ordner, in dem sich das Element befindet, das Sie
entfernen möchten. Markieren Sie es dann im Inhaltsbereich ❶.

2. Wechseln Sie im Menüband in das Register **Start**.

3. Im Bereich **Organisieren** finden Sie die Schaltfläche **Löschen** ❷. Ein
Tipp hierauf, und das Element wird gelöscht. Die markierte Datei oder
der Ordner wird hierdurch am aktuellen Speicherort zwar entfernt, aber
noch nicht endgültig gelöscht. Stattdessen landet er im Papierkorb. Dieser Vorgang wird auch als *Recyceln* bezeichnet. Wie Sie ein versehentlich
gelöschtes Element aus dem Papierkorb wiederherstellen können, zeige
ich Ihnen gleich.

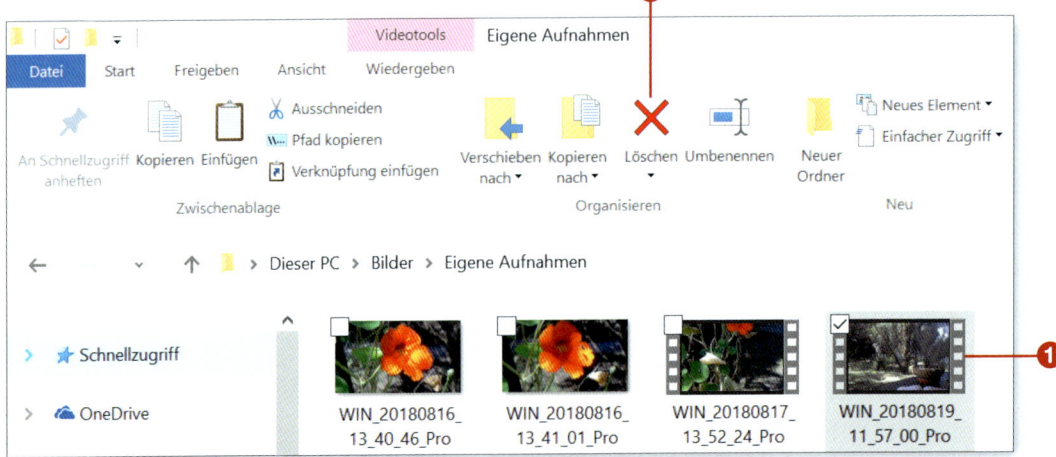

4. Wenn Sie sich ganz sicher sind, dass Sie die Datei oder den Ordner nicht mehr benötigen, tippen Sie auf den kleinen Pfeil unterhalb ❸ oder rechts von der **Löschen**-Schaltfläche (die Position hängt von der Größe Ihres Bildschirms ab). In der aufklappenden Liste markieren Sie nun den Befehl **Endgültig löschen** ❹. Das Element wird damit unwiederbringlich entfernt.

Wenn Sie sich dagegen für das **Recyceln** ❺ entschieden haben, lässt sich ein gelöschtes Element wieder aus dem Papierkorb an den Originalspeicherort zurückholen.

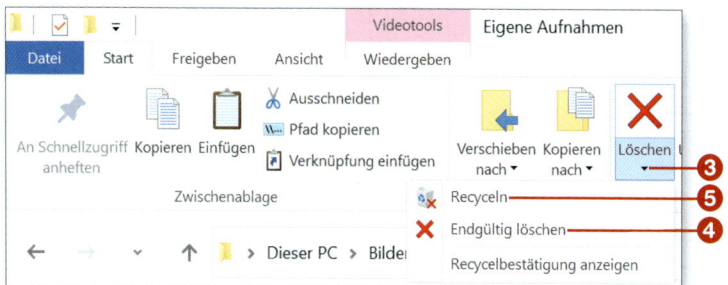

‹ *Im Desktop-modus lässt sich der Papierkorb über das entsprechende Symbol auf der Desktopoberfläche öffnen.*

Sofern Sie Ihr Tablet im Desktopmodus nutzen, finden Sie auf der Desktopoberfläche ein eigenes Symbol für den Papierkorb. Tippen Sie das Symbol doppelt an, wird der Explorer geöffnet und der Inhalt des Papierkorbs im Inhaltsbereich angezeigt. Wenn Sie den Papierkorb bereits im Navigationsbereich des Explorers eingeblendet haben, wie im Abschnitt »Passen Sie den Explorer individuell an« ab Seite 190 gezeigt, können Sie ihn natürlich auch direkt im Explorer markieren (❶ auf Seite 204). Um nun ein gelöschtes Element wiederherzustellen, gehen Sie so vor:

1. Stellen Sie sicher, dass der Inhalt des Papierkorbs im Inhaltsbereich des Explorers angezeigt wird. Markieren Sie hier das Element, das Sie wiederherstellen möchten ❷.

2. Tippen Sie im Register **Papierkorbtools** ❸, das sich bereits nach Auswahl des Papierkorbs im Vordergrund befindet, auf **Ausgewählte Elemente wiederherstellen** ❹.

3. Wenn Sie den gesamten Inhalt des Papierkorbs zurückholen möchten, wählen Sie **Alle Elemente wiederherstellen** ❺.

Sowohl durch Schritt 2 als auch durch Schritt 3 werden die gelöschten Elemente im Papierkorb entfernt und wieder an den Originalspeicherort verschoben.

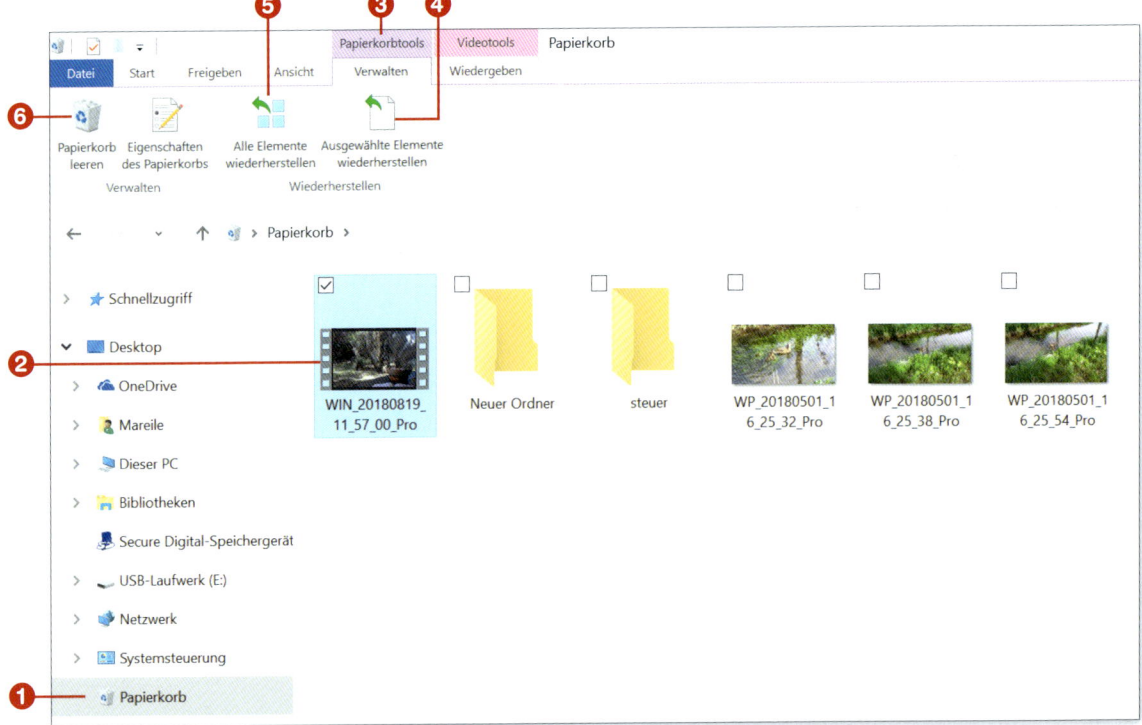

4. Enthält der Papierkorb nur noch Elemente, die Sie nie wieder benötigen, tippen Sie auf **Papierkorb leeren** ❻. Diese Aufräumaktion sollten Sie regelmäßig durchführen, um unnötig belegten Speicherplatz freizugeben.

Dateien und Ordner in der Cloud OneDrive speichern

Wenn Sie über ein Microsoft-Konto verfügen, steht Ihnen automatisch kostenloser Speicherplatz in der Cloud *OneDrive* von Microsoft zur Verfügung. Der Vorteil eines solchen Onlinespeichers besteht darin, dass Sie von überall her auf die online, also im Internet, gespeicherten Daten zugreifen können. Für den Zugriff muss Ihr Computer mit dem Internet verbunden sein.

Werfen Sie einen Blick in den Navigationsbereich des Explorers, finden Sie hier bereits den Eintrag **OneDrive**. Sind Sie mit einem Benutzerkonto am Tablet angemeldet, das mit einem Microsoft-Konto verknüpft ist, können Sie sofort auf den Onlinespeicher zugreifen. Im Falle eines lokalen Benutzerkontos wird Ihnen nach dem Start des Computers ein entsprechender Anmeldedialog angeboten. Nach Eingabe der E-Mail-Adresse und des Kennwortes Ihres Microsoft-Kontos können Sie nun ebenfalls über den Explorer auf OneDrive zugreifen.

< *Im Falle eines lokalen Benutzerkontos können Sie sich nach dem Start des PCs bei OneDrive anmelden.*

Wenn Sie Dateien wie etwa Musik oder auch Fotos in die Cloud hochladen möchten, sollten Sie in OneDrive zunächst einen Ordner für die Daten anlegen. Hierzu gehen Sie folgendermaßen vor:

1. Markieren Sie im Navigationsbereich des Explorers den Eintrag **One-Drive** ❶. Tippen Sie dann im Register **Start** auf **Neuer Ordner** ❷.

2. Überschreiben Sie den blau markierten Text **Neuer Ordner** mit dem Namen, den Sie dem neuen Ordner geben möchten, z. B. »Musik« ❸. Bestätigen Sie mit der Eingabe-Taste ⏎.

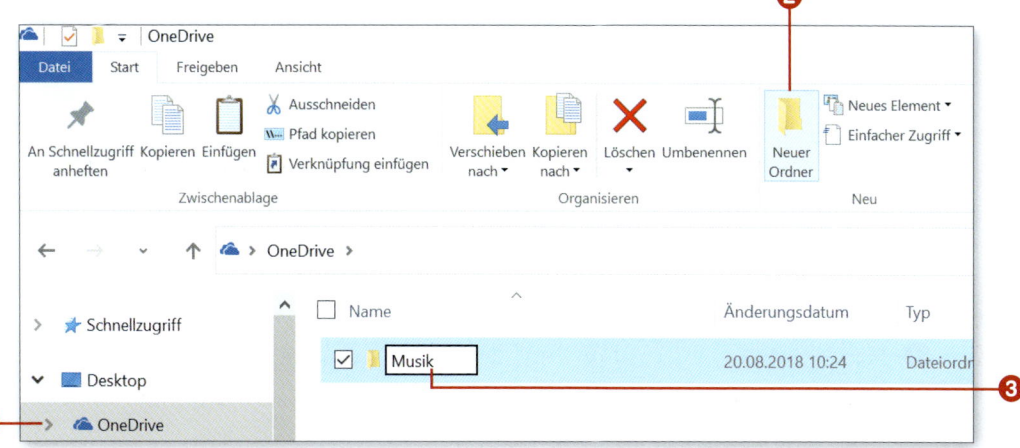

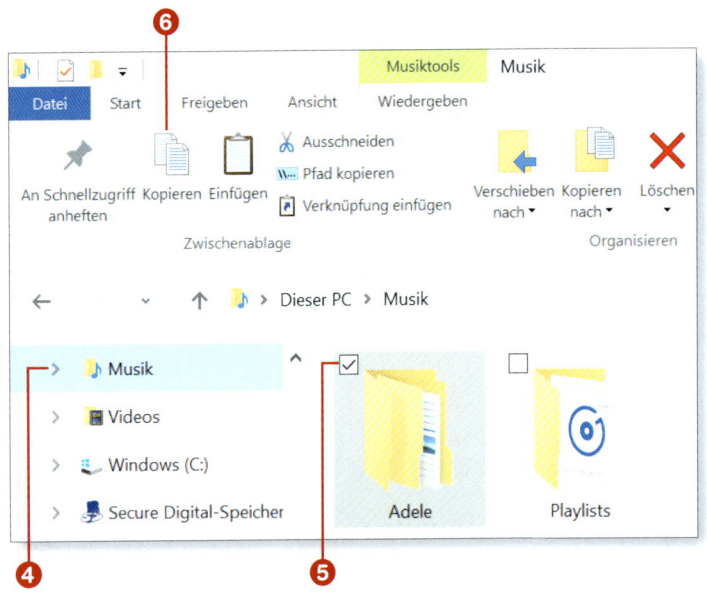

3. Wechseln Sie im Navigationsbereich des Explorers nun in den Ordner, in dem sich die Daten befinden, die Sie in der Cloud speichern möchten, z. B. **Musik** ❹.

4. Markieren Sie im Inhaltsbereich die gewünschten Dateien bzw. Ordner ❺. Wie Sie hierzu vorgehen, haben Sie bereits im vorherigen Abschnitt ab Seite 198 erfahren.

5. Wenn Sie alle gewünschten Daten innerhalb des Ordners ausgewählt haben, tippen Sie im Register **Start** in der Gruppe **Zwischenablage** auf **Kopieren** ❻. Die Dateien und Ordner befinden sich damit in der Zwischenablage.

6. Tippen Sie im Navigationsbereich des Explorers nun wieder auf **One-Drive** und dann auf den Ordner, in dem Sie die Daten nun ablegen möchten, im Beispiel also **Musik** ❼.

7. Tippen Sie auf die Schaltfläche **Einfügen** ❽, die Sie im Register **Start** in der Gruppe **Zwischenablage** finden.

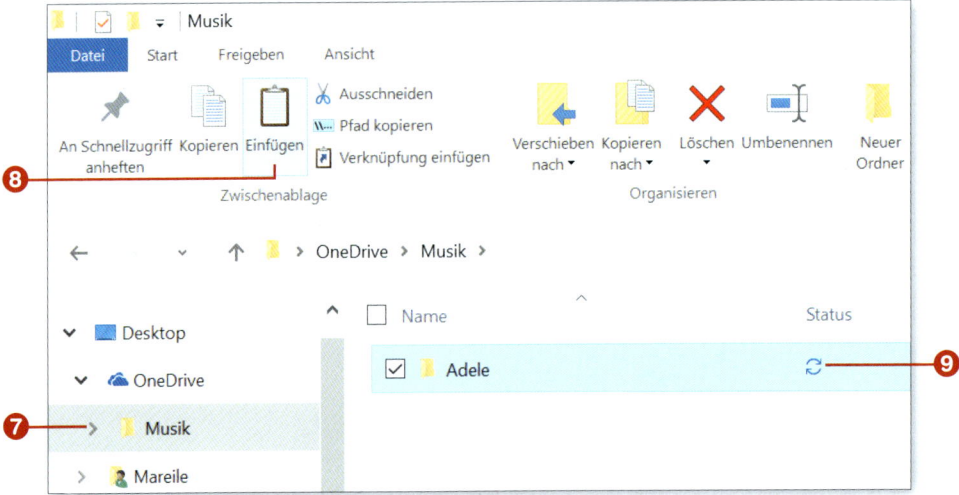

Damit werden die zuvor kopierten Daten aus der Zwischenablage in die Cloud geladen. Je nach Datenmenge kann dieser Vorgang etwas dauern. Solange die Übertragung der Daten noch läuft, wird das Symbol 🔁 ❾ angezeigt. Alle bereits erfolgreich übertragenen Daten sind dagegen mit einem grünen Häkchen ⊘ gekennzeichnet.

Melden Sie sich nun an einem anderen Computer mit Ihrem Microsoft-Konto in OneDrive an, können Sie auch von diesem aus auf die soeben in die Cloud geladenen Dateien zugreifen. Im Explorer werden die Daten zunächst als **Verfügbar, wenn online** ☁ angezeigt. Sie wurden also noch nicht auf Ihr Gerät übertragen. Dies geschieht erst dann, wenn Sie eine in OneDrive befindliche Datei auch auf diesem PC öffnen. Die Datei erhält nun den Status **Auf diesem Gerät verfügbar** ⊘. Wie der Zugriff auf OneDrive über einen Browser erfolgt, erfahren Sie im Abschnitt »Fotos in die Cloud OneDrive hochladen und teilen« ab Seite 225.

➕ Netzwerkfreigabe erteilen

Sie besitzen nicht nur ein Windows-Tablet, sondern mehrere PCs, zwischen denen Sie gerne Daten austauschen oder denen Sie die gemeinsame Nutzung von Geräten wie Druckern gestatten möchten? Rufen Sie hierzu **Start ▸ Einstellungen ▸ Netzwerk und Internet ▸ Status** auf. Tippen Sie dann rechts auf **Freigabeoptionen**. Im Dialog **Erweiterte Freigabeeinstellungen** legen Sie zunächst für den privaten Netzwerkstandort ❶ (siehe hierzu auch Schritt 7 auf Seite 49) die Freigabeoptionen fest. Stellen Sie sicher, dass im Bereich **Netzwerkerkennung** die Option **Netzwerkerkennung einschalten** ❷ ausgewählt und **Automatisches Setup von Geräten aktivieren …** ❸ mit einem Häkchen versehen ist. Damit andere Anwender innerhalb des Netzwerks auf Dateien und Drucker zugreifen können, die Sie auf Ihrem PC freigeben, muss die Option **Datei- und Druckerfreigabe aktivieren** ❹ ausgewählt sein. Für ein öffentliches Netzwerk wiederum sollten Sie die Einstellungen deaktivieren. Tippen Sie hierzu auf **Gast oder Öffentlich** ❺. Hier stellen Sie nun sicher, dass die Option **Netzwerkerkennung ausschalten** sowie **Datei- und Druckerfreigabe deaktivieren** jeweils ausgewählt sind. Wenn Sie Änderungen an den Einstellungen vorgenommen haben, sichern Sie diese mit **Änderungen speichern**.

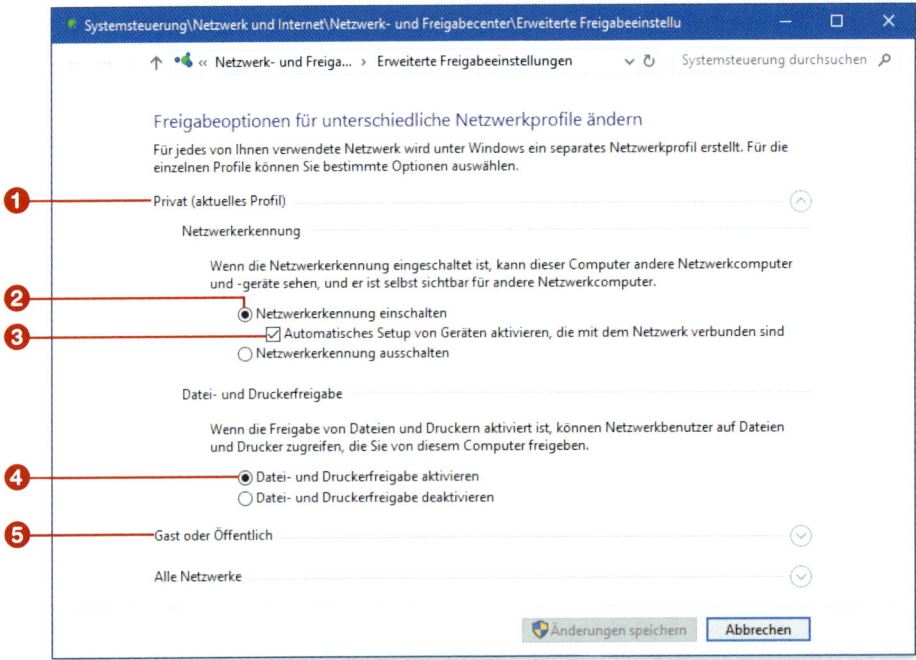

∧ Um im Netzwerk auf andere PCs zugreifen zu können, muss die Netzwerkerkennung eingeschaltet sein.

Kapitel 9

Fotos, Videos und Musik auf dem Tablet genießen

Ob mit dem Smartphone, dem Tablet oder einer Digitalkamera: Fotografieren und Filmen sind heutzutage so einfach wie nie zuvor. Sollte eine Aufnahme mal nicht so gelingen, wie man es sich wünscht, lassen sich Schönheitsfehler sofort am PC ausbessern. Auch das Teilen der Fotos und Videos mit anderen Personen ist ein Kinderspiel. In diesem Kapitel erfahren Sie, wie Sie mit der *Kamera*-App von Windows 10 fotografieren und filmen, mit der *Fotos*-App anschließend gleich das Material bearbeiten und dann Freunden präsentieren. Und weil das alles mit der passenden Musikuntermalung noch mehr Spaß bereitet, lernen Sie am Ende des Kapitels auch noch die *Groove-Musik*-App kennen, mit der Sie Ihre Lieblingsmusik auf dem Tablet genießen können.

Fotografieren und Filmen mit der Kamera-App

Es gibt wohl kaum ein Windows-Tablet, das nicht mit einer Kamera ausgerüstet ist. In vielen Geräten sind sogar gleich zwei eingebaut: eine Frontkamera, mit der sich wunderbar *Selfies* aufnehmen lassen, und eine Rückkamera zum klassischen Fotografieren und Filmen. Als App kommt unter Windows 10 hierfür die *Kamera*-App zum Einsatz. Der Aufruf erfolgt über den entsprechenden Eintrag in der App-Liste im Startmenü. Wenn auf Ihrem Tablet der Tabletmodus aktiviert ist, blenden Sie diese Liste mit einem Tipp auf das Symbol ▦ oben links im Startmenü ein.

^ *Die Kamera-App erreichen Sie über die App-Liste des Startmenüs.*

Nach dem ersten Start erscheint häufig die Frage, ob Sie der Kamera-App den Zugriff auf Ihre aktuelle Position erlauben möchten. Dadurch werden Ihre Aufnahmen mit Informationen zu Ihrem aktuellen Standort versehen. Ob Sie der Frage zustimmen oder sie mit **Nein** beantworten, ist Ihnen freigestellt. Die gewählte Einstellung lässt sich später jederzeit wieder ändern. Wie dies funktioniert, erfahren Sie im Abschnitt »Den Positionsdienst zur Standortermittlung ein- und ausschalten« ab Seite 305.

Bevor Sie mit der Kamera-App fotografieren oder auch filmen, sollten Sie einen Blick in die Einstellungen der App werfen. Je nach Tabletmodell kann es hier kleine Abweichungen bei der Bezeichnung der Felder sowie der Einstellungsmöglichkeiten geben.

1. Tippen Sie in der Kamera-App oben rechts auf das kleine Zahnradsymbol ⚙ . Am rechten Fensterrand klappt die Spalte **Einstellungen** auf.

2. Nach einem Tipp in das Feld **Bei gedrückter Kamerataste** ❶ wählen Sie aus, ob bei längerem Drücken der Kamerataste ein Foto aufgenommen, eine Fotoserie oder alternativ eine Videoaufzeichnung gestartet werden soll.

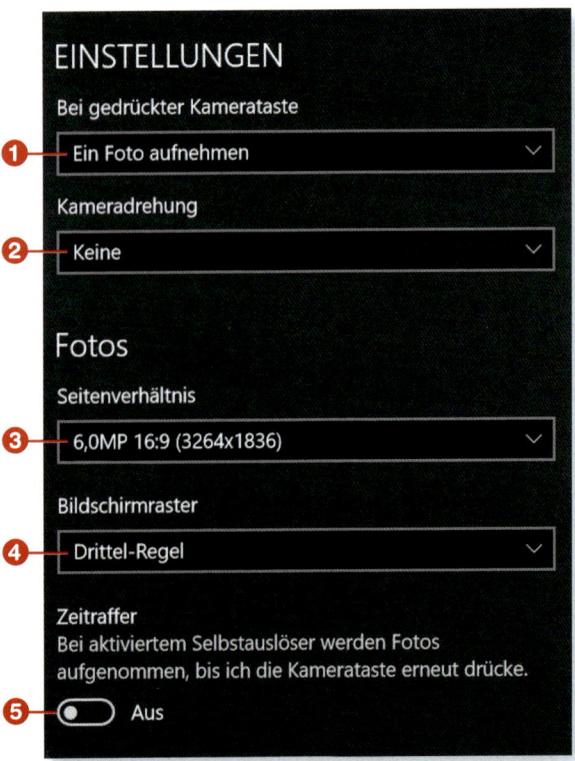

3. Wenn Sie das Tablet zum Fotografieren oder Filmen nicht selbst umständlich drehen möchten, können Sie im Feld **Kameradrehung** ❷ veranlassen, dass die Kamera die Aufnahmen um **90°**, **180°** oder **270°** gedreht aufnimmt.

4. Per Standardeinstellungen nimmt die Kamera-App Fotos und Videos im Seitenverhältnis **16:9** auf. Alternativ hierzu können Sie im Feld **Seitenverhältnis** ❸ auch **4:3** oder **3:2** auswählen.

5. Verglichen mit einem Smartphone oder einer Digitalkamera hat ein Tablet doch ein höheres Eigengewicht. Entsprechend schwierig kann es anfangs sein, das Gerät für die Aufnahmen gerade auszurichten. Nach einem Tipp in das Feld **Bildschirmraster** ❹ werden Ihnen diverse Hilfsmittel angeboten. Entscheiden Sie sich hier z. B. für die **Drittel-Regel**, werden zwei horizontale und zwei vertikale Linien auf dem Bildschirm eingeblendet, die die perfekte Ausrichtung auf das Motiv erleichtern. Mein Tipp: Bauen Sie ein Motiv nicht zu gleichmäßig auf. Rücken Sie beim Fotografieren eines Sonnenuntergangs beispielsweise den Horizont in das obere oder untere Bilddrittel, wirkt die Szene gleich um einiges interessanter.

6. Setzen Sie den Regler **Zeitraffer** ❺ per Tipp auf **Ein** und aktivieren später in der Kameradarstellung den Selbstauslöser, nimmt die Kamera-App so lange Fotos auf, bis Sie die Kamerataste erneut drücken.

7. Videos werden von der Kamera-App in der höchstmöglichen Auflösung Ihres Tablets aufgenommen (z. B. **1080p 16:9 30fps**). Ist Ihnen diese Auflösung zu hoch, wählen Sie im Feld **Videoauf-zeichnung** ❻ einen geringeren Wert aus. Im Feld **Flimmerreduzierung** ❼ lässt sich der passende Wert für die vorherrschenden Lichtverhältnisse einstellen.

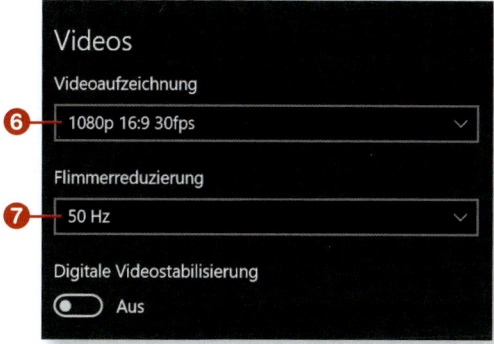

Wie zu Beginn erwähnt, stehen für manche Kameratypen in der Kamera-App noch weitere Einstellungen zur Auswahl, wie etwa eine digitale Videostabilisierung. Haben Sie alle Einstellungen der Kamera-App überprüft, tippen Sie auf einen beliebigen Bereich in der linken Fensterhälfte (also außerhalb der Spalte **Einstellungen**). Die Spalte wird hierdurch ausgeblendet, es ist wieder das Motiv zu sehen, auf das Sie die Kamera ausgerichtet haben. Damit sind aber noch nicht alle Einstellungsmöglichkeiten für die Kamera-App erledigt:

1. Ist Ihr Tablet mit zwei Kameras ausgestattet? In diesem Fall müssen Sie sich nun entscheiden, mit welcher Kamera Sie fotografieren bzw. filmen möchten. Das Symbol zum Wechsel zwischen den beiden Kameras befindet sich in der linken oberen Ecke des Programmfensters (❶ auf Seite 212).

2. In der Mitte des oberen Bildschirmrands wird das Symbol für den Selbstauslöser ⏱ eingeblendet ❷. Die Dauer des Selbstauslösers (2, 5 oder 10 Sekunden) stellen Sie per Tipp auf das Symbol ein. Der Selbstauslöser wird hierdurch sofort aktiviert, die gewählte Zeitangabe erscheint für einen kurzen Moment am unteren Bildschirmrand.

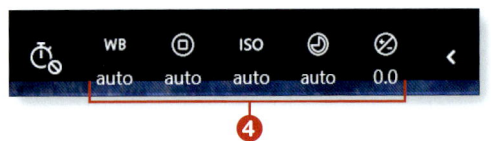

3. Rechts vom Selbstauslöser-Symbol ist ein kleiner nach rechts weisender Pfeil zu sehen ❸. Tippen Sie diesen an, werden weitere Symbole eingeblendet, über die Sie z. B. den Weißabgleich oder auch die ISO-Einstellungen anpassen können ❹.

Sobald Sie eines der Symbole angetippt haben, wird rechts rund um die Kamerataste ein Halbkreis eingeblendet, auf dem das Kürzel der ausgewählten Funktion zu sehen ist. Das Symbol mit dem Kürzel ❺ können Sie nun mit dem Finger oder – falls Sie eine Computermaus einsetzen – mit gedrückter linker Maustaste verschieben und so die entsprechende Einstellung anpassen. Mit einem Tipp auf den Bereich außerhalb des Halbkreises blenden Sie diesen wieder aus.

4. Möchten Sie etwas näher an ein Motiv heranzoomen? Je stärker Sie den Schieberegler am linken Rand des Programmfensters ❻ in Richtung des Plussymbols ziehen, desto stärker wird der Bildausschnitt vergrößert.

Sind alle gewünschten Einstellungen abgeschlossen, können Sie nun mit dem Fotografieren oder Filmen beginnen. Um ein Foto aufzunehmen, reicht ein Tipp auf die Kamerataste ⊚ ❼ am rechten Rand des Programmfensters. Wenn Sie stattdessen ein Video aufzeichnen möchten, tippen Sie auf das Videokamera-Symbol oberhalb der Kamerataste ❽. Mit einem Tipp auf das jetzt größer angezeigte Videokamera-Symbol ⊡ starten Sie die Aufnahme, über das rote Quadrat ◼ im Symbol beenden Sie sie.

Alle mit der Kamera-App aufgenommenen Fotos und Videos werden automatisch im Ordner *Eigene Aufnahmen* gespeichert, den Sie wiederum im Ordner *Bilder* finden. Wenn Sie eine Aufnahme sofort begutachten möchten, tippen Sie in der Kamera-App auf das kleine Symbol unten rechts ❾. Hierdurch wird aus der Kamera-App heraus die Fotos-App geöffnet. Im folgenden Abschnitt werden Sie diese App noch genauer kennenlernen. Möchten Sie von der Fotos-App wieder zur Kamera-App zurückkehren, tippen Sie in der Taskleiste auf das Symbol ⊞ und markieren dann in der Übersicht über alle geöffneten Apps die Kamera-App ❿.

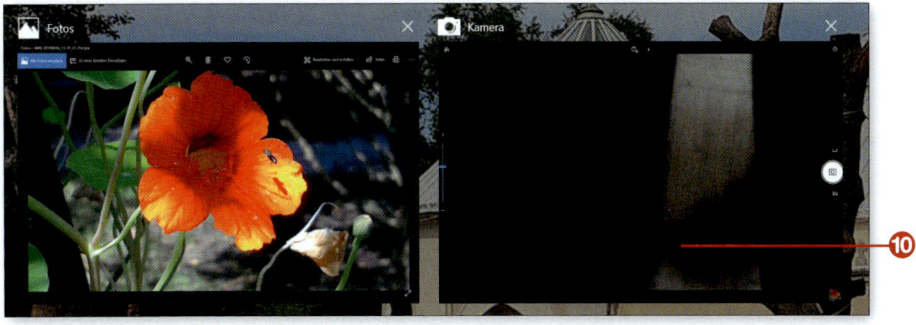

˄ *Über die Taskansicht lässt sich die Kamera-App wieder aufrufen.*

Fotos auf das Tablet importieren mit der Fotos-App

Sie haben mit einer Digitalkamera oder einem Smartphone fotografiert und möchten die Aufnahmen gerne auf das Tablet übertragen? Verfügt das Tablet über ausreichend Speicherplatz, steht dem nichts entgegen. Wie Sie den Speicherort für neue Fotos und Videos festlegen, erfahren Sie im Kasten »Speicherort für neuen Inhalt ändern« auf Seite 236.

Verbinden Sie zunächst die Kamera oder das Smartphone mithilfe eines USB-Kabels mit dem Tablet. Bei Digitalkameras müssen Sie ggf. nach dem Einschalten des Geräts den Wiedergabemodus aktivieren. Beim Smartphone erscheint eventuell die Aufforderung, die Datenübertragung auf das Tablet zu gestatten. Verbinden Sie die Geräte das erste Mal miteinander, installiert Windows 10 zunächst die nötigen Treiber. Dieser Vorgang ist aber schnell erledigt. Anschließend können Sie mit dem Import der Fotos beginnen.

1. Öffnen Sie die Fotos-App per Tipp auf die entsprechende Kachel im Startmenü oder den Eintrag in der App-Liste.

2. Tippen Sie im Programmfenster der Fotos-App oben rechts auf **Importieren** ❶ und dann auf **Von USB-Gerät** ❷. Wählen Sie, sofern Sie hierzu aufgefordert werden, das Gerät für den Import aus, also die Digitalkamera oder auch das Smartphone.

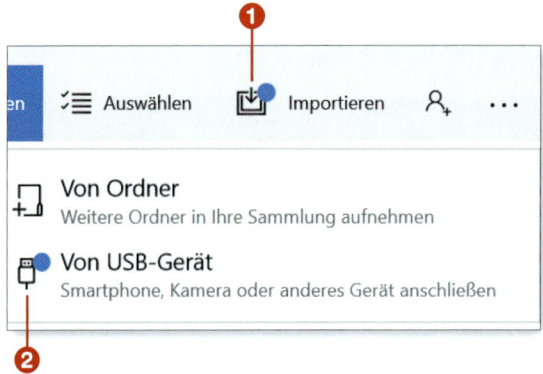

Nach einem kurzen Moment werden im Dialog **Gewünschte Elemente für Import auswählen** alle Bilder und Videos aufgeführt, die die Fotos-App auf dem Gerät gefunden hat.

3. Für jedes Foto und jedes Video wird eine kleine Miniaturvorschau eingeblendet, in der Sie rechts oben jeweils ein kleines Kästchen sehen ❸. Ist dieses Kästchen mit einem Häkchen versehen, wird das entsprechende Foto oder Video auf das Tablet importiert. Die Häkchen können per Tipp in das Kästchen entfernt bzw. umgekehrt auch wieder gesetzt werden. Blättern Sie im Dialog mit einer vertikalen Wischbewegung, und stellen Sie sicher, dass alle Aufnahmen, die Sie importieren möchten, auch markiert sind.

4. Die importierten Elemente werden von der Fotos-App standardmäßig im Ordner *Bilder* abgelegt. Möchten Sie einen anderen Ordner auswählen, tippen Sie auf **Importeinstellungen** ❹.

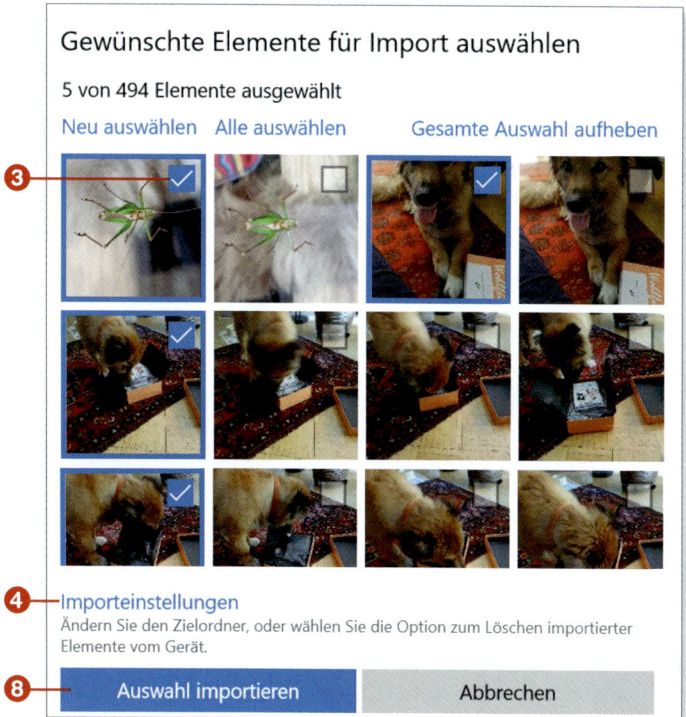

5. Tippen Sie im Dialog **Importeinstellungen** auf **Importziel ändern** ❺. Im folgenden Dialog **Ordner auswählen** markieren Sie das Verzeichnis, in das die Aufnahmen importiert werden sollen. Bestätigen Sie die Auswahl mit **Diesen Ordner zu „Bilder" hinzufügen**. Sie gelangen damit wieder zum Dialog **Importeinstellungen** zurück.

6. Wenn Sie die Fotos und Videos in unterschiedlichen Monaten aufgenommen haben, legt die Fotos-App während des Imports im zuvor ausgewählten Speicherort automatisch weitere Unterordner mit der Bezeichnung des Monatsnamens an. Dies lässt sich leider nicht verhindern. Sie können die Aufnahmen alternativ nur **Nach Datum** oder **Nach Jahr** ❻ gruppieren. Die Auswahl eines Datums führt allerdings entsprechend zu noch mehr Unterordnern, während eine Jahresgruppierung bei einer Vielzahl an Elementen schnell unübersichtlich wird.

7. Mit einem Tipp auf **Fertig** ❼ schließen Sie den Dialog **Importeinstellungen**. Tippen Sie im Dialog **Gewünschte Elemente für Import auswählen** auf **Auswahl importieren** (❽ auf Seite 215).

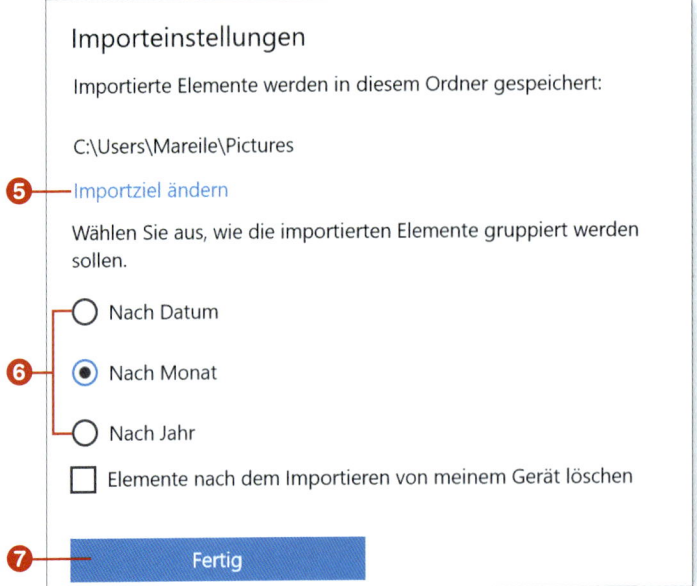

Die ausgewählten Fotos und Videos werden nun auf das Tablet übertragen. Dieser Vorgang kann je nach Anzahl der Dateien etwas dauern. Über den erfolgreichen Import werden Sie in Form eines kleinen Banners informiert, das oberhalb des Infobereichs der Taskleiste eingeblendet

∧ *Die Aufnahmen wurden erfolgreich importiert.*

wird. Sie können nun das USB-Kabel zwischen der Digitalkamera bzw. dem Smartphone und dem Tablet entfernen.

Fotos und Videos mit der Fotos-App betrachten

Zum Importieren, Betrachten und Bearbeiten von Bildern sieht Windows 10 als Standardprogramm die Fotos-App vor. Starten Sie die App mit einem Tipp auf die Kachel im Startmenü, sehen Sie gleich eine Übersicht über Ihre Fotosammlung. In der linken oberen Ecke des Programmfensters ist entsprechend **Sammlung** ❶ markiert. Die Bilder sind nach Aufnahmedatum sortiert. Um in der Sammlung zu blättern, wischen Sie einfach von unten nach oben oder umgekehrt auf dem Bildschirm. Alternativ können Sie auch den Schieberegler auf der Zeitleiste am rechten Bildschirmrand ❷ mit dem Finger verschieben. Nutzen Sie eine Computermaus, halten Sie die linke Maustaste beim Verschieben gedrückt.

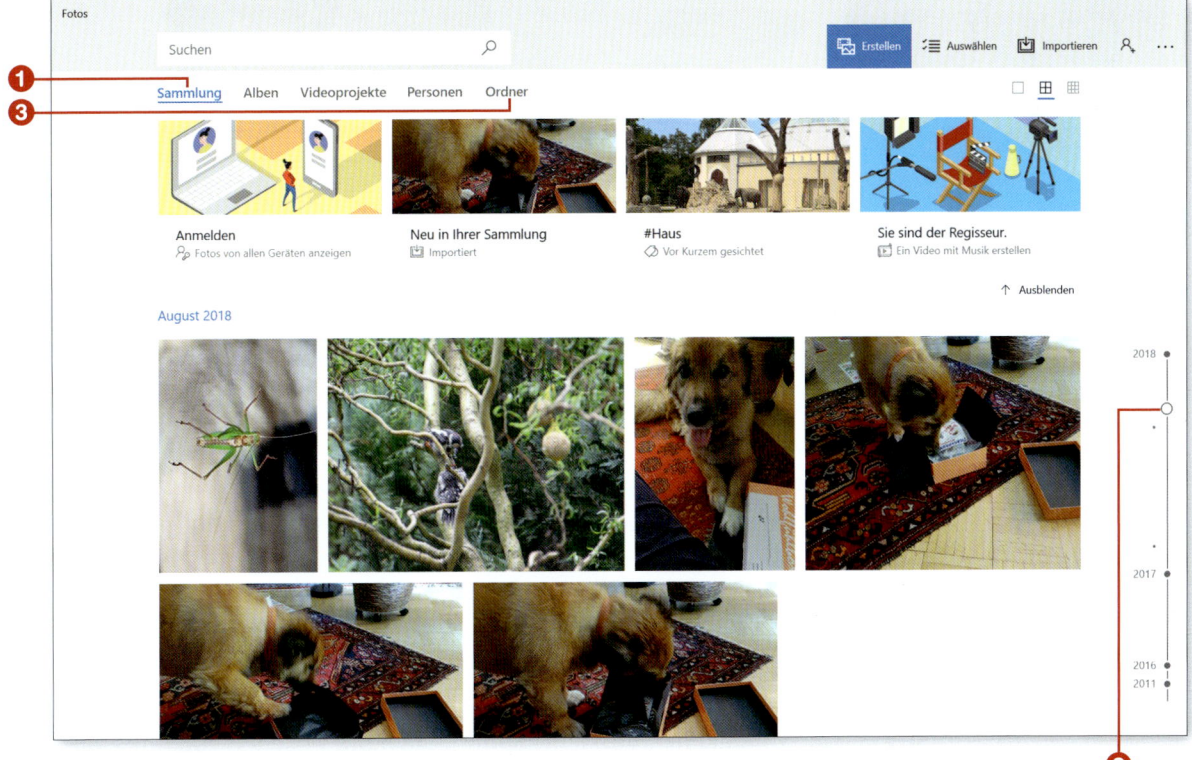

∧ *Über die Zeitleiste rechts blättern Sie in der Fotosammlung.*

Die nach Aufnahmedatum vorgenommene Gruppierung der Bilder hat Windows 10 automatisch vorgenommen. Dabei wird nicht berücksichtigt, wie Sie selbst die Dateien in möglichen Unterordnern im *Bilder*-Ordner abgelegt haben. Möchten Sie sich Ihre Fotos und Videos auch in der Fotos-App so anzeigen lassen, wie Sie es vom Explorer gewohnt sind, tippen Sie oben links auf **Ordner** ❸. In der folgenden Übersicht können Sie nun durch Antippen entweder zu den lokal auf dem Tablet gespeicherten Bildern wechseln ❹, zu den auf OneDrive gespeicherten ❺ oder den zuletzt importierten Dateien ❻. Anschließend werden die Unterordner des ausgewählten Ordners angezeigt, die Sie ebenfalls wieder durch Antippen öffnen können. Um wieder zum übergeordneten Ordner zurückzukehren, tippen Sie oben links auf das Pfeilsymbol ←.

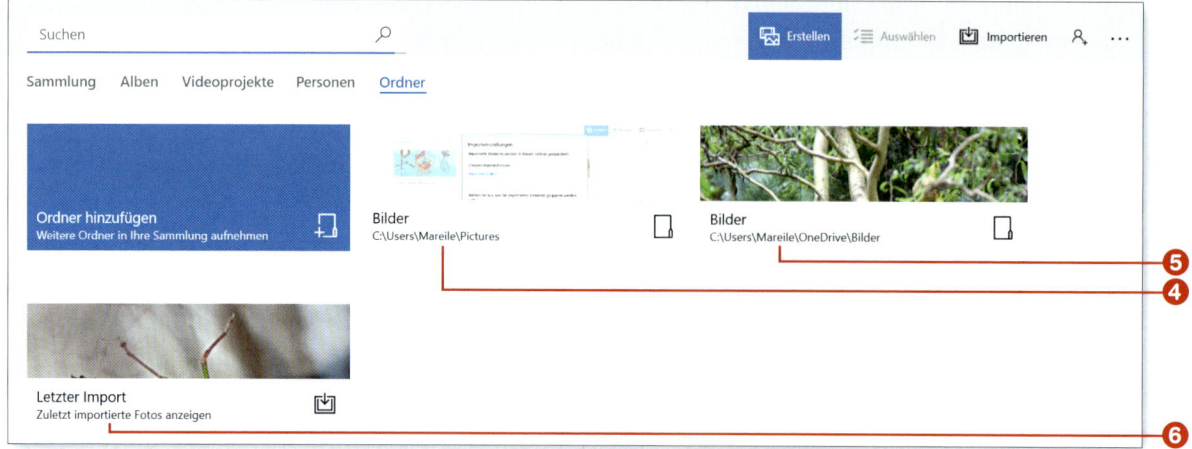

▲ Im Register »Ordner« können Sie auch die Unterordner Ihrer Bilder, die Sie im Explorer angelegt haben, anzeigen lassen.

In der Übersicht über die Bilder lässt sich ein Foto nur schwer beurteilen. Wenn Sie sich ein Foto in voller Schönheit ansehen möchten, tippen Sie einfach auf die entsprechende Miniaturvorschau. Ist auf Ihrem Tablet der Tabletmodus aktiviert, wird das Bild nun über den gesamten Bildschirm hinweg angezeigt. Damit dies auch im Desktopmodus geschieht, müssen Sie ggf. das Programmfenster der Fotos-App mit einem Tipp auf das Symbol ☐ oben rechts maximieren.

Um in Ihrer Fotosammlung von Aufnahme zu Aufnahme zu blättern, wischen Sie einfach mit dem Finger auf dem Foto selbst von links nach rechts und umgekehrt. Vorsicht: Sollten Sie beim Wischen von links nach rechts zu weit an den Bildschirmrand gelangen, wird automatisch die Taskansicht mit der Übersicht über alle geöffneten Apps eingeblendet! Mit einem Tipp auf die Fotos-App kehren Sie wieder zu dieser zurück. Ist auf Ihrem Tablet der Desktopmodus aktiviert und nutzen Sie eine Computermaus, gelangen Sie auch per Tipp auf die beiden Pfeiltasten am rechten ❶ bzw. linken ❷ Fotorand von einer Aufnahme zur nächsten. Die Pfeiltasten werden allerdings erst dann eingeblendet, wenn Sie den Mauszeiger auf den jeweiligen Bildrand bewegen.

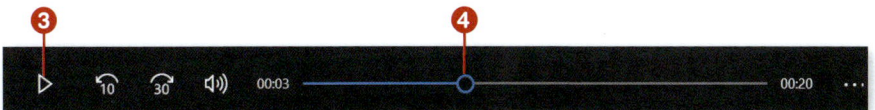

Enthält Ihre Sammlung auch Videos, können Sie diese mit einem Tipp auf das Wiedergabe-Symbol ❸ abspielen, das sich in der Symbolleiste unterhalb des Videos befindet. Über das Pause-Symbol, das anschließend anstelle des Wiedergabe-Symbols angezeigt wird, stoppen Sie die Wiedergabe. Zum Vor- und Zurückspulen ziehen Sie das kleine Kreissymbol ❹ auf der Suchleiste unterhalb des Videos mit dem Finger in die gewünschte Richtung. Nutzen Sie eine Computermaus, halten Sie während des Ziehens die linke Maustaste gedrückt.

∧ Mit einer horizontalen Wischbewegung blättern Sie in der Fotosammlung.

< Über den Schieberegler können Sie Videos vor- oder auch zurückspulen.

Sollten Sie bei der Durchsicht Ihrer Fotosammlung eine Aufnahme entdecken, die Ihnen gar nicht gefällt, können Sie diese gleich löschen. Hierzu reicht ein Tipp auf das Papierkorbsymbol (❺ auf Seite 219) am oberen Fensterrand. Die folgende Frage bestätigen Sie ebenfalls mit **Löschen**. Sollte die Symbolleiste oberhalb des Fotos ausgeblendet sein, holen Sie sie mit einem Tipp auf das Foto wieder zurück. Wie Sie versehentlich gelöschte Elemente wiederherstellen können, erfahren Sie im Abschnitt »Ordner anlegen und Dateien verschieben, kopieren und löschen« ab Seite 194.

Kleine Schönheitsfehler korrigieren

Viele Fotos sind Ihnen hervorragend gelungen, doch mit so manch einem sind Sie unzufrieden? Die Fotos-App bringt ein paar nette Werkzeuge mit, mit denen sich der ein oder andere kleine Schönheitsfehler ausbessern lässt. Um ein Foto zu bearbeiten, wählen Sie es in der Übersicht Ihrer Fotosammlung per Tipp aus. Wird es über den gesamten Bildschirm hinweg angezeigt, können Sie mit den Korrekturen beginnen:

1. Tippen Sie in der Symbolleiste oberhalb des Fotos auf **Bearbeiten und erstellen** und in der aufklappenden Liste auf **Bearbeiten**.

2. Rechts vom Foto finden Sie nun einige Funktionen zum Verbessern und Anpassen des Bildes. Gefällt Ihnen der Bildausschnitt nicht, tippen Sie oben rechts auf **Zuschneiden und drehen**.

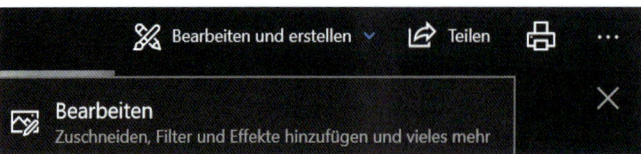

3. Nach einem Tipp auf **Seitenverhältnis** ❶ markieren Sie in der aufklappenden Liste das gewünschte Seitenverhältnis für das zugeschnittene Bild. Entscheiden Sie sich hier für **Original**, wenn das Seitenverhältnis des Originalbildes beibehalten werden soll.

4. Über die vier Markierungseckpunkte ❷, die Sie rund um das Foto sehen, passen Sie den gewünschten Bildausschnitt an. Hierzu ziehen Sie die Punkte einfach mit dem Finger in die gewünschte Richtung. Sobald

Sie den Finger vom Bildschirm heben, wird auch schon der Ausschnitt angepasst. Wenn Sie eine Computermaus einsetzen, halten Sie beim Ziehen die linke Maustaste gedrückt. Tippen Sie in die Mitte des Fotos ❸, können Sie den gesamten Bildausschnitt verschieben.

5. Ausgerechnet beim Fotografieren einer wunderschönen Landschaft ist Ihnen der Horizont verrutscht? Um ihn gerade zu rücken, tippen Sie auf den Punkt, der rechts vom Foto angezeigt wird ❹. Ziehen Sie den Punkt nach unten, wird der Bildausschnitt im Uhrzeigersinn gedreht. Ein Ziehen nach oben bewirkt wiederum ein Drehen entgegen dem Uhrzeigersinn. Während des Drehens wird ein Raster über dem Foto eingeblendet, das bei der perfekten Ausrichtung hilft.

6. Möchten Sie das Foto um exakt 90 Grad drehen, tippen Sie rechts auf Drehen ❺. Mithilfe der Schaltfläche **Spiegeln** ❻ spiegeln Sie das Bild um die vertikale Achse.

7. Sind Sie mit den vorgenommenen Korrekturen nicht zufrieden, können Sie sie mit einem Tipp auf **Zurücksetzen** ❼ rückgängig machen. Über das Pfeilsymbol oben links ❽ gelangen Sie dann wieder zu den weiteren Bearbeitungswerkzeugen zurück. Gefallen Ihnen die Korrekturen dagegen, übernehmen Sie sie mit **Fertig** ❾.

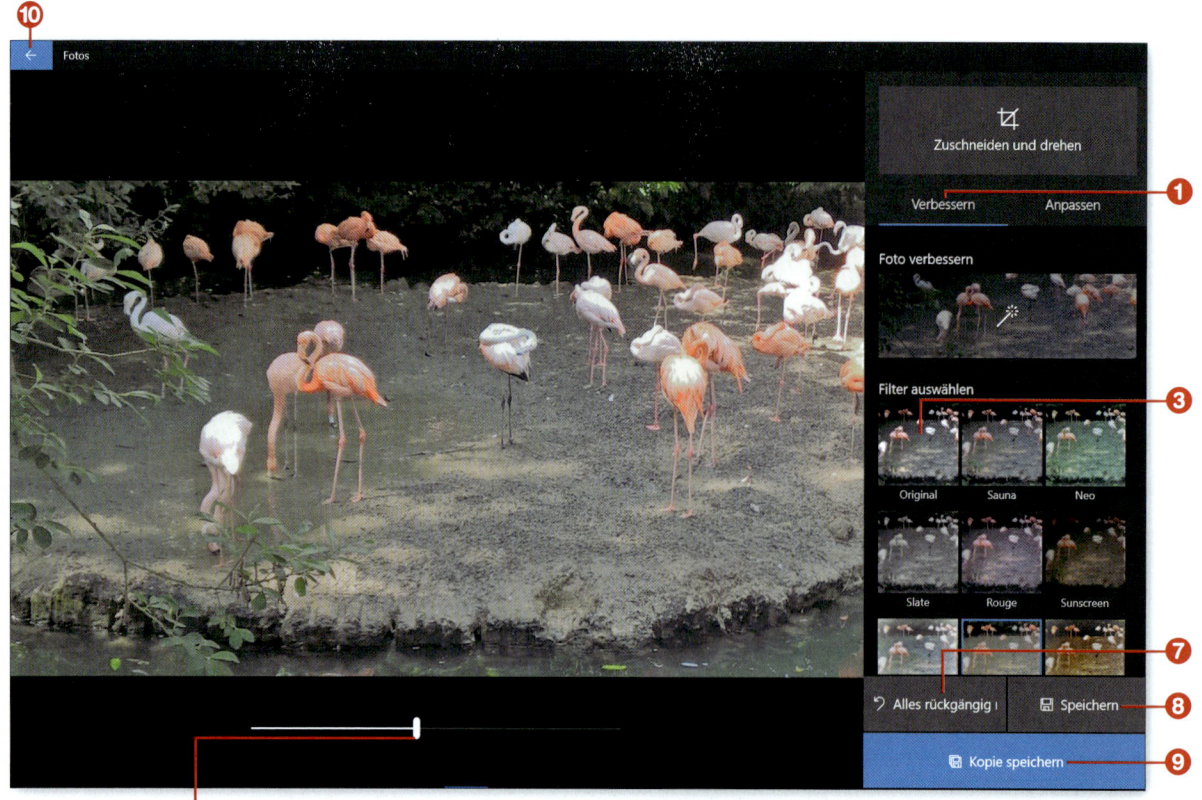

Gefällt ein Farbeffekt nicht, lässt er sich schnell zurücksetzen.

Manchmal reicht es bei einem Foto bereits, nur etwas die Farben anzupassen, und schon wird aus einem langweiligen Bild eine spektakuläre Aufnahme. Die Fotos-App bringt einige Farbeffektfilter mit, die Sie ruhig einmal ausprobieren sollten. Damit die Filter rechts vom Foto eingeblendet werden, muss in der rechten Spalte oben **Verbessern** ❶ ausgewählt sein (erkennbar an der farbigen Unterstreichung). Mit einem Tipp auf einen Filter wird dieser auf das Foto angewendet. Über den Schieberegler ❷ unterhalb des Fotos lässt sich ein Effekt noch intensivieren. Gefällt Ihnen keiner der Farbeffekte, stellen Sie mit einem Tipp auf **Original** ❸ wieder das ursprüngliche Aussehen des Fotos her.

Tippen Sie in der rechten Spalte auf **Anpassen** ❹, werden Ihnen noch weitere Werkzeuge zum Ausbessern Ihrer Fotos angeboten. Mit einer vertikalen Wischbewegung blättern Sie in der Spalte. Die Werkzeuge **Licht**, **Farbe**, **Schärfe** und **Vignette** verfügen jeweils über einen Schieberegler ❺, den Sie mit dem Finger (bzw. gedrückter linker Maustaste) nach links oder rechts ziehen können. Links von den Filtern **Licht** und **Farbe** finden Sie außerdem jeweils einen kleinen Pfeil ❻. Nach einem Tipp hierauf werden weitere

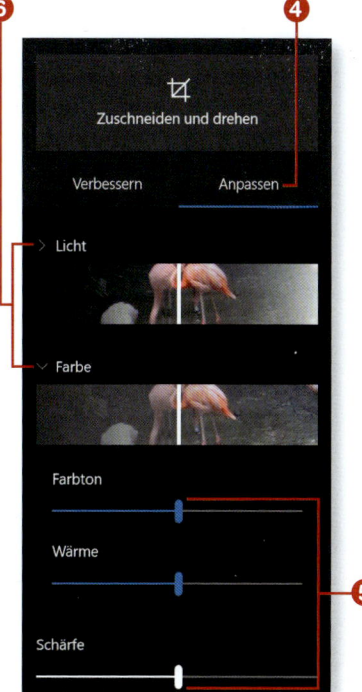

Filter eingeblendet, die eine noch feinere Anpassung des Bildes ermöglichen. Alle Ihre Korrekturen können Sie sofort links im Foto begutachten.

< Farben und Schärfe lassen sich über die Schieberegler noch feiner anpassen.

Gefällt Ihnen das korrigierte Foto nicht, versetzen Sie das Bild mit einem Tipp auf **Alles rückgängig** ❼ einfach wieder in den Originalzustand. Sind Sie dagegen mit den Korrekturen zufrieden, müssen Sie das Bild nun speichern. Wenn Sie die Originaldatei nicht mehr benötigen, tippen Sie auf **Speichern** ❽. In diesem Fall wird das Original durch die überarbeitete Version ersetzt. Wählen Sie dagegen die Schaltfläche **Kopie speichern** ❾, wenn Sie die Originalaufnahme beibehalten möchten. Es wird nun eine Kopie der Datei mit gleichem Namen, allerdings ergänzt um eine Versionsnummer, gespeichert. Um wieder zur Übersicht über Ihre Sammlung zurückzukehren und dort eventuell ein neues Bild zur Bearbeitung auszuwählen, tippen Sie oben links auf das Pfeilsymbol ❿.

➕ **Rote Augen und Flecken in Fotos entfernen**

Gerade bei Blitzlichtaufnahmen kann es schnell einmal passieren, dass die Personen auf den Fotos rote Augen haben. Kleine Staubkörnchen auf dem Objektiv führen wiederum zu Flecken auf den Fotos. Beides lässt sich in der Fotos-App entfernen. Stellen Sie hierzu sicher, dass in der rechten Spalte **Anpassen** ❹ markiert ist. Vergrößern Sie dann links den gewünschten Bildausschnitt, bis der Fleck bzw. die roten Augen gut zu erkennen sind. Auf einem Touchscreen müssen Sie hierzu nur zwei Finger auf dem Bildschirm auseinanderziehen. Blättern Sie in der rechten Spalte dann ganz nach unten bis zu den Werkzeugen **Fleckenkorrektur** und **Rote Augen**. Wählen Sie das gewünschte Werkzeug durch Antippen aus. Nun reicht ein Tipp auf den Fleck bzw. ein rotes Auge, und schon wird die betreffende Stelle ausgebessert. Durch Zusammenziehen zweier Finger auf dem Bildschirm verkleinern Sie den Bildausschnitt nun wieder.

➕ **Videos bearbeiten mit der Fotos-App**

Mit der Fotos-App lassen sich nicht nur Bilder bearbeiten, sondern auch Videos zuschneiden. Tippen Sie hierzu in der Symbolleiste oben rechts auf **Bearbeiten und erstellen ▸ Zuschneiden**. Unterhalb des Videos werden nun rechts und links zwei weiße Punkte eingeblendet. Durch Verschieben dieser Punkte legen Sie den Anfang und das Ende des Videos fest. Um den ausgewählten Bereich in einer neuen Videodatei zu speichern, tippen Sie oben rechts auf **Kopie speichern ❶**. Die Kopie wird im gleichen Verzeichnis wie die Originaldatei abgelegt. Manch eine Szene eines Films wirkt besonders spektakulär, wenn man sie in Zeitlupe abspielt. Den Befehl **Zeitlupe hinzufügen** wählen Sie nach einem Tipp auf **Bearbeiten und erstellen** aus. Über den Regler ❷ am oberen Rand des Videos bestimmen Sie die Abspielgeschwindigkeit; den Zeitpunkt der Zeitlupe legen Sie über den blauen Marker ❸ in der Zeitleiste unterhalb des Videos fest. Die beiden weißen Punkte ❹ dienen auch hier der Eingrenzung des Abspielbereichs. Sind Sie mit dem Ergebnis zufrieden, speichern Sie die Kopie.

︿ *Videos können im Zeitraffer abgespielt werden.*

Fotos in die Cloud OneDrive hochladen und teilen

Besonders gelungene oder auch fröhliche Fotos möchte man gerne mit anderen teilen. Freunde und Familie sind aber nicht immer in der Nähe, um ihnen die Bilder direkt z. B. auf dem Tablet zeigen zu können. Wenn es sich nur um wenige Fotos handelt, lassen sich diese wunderbar per E-Mail versenden oder auch, sofern auf dem Smartphone installiert, über einen Nachrichtendienst wie den Messenger *WhatsApp*. Wenn Sie Ihren Freunden und der Familie allerdings viele Fotos präsentieren möchten, sind diese Wege doch recht aufwendig. Es gibt aber eine einfache Möglichkeit, damit sich andere Personen Ihre Aufnahmen trotzdem ansehen können: Laden Sie Ihre Fotos in den Onlinespeicher *OneDrive* hoch, und laden Sie dann Freunde und Familie per E-Mail ein, die Aufnahmen anzusehen.

Für das Hochladen der Bilder stehen Ihnen verschiedene Wege zur Verfügung. Am schnellsten gelingt es sicherlich über den Explorer, wie im Abschnitt »Dateien und Ordner in der Cloud OneDrive speichern« ab Seite 204 beschrieben. Auch die Fotos-App bietet eine Funktion zum Hochladen Ihrer Aufnahmen an. Allerdings müssen Sie die gewünschten Bilder hier zuvor in einem Album zusammenfassen. Eine weitere Möglichkeit besteht darin, über einen Browser wie etwa Microsoft Edge auf die Cloud OneDrive zuzugreifen. Wie Sie auf diesem Weg Ihre Fotos in den Onlinespeicher hochladen und dann mit anderen teilen, zeige ich Ihnen jetzt Schritt für Schritt.

1. Starten Sie den Browser Microsoft Edge z. B. per Tipp auf die Kachel im Startmenü oder das Programmsymbol in der Taskleiste. Rufen Sie dann die Webadresse *https://onedrive.live.com/about/de-de* auf, und tippen Sie auf der Seite oben rechts auf **Anmelden**.

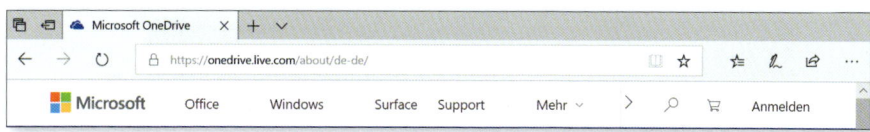

2. Im Dialog **Anmelden** geben Sie die E-Mail-Adresse Ihres Microsoft-Kontos ein und bestätigen mit **Weiter**. Sie werden nun aufgefordert, das

Kennwort des Kontos anzugeben. Nach einem Tipp auf **Anmelden** gelangen Sie zum Onlinespeicher OneDrive.

Damit Sie auch in OneDrive die Übersicht über die hochgeladenen Dateien behalten, sollten Sie sie in Ordnern ablegen.

3. Stellen Sie sicher, dass in der linken Spalte **Dateien** ❶ markiert ist. Tippen Sie dann auf die Schaltfläche **Neu** ❷ und in der aufklappenden Liste auf **Ordner** ❸.

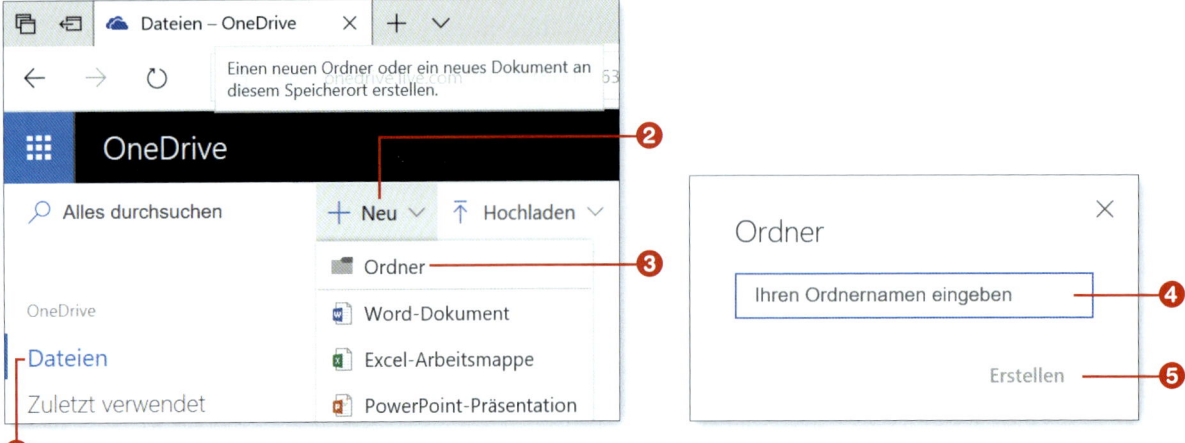

4. Geben Sie im Dialog **Ordner** einen Namen für das neue Verzeichnis ein ❹, und bestätigen Sie mit **Erstellen** ❺.

5. Der neu erstellte Ordner wird nun in der rechten Fensterhälfte eingeblendet. Mit einem Tipp auf seinen Namen öffnen Sie ihn.

6. Um als Nächstes die Bilder auszuwählen, die Sie in OneDrive veröffentlichen möchten, tippen Sie auf **Hochladen** ❻ und in der aufklappenden Liste auf **Dateien** ❼. Wenn Sie den gesamten Inhalt eines Ordners in die Cloud laden möchten, können Sie alternativ auch **Ordner** ❽ wählen.

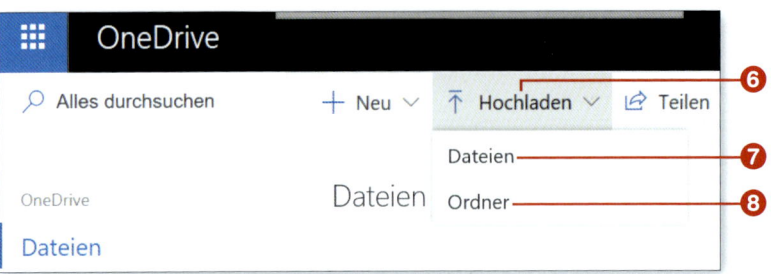

7. Der Dialog **Öffnen** wird nun eingeblendet. Wechseln Sie hier in den Ordner ❾, in dem sich die Dateien befinden.

8. Markieren Sie die gewünschten Fotos. Ist auf Ihrem Tablet der Tabletmodus aktiviert, setzen Sie hierzu in den jeweiligen Kästchen ein Häkchen ❿. Wenn Sie im Desktopmodus arbeiten und eine Computermaus verwenden, markieren Sie das erste Foto per Mausklick. Halten Sie dann die Taste Strg gedrückt, während Sie nacheinander alle weiteren Dateien anklicken. Sobald Sie alle Bilder markiert haben, bestätigen Sie die Auswahl mit **Öffnen** ⓫.

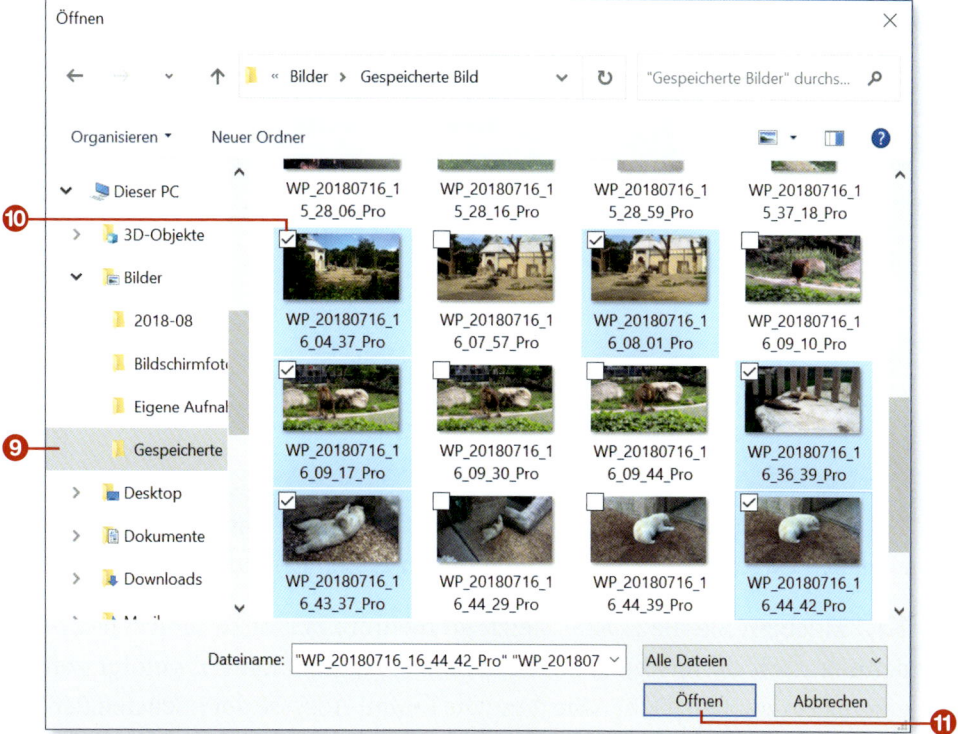

9. Die markierten Bilder werden nun in die Cloud geladen. Am oberen Rand der Webseite wird ein entsprechender Hinweis eingeblendet. Jedes erfolgreich geladene Foto wird sofort auf der Seite angezeigt.

Befinden sich alle gewünschten Dateien in OneDrive, können Sie Freunde und Familie einladen, sich die Aufnahmen anzusehen. Die Einladung erfolgt per E-Mail.

10. Stellen Sie sicher, dass in der rechten Fensterhälfte der Inhalt des Ordners angezeigt wird, den sich andere Personen ansehen dürfen. Mit einem Tipp auf **Teilen** ⑫ öffnen Sie den gleichnamigen Dialog.

11. Möchten Sie, dass die eingeladenen Personen die Bilder lediglich ansehen und auf ihren Computer herunterladen dürfen? Dann entfernen Sie in diesem Fall das Häkchen vor **Bearbeiten zulassen** ⑬. Tippen Sie dann auf **E-Mail** ⑭.

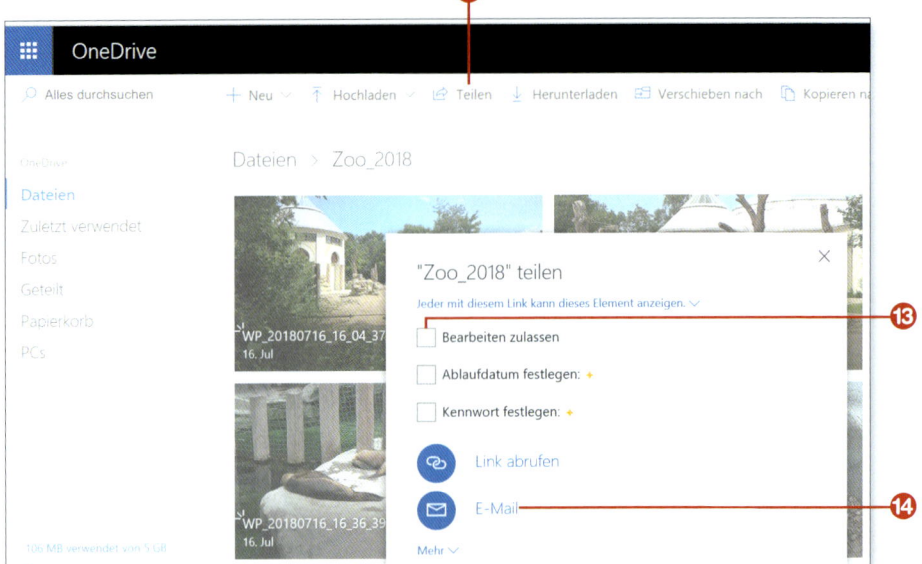

12. Nach einem Tipp in das Feld **Einen Namen oder eine E-Mail-Adresse eingeben** tragen Sie die E-Mail-Adresse der ersten Person ein.

13. Möchten Sie die E-Mail gleich an mehrere Personen schicken, tippen Sie nach der ersten E-Mail-Adresse ein Semikolon (;), gefolgt von einem Leerzeichen. Geben Sie dann die E-Mail-Adresse der nächsten Person ein.

14. Wenn Sie alle gewünschten Adressen ergänzt haben, tippen Sie in das Feld **Kurze Notiz hinzufügen**. Die zuvor ergänzten E-Mail-Adressen werden nun blau hinterlegt und untereinander aufgelistet ⑮. Im Notizfeld können Sie nun eine persönliche Nachricht für die Empfänger der E-Mail eingeben ⑯.

15. Mit einem Tipp auf **Teilen** ⑰ versenden Sie die Einladung.

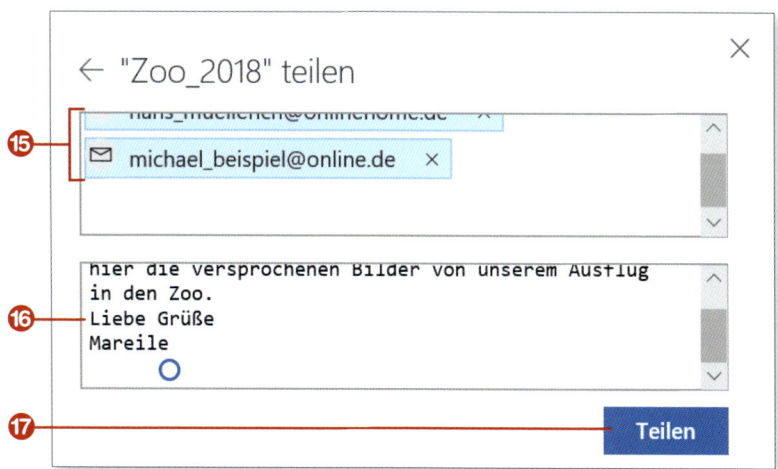

Ihre Freunde und Familienmitglieder erhalten nun eine E-Mail mit Ihrer Einladung. Die Nachricht enthält eine Schaltfläche **Auf OneDrive anzeigen**. Ein Tipp hierauf reicht, und es wird der Browser mit der Webseite von OneDrive geöffnet, auf der Ihre Fotos zu sehen sind. Über die Schaltfläche **Herunterladen** ⑱ kann sich jede der eingeladenen Personen ein zuvor markiertes Bild auf ihren PC herunterladen.

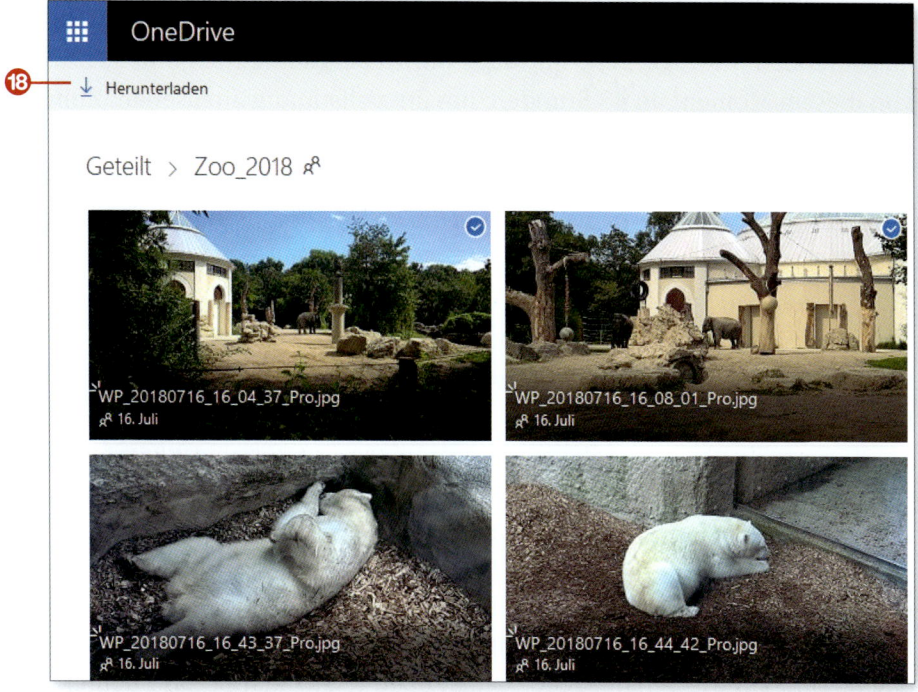

< *Freunde und Familienmitglieder können sich Ihre Bilder auf ihren PC herunterladen.*

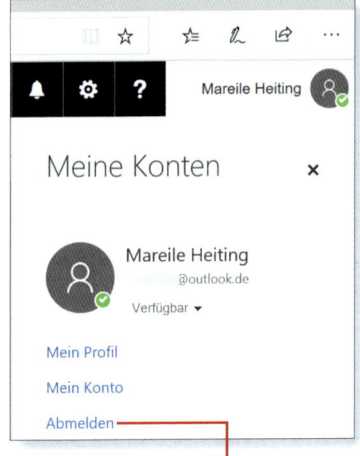

^ *Vergessen Sie nicht, sich bei One-Drive abzumelden.*

Wenn Sie selbst keine weiteren Daten in die Cloud hochladen möchten, sollten Sie sich bei OneDrive abmelden, bevor Sie den Browser schließen oder eine neue Webadresse aufrufen. Tippen Sie hierzu oben rechts auf das Symbol Ihres Benutzerkontos und dann auf **Abmelden** 🔴19.

Auf die beschriebene Weise können Sie übrigens nicht nur Fotos in OneDrive speichern, sondern auch alle anderen Dateien wie Word-Dokumente, Excel-Tabellen und vieles mehr. Wie Sie in der Cloud selbst ein solches Dokument neu anlegen und bearbeiten, erfahren Sie im Abschnitt »Word, Excel und Co.: online Büroarbeiten erledigen« ab Seite 293.

Filme mit der App Filme & TV genießen

Möchten Sie gerne einfach nur mal abschalten und einen schönen Film genießen? Im Microsoft Store finden Sie mittlerweile mehr als eine halbe Millionen Filme und TV-Serien, die Sie entweder kaufen oder auch ausleihen können. Entscheiden Sie sich für das Ausleihen, haben Sie anschließend 14 Tage Zeit, mit der Filmwiedergabe zu beginnen, und von diesem Moment an 48 Stunden, um ihn vollständig anzusehen. Zum Betrachten der Filme bringt Windows 10 bereits die *Filme & TV*-App mit. Im Folgenden zeige ich Ihnen am Beispiel des auch bei Kindern beliebten Zeichentrickfilms *Madagascar*, wie Sie einen Film im Microsoft Store ausleihen und dann über die App Filme & TV genießen. Den Microsoft Store lernen Sie ausführlich in Kapitel 10, »Apps, Spiele und Filme über den Microsoft Store beziehen«, ab Seite 243 kennen. Dort erfahren Sie u. a., wie Sie im Microsoft Store stöbern und welche Bezahlmethoden Ihnen zur Verfügung stehen.

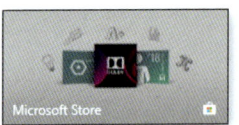

1. Öffnen Sie die Microsoft-Store-App über die entsprechende Kachel im Startmenü oder auch per Tipp auf das Symbol in der Taskleiste.

2. In unserem Beispiel steht der Film, der ausgeliehen werden soll, bereits fest. Somit kann die Suchfunktion zum Einsatz kommen. Nach einem Tipp auf die Schaltfläche **Suchen** oben rechts klappt das Suchfeld

auf, in das der gewünschte Suchbegriff, hier »Madagascar« (die Groß-
oder Kleinschreibung ist unerheblich), eingegeben wird. Mit einem Tipp
auf das Lupensymbol ❶ am rechten Rand des Suchfeldes starten Sie die
Suche.

3. Im Microsoft Store finden sich zu unserem Suchbegriff nicht nur Filme, sondern auch Spiele, Apps und TV-Sendungen. Blättern Sie auf der
Seite nach unten bis zur Kategorie **Filme**, und tippen Sie hier auf **Alle anzeigen**. Mit einem Tipp auf die Miniaturansicht ❷ wählen Sie den gewünschten Film aus.

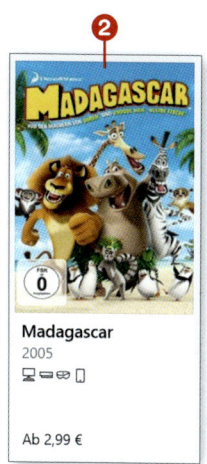

4. Markieren Sie per Tipp nun die gewünschte Qualität,
also **SD** oder **HD** ❸ (lesen Sie hierzu auch den Kasten »Filme in SD oder HD erwerben?« auf Seite 232). In unserem
Beispiel soll der Film ausgeliehen werden. Somit erfolgt
der nächste Tipp auf die Schaltfläche **Ausleihen** ❹.

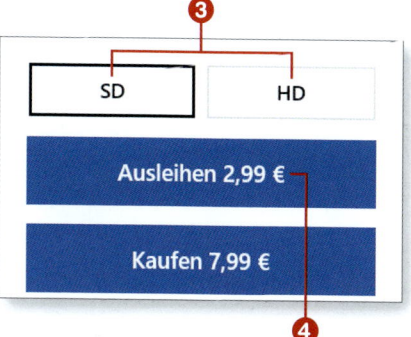

5. Sie können den Film online streamen oder auch offline – also ohne Internetverbindung – auf Ihrem Tablet
betrachten. Entscheiden Sie sich für die zweite Option, wird der Film auf
Ihr Gerät heruntergeladen. In unserem Beispiel entscheiden wir uns für
das Herunterladen und markieren die entsprechende Option ❺. Bestätigen Sie diese Auswahl mit **Weiter**.

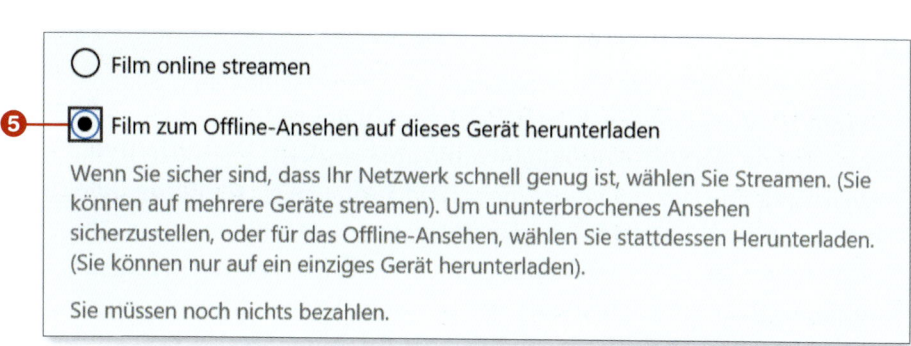

6. Sollten Sie mit einem lokalen Benutzerkonto am PC angemeldet
sein, werden Sie nun aufgefordert, sich mit Ihrem Microsoft-Konto im
Microsoft Store anzumelden. Geben Sie hierzu zunächst die E-Mail-

Adresse des Kontos ein, und bestätigen Sie mit **Weiter**. Nach Eingabe des Kennwortes tippen Sie auf **Anmelden**.

7. Sollten Sie noch keine Apps, Spiele oder Filme käuflich im Microsoft Store erworben haben, werden Sie jetzt aufgefordert, eine Zahlungsmethode anzugeben. Wie dies funktioniert, erfahren Sie in den Abschnitten »Kostenpflichtige Apps erwerben« ab Seite 250 sowie »Einkaufen per Geschenkkarte« ab Seite 252. Haben Sie alle nötigen Daten angegeben, tippen Sie abschließend auf **Ausleihen**.

8. Wenn Sie im Microsoft Store keine weiteren Produkte einkaufen möchten, sollten Sie sich hier abmelden. Tippen Sie hierzu oben rechts auf das Symbol des Benutzerkontos ❻ und dann auf Ihr Microsoft-Konto. Im folgenden Dialog tippen Sie auf **Abmelden** ❼.

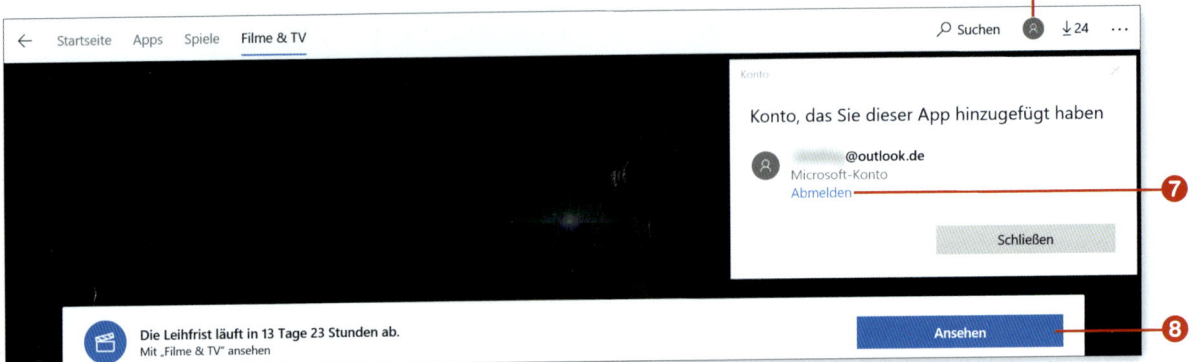

Filme in SD oder HD erwerben?

Viele Filme werden im Microsoft Store in zwei verschiedenen Bildqualitäten zur Verfügung gestellt, die sich auch beim Preis bemerkbar machen. So müssen Sie für die höhere Auflösung eines HD-Films (HD ist die Abkürzung für *High Definition*) mehr Geld ausgeben als für die geringere SD-Version (SD steht für *Standard Definition*). Möchten Sie den Film nicht auf Ihr Tablet herunterladen, sondern über das Internet in Echtzeit abspielen (man spricht hier auch von *Streaming*), spielt bei der Entscheidung auch die Internetverbindung eine Rolle. Denn für das Streaming benötigen Sie eine sehr gute und vor allem stabile Internetverbindung. Gerade wenn man unterwegs ist, ist diese nicht immer gewährleistet, sodass SD in einem solchen Fall die bessere Wahl ist.

Um den ausgeliehenen Film in Ruhe anzusehen, haben Sie nun 48 Stunden Zeit. Wenn Sie den Film auch unterwegs ohne Internetverbindung genießen möchten, sollten Sie ihn als Nächstes auf Ihr Tablet herunterladen, solange Ihnen noch eine Internetverbindung zur Verfügung steht. Wie Sie den Speicherort für Filme und TV-Serien festlegen, erfahren Sie im Kasten »Speicherort für neuen Inhalt ändern« auf Seite 236.

Der Download erfolgt über die App Filme & TV, die Windows 10 standardmäßig für das Abspielen von Filmen vorsieht. Die App ist bereits installiert. Sie können sie entweder über die Kachel **Filme & TV** oder auch über den entsprechenden Eintrag in der App-Liste im Startmenü öffnen. Sollten Sie nach Abschluss des Kaufs im Microsoft Store selbst auf **Ansehen** tippen (❽ auf Seite 232), wird übrigens ebenfalls die App Filme & TV gestartet. Um auf die erworbenen Filme zugreifen zu können, müssen Sie sich nun auch bei dieser App mit Ihrem Microsoft-Konto anmelden. Die folgenden Schritte sehen so aus:

∧ *Die Filme & TV-App wird über das Startmenü geöffnet.*

1. Tippen Sie in der App Filme & TV oben rechts auf das Symbol des Benutzerkontos.

2. Da Sie sich bereits beim Microsoft Store mit dem Microsoft-Konto angemeldet haben, wird Ihnen dieses Konto im Dialog **Anmelden** bereits angeboten. Sie können also direkt auf **Weiter** ❶ tippen. Eventuell werden Sie noch aufgefordert, Ihr Kennwort einzugeben und mit **Anmelden** zu bestätigen.

3. Im Programmfenster der App Filme & TV ist zunächst oben links die Kategorie **Erkunden** ❷ ausgewählt. Sie erhalten damit eine Übersicht über das Angebot an Filmen und TV-Serien, die Sie über den Microsoft Store beziehen können. Mit einem Tipp auf **Gekauft** ❸ gelangen Sie zu einer Übersicht über die Filme, die Sie bereits erworben haben.

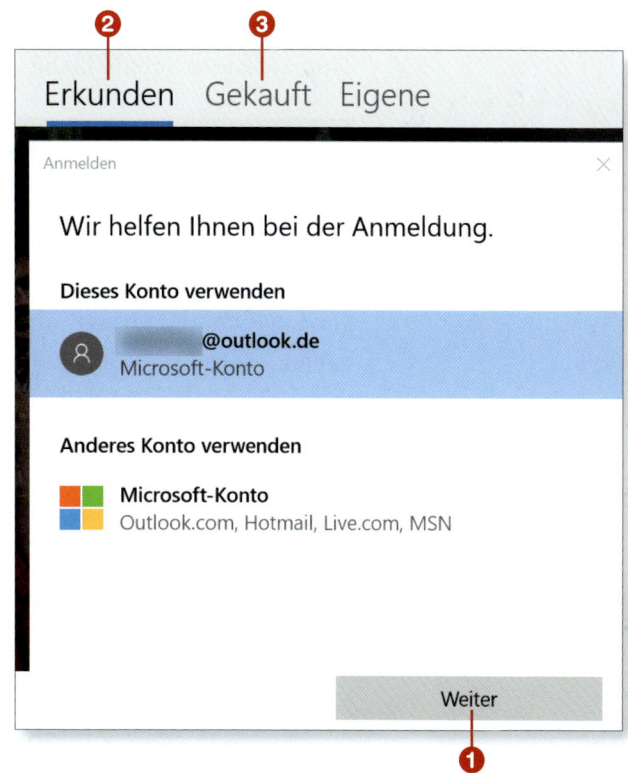

4. Wählen Sie per Tipp auf die Miniaturansicht den Film aus, den Sie sich ansehen bzw. in unserem Beispiel zunächst auf das Tablet herunterladen möchten.

5. Mit einem Tipp auf **Herunterladen** ❹ wird der Download gestartet. Dieser kann je nach Dateigröße nun einige Minuten dauern.

6. Nach erfolgreichem Download erscheint die Schaltfläche **Wiedergeben** ❺. Wann immer Sie sich nun den Film ansehen möchten, reicht ein Tipp auf diese Schaltfläche.

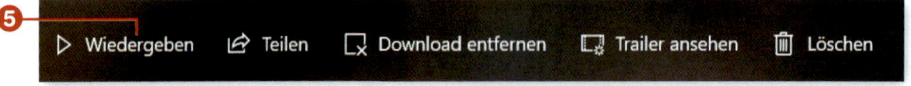

Wenn Sie den Film, wie in unserem Beispiel, ausgeliehen haben, müssen Sie den Film, wie gesagt, innerhalb von 48 Stunden vollständig angesehen haben. Während dieser Zeit können Sie die Wiedergabe natürlich jederzeit unterbrechen. Mit einem Tipp auf das Pause-Symbol ▮▮ halten Sie sie an, zum Fortsetzen tippen Sie auf das Wiedergabe-Symbol. Während der Wiedergabe wird die Symbolleiste ausgeblendet. Mit einer kleinen Wischbewegung auf dem Bildschirm holen Sie sie wieder zurück. Über den Pfeil ← oben links gelangen Sie zur Detailansicht des Films zurück. Hier wird nun statt der Schaltfläche **Wiedergeben** die Schaltfläche **Fortsetzen** angezeigt. Ein Tipp hierauf, und Sie können den Film weiter genießen.

Mit der App Filme & TV können Sie nicht nur Filme ansehen, die Sie über den Microsoft Store erworben haben, sondern auch Ihre eigenen Videos.

Rufen Sie hierzu in der App die Kategorie **Eigene** ⑥ auf. Zunächst werden hier nur die Dateien aufgeführt, die im Ordner *Videos* auf Ihrem Tablet gespeichert sind. Haben Sie Ihre Filme noch in anderen Ordnern abgelegt, müssen Sie diese der Filme-&-TV-App zugänglich machen.

1. Tippen Sie hierzu oben rechts auf das Symbol mit den drei kleinen Punkten ⑦ und im aufklappenden Menü auf **Einstellungen**.

2. Auf der folgenden Seite tippen Sie auf **Legen Sie fest, wo nach Videos gesucht werden soll** ⑧.

3. Es klappt der Dialog **Erstellen Sie eine Sammlung …** auf, in dem Sie auf das Plussymbol tippen ⑨.

4. Im Dialog **Ordner auswählen** markieren Sie den Ordner, in dem Ihre Videos gespeichert sind. Bestätigen Sie mit **Diesen Ordner zu „Videos" hinzufügen**.

5. Der ausgewählte Ordner wird nun im Dialog **Erstellen Sie eine Sammlung …** aufgeführt ⑩. Schließen Sie den Dialog mit **Fertig** ⑪.

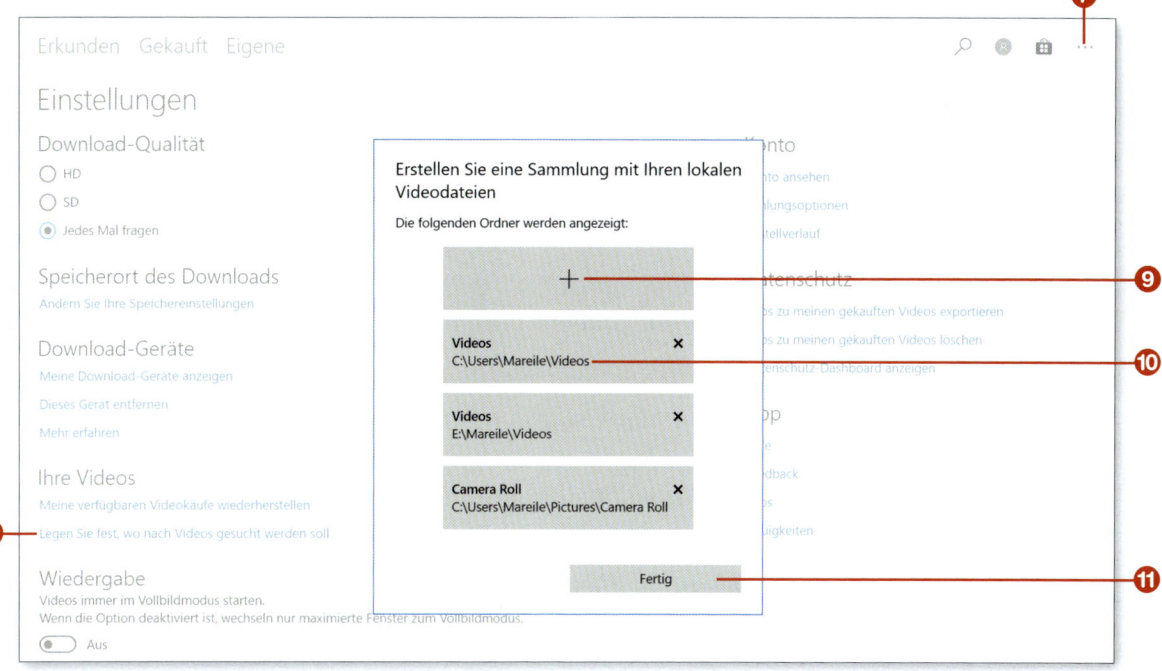

+ Speicherort für neuen Inhalt ändern

Die Speicherkapazität von Tablets ist im Vergleich zu Desktop-PCs und Notebooks häufig nicht allzu groß. Wer eine umfangreiche Foto- und Videosammlung, Musik oder auch über den Microsoft Store erworbene Filme und TV-Sendungen auf dem Tablet genießen möchte, muss sich daher genau überlegen, wo er diese Daten speichert. Eine gute Option stellen externe Festplatten dar, auf die Sie Ihre Multimediadaten auslagern können. Damit Sie selbst bzw. Apps (z. B. die Fotos-App oder Filme-&-TV-App) auf die Daten zugreifen können, muss die Festplatte natürlich am Tablet angeschlossen sein. Damit neu auf das Tablet übertragene Daten von Beginn an auf dieser externen Festplatte gespeichert werden, müssen Sie den Speicherort entsprechend ändern. Nachdem Sie die externe Festplatte am Tablet angeschlossen haben, rufen Sie **Start ▸ Einstellungen ▸ System ▸ Speicher** auf. Tippen Sie hier am unteren Rand der rechten Spalte auf **Speicherort für neuen Inhalt ändern**. Nach einem Tipp in das jeweilige Feld können Sie nun auswählen, wo neue Apps, Dokumente, Musik, Fotos und Videos oder auch Filme und TV-Sendungen gespeichert werden.

Musik hören mit der Groove-Musik-App

^ *Die Groove-Musik-App öffnen Sie über die gleichnamige Kachel im Startmenü.*

Ihnen steht während der Arbeit am Tablet der Sinn nach etwas Musikuntermalung? Windows 10 bringt hierfür die *Groove-Musik*-App mit, die Sie über die gleichnamige Kachel oder den entsprechenden Eintrag in der App-Liste des Startmenüs öffnen.

Über die Groove-Musik-App können Sie alle Musiktitel abspielen, die sich bereits im Ordner *Musik* befinden. Wenn Sie mit einem Microsoft-Konto am Tablet oder in der App selbst angemeldet sind, steht Ihnen auch die in OneDrive abgelegte Musiksammlung zur Verfügung. Die Anmeldung aus der App heraus nehmen Sie über die Schaltfläche **Anmelden ❶** vor.

Wenn der Ordner *Musik* bei Ihnen noch keine Musiktitel enthält, wird nach dem ersten Start der Groove-Musik-App der Hinweis **Zeigen Sie uns, wo wir nach Musik suchen sollen ❷** eingeblendet. Haben Sie Ihre Musik

z. B. auf einer externen Festplatte gesichert und diese am Tablet angeschlossen, können Sie diese Ordner der Groove-Musik-App hinzufügen.

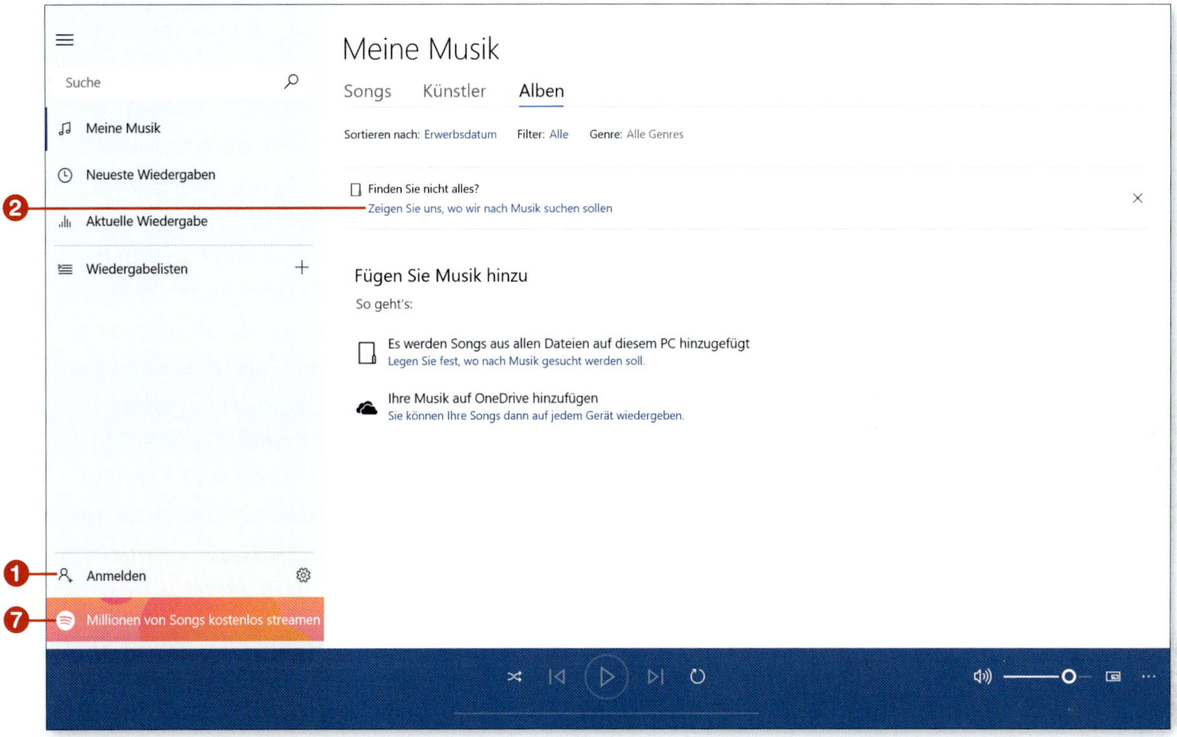

☰

Suche   🔍

♫   Meine Musik

🕐   Neueste Wiedergaben

❷   .ıl.   Aktuelle Wiedergabe

≡   Wiedergabelisten   +

Meine Musik

Songs   Künstler   **Alben**

Sortieren nach: Erwerbsdatum   Filter: Alle   Genre: Alle Genres

☐ Finden Sie nicht alles?   ×
Zeigen Sie uns, wo wir nach Musik suchen sollen

Fügen Sie Musik hinzu

So geht's:

📱   Es werden Songs aus allen Dateien auf diesem PC hinzugefügt
Legen Sie fest, wo nach Musik gesucht werden soll.

☁   Ihre Musik auf OneDrive hinzufügen
Sie können Ihre Songs dann auf jedem Gerät wiedergeben.

❶   👤 Anmelden   ⚙

❼   ⊜ Millionen von Songs kostenlos streamen

            ⤨   ◁   ▷   ▷| ↻   🔊 ——○— 🖵 …

---

1. Tippen Sie auf **Zeigen Sie uns, wo wir nach Musik suchen sollen** ❷. Der Dialog **Erstellen Sie eine Sammlung …** wird geöffnet.

2. Im Dialog wird bisher nur der Ordner *Music* ❸ aufgeführt. Tippen Sie auf das Plussymbol ❹, um den Dialog **Ordner auswählen** zu öffnen.

3. Markieren Sie in der linken Spalte die externe Festplatte und dann rechts den Ordner, in dem Sie die Musiksammlung gespeichert haben. Bestätigen Sie mit **Diesen Ordner zu „Musik" hinzufügen**.

4. Der ausgewählte Ordner wird nun ebenfalls im Dialog **Erstellen Sie eine Sammlung …** angezeigt ❺. Schließen Sie diesen Dialog mit **Fertig** ❻.

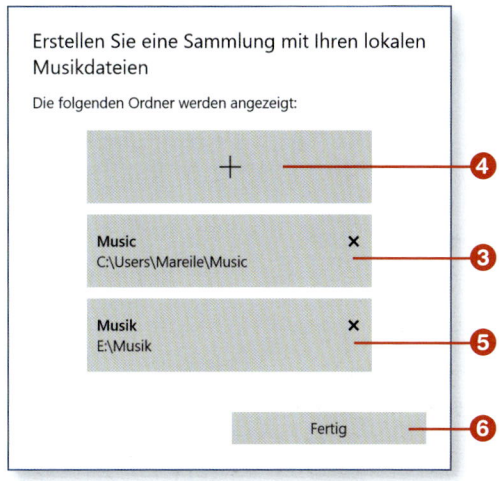

✚ Mit Spotify Musik aus dem Internet genießen

Bis zum 1. Januar 2018 hat Microsoft einen eigenen Streamingdienst namens *Groove Music Pass* angeboten, mit dem Musik über das Internet gestreamt, also auf den PC übertragen und dort sofort über die Groove-Musik-App wiedergegeben werden konnte. Nun müssen Sie die Streamingdienste anderer Anbieter nutzen. Microsoft bewirbt in der Groove-Musik-App den Marktführer *Spotify* (*www.spotify.com/de*). Nach einem Tipp auf die Werbung unten links (❼ auf Seite 237) werden Sie zum Microsoft Store geführt, über den Sie sich die kostenlose App *Spotify* herunterladen können (siehe auch den Abschnitt »Kostenlose Apps installieren« ab Seite 247). Nach dem ersten Start müssen Sie sich einmal kostenlos registrieren. Das Angebot von Spotify können Sie sechs Monate lang kostenlos testen. Während dieser Zeit müssen Sie allerdings Werbeeinblendungen in Kauf nehmen. Die kostenpflichtige, dafür aber werbefreie Version *Spotify Premium* ist für rund 10 € im Monat erhältlich, ein Familienabonnement für bis zu sechs Personen kostet rund 15 €.

∨ *Sie können sich Ihre Musiksammlung nach Künstlern sortiert anzeigen lassen.*

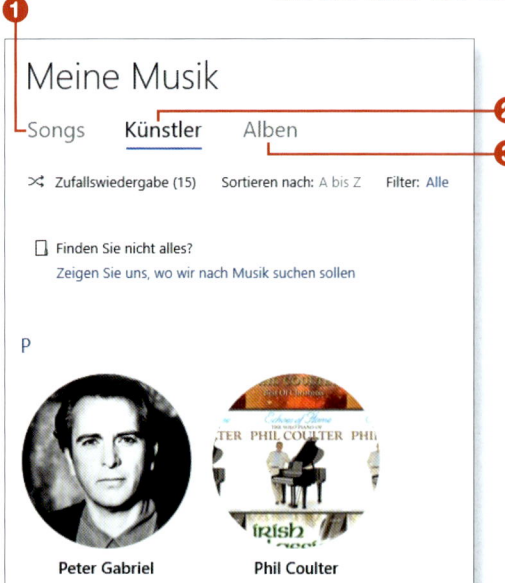

Sie können nun die auf der externen Festplatte gespeicherte Musik ebenfalls über die Groove-Musik-App abspielen. Der Zugriff auf Ihre Musiksammlung erfolgt über die Kategorien **Alben**, **Künstler** oder auch **Songs**, die Sie über die entsprechenden Schaltflächen am oberen Fensterrand der App aufrufen. Entscheiden Sie sich für **Songs** ❶, werden in der rechten Fensterhälfte alle Musiktitel, die sich in Ihrer Musiksammlung befinden, aufgelistet. Je nach Größe der Sammlung kann diese Liste recht umfangreich sein. Wählen Sie dagegen die Kategorie **Künstler** ❷ oder auch **Alben** ❸, sehen Sie in der rechten Fensterhälfte zunächst die entsprechenden Einträge. Mit einem Tipp auf einen Künstlernamen oder Albumtitel erscheint eine Liste aller Musiktitel des Künstlers bzw. des Albums. Mit einer vertikalen Wischbewegung blättern Sie in der Liste von unten nach oben und umgekehrt.

Wenn Sie sich alle aufgeführten Musiktitel anhören möchten, tippen Sie am oberen Seitenrand auf **Alle wiedergeben** ❹. Interessiert Sie dagegen nur ein einzelner Titel, wählen Sie diesen direkt per Tipp in der Liste aus ❺. Die Wiedergabe wird sofort gestartet. Über den Schieberegler unten rechts können Sie die Lautstärke innerhalb der App anpassen ❻. Alternativ hierzu lässt sich die Lautstärke aber natürlich auch über die Lautstärketasten des Tablets selbst sowie das Lautsprechersymbol ❼ im Infobereich der Taskleiste regulieren.

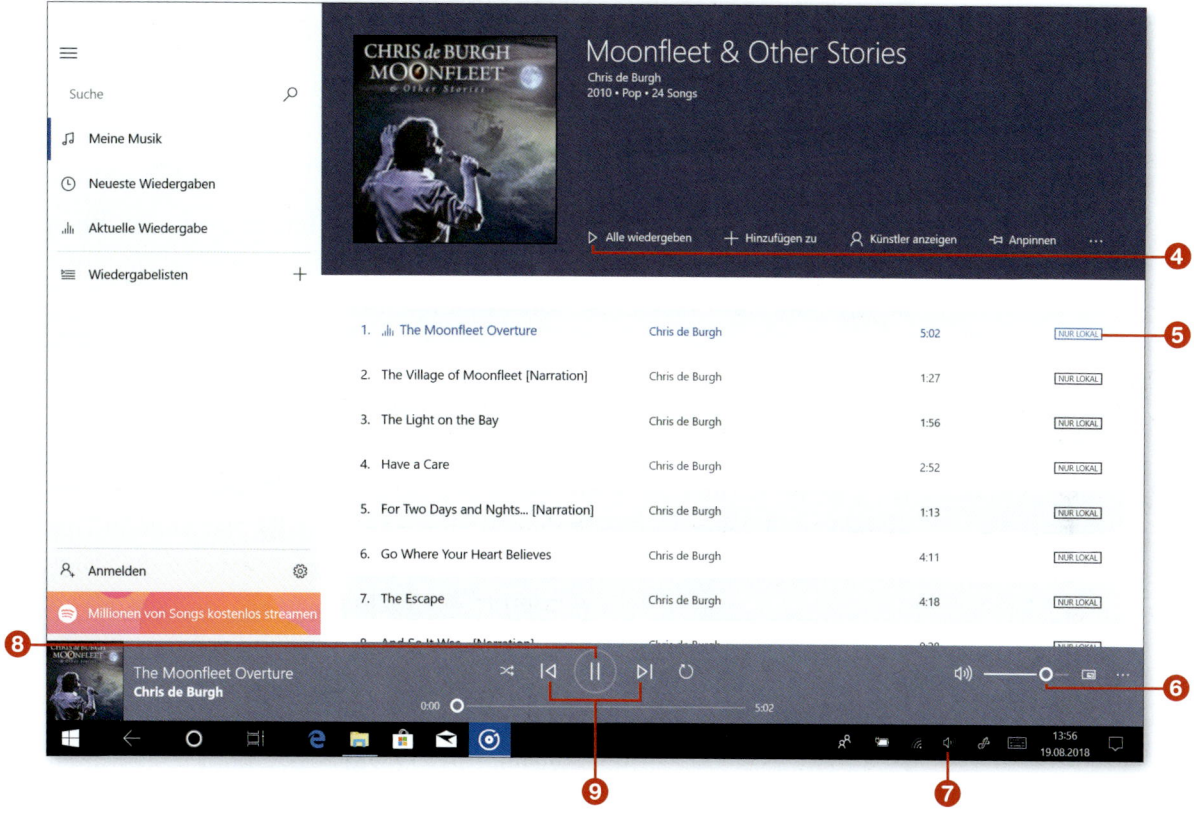

︿ *Spielen Sie ein ganzes Album oder auch nur einen einzelnen Musiktitel ab.*

Möchten Sie die Wiedergabe stoppen, tippen Sie auf das Symbol ▮▮ ❽ am unteren Bildschirmrand. Über die beiden Pfeilsymbole ❾ links und rechts vom Pause-Symbol gelangen Sie zum vorherigen bzw. nächsten Musiktitel.

Während Sie die Musik genießen, können Sie selbstverständlich wie gewohnt mit dem Tablet arbeiten. Sollten Sie Ihre Arbeit einen Moment unterbrechen und sollte der Sperrbildschirm eingeblendet werden, wird auch weiterhin die Musik wiedergegeben. Auf dem Sperrbildschirm wird unten rechts der aktuell abgespielte Song angezeigt. Über die drei Schaltflächen, die Sie unterhalb des Titels finden, springen Sie zum vorherigen Song, halten die Wiedergabe an oder springen zum nächsten Song.

> Auch über den Sperrbildschirm lässt sich die Groove-Musik-App steuern.

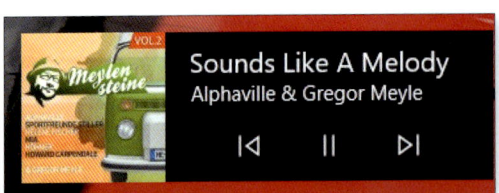

Haben Sie Musiktitel, die Sie besonders mögen, und andere, die Ihnen nicht so gefallen? Mit der Groove-Musik-App können Sie sich Wiedergabelisten mit Ihrer Lieblingsmusik zusammenstellen.

1. Tippen Sie in der linken Spalte auf das Plussymbol ❶ rechts von **Wiedergabelisten**.

2. Tippen Sie im folgenden Dialog in das Feld **Diese Wiedergabeliste benennen**, und geben Sie einen Namen für die Liste ein ❷. Nach einem Tipp auf **Wiedergabeliste erstellen** ❸ wird diese angelegt.

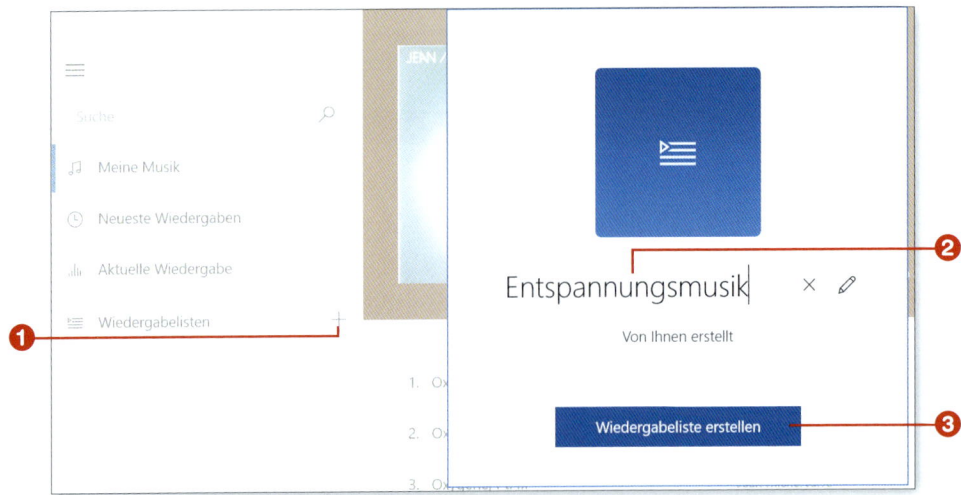

3. Der Name Ihrer Wiedergabeliste wird in der linken Spalte aufgeführt ❹. Tippen Sie rechts auf **Zu den Alben** ❺.

4. Öffnen Sie das Album, in dem sich der erste Titel für Ihre Wiederga-beliste befindet. Halten Sie nun den Finger etwas länger auf dem Song gedrückt, bis das Kontextmenü eingeblendet wird ❻.

5. Tippen Sie im Kontextmenü auf **Hinzufügen zu** und in der aufklap-penden Liste auf den Namen Ihrer gerade erstellten Wiedergabeliste ❼.

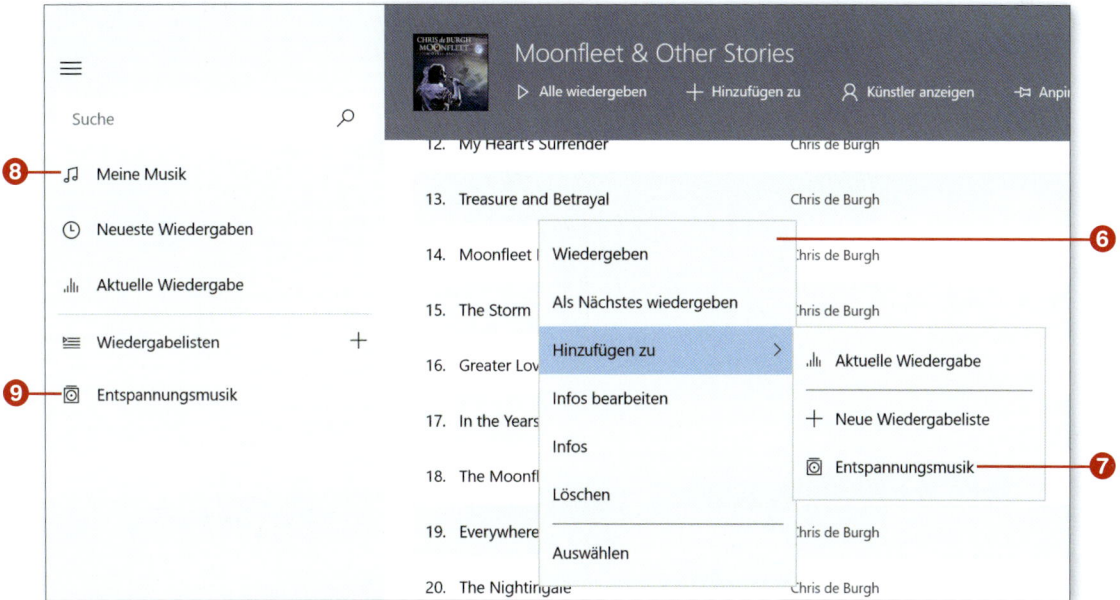

6. Wiederholen Sie Schritt 4 und 5 für alle weiteren Musiktitel, die Sie Ihrer Wiedergabeliste hinzufügen möchten. Über den Menüeintrag **Meine Musik** ❽ in der linken Spalte gelangen Sie immer wieder zurück zur Übersicht über Ihre Musiksammlung, in der Sie dann die gewünschten Alben aufrufen können.

7. Mit einem Tipp auf den Namen Ihrer Wiedergabeliste ❾ blenden Sie den Inhalt rechts ein. Tippen Sie nun oben auf **Alle wiedergeben**, können Sie Ihre persönlichen Lieblingssongs genießen.

Kapitel 10

Apps, Spiele und Filme über den Microsoft Store beziehen

Auf dem Windows-Tablet sind bereits viele Apps installiert, die die wichtigsten Arbeiten mit dem Computer abdecken. So können Sie z. B. sofort mit dem Browser Edge im Internet surfen, E-Mails mit der Mail-App empfangen und versenden, mit der Kamera-App fotografieren und die Bilder und Videos dann mit der Fotos-App bearbeiten. In diesem Kapitel lernen Sie nun den Microsoft Store kennen, kurz auch *Store* genannt (zu Deutsch »Geschäft«). In ihm finden Sie eine Vielzahl weiterer Apps, Spiele, Filme und TV-Sendungen. Ein Teil des Angebots ist kostenpflichtig, vieles können Sie aber auch gratis beziehen.

Im Store stöbern

Wenn auf Ihrem Tablet der Desktopmodus aktiviert ist oder Sie im Tabletmodus die App-Symbole in der Taskleiste eingeblendet haben, starten Sie den Store direkt mit einem Tipp auf das dort vorhandene Symbol ❶. Wie Sie die App-Symbole auf die Taskleiste holen, lesen Sie im Abschnitt »Schnelle Wege, um zwischen geöffneten Apps zu wechseln« ab Seite 83. Alternativ öffnen Sie den Microsoft Store über die gleichnamige Kachel ❷ im Startmenü. Haben Sie die Kachel hier bereits entfernt, führt Sie der Weg zum Store über die App-Liste, die Sie im Tabletmodus per Tipp auf das Symbol ▤ oben links im Startmenü öffnen.

Nach dem Start des Microsoft Stores sehen Sie zunächst die sog. Startseite, die einige Empfehlungen für Sie parat hält. Blättern Sie auf der Seite nach unten, gelangen Sie zu Kategorien wie **Beliebteste Apps**, **Kostenlose Top-Apps**, **Neue Filme** oder auch **Meistverkaufte TV-Sendungen**.

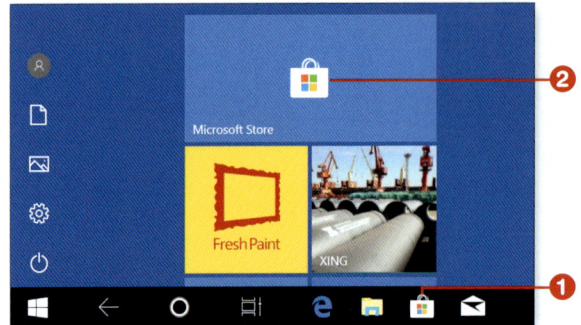

> *Der Start des Microsoft Stores erfolgt über die Kachel im Startmenü oder das Symbol in der Taskleiste.*

Auf dem Touchscreen wischen Sie zum Blättern einfach von unten nach oben und umgekehrt. Nutzen Sie das Tablet mit einer externen Tastatur oder auch einer Computermaus im Desktopmodus, finden Sie am rechten Fensterrand des Stores eine Bildlaufleiste. Sie wird dann eingeblendet, wenn Sie den Mauszeiger auf dem rechten Fensterrand positionieren. Mit gedrückter linker Maustaste können Sie die Leiste nun verschieben und so auf der Startseite des Stores blättern. Wenn Sie eine Computermaus mit Scrollrad verwenden, reicht zum Blättern auch das Drehen des Scrollrades.

> *Zum Blättern wischen Sie auf der Seite von unten nach oben und umgekehrt.*

Interessiert Sie eine der Kategorien besonders, tippen Sie rechts vom entsprechenden Kategorienamen auf die Schaltfläche **Alle anzeigen** ❸. Um zur vorherigen Seite zurückzukehren, tippen Sie oben links einfach auf das Pfeilsymbol ❹. Wenn Sie wieder die **Startseite** aufrufen möchten, reicht ein Tipp auf das gleichnamige Menü oben links ❺.

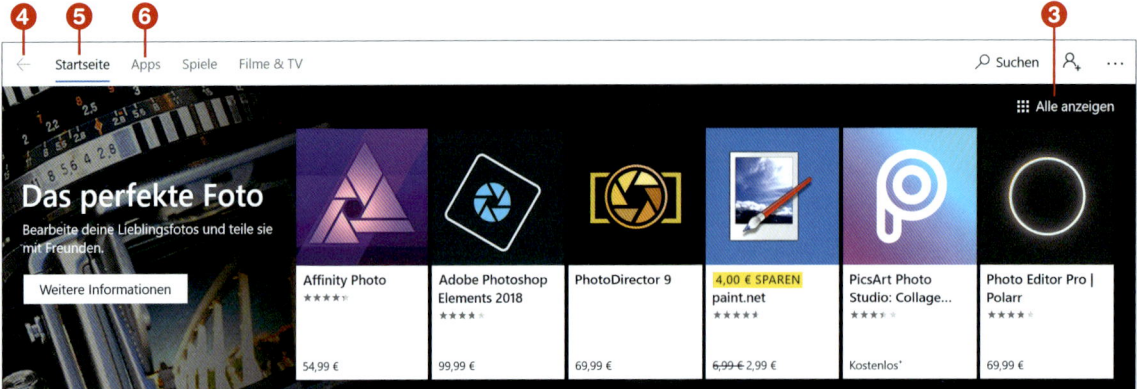

Der Store bietet ein großes Angebot an Apps, Spielen, Filmen und TV-Sendungen. Stöbern Sie einfach etwas im Store, um sich selbst einen Eindruck zu verschaffen. Tippen Sie oben links z. B. auf das Menü **Apps** ❻, können Sie einen Blick in das App-Angebot werfen. Blättern Sie auf der folgenden Seite ganz nach unten, gelangen Sie zur Übersicht über alle Kategorien, nach denen die Apps sortiert sind. Wählen Sie eine Kategorie per Tipp aus, etwa **Musik**, werden zunächst alle kostenlosen Apps dieser Kategorie aufgeführt. Zu Beginn der Seite finden Sie einige Filtermöglichkeiten, um die Anzeige Ihren Wünschen entsprechend einzuschränken. Sind Sie beispielsweise nur an den Apps interessiert, die von anderen Anwendern sehr gut bewertet wurden, tippen Sie in das Feld ganz links und wählen in der aufklappenden Liste **Beste Kritiken** ❼ aus.

Anhand der schwarz markierten Anzahl an Sternen, die jeweils unterhalb des Namens einer App angezeigt werden, erfahren Sie, wie gut bzw. schlecht die App von anderen Personen bewertet wurde ❽. Ist die App gratis, wird der Hinweis **Kostenlos** ❾ eingeblendet. Im Fall einer kostenpflichtigen App erscheint stattdessen der Preis der App ❿. Befindet sich eine der Apps bereits auf Ihrem Gerät, weist Sie der Hinweis **Installiert** darauf hin.

Wenn Sie sich in Ruhe die nächste Kategorie ansehen möchten, tippen Sie einfach zu Beginn der Seite in das Feld **Kategorie** und markieren die gewünschte Kategorie ⓫. Sind Sie an etwas Ablenkung interessiert, können Sie sich über das Feld **Abteilungen** ⓬ die **Spiele** anzeigen lassen. Mit einem Tipp auf den Pfeil oben links ⓭ gelangen Sie immer wieder zur zuvor besuchten Seite zurück.

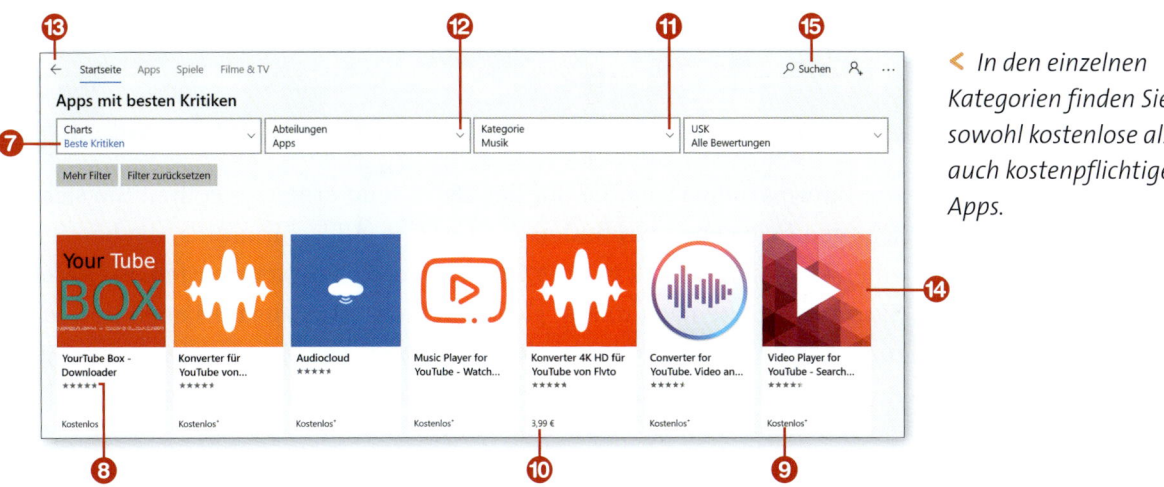

◄ *In den einzelnen Kategorien finden Sie sowohl kostenlose als auch kostenpflichtige Apps.*

245

Hat eine App Ihr Interesse geweckt, tippen Sie auf ihre Miniaturvor-schau (⑭ auf Seite 245), um die Detailseite der App aufzurufen. Wenn Sie bereits genau wissen, welche App Sie auf Ihrem Tablet installieren möchten, müssen Sie natürlich nicht erst umständlich den Store nach ihr durchsuchen. Tippen Sie stattdessen in das Suchfeld in der rechten oberen Ecke des Programmfensters ⑮. Geben Sie hier den Suchbegriff ein, etwa **Adobe Photoshop Express** für die beliebte kostenlose App zur Bearbeitung Ihrer Fotos. Drücken Sie dann die Eingabe-Taste ⏎, um die Suche zu starten. Wenn es für Ihren Suchbegriff mehr Treffer gibt, wählen Sie die gewünschte App in der Ergebnisliste einfach per Tipp aus.

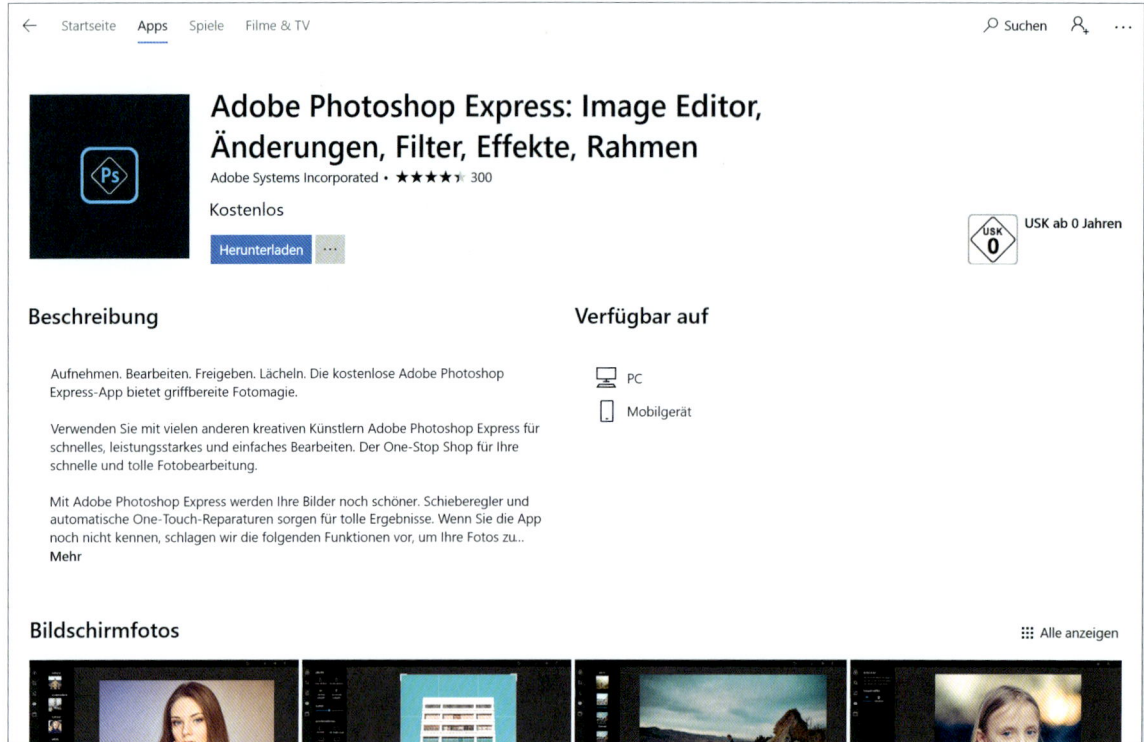

∧ *Auf der Detailseite erhalten Sie wichtige Informationen zur App.*

Die Informationen, die Sie auf der Detailseite erhalten, sollten Sie sich sehr genau ansehen. So finden Sie hier z. B. Bildschirmfotos, die bereits einen kleinen Eindruck von der Oberfläche der App verschaffen. Blättern Sie auf der Seite nach unten, gelangen Sie zu den ausführlichen Bewer-tungen der App. Lesen Sie sich diese in Ruhe durch, denn sie geben häufig Aufschluss darüber, ob es in letzter Zeit mit der App Schwierigkeiten gab oder umgekehrt frühere Fehler durch eine neue Version behoben wurden. Wer ein Spiel oder einen Film für Kinder auf dem Tablet installieren möchte, sollte unbedingt einen Blick auf die Altersfreigabe werfen.

Wie die Installation einer App auf Ihrem Tablet erfolgt, hängt davon ab, ob es sich um eine kostenlose oder eine kostenpflichtige App handelt. Beide Varianten stelle ich Ihnen in den folgenden Abschnitten vor. Für beide benötigen Sie auf jeden Fall ein Microsoft-Konto.

Kostenlose Apps installieren

Sie haben eine App oder auch ein Spiel gefunden, das Sie gerne auf dem Tablet installieren möchten? Hierzu gehen Sie folgendermaßen vor:

1. Stellen Sie zunächst sicher, dass im Store die Detailseite der gewünschten App angezeigt wird. Tippen Sie unterhalb des Hinweises **Kostenlos** auf die Schaltfläche **Herunterladen**.

2. Sind Sie mit einem lokalen Benutzerkonto am Tablet angemeldet und haben sich bisher noch bei keiner Microsoft-App (z. B. der Mail-App) mit Ihrem Microsoft-Konto angemeldet? In diesem Fall werden Sie nun von der Store-App aufgefordert, die Anmeldung vorzunehmen. Eventuell erhalten Sie die Anfrage, ob Sie sich geräteübergreifend anmelden möchten. Damit das lokale Benutzerkonto nicht in ein Microsoft-Konto umgewandelt wird, wählen Sie hier **Nein, danke** ➊.

3. Wird im Dialog **Anmelden** die E-Mail-Adresse Ihres Microsoft-Kontos noch nicht aufgeführt, geben Sie diese in das entsprechende Feld ein. Bestätigen Sie mit **Weiter**. Tragen Sie dann das Kennwort ein ➋.

Geben Sie das Kennwort für "_____@outlook.com" ein.

●●●●●●●●●●● ❷

Ich habe mein Kennwort vergessen.

Helfen Sie uns, sicherzustellen, dass Sie kein Robot sind.

Geben Sie die Zeichen ein, die Sie sehen.

Neu | Audio

❸

Geben Sie diese Zeichen ein ❹

Geben Sie alle Zeichen ein, die Sie sehen.

Datenschutzbestimmungen von Microsoft

Zurück   Anmelden ❺

4. Ab und an werden Sie bei der Anmeldung zusätzlich aufgefordert, eine vorgegebene Zeichenfolge (auch *Captcha* genannt) ❸ in das Feld darunter einzugeben ❹. Wenn Sie auf Ihrem Tablet den Tabletmodus aktiviert haben und die virtuelle Tastatur nutzen, werden Zeichenfolge und Feld eventuell durch die Tastatur überdeckt. Halten Sie das Tablet in diesem Fall am besten im Hochformat. Der Bildschirminhalt wird entsprechend gedreht, und schon ist beides wieder sichtbar.

5. Nach einem Tipp auf **Anmelden** ❺ wird sofort der Download und dann die Installation der ausgewählten App gestartet. Dieser Vorgang kann je nach Dateigröße etwas dauern.

6. Nach der erfolgreichen Installation erscheint die Schaltfläche **Starten** bzw. **Spielen**, je nachdem, ob Sie eine App oder ein Spiel ausgewählt haben. Mit einem Tipp auf die Schaltfläche öffnen Sie die Anwendung sofort.

7. Sie möchten die Anwendung erst später ausprobieren? In diesem Fall rufen Sie sie über die App-Liste **6** im Startmenü auf. Alle erst kürzlich installierten Anwendungen werden hier mit **Neu** **7** gekennzeichnet.

> ➕ **Lieblings-App als Standardprogramm festlegen**
>
> Jedem Dateityp ist unter Windows 10 ein bestimmtes Programm zugeordnet. Tippen Sie im Explorer z. B. doppelt auf ein Foto im JPG-Format, wird automatisch die Fotos-App gestartet. Haben Sie nun über den Store eine App auf Ihrem Tablet installiert, die Sie lieber als Standardprogramm für Ihre Bilder nutzen möchten, können Sie die entsprechende Einstellung anpassen. Rufen Sie hierzu über das Startmenü die Einstellungen-App ⚙ auf, wechseln Sie in die Kategorie **Apps**, und markieren Sie dann links die **Standard-Apps** (**1** auf Seite 250). In der rechten Spalte werden nun die Bereiche **E-Mail**, **Karten**, **Musikplayer**, **Bildanzeige**, **Videoplayer** und **Webbrowser** aufgeführt. Jeweils darunter finden Sie das Programm, das dem Bereich aktuell als Standardprogramm zugewiesen ist. Tippen Sie im gewünschten Bereich auf das aktuelle Programm, das Sie durch ein anderes ersetzen möchten, in unserem Foto-Beispiel also im Bereich **Bildanzeige** auf **Fotos** **2**. In der aufklappenden Liste finden Sie nun alle auf Ihrem Tablet installierten Apps, die zur Bildanzeige geeignet sind. Per Tipp markieren Sie die gewünschte App **3**. Zukünftig wird nach einem Doppeltipp auf eine JPG-Datei im Explorer automatisch die gerade ausgewählte App gestartet.

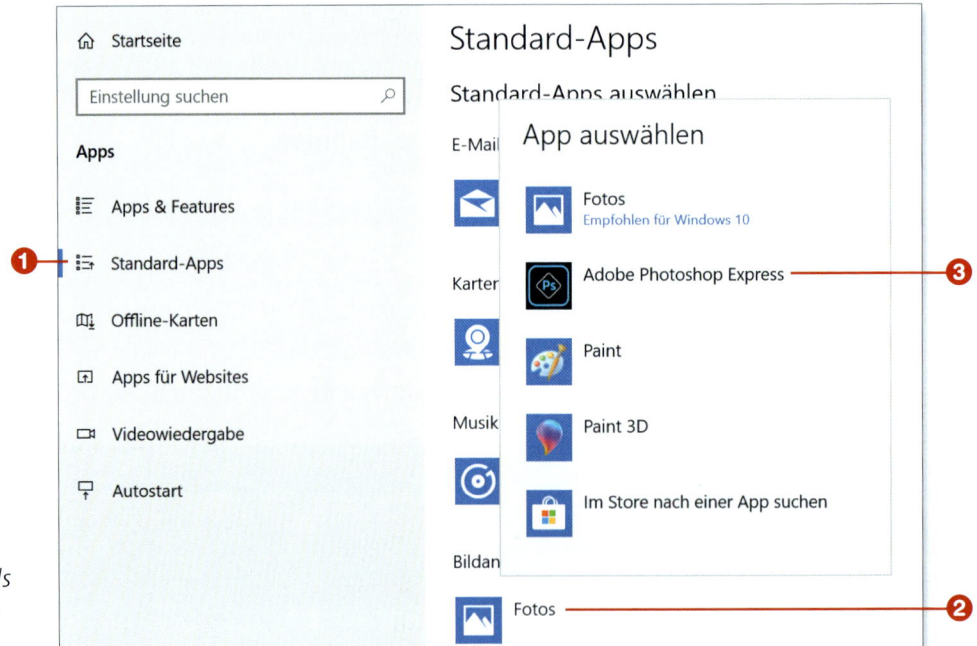

> In der Einstellun-
gen-App können Sie
Ihre Lieblings-App als
Standardprogramm
festlegen.

Kostenpflichtige Apps erwerben

Handelt es sich bei der App oder dem Spiel, das Sie über den Microsoft
Store erwerben möchten, um eine kostenpflichtige Anwendung, sind ein
paar Schritte mehr nötig als bei der kostenlosen Variante. Denn in die-
sem Fall müssen Sie – zumindest beim ersten Kauf – noch die gewünschte
Zahlungsmethode festlegen. Wenn Sie sich bereits zuvor beim Microsoft
Store selbst oder einer anderen Microsoft-App angemeldet haben oder
Ihr Benutzerkonto mit einem Microsoft-Konto verknüpft ist, entfallen
aber zumindest diese Anmeldeschritte.

1. Stellen Sie sicher, dass die Detailseite der Anwendung im Microsoft
Store angezeigt wird. Tippen Sie unterhalb des Preises auf die Schaltfläche **Kaufen**.

2. Sollten Sie noch nicht mit einem Microsoft-Konto angemeldet sein,
erscheint der Dialog **Anmelden**. Geben Sie die E-Mail-Adresse des Kontos

an, und tippen Sie auf **Weiter**. Nach Eingabe des Kennwortes bestätigen Sie mit **Anmelden**.

3. Als Nächstes legen Sie die gewünschte **Zahlungsmethode** fest. Tippen Sie hierzu auf die gleichnamige Schaltfläche.

4. Als Methoden stehen zunächst die Bezahlung per Direktüberweisung **Sofort** (Informationen hierzu finden Sie unter *www.sofort.com*), **GiroPay** (siehe *www.giropay.de*) sowie **Geschenkgutschein** zur Auswahl. Den Geschenkgutschein stelle ich Ihnen im folgenden Abschnitt genauer vor. Nach einem Tipp auf **Neue Zahlungsmethode hinzufügen** können Sie zusätzlich zwischen den Methoden **Kreditkarte oder Debitkarte**, **PayPal**, **Klarna** (Informationen hierzu erhalten Sie unter *www. klarna.com/de*) oder auch **Mobiltelefon**, also Handyrechnung, wählen. Letzteres ist derzeit

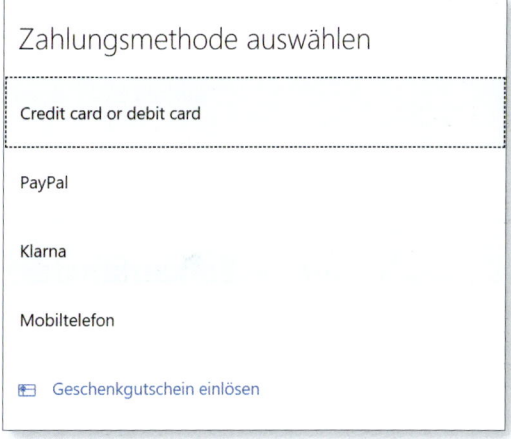

nur bei den Anbietern O2 sowie Telekom Deutschland möglich.

5. Haben Sie die Zahlungsmethode markiert, geben Sie die entsprechenden Daten ein. Bestätigen Sie mit **Absenden** bzw. **Kaufen**. Die Anwendung wird nun heruntergeladen und sofort installiert.

6. War der Vorgang erfolgreich, werden wieder die Schaltflächen **Starten** bzw. **Spielen** eingeblendet. Mit einem Tipp darauf können Sie die Anwendung direkt aus dem Store heraus öffnen. Wenn Sie diese erst später ausprobieren möchten, führt Sie der Weg wie gewohnt über die App-Liste des Startmenüs.

➕ **Beim Microsoft Store abmelden**

Wenn Sie zunächst keine weiteren Einkäufe über den Microsoft Store vornehmen möchten, können Sie sich bei der App auch abmelden. Tippen Sie hierzu im Programmfenster oben rechts auf das Symbol Ihres Benutzerkontos. In der aufklappenden Liste markieren Sie Ihr Microsoft-Konto und tippen im nächsten Dialog auf **Abmelden**.

^ *Kaufen Sie nicht weiter im Microsoft Store ein, können Sie sich auch abmelden.*

Einkaufen per Geschenkkarte

∨ *Die Geschenk-karten werden mit unterschied-lichen Guthaben angeboten.*

Gehören Sie auch zu denjenigen, die nicht gerne ihre Bank- bzw. Kreditkartendaten über das Internet preisgeben? Für Sie gibt es trotzdem eine Möglichkeit, über den Store eine kostenpflichtige Anwendung zu erwerben: den Geld- und Geschenkgutschein. Diese Gutscheine werden mit unterschiedlichen Kartenwerten (z. B. 15 € oder auch 50 €) u. a. in Super- und Technikfachmärkten, Drogerien oder auch Tankstellen angeboten.

Wenn Sie sich einen solchen Geschenkgutschein gekauft oder vielleicht auch selbst geschenkt bekommen haben, können Sie ihn gleich beim Kauf einer Anwendung einlösen. Die ersten vier Schritte hierbei sind wie im vorherigen Abschnitt »Kostenpflichtige Apps erwerben« ab Seite 250 gezeigt. Im Dialog **Zahlungsmethode auswählen** tippen Sie dann auf **Geschenkgutschein einlösen**. Sie werden nun aufgefordert, den Code des Gutscheins anzugeben. Er befindet sich auf der Kartenrückseite, muss dort allerdings erst freigekratzt werden. Sobald Sie den 25-stelligen Code korrekt eingegeben und mit einem Tipp auf **Weiter** und **Bestätigen** legitimiert haben, können Sie in Höhe des Gutscheinwertes im Store einkaufen.

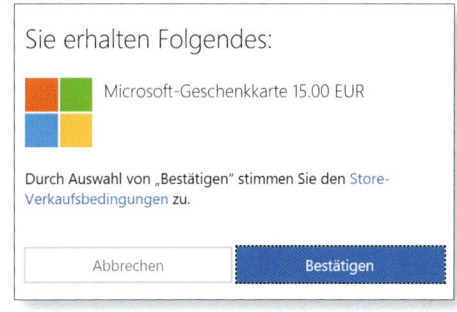

Haben Sie den Betrag nicht ganz ausgeschöpft, steht Ihnen beim nächsten Einkauf der Restbetrag zur Verfügung. Wenn der Betrag für den geplanten Einkauf nicht ausreicht, erhalten Sie einen entsprechenden Hinweis. Nach einem Tipp auf **Ändern** können Sie nun eine neue **Zahlungsmethode hinzufügen** oder einen weiteren **Geschenkgutschein einlösen**.

Apps auf dem neuesten Stand halten

Nicht nur für Windows 10 gibt es immer wieder Updates. Auch die Hersteller von Apps entwickeln die Anwendungen stetig weiter. So kommen neue Funktionen hinzu, und Fehler werden ausgebessert. Meist werden diese App-Updates automatisch auf Ihr Tablet übertragen. Voraussetzung hierfür ist allerdings, dass Sie im Microsoft Store angemeldet sind. Wenn Sie sich zwischenzeitlich abmelden, wie im Kasten »Beim Microsoft Store abmelden« auf Seite 252 beschrieben, sollten Sie selbst regelmäßig überprüfen, ob Programmaktualisierungen verfügbar sind.

1. Öffnen Sie den Microsoft Store z. B. per Tipp auf das Programmsymbol in der Taskleiste.

2. Wenn Sie aktuell nicht im Store mit Ihrem Microsoft-Konto angemeldet sind, tippen Sie im Programmfenster oben rechts auf das Symbol des Benutzerkontos ❶. In der aufklappenden Liste wählen Sie den Befehl **Anmelden** ❷.

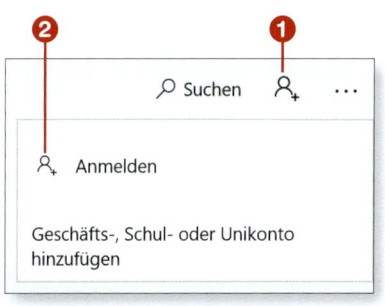

3. Markieren Sie im Dialog **Anmelden** Ihr Microsoft-Konto, und tippen Sie auf **Weiter**. Die Eingabe des Kennwortes bestätigen Sie mit **Anmelden**.

4. War die Anmeldung im Store erfolgreich, tippen Sie im Programmfenster oben rechts auf das Symbol ⋯ ❸ und in der aufklappenden Liste auf **Downloads und Updates**.

5. Die folgende Übersicht zeigt alle auf Ihrem Tablet installierten Apps. In der rechten Spalte erfahren Sie, wann eine App das letzte Mal aktualisiert wurde. Wenn Sie selbst prüfen möchten, ob neue Updates verfügbar sind, tippen Sie oben rechts auf **Updates abrufen** ❹.

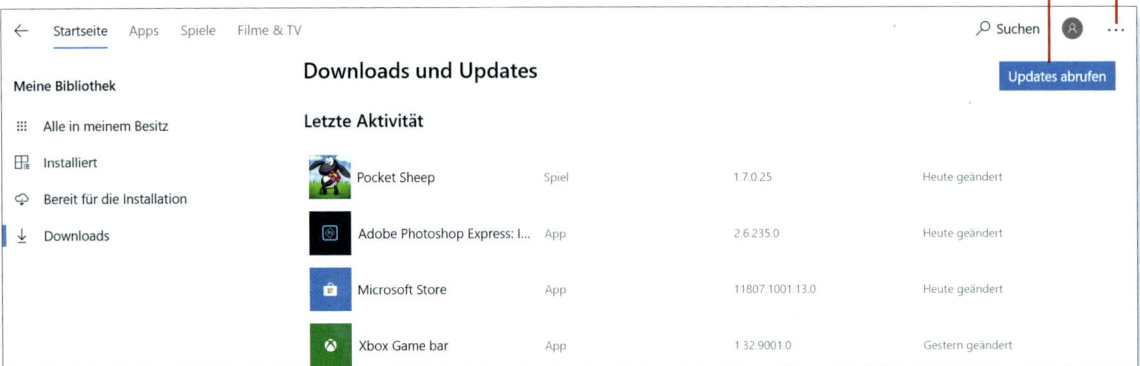

6. Sind Sie mit dem Microsoft-Konto am Store angemeldet, werden die Updates, wie zuvor erwähnt, automatisch vorgenommen. Wer dies nicht möchte, kann den Automatismus auch deaktivieren. Tippen Sie hierzu oben rechts auf das Symbol ⋯ und in der aufklappenden Liste dann auf **Einstellungen**.

7. Auf der Seite **Einstellungen** setzen Sie nun den Regler unterhalb von **Apps automatisch aktualisieren, wenn ich WLAN nutze** per Tipp auf **Aus** ❺. Um in den Genuss von neuen Funktionen und Fehlerbehebungen zu kommen, müssen Sie zukünftig nun selbst prüfen, ob Updates vorhanden sind (siehe Schritt 5).

8. Microsoft bietet Ihnen an, den Einkauf im Store zu beschleunigen, indem Sie nicht mehr nach dem Kennwort Ihres Microsoft-Kontos gefragt werden. Sollten andere Personen Zugang zu Ihrem Tablet haben, sollte diese Funktion keineswegs aktiviert werden. Um die entsprechende Einstellung zu überprüfen, blättern Sie auf der **Einstellungen**-Seite nach unten bis zum Bereich **Anmeldung für den Einkauf**. Stellen Sie sicher, dass der Regler hier auf **Aus** ❻ gesetzt ist.

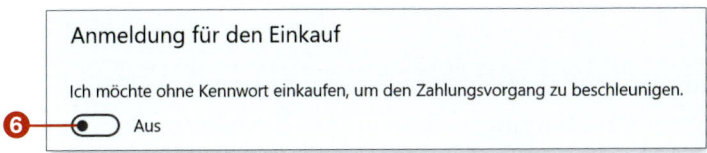

9. Tippen Sie oben links auf **Startseite** ❼, gelangen Sie wieder zur Startseite des Stores zurück.

Apps wieder vom Tablet deinstallieren

Sie benötigen ein Programm nicht mehr und möchten es gerne vom Tablet entfernen? Die entsprechenden Schritte sind schnell über die Einstellungen-App erledigt.

1. Öffnen Sie über das Startmenü die **Einstellungen**-App, und wechseln Sie in die Kategorie **Apps**.

2. In der linken Spalte sollte **Apps & Features** ❶ bereits markiert sein. In der rechten Fensterhälfte werden alle Apps und Programme aufgelistet, die auf Ihrem Tablet installiert sind. Blättern Sie bis zu der Anwendung, die Sie entfernen möchten.

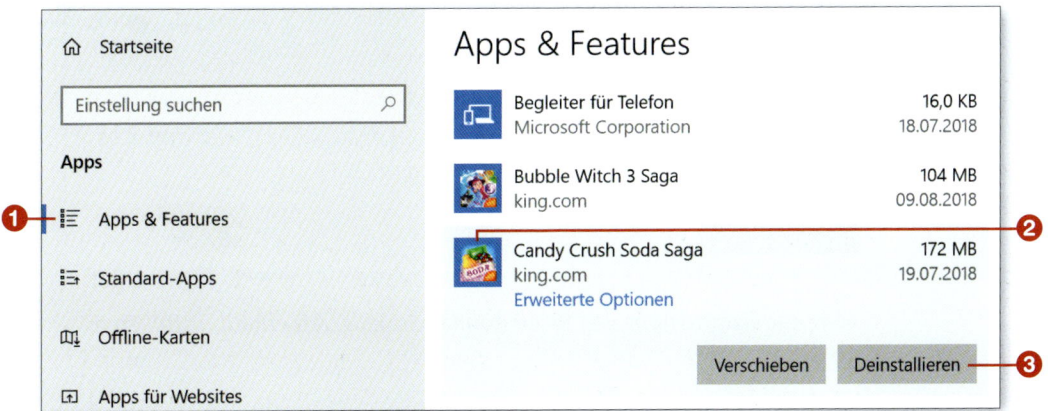

3. Markieren Sie die gewünschte Anwendung per Tipp ❷. Es wird nun die Schaltfläche **Deinstallieren** ❸ eingeblendet, die Sie antippen. Bestätigen Sie auch den folgenden Dialog mit **Deinstallieren**.

Windows 10 beginnt nun mit der Deinstallation der Anwendung. Eventuell werden Sie während des Vorgangs aufgefordert, die Benutzerkontensteuerung zu bestätigen sowie weitere Hinweise des Programms selbst.

Die Basis-Apps von Windows 10, wie etwa *Microsoft Edge* oder auch *Kontakte*, lassen sich übrigens nicht deinstallieren.

➕ **Käuflich erworbene Apps erneut installieren**

Sie haben versehentlich eine App entfernt, die Sie gekauft haben? In diesem Fall können Sie ganz beruhigt sein, denn Sie müssen die App nicht erneut kaufen, um sie wieder installieren zu können. Melden Sie sich einfach im Microsoft Store nach einem Tipp auf das Logo des Benutzerkontos mit Ihrem Microsoft-Konto an. Geben Sie dann in das Suchfeld den Namen der gewünschten App ein. Falls mehrere Suchergebnisse angezeigt werden, markieren Sie die gesuchte App. Auf der Detailseite der App wird statt des Kaufpreises nun der Hinweis **Sie haben dieses Produkt bereits erworben** eingeblendet. Mit einem Tipp auf **Installieren** können Sie die App wieder auf dem Tablet installieren. Auf diese Weise lässt sich eine einmal gekaufte App übrigens auch auf mehreren Windows-10-Geräten installieren, vorausgesetzt, Sie sind auf allen Geräten mit dem gleichen Microsoft-Konto angemeldet.

⌃ *Bereits gekaufte Apps und Spiele können Sie jederzeit erneut installieren.*

Kapitel 11

Apps, Dateien und Einstellungen finden mit Windows 10

Der Umstieg von einer älteren Windows-Version zu Windows 10 ist anfangs durchaus verwirrend. Sich hier in all den neuen Einstellungsmöglichkeiten und Apps zurechtzufinden braucht etwas Zeit. Auch die vielen Bilder, Dokumente, Musik- und Videodateien, die im Laufe der Zeit auf dem Computer gespeichert werden, können zu der ein oder anderen Suchaktion führen. Doch keine Bange, Windows 10 unterstützt Sie bei Ihrer Suche mit einigen interessanten Funktionen, sodass Sie sicherlich schnell fündig werden. Die wichtigsten Strategien lernen Sie in diesem Kapitel kennen.

Mit Cortana Apps, Dateien und Einstellungen finden

Der schnellste Weg, unter Windows 10 eine Suchanfrage zu starten, führt über das Cortana-Suchfeld in der Taskleiste. Ein Tipp in das Feld bzw. im Tabletmodus auf das Cortana-Symbol ❍ ❶, und schon klappt der Dialog der Sprachassistentin Cortana auf. Diesen Dialog werden Sie im Abschnitt »Das Tablet per Sprachassistentin Cortana steuern« ab Seite 298 noch genauer kennenlernen. Für eine Suchanfrage können Sie den oberen Bereich des Dialogs ignorieren, wichtig ist lediglich das Suchfeld, in dem die Einfügemarke bereits blinkt. Sie können hier nun direkt den Suchbegriff eingeben ❷. Bereits während der Eingabe zeigt Windows 10 die ersten Suchergebnisse an. Ist das von Ihnen Gesuchte schon dabei, tippen Sie den Treffer einfach an ❸. Wenn das gesuchte Element nicht aufgeführt wird, setzen Sie die Eingabe fort und starten die Suche dann durch Drücken der Eingabe-Taste ⏎.

> *Die ersten Such-
> ergebnisse werden
> bereits nach Eingabe
> weniger Buchstaben
> angezeigt.*

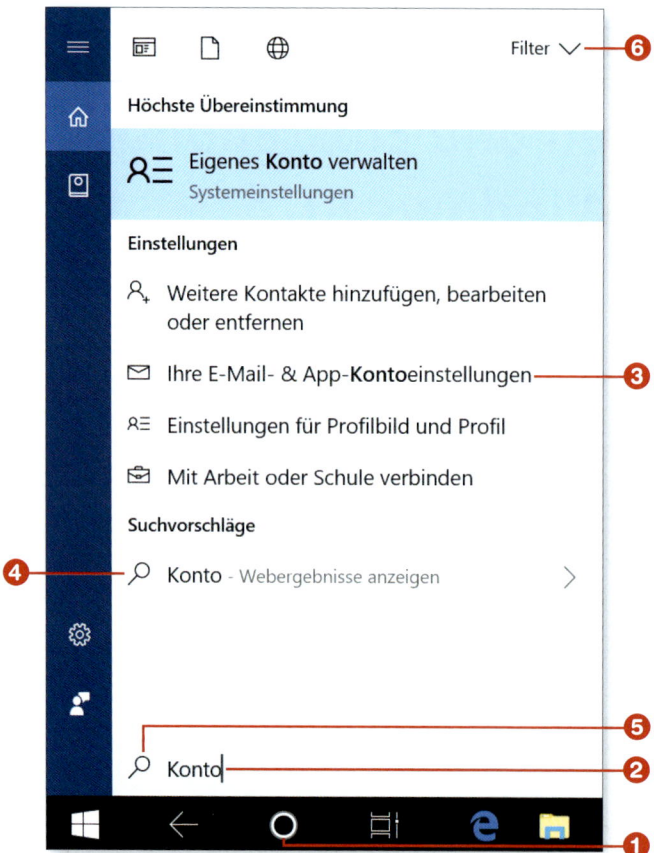

Cortana unterstützt Sie bei der Suche nach Anwendungen, Windows-Funktionen und Einstellungen, nach Dateien und Ordnern und vielem mehr. Die Suche ist dabei nicht nur lokal auf Ihren Computer beschränkt, sondern wird automatisch auch im Internet durchgeführt. Die Ergebnisse der Websuche werden durch ein vorangestelltes Lupensymbol ❹ gekennzeichnet (nicht zu verwechseln mit der Lupe, die am linken Rand des Suchfeldes eingeblendet wird ❺). Tippen Sie einen solchen Treffer an, wird automatisch der Browser Edge mit einer Übersicht über die Webergebnisse geöffnet. Die Suchergebnisse liefert Microsofts Suchmaschine *Bing*.

Hat die Eingabe eines einzelnen Suchbegriffs noch nicht das gewünschte Ergebnis gebracht, geben Sie in das Cortana-Suchfeld am besten mehrere Suchbegriffe ein. Auf die Groß- und Kleinschreibung müssen Sie dabei nicht achten. Ergibt die Suchanfrage zu viele Treffer, können Sie die Ergebnisse mithilfe von Filtern noch weiter eingrenzen. Tippen Sie hierzu oben im Dialog auf den Pfeil rechts von **Filter** ❻.

Sind Sie auf der Suche nach einem bestimmten **Dokument** ❼, markieren Sie den gleichnamigen Filter. Windows 10 durchforstet nun Ihr Tablet nach dem eingegebenen Dateinamen. Sind Sie mit einem Microsoft-Konto am Gerät angemeldet, wird auch die Cloud *OneDrive* in die Suche mit einbezogen. Analog können Sie Ihre Suchanfrage auch auf **Musik** ❽ oder **Fotos** ❾ beschränken.

Sie möchten gerne eine bestimmte Konfiguration an Windows 10 vornehmen, finden hierfür aber nicht die gewünschte Funktion? In diesem Fall grenzen Sie die Suchanfrage am besten mithilfe des Filters **Einstellungen** ❿ ein.

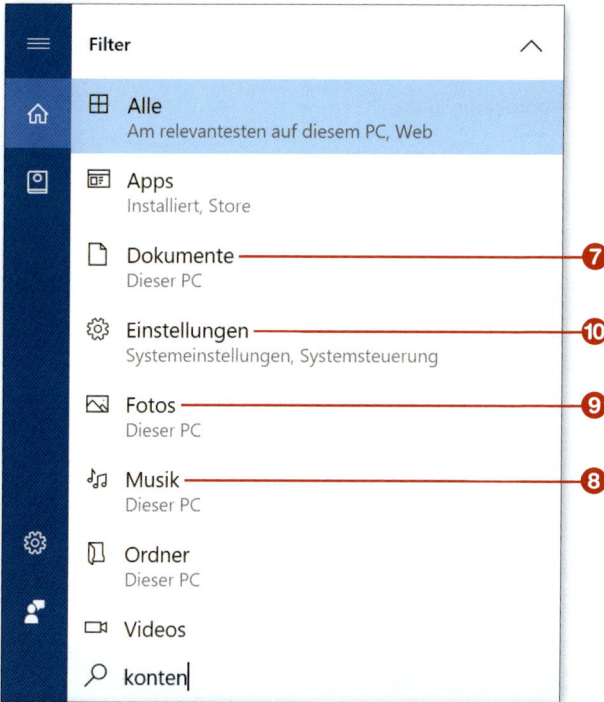

︿ *Mithilfe von Filtern schränken Sie die Suche weiter ein.*

Sobald Sie einen Filter per Tipp ausgewählt haben, wird die Filterliste wieder ausgeblendet und werden stattdessen die Suchergebnisse angezeigt. Am oberen Rand des Dialogs finden Sie nun ein farbig hervorgehobenes Symbol ⑪ für den gesetzten Filter. Wenn Sie den Filter wieder aufheben möchten, reicht ein Tipp auf dieses Symbol. Anschließend werden wieder alle Suchergebnisse aufgelistet.

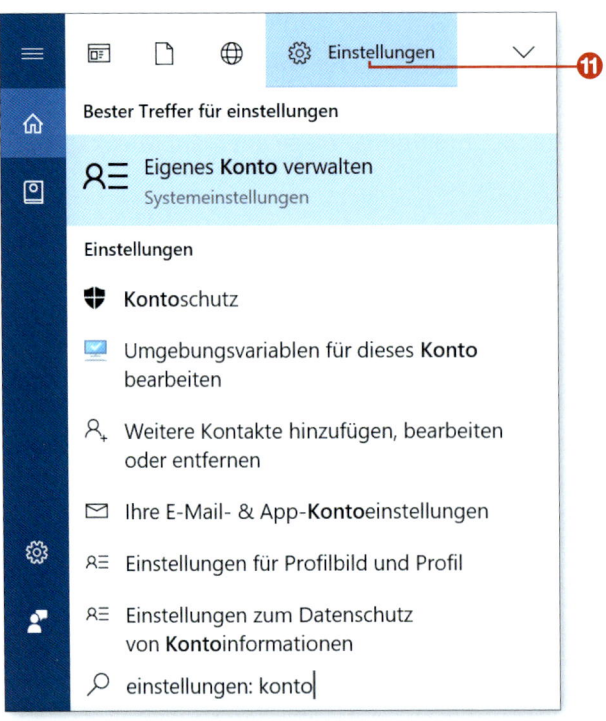

> *Der gesetzte Filter ist blau hervorgehoben.*

Bevor Sie einen Treffer per Tipp auswählen, sollten Sie einen genauen Blick auf den zusätzlichen Hinweis unterhalb der Trefferbezeichnung selbst werfen. Die Angabe **Desktop-App** weist z. B. daraufhin, dass es sich bei dem Treffer um eine klassische Windows-Anwendung handelt, die bereits auf Ihrem Tablet installiert ist. **Vertrauenswürdige Microsoft Store-App** ist wiederum die Kennzeichnung für eine bereits auf Ihrem PC installierte App. Wird unterhalb eines Treffers der Hinweis **Systemeinstellungen** eingeblendet, wird nach einem Tipp auf diesen Treffer automatisch die Einstellungen-App geöffnet. Funktionen, die Sie über die Systemsteuerung vornehmen, sind auch in den Suchergebnissen mit **Systemsteuerung** gekennzeichnet. Sehr häufig werden Sie diesen Hinweis bei Ihrer Suche nach Funktionen allerdings nicht mehr finden, da die meisten Einstellungen mittlerweile über die Einstellungen-App vorgenommen werden.

Mithilfe des Explorers nach Dateien und Ordner suchen

Für die Suche nach einer bestimmten Datei oder einem Ordner können Sie zwar auch das Cortana-Suchfeld nutzen. Noch bessere Ergebnisse erzielen Sie aufgrund der vielen Filtermöglichkeiten aber mit dem Explorer. Wie Sie den Explorer starten und im Datei-Manager Ordner markieren, erfahren Sie im Abschnitt »Übersicht über den Explorer« ab Seite 185. Um eine Suchanfrage zu stellen, gehen Sie dann folgendermaßen vor:

1. Markieren Sie im Navigationsbereich links **Dieser PC** ❶, falls Sie den gesamten Computer nach einer Datei oder einem Ordner durchsuchen möchten. Haben Sie bereits eine Vermutung, in welchem Verzeichnis sich das gesuchte Element befindet, sollten Sie stattdessen dieses im Navigationsbereich markieren. Die Suche kann hierdurch weitaus schneller durchgeführt werden.

2. Tippen Sie nun einmal in das Suchfeld ❷. Sie finden es rechts vom Adressfeld direkt unterhalb des Menübands. Im Menüband wird sofort das Register **Suchen** ❸ eingeblendet.

3. Geben Sie in das Suchfeld den gewünschten Suchbegriff ein. Schon die Eingabe weniger Buchstaben reicht, und Windows 10 beginnt mit der Suche. Dabei werden nicht nur Datei- oder Ordnernamen berücksichtigt, sondern z. B. auch Dateiinhalte und E-Mails.

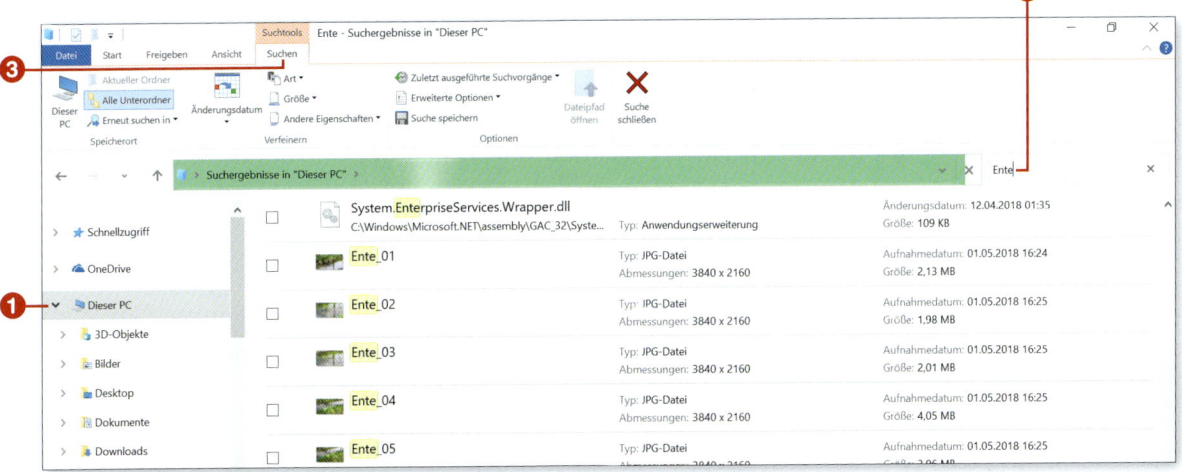

Die Ergebnisse Ihrer Suchanfrage werden im Inhaltsbereich des Explorers aufgelistet. Der Suchbegriff wird bei jedem Ergebnis gelb hervorgehoben. Mit einem doppelten Tipp auf eine Datei oder auch einen Ordner öffnen Sie diese. Hat die Suche zu viele Ergebnisse geliefert, können Sie sie mithilfe von Filtern weiter einschränken.

4. Wissen Sie, wann Sie an der Datei die letzten Änderungen vorgenommen haben? Dann ergänzen Sie diese Zeitangabe. Tippen Sie hierzu im Register **Suchen** in der Gruppe **Verfeinern** auf **Änderungsdatum** ❹. Markieren Sie in der aufklappenden Liste die gewünschte Zeitangabe, z. B. **Diesen Monat** ❺.

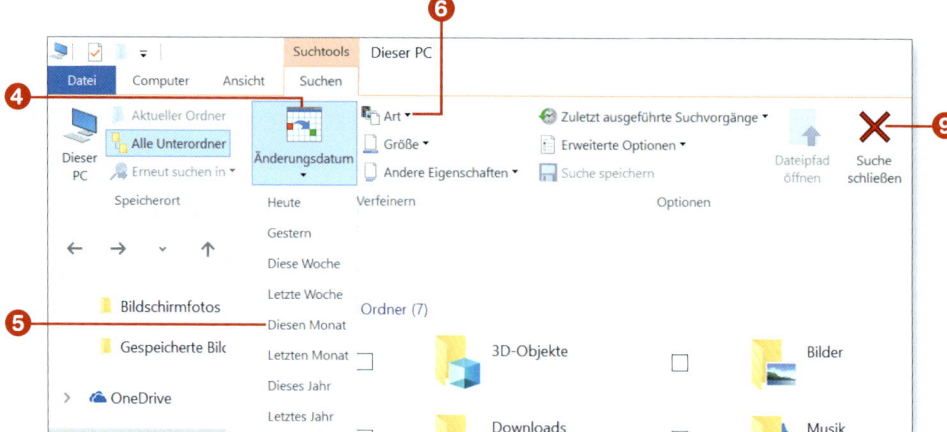

5. Sind Sie ausschließlich auf der Suche nach einem bestimmten Dateityp, etwa Bildern, können Sie dies ebenfalls per Filter in der Suchanfrage berücksichtigen. Tippen Sie hierzu im Register **Verfeinern** auf **Art** ❻. In der aufklappenden Liste wählen Sie dann den Dateityp aus, für das Beispiel also **Bild**.

6. Sobald Sie einen Filter markiert haben, werden auch schon die Suchergebnisse im Inhaltsbereich angepasst. Im Suchfeld selbst finden Sie zusätzlich zum Suchbegriff noch die gesetzten Filter ❼. Sollten Sie eine neue Suchanfrage starten wollen, löschen Sie den Inhalt des Suchfeldes mit einem Tipp auf das Kreuzsymbol ❽ innerhalb des Feldes. Nun können Sie einen oder auch mehrere neue Suchbegriffe ergänzen.

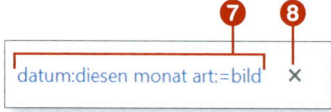

7. Möchten Sie die Suchergebnisse im Inhaltsbereich ausblenden und stattdessen wieder den Inhalt des zuvor markierten Ordners (siehe Schritt 1) einblenden, reicht ein Tipp auf die Schaltfläche **Suche schlie-ßen ❾** im Register **Suchen**.

> ➕ **Suchbegriff mithilfe von Platzhaltern umschreiben**
>
> Im Laufe der Zeit kann es schon passieren, dass man sich nicht mehr an die genaue Schreibweise einer Datei erinnern kann. In einem solchen Fall können Sie sich gut mit Platzhaltern behelfen. Mit dem Fragezei-chen (?) lässt sich z. B. ein einzelner Buchstabe ersetzen. Geben Sie als Suchbegriff beispielsweise »Schmi?t« ein, werden sowohl Schmidt als auch Schmitt gefunden. Beliebig viele Buchstaben ersetzen Sie mithilfe des Sternchens (*), also etwa »Hofm*er« für Hofmaier, Hofmeier oder auch Hofmeyer. Wenn Sie Platzhalter einsetzen, können Sie zusätzlich leider keine Filter setzen.

Suchfunktionen von Apps nutzen

So gut wie jede Anwendung bringt auch ihre eigene Suchfunktion mit. Ein entsprechend beschriftetes Suchfeld finden Sie meist am oberen Rand des Programmfensters. In manchen Fällen wird das Feld zunächst durch eine Lupe symbolisiert. Ein Tipp hierauf, und es erscheint nun ebenfalls ein Suchfeld, in das Sie den gewünschten Suchbegriff eingeben.

Die Lupe finden Sie z. B. im Microsoft Store, hier ist sie allerdings noch ergänzt um den Schriftzug **Suchen**. Sind Sie hier auf der Suche nach einer ganz bestimmten App, tippen Sie einfach auf die Lupe, geben an-schließend den Namen der gewünschten App ein und bestätigen durch Drücken der Eingabe-Taste ⏎.

Die Suchfunktion der Mail-App hilft Ihnen z. B. dabei, nach einem be-stimmten Absender einer Mail zu suchen oder auch nach dem Betreff einer Nachricht. Wenn Sie in der Einstellungen-App, die immer mehr die aus früheren Versionen bekannte Systemsteuerung ersetzt, eine be-stimmte Funktion nicht finden, können Sie auch hier die Suchfunktion zurate ziehen. Das Suchfeld wird Ihnen auf der Startseite **Windows-Ein-**

stellungen eingeblendet. Die App selbst rufen Sie per Tipp auf das Symbol ⚙ am linken Rand des Startmenüs auf.

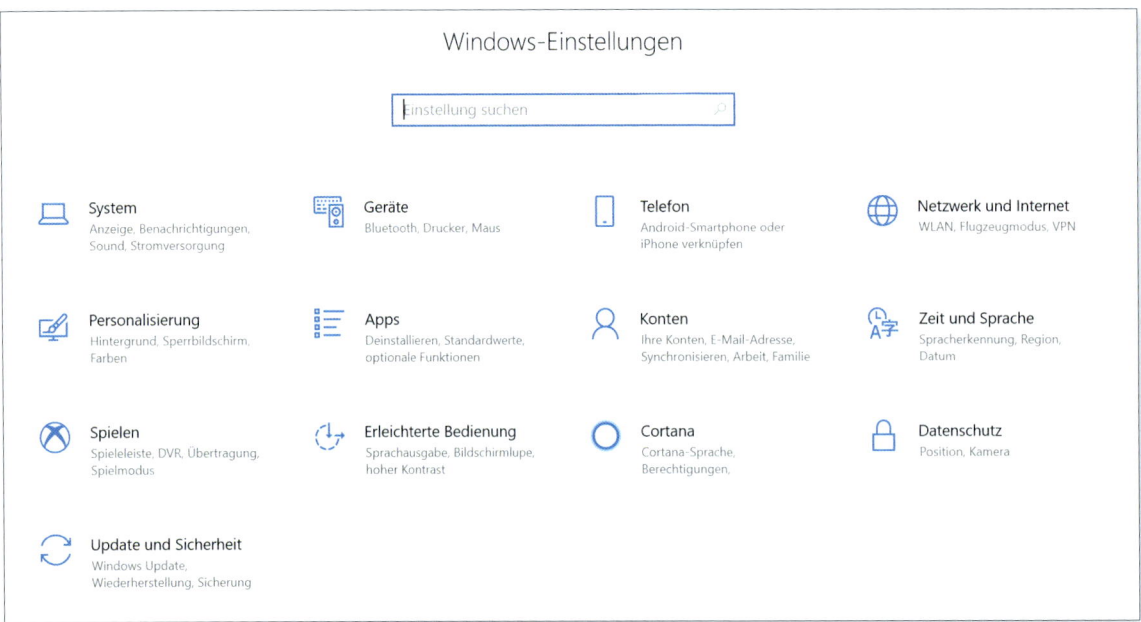

^ *Auch die Einstellungen-App verfügt über eine eigene Suchfunktion.*

Auch die Informations-Apps wie etwa *Nachrichten*, *Sport* oder *Finanzen* bringen eine eigene Suchfunktion mit. Sind Sie an Informationen zu einem bestimmten Thema interessiert, geben Sie einfach das gewünschte Stichwort in das Suchfeld ein. Sobald Sie die Eingabe-Taste ⏎ drücken, durchsuchen die Apps die neuesten Nachrichten nach entsprechenden Artikeln und listen diese anschließend auf. Die Nachrichten-App werden Sie im nächsten Kapitel noch näher kennenlernen.

Kapitel 12

Bücher und Zeitungen auf dem Tablet lesen

Wahre Leseratten werden sicherlich nie ohne eine gute Lektüre auf Reisen gehen. Musste man hierfür früher noch Bücher schleppen, kann man sich heute ganz bequem ein *E-Book* (also ein elektronisches Buch) kaufen und dieses dann auf dem Tablet lesen. Die passende App hierfür ist bereits mit dem Browser Microsoft Edge an Bord, denn mit ihm können Sie nun auch Dateien in den für E-Books üblichen Formaten PDF und EPUB öffnen. Wie Sie hierzu vorgehen, zeige ich Ihnen in diesem Kapitel. Außerdem lernen Sie die *Nachrichten*-App von Windows 10 kennen, die Sie über die neuesten weltweiten Ereignisse informiert. Wer diese Informationen lieber in seiner gewohnten Zeitung lesen möchte, erfährt, wie er sich die digitale Version – sofern vorhanden – auf das Tablet holt.

E-Books mit Microsoft Edge lesen

In Kapitel 6, »Im Internet unterwegs mit dem Browser Edge«, ab Seite 121 haben Sie bereits den Browser Microsoft Edge kennengelernt. Eine wichtige Funktion, die er unterstützt, blieb dort allerdings unerwähnt: das Lesen von E-Books. Die elektronische Form von Büchern erfreut sich immer größerer Beliebtheit. Viele Verlage bieten ihre Werke daher auch als PDF- oder EPUB-Datei an. Sie können ein solches Buch über einen Onlineshop wie Amazon bestellen, benötigen zum Lesen des E-Books dann allerdings auch eine spezielle App – im Falle von Amazon die *Kindle*-App. Erwerben Sie das E-Book dagegen direkt über den Onlineshop eines Verlages, bekommen Sie meist per E-Mail einen Link zugeschickt, über den Sie sich das E-Book herunterladen können. Die erfolgreich heruntergeladene Datei finden Sie anschließend im Ordner **Downloads** ❶, den Sie über den Explorer öffnen. Natürlich können Sie die Datei anschließend in ein anderes Verzeichnis verschieben (siehe den Abschnitt »Ordner anlegen und Dateien verschieben, kopieren und löschen« ab Seite 194). Auch das Umbenennen der Datei ist problemlos möglich. Ein doppelter Tipp auf die Datei ❷ reicht, und schon wird automatisch der Browser Edge mit dem E-Book geöffnet. Dieses wird in einer eigenen Registerkarte angezeigt.

> *Die heruntergeladenen E-Books werden automatisch im Ordner »Downloads« gespeichert.*

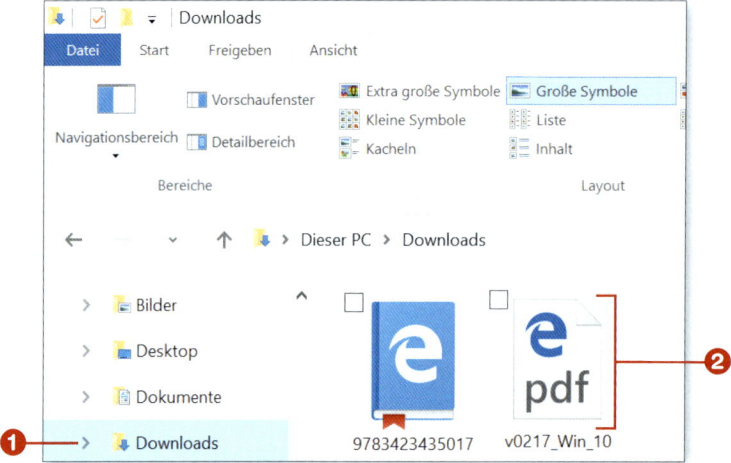

Wie bereits erwähnt, liegen E-Books entweder im PDF- oder im EPUB-Format vor. Beide Formate unterscheiden sich bei der Bedienung im Browser Microsoft Edge geringfügig. Sehen wir uns zunächst ein E-Book im EPUB-Format an. Nach dem Öffnen des E-Books wird unterhalb der Adressleiste des Browsers eine zusätzliche Symbolleiste eingeblendet. Sobald Sie im E-Book zu blättern beginnen, verschwindet sie wieder. Um sie wieder zurückzuholen, reicht ein Tipp auf einen weißen Bereich innerhalb des Programmfensters, und schon ist sie wieder sichtbar.

Um im E-Book von einer Seite zur nächsten zu gelangen, wischen Sie einfach innerhalb des Programmfensters von rechts nach links und umgekehrt. Alternativ tippen Sie auf den weißen Bereich rechts bzw. links vom Text. Wenn Sie an Ihr Tablet eine Computermaus mit Scrollrad angeschlossen haben sollten, reicht zum Blättern auch das Drehen des Rades. In der Symbolleiste am unteren Fensterrand erfahren Sie, auf welcher Seite Sie sich gerade befinden ❶. Durch Verschieben des Schiebereglers ❷ können Sie auch blitzschnell im E-Book blättern.

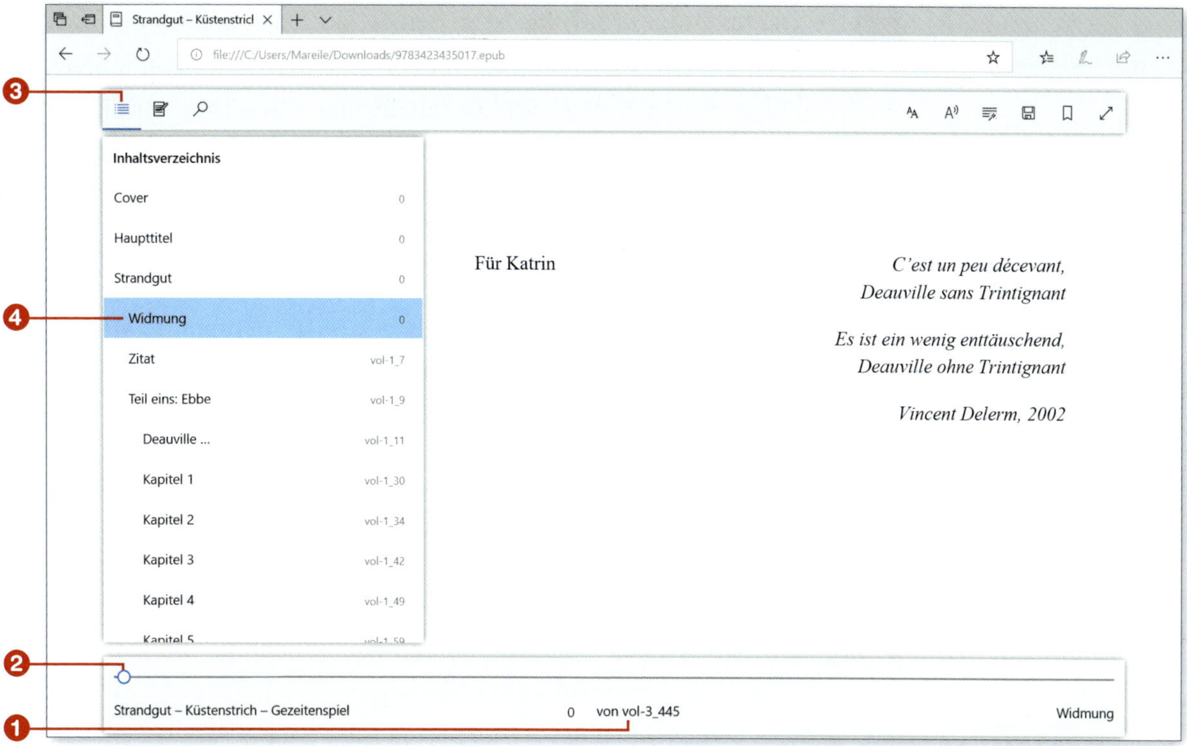

3

4

Inhaltsverzeichnis	
Cover	0
Haupttitel	0
Strandgut	0
Widmung	0
Zitat	vol-1_7
Teil eins: Ebbe	vol-1_9
Deauville ...	vol-1_11
Kapitel 1	vol-1_30
Kapitel 2	vol-1_34
Kapitel 3	vol-1_42
Kapitel 4	vol-1_49
Kapitel 5	vol-1_59

Für Katrin

C'est un peu décevant,
Deauville sans Trintignant

Es ist ein wenig enttäuschend,
Deauville ohne Trintignant

Vincent Delerm, 2002

2

1

Strandgut – Küstenstrich – Gezeitenspiel   0   von vol-3_445   Widmung

Besitzt das Buch ein Inhaltsverzeichnis, öffnen Sie dieses per Tipp auf das Symbol **3** am linken Rand der oberen Symbolleiste. Tippen Sie im Inhaltsverzeichnis auf ein Kapitel **4**, wird sofort die entsprechende Seite angezeigt.

Wenn Ihnen der Text zu klein oder auch zu groß ist, tippen Sie in der Symbolleiste auf **5**. Im aufklappenden Dialog können Sie nun die Textgröße und den Textabstand ändern. Probieren Sie auch einmal die unterschiedlichen Seitendesigns aus **6**. Manchmal ist ein etwas dunklerer Hintergrund für die Augen angenehmer als das voreingestellte Weiß.

Rein theoretisch können Sie sich mit einem Tipp auf das Symbol **7** das E-Book auch vorlesen lassen. Ob Ihnen die Computerstimme gefällt, ist allerdings fraglich. Tippen Sie

∧ *Über das Inhaltsverzeichnis können Sie gezielt zu Kapiteln springen.*

5 **7**

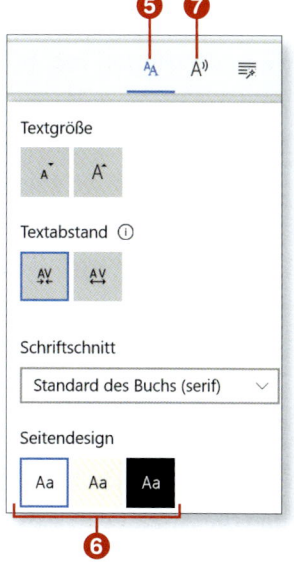

6

< *Passen Sie den Text so an, dass Sie ihn gut lesen können.*

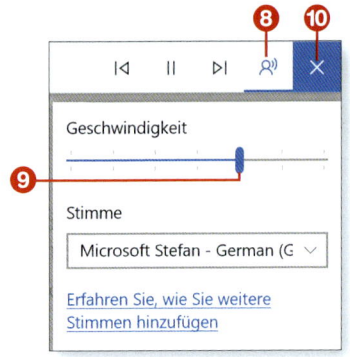

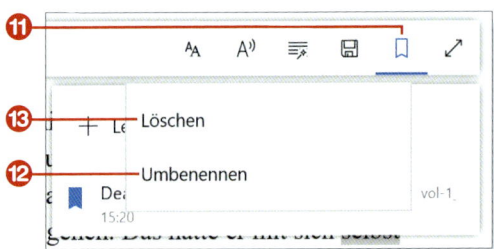

Auch die Vorlese-geschwindigkeit lässt sich anpassen.

auf das Symbol 📢 **8**, können Sie über den nun sichtbaren Schieberegler **9** zumindest die Vorlesegeschwindigkeit ändern und auch eine andere Stimme auswählen. Zu einem wirklichen Genuss wird das Vorlesen aber auch hierdurch meistens nicht. Mit einem Tipp auf das Kreuzsymbol **10** beenden Sie die Wiedergabe wieder.

Wenn Sie eine Seite mit einem Lesezeichen versehen möchten, tippen Sie in der Symbolleiste auf das Symbol 🔖 **11** und im aufklappenden Dialog auf **Lesezeichen hinzufügen**. Die Bezeichnung, die Microsoft Edge nun für das Lesezeichen wählt, ist meist nicht sehr aussagekräftig. Halten Sie den Finger etwas länger auf dem Namen gedrückt, wird das Kontextmenü eingeblendet, in dem Sie **Umbenennen** **12** wählen. Nun können Sie die blau markierte Bezeichnung mit einem eigenen Namen überschreiben und durch Drücken der Eingabe-Taste ⏎ übernehmen. Wenn Sie später wieder zur soeben markierten Stelle springen möchten, tippen Sie erneut auf das Lesezeichensymbol und dann auf den gewünschten Namen. Um ein Lesezeichen wieder zu entfernen, rufen Sie, wie gerade beschrieben, das Kontextmenü auf und wählen dann den Befehl **Löschen** **13**.

Sie können ein Lesezeichen umbenennen und auch wieder löschen.

Liegt das E-Book im PDF-Format vor, erfolgt die Bedienung ähnlich. Um im Buch z. B. zu blättern, wischen Sie einfach horizontal über die Seiten oder tippen rechts bzw. links vom Text auf den weißen Bereich. Die Symbolleiste, die nach dem Öffnen unterhalb der Adressliste angezeigt wird, sieht etwas anders aus als im Fall einer EPUB-Datei. Auch sie verschwindet wieder, wenn Sie mit dem Lesen des E-Books beginnen. Nach einem Tipp auf einen weißen Bereich im Programmfenster ist sie wieder sichtbar. Am linken Rand der Symbolleiste wird die Seite eingeblendet, auf der Sie sich gerade befinden **1**. Nach einem Tipp in das Feld können Sie selbst eine Seitenzahl eingeben. Bestätigen Sie die Eingabe durch Drücken der Eingabe-Taste ⏎, und schon wird die entsprechende Seite angezeigt.

Über die drei nebeneinanderliegenden Symbole ▢ − + **2** passen Sie die Anzeigegröße des Dokuments an. Das **Layout** – also eine ein- oder zweiseitige Anzeige des E-Books – wählen Sie nach einem Tipp auf das Symbol ▢ ❸ aus. Nutzen Sie eine Computermaus mit Scrollrad, muss bei der einseitigen Darstellung **Fortlaufendes Scrollen** ❹ eingeschaltet sein, damit Sie mit dem Scrollrad blättern können.

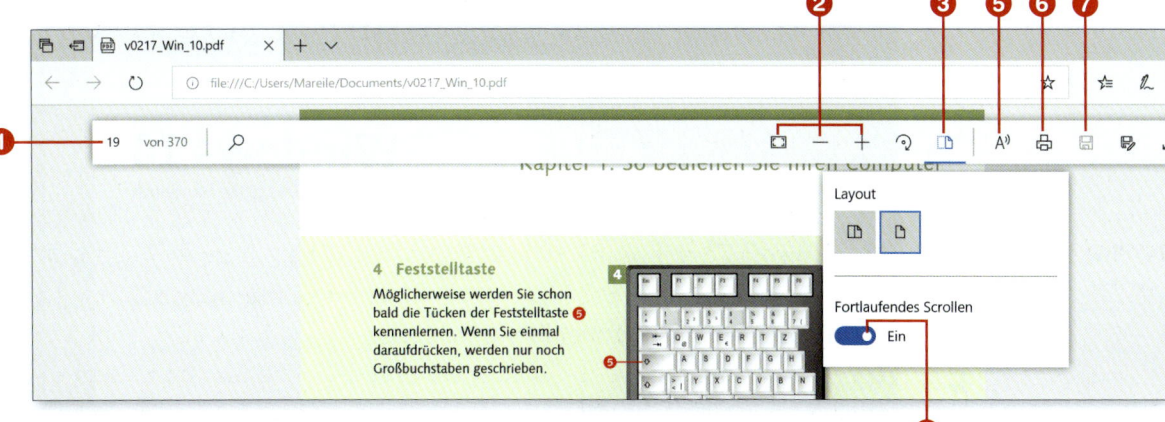

∧ *Über die Symbolleiste navigieren Sie im E-Book und passen die Darstellung an.*

Auch wenn die entsprechende Funktion A⟩ ❺ angeboten wird, ist das Vorlesen einer PDF-Datei ebenfalls kein Vergnügen. Die Lautstärke beim Vorlesen passen Sie übrigens über das Lautsprechersymbol ◁⟩ im Infobereich der Taskleiste an.

> **➕ PDF-Formulare mit Microsoft Edge ausfüllen**
>
> Immer mehr Behörden und Unternehmen bieten Formulare als PDF-Datei an, die Sie entweder über das Internet downloaden können oder per E-Mail zugeschickt bekommen. Diese Dateien lassen sich ebenfalls mit dem Browser Edge öffnen. Edge erkennt die interaktiven Felder automatisch und markiert sie farbig. Um eine Eingabe in einem Feld vorzunehmen, tippen Sie einfach in das Feld und geben dann den gewünschten Text ein. Durch Drücken der Taste ⟶ gelangen Sie zum nächsten Feld. Das ausgefüllte Formular können Sie anschließend mit einem Tipp auf das Drucken-Symbol ❻ ausdrucken oder auch mit einem Tipp auf das Speichern-Symbol ❼ auf Ihrem PC sichern.

Wenn Ihnen das Ausdrucken des PDF-Dokuments gestattet ist (was nicht bei allen PDF-Dateien der Fall ist), rufen Sie mit einem Tipp auf das Drucken-Symbol ❻ den Dialog **PDF-Datei – Drucken** auf. Wählen Sie hier den Drucker aus, und geben Sie an, welche Seiten Sie zu Papier bringen möchten. Mit einem Tipp auf **Drucken** starten Sie den Druckvorgang.

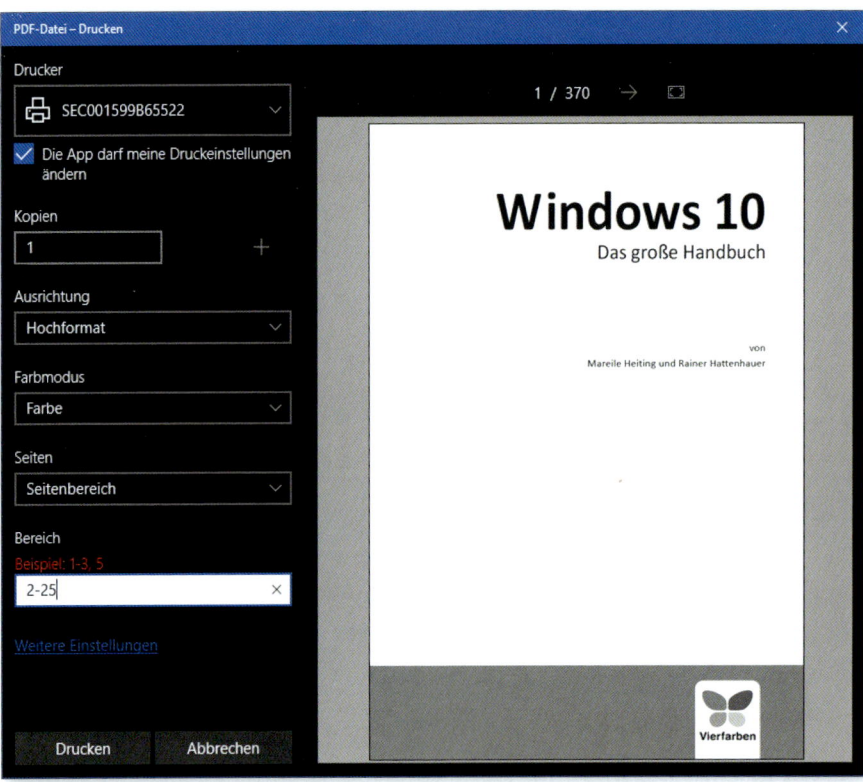

> *Manche E-Books im PDF-Format können ausgedruckt werden.*

Wenn Sie mit dem Lesen des E-Books aufhören möchten, schließen Sie einfach die Registerkarte bzw. den Browser Microsoft Edge.

Zeitung auf dem Tablet lesen

Sie haben eine Lieblingszeitung, auf die Sie auch unterwegs ungern verzichten möchten? Einige Verlage bieten eine eigene App an, über die Sie die Beiträge der Zeitung aufrufen und lesen können. Gilt dies auch für Ihre Zeitung, finden Sie die entsprechende App im Microsoft Store. Wie Sie hier Apps suchen und installieren, erfahren Sie in Kapitel 10, »Apps, Spiele und Filme über den Microsoft Store beziehen«, ab Seite 243.

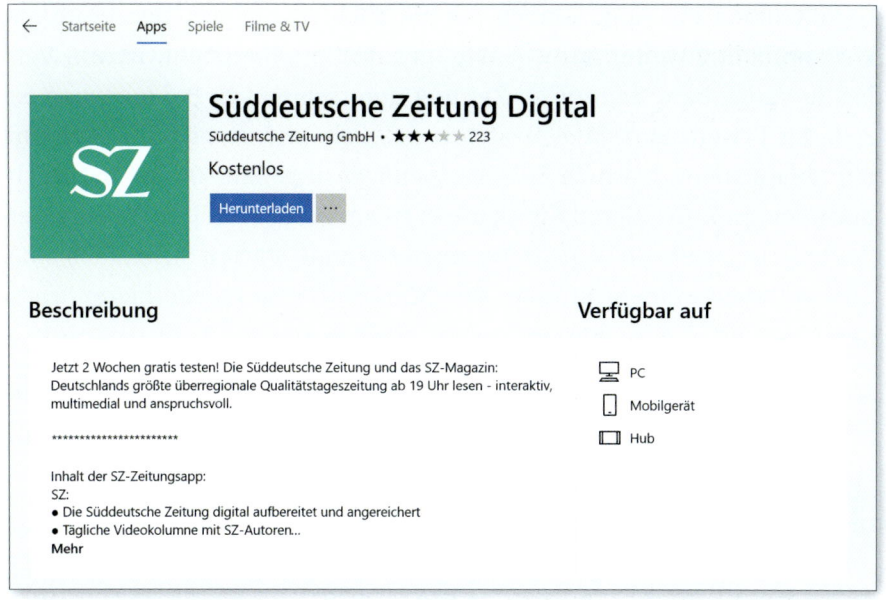

< *Ist für Ihre Zeitung eine App verfügbar, lässt sie sich über den Microsoft Store auf dem Tablet installieren.*

Das Herunterladen der Apps ist meist kostenlos möglich. Viele Verlage bieten ihren Lesern dann die Möglichkeit, ihr Angebot über einen kurzen Zeitraum hinweg (z. B. 14 Tage) auch kostenlos zu testen. Meist müssen Sie hierfür einen Testzugang in Form eines Benutzerkontos anlegen. Hierzu geben Sie Ihre E-Mail-Adresse an und legen ein Passwort fest.

∧ *Um das Angebot kostenlos testen zu können, ist das Anlegen eines Benutzerkontos nötig.*

Gefällt Ihnen die App, können Sie sie nach Ablauf des Testzeitraums kostenpflichtig weiter nutzen. Wie dies im Detail aussieht, ist von Verlag zu Verlag bzw. Zeitung zu Zeitung unterschiedlich. Bei manchen ist z. B. der Erwerb einzelner Ausgaben möglich, andere bieten wiederum ein Abonnement an (auch *E-Paper-Abonnement* genannt) oder natürlich auch beides. Informieren Sie sich hierzu am besten auf der Website der Zeitung. Ist Ihnen die Webadresse nicht bekannt, starten Sie einfach eine Suchanfrage in einem Browser wie Microsoft Edge (siehe hierzu auch den Abschnitt »Webseiten suchen und finden« ab Seite 133).

Das Lesen der Beiträge in Ihrer Zeitungs-App erfolgt häufig genauso, wie es am Beispiel der Nachrichten-App im folgenden Abschnitt gezeigt wird.

> ➕ **Die Alternative: E-Paper im PDF-Format**
>
> Viele der Zeitungs-Apps sind noch nicht wirklich gelungen, wie man auch an den Bewertungen im Microsoft Store sehen kann. Gefällt Ihnen eine App nicht, können Sie sie auch wieder deinstallieren. Wie Sie hierzu vorgehen, erfahren Sie im Abschnitt »Apps wieder vom Tablet deinstallieren« ab Seite 255. Manche Verlage bieten eine interessante Alternative zur App an: den Download eines E-Papers in Form einer PDF-Datei. Wie Sie eine solche PDF-Datei mit dem Browser Microsoft Edge lesen, haben Sie im vorherigen Abschnitt erfahren. Auch digitale Abonnements sind eine gute Möglichkeit, um Zeitungsbeiträge online zu lesen. In diesem Fall melden Sie sich auf der Website der Zeitung mit den Zugangsdaten an und haben anschließend Zugriff auf alle veröffentlichten Beiträge.

∧ *Die Kachel der Nachrichten-App zeigt laufend aktualisierte Meldungen.*

Die Nachrichten-App von Windows 10

Nur mal eben schnell über die neuesten Ereignisse in der Welt informieren? Mit der *Nachrichten*-App, die bereits auf dem Windows-Tablet installiert ist, ist dies möglich. Zum Aufruf reicht ein Tipp auf die Kachel **Nachrichten** oder den entsprechenden Eintrag in der App-Liste im Startmenü. Die Kachel zählt zu den Live-Kacheln: Die Schlagzeilen, die auf der Kachel eingeblendet werden, werden somit regelmäßig aktualisiert.

Wie Sie Live-Kacheln aktivieren bzw. deaktivieren, erfahren Sie im Abschnitt »So passen Sie die Kacheln des Startmenüs nach Ihren Wünschen an« ab Seite 100.

Die Meldungen, die Sie in der Nachrichten-App vorfinden, werden vom Suchdienst *Bing* zusammengestellt und stammen aus Quellen wie *Zeit Online*, *Süddeutsche.de*, *Tagesschau* oder auch *Bunte*.

1. Nach dem ersten Start heißt Sie *Microsoft Nachrichten* zunächst willkommen. Sind Sie mit einem lokalen Benutzerkonto am Tablet angemeldet, hätte die App es gerne, wenn Sie sich mit dem Microsoft-Konto anmelden würden. Da ein solches Konto für das Lesen der Nachrichten nicht nötig ist, überspringen Sie das Fenster mit einem Tipp auf die gleichnamige Schaltfläche.

2. Wenn Sie möchten, informiert die App Sie sofort über neue wichtige Meldungen. Oberhalb des Infobereichs der Taskleiste wird ein entsprechendes Banner mit der Schlagzeile eingeblendet. Diese Schlagzeile erscheint außerdem im Info-Center, sobald Sie dieses per Tipp auf das Symbol 🗐 in der Taskleiste einblenden. Wenn Sie an solchen Benachrichtigungen nicht interessiert sind, tippen Sie im Dialog **Benachrichtigungen bei wichtigen Nachrichten** auf **Deaktivieren**.

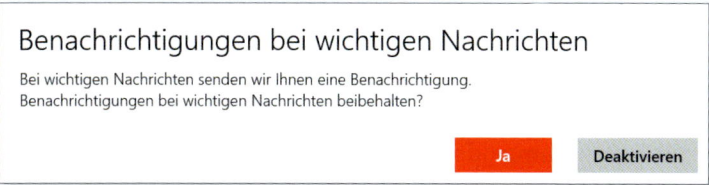

3. Sie gelangen nun zur eigentlichen Startseite der Nachrichten-App, die zukünftig immer nach dem Öffnen angezeigt wird. Mit einer vertikalen Wischbewegung blättern Sie auf der Seite. Ist auf dem Tablet der Desktopmodus aktiviert und nutzen Sie eine Computermaus, können Sie zum Blättern auch die Bildlaufleiste am rechten Rand des Programmfensters wählen.

4. Wenn eine der Schlagzeilen Ihr Interesse geweckt hat, tippen Sie einfach auf den Text oder das Bild. Es wird nun der ausführliche Beitrag angezeigt. Wischen Sie auf dem Bildschirm von rechts nach links bzw. umgekehrt, gelangen Sie jeweils zum nächsten bzw. vorherigen Beitrag der Nachrichten-App. Über die Pfeiltaste ⬅ in der Taskleiste kehren Sie zur zuvor besuchten Seite zurück.

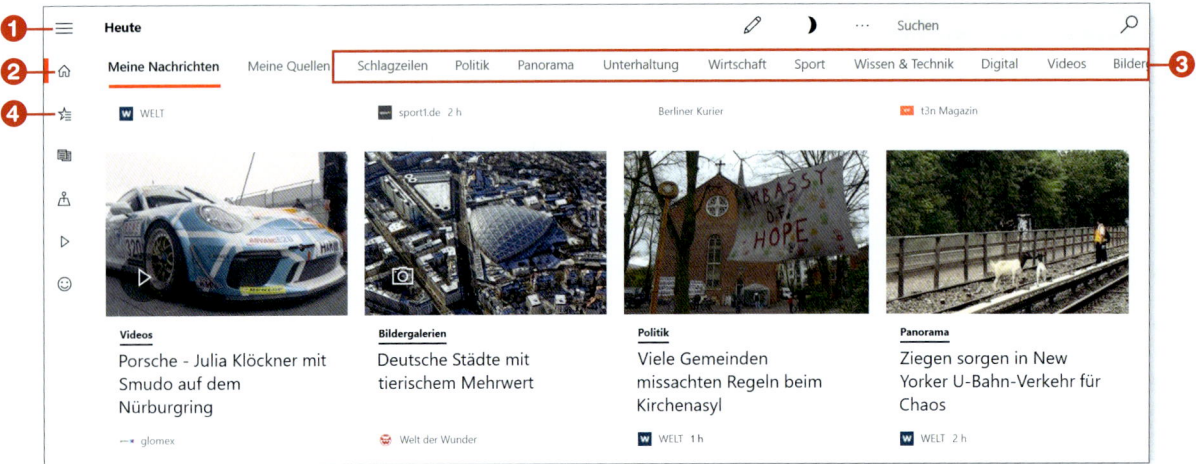

5. Am linken Rand des Programmfensters befindet sich die Menüleiste. Tippen Sie oben auf das Symbol ☰ ❶, werden nicht nur die Menü-Symbole, sondern auch die Beschriftungen eingeblendet. Mit einen erneuten Tipp auf ☰ klappt das Menü wieder ein. Über das Symbol ⌂ ❷ in der Menüleiste lässt sich immer wieder die Startseite der Nachrichten-App aufrufen.

Am oberen Rand des Programmfensters finden Sie diverse Rubriken wie **Schlagzeilen**, **Politik**, **Panorama** oder auch **Wirtschaft** ❸. Befinden Sie sich auf der Startseite der Nachrichten-App, wischen Sie einfach von links nach rechts oder umgekehrt, und schon gelangen Sie von einer Rubrik zur nächsten. Natürlich können Sie auch gezielt per Tipp auf einen Rubriktitel zu dieser Rubrik wechseln.

Die Nachrichten-App bietet Ihnen eine Vielfalt an Themen an. Nicht alle davon werden für Sie von Interesse sein. Damit Sie nur die Informationen erhalten, die Ihnen wichtig sind, sollten Sie sich die Nachrichten-App individuell einrichten.

1. Tippen Sie in der Menüleiste auf das Symbol ☆≡ ❹, um die Seite **Themenbereiche** einzublenden.

2. Sie erhalten zunächst eine Übersicht über die Rubriken, über die Sie die Nachrichten-App derzeit informiert. Tippen Sie in der linken Spalte auf **Alle Themenbereiche** ❺.

3. Sie sehen jetzt eine Liste mit allen Themen. Diejenigen, die mit einem grünen Stern ❻ markiert sind, werden in der Nachrichten-App berücksichtigt. Ein grauer Stern ❼ signalisiert hingegen, dass Sie über diese Rubrik nicht informiert werden. Bestimmen Sie selbst per Tipp auf einen Stern innerhalb der Kacheln, ob das jeweilige Thema Sie interessiert oder nicht. Sie können die Auswahl jederzeit wieder anpassen, indem Sie die letzten drei Schritte wiederholen.

Interessiert Sie ein Thema besonders, das in der Liste aber nicht aufgeführt wird? Dann fügen Sie es selbst hinzu.

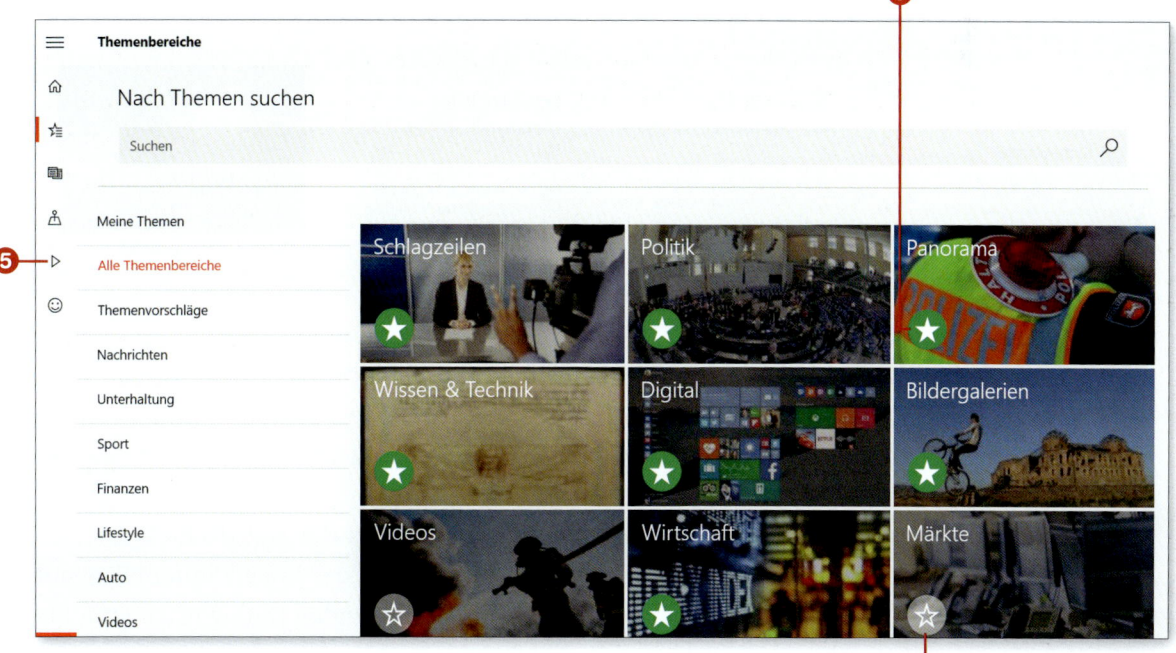

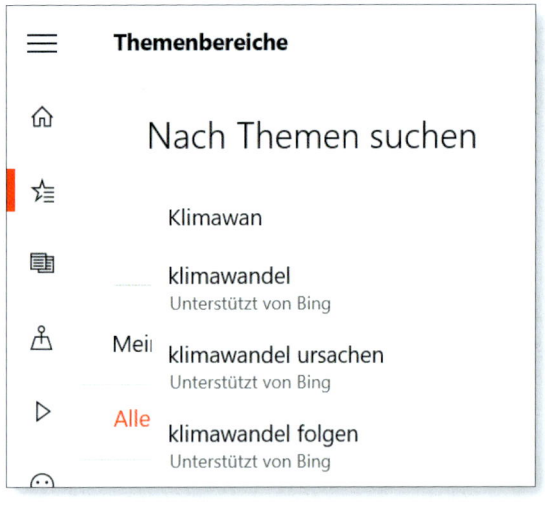

4. Stellen Sie sicher, dass in der Menüleiste **Themenbereiche** ausgewählt ist. Das Symbol ist in diesem Fall am linken Rand mit einem roten Balken markiert.

5. Tippen Sie in das Suchfeld am oberen Rand des Programmfensters, und geben Sie den gewünschten Suchbegriff ein. Bereits während der Eingabe erhalten Sie einige Vorschläge. Ist das gewünschte Thema dabei, tippen Sie es an. Andernfalls setzen Sie die Eingabe selbst fort und bestätigen sie durch Drücken der Eingabe-Taste ⏎ .

6. Kehren Sie mit einem Tipp auf das Symbol ⌂ zur Startseite der Nachrichten-App zurück. Am oberen Seitenrand wird nun Ihr gerade ergänztes Thema aufgeführt. Eventuell müssen Sie hierzu auf der Startseite nach links blättern (also mit dem Finger von rechts nach links über den Bildschirm wischen). Ein Tipp auf Ihre Rubrik ❽, und schon werden die Beiträge zum Thema eingeblendet.

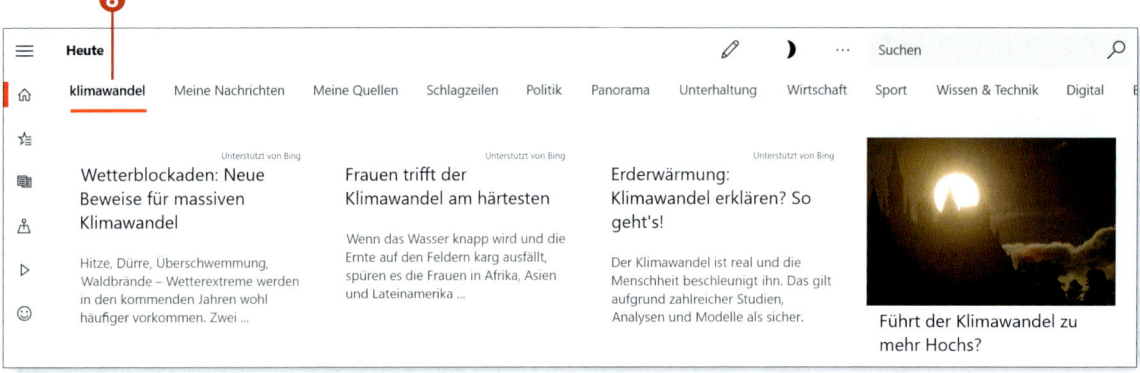

Wenn Sie mit einem Microsoft-Konto am Computer angemeldet sind, übernimmt Windows automatisch die vorgenommenen Einstellungen auf allen Computern, auf denen Sie sich mit diesem Konto anmelden. Sie müssen also nicht auf jedem Gerät neu Ihre Interessengebiete einrichten. Wünschen Sie dies nicht, sollten Sie sich bei der Nachrichten-App abmelden. Klicken Sie hierzu am unteren Rand der linken Seitenleiste auf das Symbol Ihres Benutzerkontos ❶. Im folgenden Dialog markieren Sie

Ihr Benutzerkonto und klicken dann auf **Abmelden** ❷. Sie werden nun für die Nachrichten-App vom Microsoft-Konto abgemeldet. Möchten Sie sich später doch wieder anmelden, reicht ein Klick auf das Symbol des Benutzerkontos und dann auf Ihr Microsoft-Konto, und schon sind Sie wieder angemeldet.

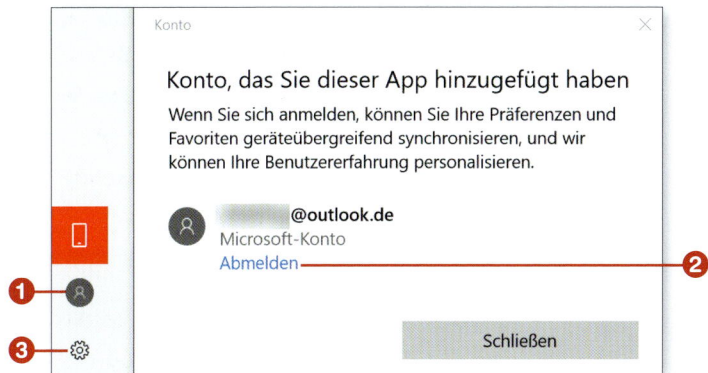

◀ Sollen Ihre Einstellungen nicht synchronisiert werden, müssen Sie sich bei der App abmelden.

Haben Sie zu Beginn die Benachrichtigungen deaktiviert und möchten diese Einstellung nun doch rückgängig machen, tippen Sie unten links auf das Zahnradsymbol ❸. Mit einem Tipp auf den Regler **Benachrichtigungen bei wichtigen Nachrichten** schalten Sie diesen **Ein**. Zukünftig wird bei Eintreffen neuer Meldungen oberhalb des Infobereichs der Taskleiste ein Banner eingeblendet. Wie Sie diese Benachrichtigungen im Detail für all Ihre Apps einstellen können, erfahren Sie im Abschnitt »Benachrichtigungen und Aktionen: So richten Sie das Info-Center ein« ab Seite 116.

Wenn Sie keine weiteren Nachrichten mehr lesen und die App schließen möchten, positionieren Sie den Finger am oberen Bildschirmrand und ziehen ihn nach unten bis zum unteren Bildschirmrand. Sobald das Programmfenster der App nur noch zur Hälfte sichtbar ist, heben Sie den Finger vom Bildschirm.

Wenn Sie sich besonders für Nachrichten aus dem Finanzbereich oder für Sportmeldungen interessieren, sollten Sie auch einen Blick auf die beiden Apps *Finanzen* und *Sport* werfen. Die Bedienung erfolgt ganz ähnlich wie in diesem Kapitel für die Nachrichten-App beschrieben. Die beiden Apps sind bereits auf Ihrem Windows-Tablet installiert, sodass Sie sie sofort über die Einträge **Finanzen** bzw. **Sport** in der App-Liste des Startmenüs aufrufen können.

Kapitel 13

Weitere interessante Apps kurz vorgestellt

In den vorherigen Kapiteln haben wir uns u. a. intensiv mit den Themen Internet, E-Mail, Fotos, Filme und Musik beschäftigt. Für alle bringt Windows 10 bereits die passende App mit. Auf Ihrem Windows-Tablet gibt es aber noch so manch anderes Schmankerl zu entdecken. Ein paar davon werde ich Ihnen in diesem Kapitel vorstellen.

Über das Internet telefonieren mit Skype

Wenn man selbst viel auf Reisen ist oder Freunde und Familie weit entfernt sind, schätzt man die Möglichkeit, mit den anderen zu telefonieren und so ihre Stimme zu hören. Noch schöner ist es natürlich, wenn man sie während des Telefonats auch noch sehen kann. Stehen Ihnen und dem Gesprächspartner ein Computer mit Internetverbindung zur Verfügung, ist dies ganz einfach mit der App *Skype* möglich. Die weiteren Voraussetzungen, nämlich ein Lautsprecher, ein Mikrofon sowie eine Webcam, sind bereits Bestandteil Ihres Windows-Tablets. Wenn Sie sich gerade in der Öffentlichkeit befinden, bietet sich der Einsatz eines Headsets an, damit nicht alle in Ihrer Umgebung Ihr Gespräch verfolgen können. Auf dem Computer des Gesprächspartners sollten all diese Elemente natürlich ebenfalls verfügbar sein.

∧ *Für die Skype-App finden Sie eine eigene Kachel im Startmenü.*

Nutzen sowohl Sie als auch Ihr Gesprächspartner die Skype-App zum Telefonieren, sind die Gespräche kostenlos. Das ist vor allem bei sonst doch recht teuren Auslandsgesprächen interessant. Bei Gesprächen ins Fest-

oder Mobilfunknetz fallen Gebühren an. Die Preise erfahren Sie auf der Website *www.skype.de*.

Da die Skype-App bereits auf dem Windows-Tablet installiert ist, können Sie sofort loslegen. Der Aufruf erfolgt entweder über die gleichnamige Kachel oder den entsprechenden Eintrag in der App-Liste im Startmenü. Nach dem Start heißt Sie die App zunächst willkommen. Wenn Sie Skype bereits früher genutzt und sich damals einen Skype-Namen eingerichtet haben, können Sie sich auch heute noch mit diesem bei Skype anmelden. Besitzen Sie einen solchen Namen nicht, verwenden Sie stattdessen Ihr Microsoft-Konto. Sind Sie gerade mit einem Benutzerkonto am Tablet angemeldet, das mit einem Microsoft-Konto verknüpft ist, sind Sie damit bereits automatisch bei Skype angemeldet. Für den Fall, dass Sie ein lokales Benutzerkonto verwenden, müssen Sie das Microsoft-Konto in Skype hinzufügen. Tippen Sie in das Feld **Skype oder Microsoft-Konto**, und geben Sie die E-Mail-Adresse Ihres Microsoft-Kontos ein ❶. Bestätigen Sie die Eingabe mit einem Tipp auf **Weiter**. Nach Eingabe des Kennwortes tippen Sie auf **Anmelden**. Sollte die Schaltfläche von der virtuellen Tastatur überdeckt werden, blenden Sie diese mit einem Tipp auf die Taste ☒ aus, die Sie in der Bildschirmtastatur oben rechts finden. Eventuell werden Sie anschließend aufgefordert, noch Details wie Ihren Vor- und Nachnamen hinzuzufügen. Haben Sie diese Eingaben ergänzt, bestätigen Sie den Dialog mit **Weiter**.

> *Um Skype nutzen zu können, müssen Sie sich mit einem Skype-Namen oder mit Ihrem Microsoft-Konto anmelden.*

Eventuell bietet Skype Ihnen nun an, Ihr Adressbuch nach Skype-Kontakten zu durchsuchen. Wer dies nicht möchte, lehnt das Angebot mit einem Tipp auf **Nein** ab. Wie Sie selbst nach Kontakten suchen, erfahren Sie gleich. Den Zugriff auf die Kamera sollten Sie wiederum mit einem Tipp auf **Ja** ❷ gestatten, denn diese benötigen Sie für ein Videotelefonat. Dies gilt auch für das Mikrofon, denn sonst kann Ihr Gesprächspartner Sie nicht hören.

Skype den Zugriff auf die Kamera erlauben?

Um dies später zu ändern, rufen Sie die Einstellungs-App auf.

❷

| Ja | Nein |

< Für Videotelefonate benötigt Skype den Zugriff auf die Kamera.

Bevor Sie mit einem Freund oder Familienmitglied über Skype telefonieren können, müssen Sie die Person in Ihre Kontaktliste innerhalb der Skype-App aufnehmen. Für die entsprechende Suche im Skype-Nutzerverzeichnis gehen Sie folgendermaßen vor:

1. Tippen Sie im Programmfenster von Skype am oberen Rand der linken Spalte in das Feld **Skype durchsuchen**.

2. Geben Sie den Namen, den Skype-Namen oder auch die E-Mail-Adresse der gesuchten Person an, mit der sich diese bei Skype anmeldet ❶.

3. Bereits während der Eingabe listet Skype Nutzer auf, deren Namen mit Ihren Angaben übereinstimmen. Wird die Person unterhalb des Suchfeldes aufgeführt, markieren Sie den Eintrag durch Antippen ❷.

4. Der Name der Person wird nun am oberen Rand der rechten Fensterhälfte angezeigt. Um die Person in Ihre Kontaktliste aufzunehmen, müssen Sie ihr eine Kontaktanfrage senden. Tippen Sie hierzu am unteren Fensterrand in das Feld **Nachricht eingeben**, und geben Sie einen kurzen Text ein, z. B. »Hallo …, ich möchte Dich gerne als Kontakt bei Skype hinzufügen« ❸. Mit einem Tipp auf das Symbol ➤ verschicken Sie die Nachricht.

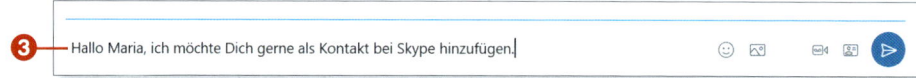

5. Meldet sich die Person das nächste Mal bei Skype an, wird Ihre Kontaktanfrage eingeblendet. Der Person steht es nun natürlich frei, Ihre Anfrage zu akzeptieren ❹ oder zu blockieren ❺.

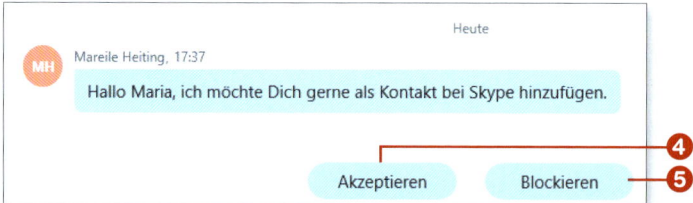

Entscheidet sie sich für **Akzeptieren**, wird bei Ihnen auf dem Tablet der Name des neu hinzugefügten Kontakts in der linken Spalte aufgenommen. Damit Sie mit dem Freund oder Familienmitglied über Skype telefonieren können, muss die Person ebenso wie Sie an einem Computer sitzen, auf dem Skype installiert ist, und bei Skype angemeldet sein. Ob der gewünschte Gesprächspartner angemeldet ist, erkennen Sie am grünen Punkt im Profilbild ❻. Sobald Sie den Kontakt in der linken Spalte markieren, wird in der rechten Fensterhälfte unterhalb des Namens der Vermerk JETZT AKTIV eingeblendet ❼.

> *Der grüne Punkt zeigt: Die Person ist gesprächsbereit.*

Wenn Sie nun ein Telefonat beginnen möchten, stellen Sie sicher, dass in der linken Fensterhälfte die gewünschte Person markiert und ihr Name in der rechten Fensterhälfte angezeigt wird. In der rechten oberen Fensterecke finden Sie die beiden Symbole 📹 und 📞. Tippen Sie auf das linke Symbol 📹 ❽, startet Skype einen Videoanruf, bei dem Sie den Gesprächspartner über die Webcam sehen können und auch Sie selbst gesehen werden. Ist Ihnen ein Anruf ohne Kamera lieber, tippen Sie auf das Symbol 📞 ❾.

In beiden Fällen ertönt bei Ihrem Gesprächspartner ein Klingelton. Er hat nun mehrere Möglichkeiten, auf Ihren Anruf zu reagieren. Wenn er ein Videotelefonat mit Ihnen führen möchte, reicht ein Tipp auf **Video** ❿. Zieht er ein Gespräch ohne Kamera vor, muss er auf **Audio** ⓫ tippen. Vielleicht mag er aber auch gar nicht mit Ihnen reden. In diesem Fall kann er das Telefonat ignorieren ⓬.

∧ *Dem Gesprächspartner steht es frei, Ihren Anruf anzunehmen oder auch nicht.*

Kommt das Gespräch zustande, werden Sie es irgendwann auch wieder beenden wollen. Hierzu reicht ein Tipp auf den roten Telefonhörer. Sollte dieser bei Ihnen nicht angezeigt werden, wischen Sie einmal kurz über den Bildschirm bzw. bewegen etwas den Mauszeiger, falls Sie mit einer Computermaus arbeiten, und schon erscheint wieder die Symbolleiste am unteren Bildschirmrand. Ist auf Ihrem Tablet der Tabletmodus aktiviert, wird ein weiterer kleiner Dialog eingeblendet, in dem wiederum die Symbolleiste mit dem Telefonhörer eingeblendet wird. Zickt Skype hier etwas rum und weigert sich, den Dialog anzuzeigen, tippen Sie in der Taskleiste auf das Symbol ⊟. In der Übersicht über alle geöffneten Apps (auch *Taskansicht* genannt) erscheinen nach einem kurzen Moment zwei Vorschaufenster für die Skype-App. Mit einem Tipp auf die Vorschau, in der die Telefonhörer zu sehen sind, holen Sie dieses Fenster in den Vordergrund ⓭. Nun können auch Sie das Telefonat über den roten Telefonhörer beenden.

∨ *Über die Taskansicht gelangen Sie zum Skype-Fenster mit der Symbolleiste.*

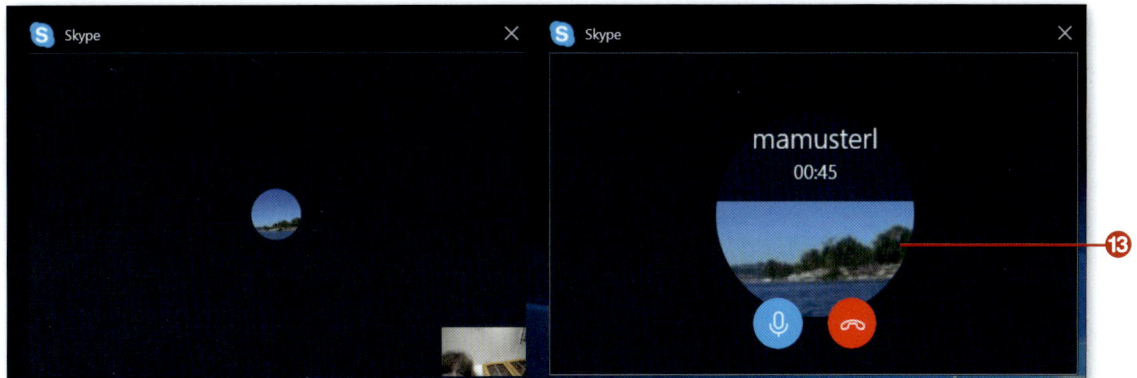

Nach dem Telefonat werden Sie eventuell aufgefordert, die Skype-App zu bewerten. Diesen Dialog können Sie schließen. Anschließend sehen Sie wieder die Startseite von Skype.

Wenn Sie die Skype-App beenden möchten, tippen Sie am oberen Rand der linken Spalte auf das Symbol ⋯ **14**. Wählen Sie hier den Befehl **Abmelden 15**, wenn Sie zurzeit keine weiteren Telefonate oder *Chats* (siehe dazu den folgenden Kasten »Mit Skype chatten«) über Skype führen möchten. Beim nächsten Aufruf der App müssen Sie sich dann wieder mit Ihrem Benutzernamen und Kennwort anmelden. Über den Befehl **Einstellungen 16**, der ebenfalls nach einem Tipp auf das Symbol ⋯ angezeigt wird, können Sie übrigens festlegen, wie Sie über eingehende Anrufe oder Chats informiert werden möchten.

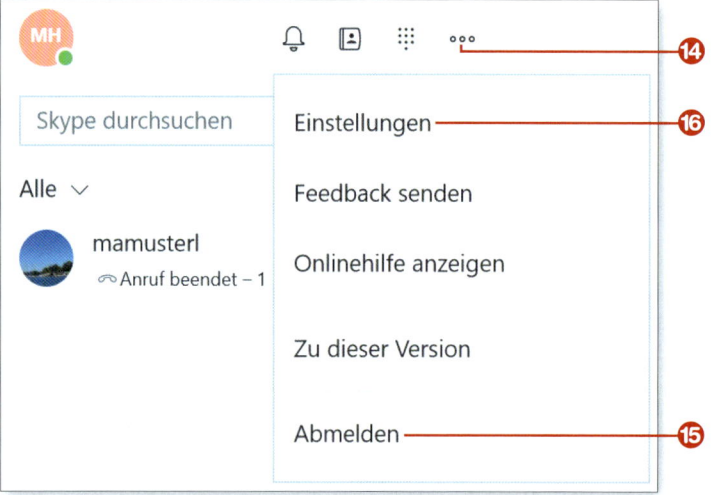

∧ *Möchten Sie die Arbeit mit Skype beenden, melden Sie sich ab.*

➕ Mit Skype chatten

Wenn die Umgebung kein Gespräch zulässt, können Sie über die Skype-App mit Ihren Kontakten auch kurze schriftliche Nachrichten austauschen (auch *Chatten* genannt). Sobald Sie die gewünschte Kontaktperson in Ihrer Kontaktliste markiert haben, tippen Sie am unteren Fensterrand in das Feld **Nachricht eingeben** (**3** auf Seite 282) Ihren Text ein. Mit einem Tipp auf ▷ verschicken Sie die Nachricht. Über das Smiley-Symbol ☺ können Sie Emoticons in Ihre Nachrichten einfügen. Von fröhlichen oder traurigen Gesichtern über Handgesten bis hin zu Tieren oder auch Gegenständen ist alles dabei.

Notizen und Skizzen: So nutzen Sie den Windows Ink-Arbeitsbereich

Der Arbeitsbereich, den ich Ihnen nun vorstellen möchte, wurde speziell für Geräte mit Touchscreen entwickelt. Sein Name lautet *Windows Ink* (*Ink* ist die englische Bezeichnung für Tinte). Die Funktionen, die er bietet, lassen sich zwar auch per Fingergesten oder Computermaus nutzen. Richtig Spaß machen sie aber dann, wenn Sie einen speziellen Stift für Touchscreens einsetzen. Der Windows Ink-Arbeitsbereich stellt Ihnen drei Funktionen bereit: Mit den *Kurznotizen* legen Sie kleine Notizzettel auf dem Bildschirm an, auf denen Sie wichtige Dinge notieren können, die Sie nicht vergessen wollen. Rufen Sie die Funktion *Skizzenblock* auf, wird aus Ihrem Bildschirm ein Skizzenblock, auf dem Sie hervorragend zeichnen können. Mit der dritten Funktion, der *Bildschirmskizze*, erstellen Sie blitzschnell einen Screenshot, also ein Foto des Bildschirms, den Sie anschließend beschriften können. Zwei dieser Funktionen, nämlich die Bildschirmskizze sowie den Skizzenblock, stelle ich Ihnen im Folgenden kurz vor.

Um den Windows Ink-Arbeitsbereich aufzurufen, tippen Sie im Infobereich der Taskleiste auf das Symbol ❶. Sollte das Symbol dort nicht angezeigt werden, erfahren Sie im Abschnitt »Die Taskleiste auf dem Tablet optimal einrichten« ab Seite 113, wie Sie es hier einblenden. Am rechten Bildschirmrand wird nun der Windows Ink-Arbeitsbereich mit seinen drei Funktionen eingeblendet.

➕ **Stift und Windows Ink optimal einrichten**

Sind Sie Linkshänder? Damit Windows 10 all Ihre handschriftlichen Eingaben und Zeichnungen optimal umsetzen kann, sollten Sie in diesem Fall eine kleine Einstellung anpassen. Blenden Sie hierzu mit einem Tipp auf das Symbol 🖋 den Windows Ink-Arbeitsbereich ein, und tippen Sie hier auf **Einstellungen für Stift & Windows Ink** (❷ auf Seite 285). Es wird die Einstellungen-App mit der gleichnamigen Unterkategorie geöffnet. Gleich zu Beginn der rechten Spalte finden Sie das Feld **Schreibhand auswählen** (❸ auf Seite 287). Tippen Sie in das Feld, und markieren Sie **Linke Hand**. Sehen Sie sich auch die weiteren Einstellungsmöglichkeiten in der rechten Spalte an. Über die Schaltfläche **Erkennung verbessern** können Sie z. B. einen Assistenten starten, der zur Verbesserung der Handschrifterkennung beiträgt.

Sehen wir uns zunächst die Bildschirmskizze an, mit der Sie den Bildschirm abfotografieren können. Dies ist z. B. praktisch, wenn eine Fehlermeldung auftaucht, mit der Sie nichts anfangen können und die Sie deshalb gerne per E-Mail einem Freund mit der Bitte um Hilfe schicken möchten.

1. Stellen Sie zunächst sicher, dass auf dem Bildschirm das Programmfenster oder auch die Meldung zu sehen ist, die Sie abfotografieren möchten. Blenden Sie dann den Windows Ink-Arbeitsbereich mit einem Tipp auf das Symbol 🖋 (❶ auf Seite 285) in der Taskleiste ein. Tippen Sie dort auf **Bildschirmskizze** ❹.

2. Statt der Benutzeroberfläche mit dem geöffneten Programmfenster wird ein Screenshot der Oberfläche angezeigt. In der rechten oberen Bildschirmecke finden Sie eine Symbolleiste. Die Werkzeuge, wie etwa den **Kugelschreiber** ❺, **Stift** ❻, **Textmarker** ❼ oder auch **Radiergummi** ❽, sind identisch mit denen der Webseitennotiz-Funktion von Microsoft Edge, die im Abschnitt »Webseiten mit eigenen Notizen versehen« ab Seite 136 vorgestellt wird. An dieser Stelle werde ich daher nicht näher darauf eingehen.

3. Wenn nicht der gesamte Screenshot wichtig ist, sondern nur ein Ausschnitt, schneiden Sie ihn entsprechend zu. Tippen Sie hierzu in der Symbolleiste auf das Symbol ⬚ ❾.

4. Auf dem Bildschirm wird nun ein Rechteck mit vier Markierungspunkten ❿ eingeblendet. Markieren Sie den Bereich, den Sie beibehalten möchten, indem Sie diese Punkte mit dem Finger, Stift oder auch mit gedrückter linker Maustaste verschieben. Mit einem Tipp auf das Häkchen ⓫ oben rechts wird der Screenshot nach Ihren Vorgaben zugeschnitten.

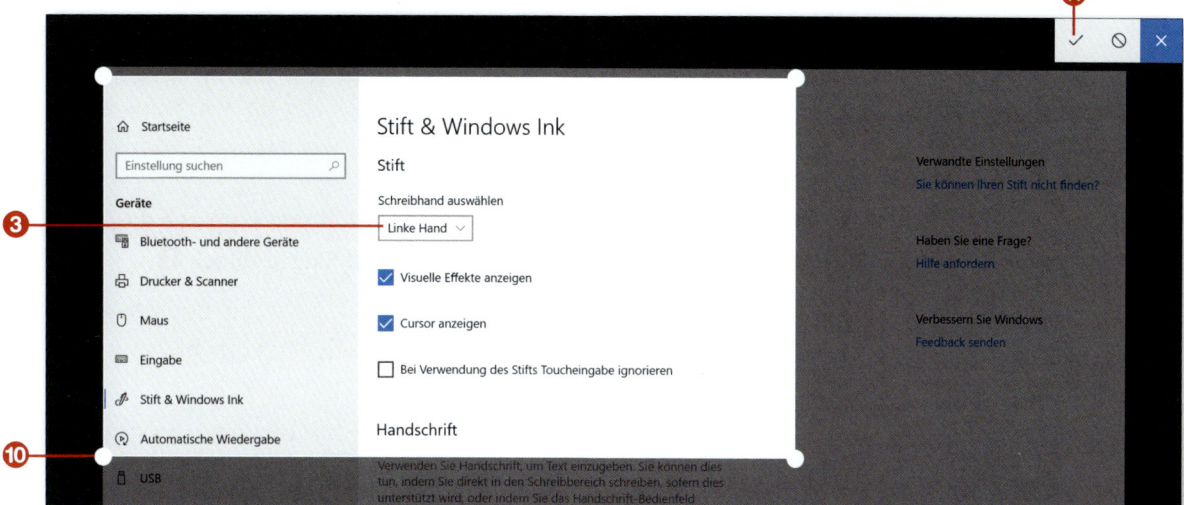

5. Möchten Sie den Screenshot auf Ihrem Tablet speichern, tippen Sie in der Symbolleiste auf das Symbol 🖫 ⓬.

6. Im Dialog **Speichern unter** wechseln Sie in den Ordner, in dem das Bild abgelegt werden soll. Nachdem Sie einen Dateinamen eingegeben haben, bestätigen Sie mit **Speichern**.

7. Um die Bildschirmskizzen-Funktion zu beenden, tippen Sie auf das Kreuzsymbol ❌ ⓭ am rechten Rand der Symbolleiste. Es wird nun wieder die gewohnte Arbeitsoberfläche angezeigt.

Sehen wir uns als Nächstes den Skizzenblock an. Mit ihm können Sie zeichnen oder auch handschriftlich Text eingeben. Auch wenn zwar beides per Fingergeste oder Computermaus möglich ist, wird das Ergebnis mit einem Stift sicherlich besser ausfallen.

➕ Screenshot per E-Mail versenden

Wenn Sie den Screenshot gleich per E-Mail versenden möchten, müssen Sie das Bild hierzu nicht erst speichern. Sie können ihn direkt aus der Bildschirmskizzen-Funktion heraus versenden. Tippen Sie hierzu in der Symbolleiste auf das Symbol 🔗 (⑭ auf Seite 286). Im Dialog **Freigeben**, der nun eingeblendet wird, markieren Sie das gewünschte E-Mail-Programm, etwa **Mail**. Anschließend wird automatisch das Nachrichtenfenster zum Verschicken einer E-Mail geöffnet. Der Screenshot wird bereits als Dateianhang angezeigt. Sie müssen lediglich die Adresse des Empfängers sowie einen Nachrichtentext eingeben und die E-Mail versenden. Nähere Informationen hierzu erhalten Sie im Abschnitt »E-Mails schreiben und lesen mit der Mail-App« ab Seite 158.

---

1. Blenden Sie den Windows Ink-Arbeitsbereich per Tipp auf das Symbol 🖊 in der Taskleiste ein. Tippen Sie hier auf **Skizzenblock** ❶.

2. Auf dem Bildschirm erscheint nun eine halb fertige Zeichnung, die bereits einen kleinen Vorgeschmack auf das bietet, was sich mit dem Skizzenblock umsetzen lässt. Mit einem Tipp auf das Papierkorbsymbol ❷ in der Symbolleiste am oberen Fensterrand entfernen Sie die Zeichnung und erhalten somit eine weiße Fläche.

3. Um nun selbst zu zeichnen oder zu schreiben, aktivieren Sie das gewünschte Werkzeug, z. B. den **Stift** ❸. Nach einem Tipp auf den kleinen Pfeil unterhalb des Stifts können Sie die Farbe und die Stiftstärke auswählen ❹. Legen Sie dann einfach mit Ihrer Zeichnung los. Misslingt Ihnen etwas, löschen Sie es einfach wieder mithilfe des Radiergummis ❺.

4. Mit einem Tipp auf das Linealsymbol ❻ können Sie sich ein Lineal als Hilfsmittel auf dem Bildschirm einblenden. Wenn Sie es etwas drehen möchten, positionieren Sie einfach zwei Finger auf dem Lineal und drehen nun die Finger im oder entgegen dem Uhrzeigersinn.

5. Die fertige Zeichnung können Sie wie zuvor für den Screenshot gezeigt speichern oder auch per E-Mail versenden. Mit einem Tipp auf das Kreuzsymbol ❼ schließen Sie den Skizzenblock.

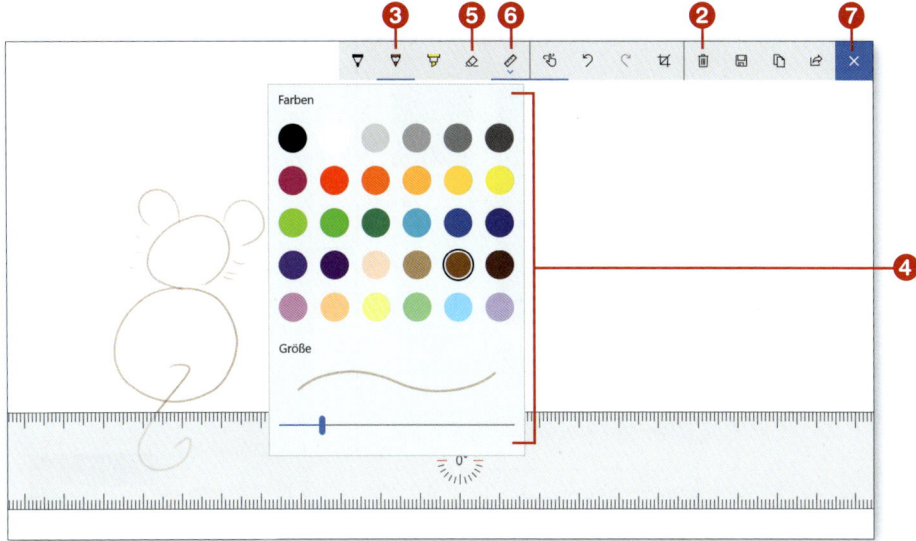

Zeichnen mit Paint 3D

Zählen Sie zu den passionierten Malern, wird Ihnen der im vorherigen Abschnitt vorgestellte Skizzenblock mit der doch recht überschaubaren Anzahl an Werkzeugen sicherlich nicht ausreichen. Für Sie könnte aber die App *Paint 3D* interessant sein. Wie der Zusatz 3D bereits vermuten lässt, lassen sich mit Paint 3D dreidimensionale Zeichnungen erstellen. Das Programm stellt eine komplett überarbeitete Version des Klassikers *Paint* dar, der bereits seit vielen Versionen fester Bestandteil von Windows ist. Während Paint in der App-Liste des Startmenüs etwas versteckt über den Ordner **Windows-Zubehör** aufgerufen wird, finden Sie für Paint 3D im Startmenü direkt einen Eintrag in der App-Liste sowie häufig sogar eine eigene Kachel.

Nach dem Start der App Paint 3D wird zunächst der Willkommensbildschirm angezeigt. Möchten Sie sich erst etwas vertraut machen mit den Möglichkeiten von Paint 3D, empfehle ich Ihnen, sich die Videos anzusehen, die Sie hier angeboten bekommen.

∧ *Paint ist im Windows-Zubehör versteckt.*

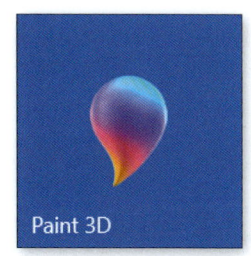

∧ *Für Paint 3D existiert meist eine Kachel im Startmenü.*

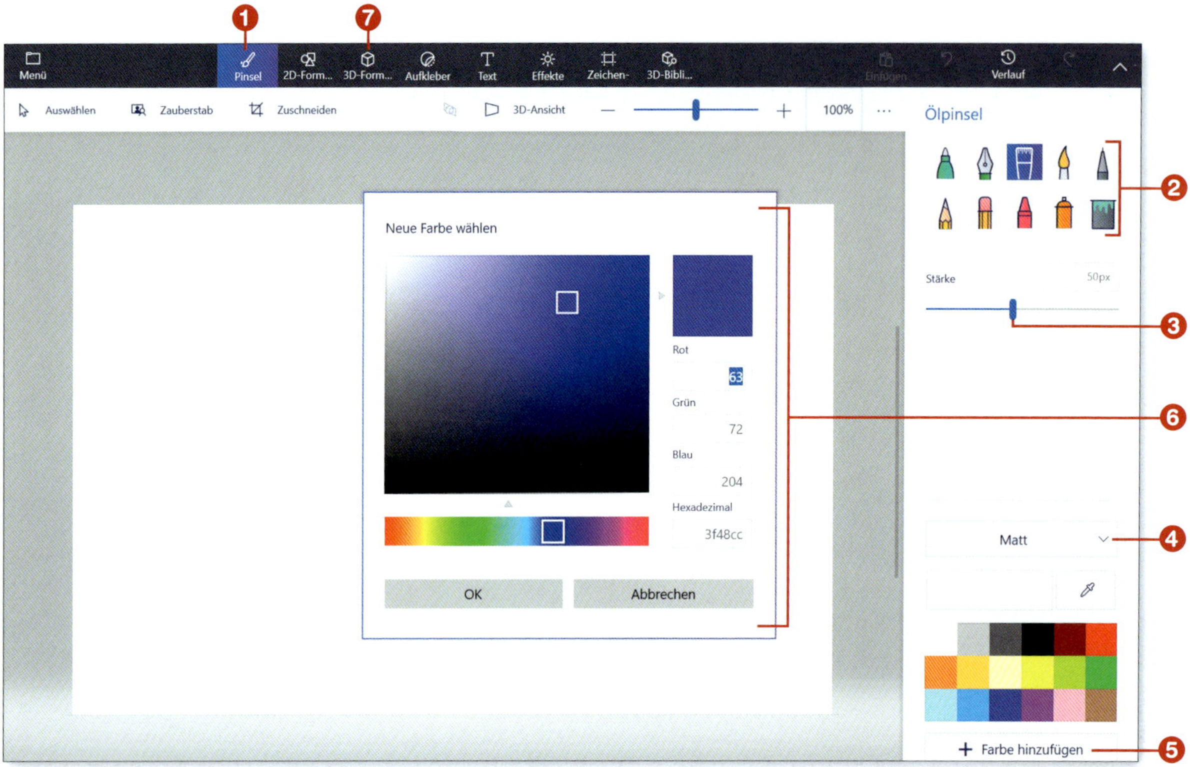

> ⌃ *Für den Stift bzw. Pinsel können Sie die Stärke, Deckkraft und Farbe einstellen.*

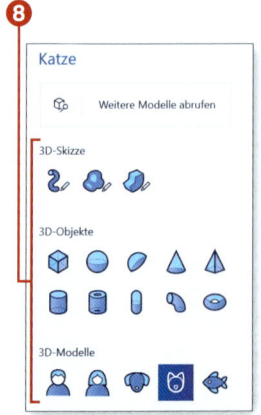

> ⌃ *Markieren Sie die gewünschte 3D-Form.*

Wenn Sie selbst eine Zeichnung erstellen möchten, tippen Sie auf **Neu**. In der Symbolleiste am oberen Fensterrand ist zunächst der **Pinsel** ❶ aktiviert. In der rechten Spalte können Sie nun aus verschiedenen Pinseln und Stiften ❷ auswählen und über den jeweiligen Regler die Stärke ❸ sowie die Deckkraft ❹ bestimmen. Die Farbauswahl erfolgt über die Farbpalette am unteren Spaltenrand. Ist hier der gewünschte Farbton nicht dabei, klicken Sie auf **Farbe hinzufügen** ❺ und wählen im nun aufklappenden Dialog durch Antippen einen neuen Farbton ❻ aus, den Sie mit **OK** bestätigen.

Möchten Sie einmal die 3D-Formen ausprobieren, tippen Sie in der Werkzeugleiste am oberen Fensterrand auf **3D-Formen** ❼. In der rechten Spalte werden nun verschiedene Formen angeboten, aus denen Sie die gewünschte per Tipp auswählen ❽. Ziehen Sie den Finger nun über den Bildschirm, erscheint auch schon die gerade markierte Form. Sobald

Sie den Finger vom Bildschirm heben, werden vier Symbole rund um die Form eingeblendet, über die Sie die Figur nun drehen können ❾. So können Sie gleich den 3D-Effekt testen.

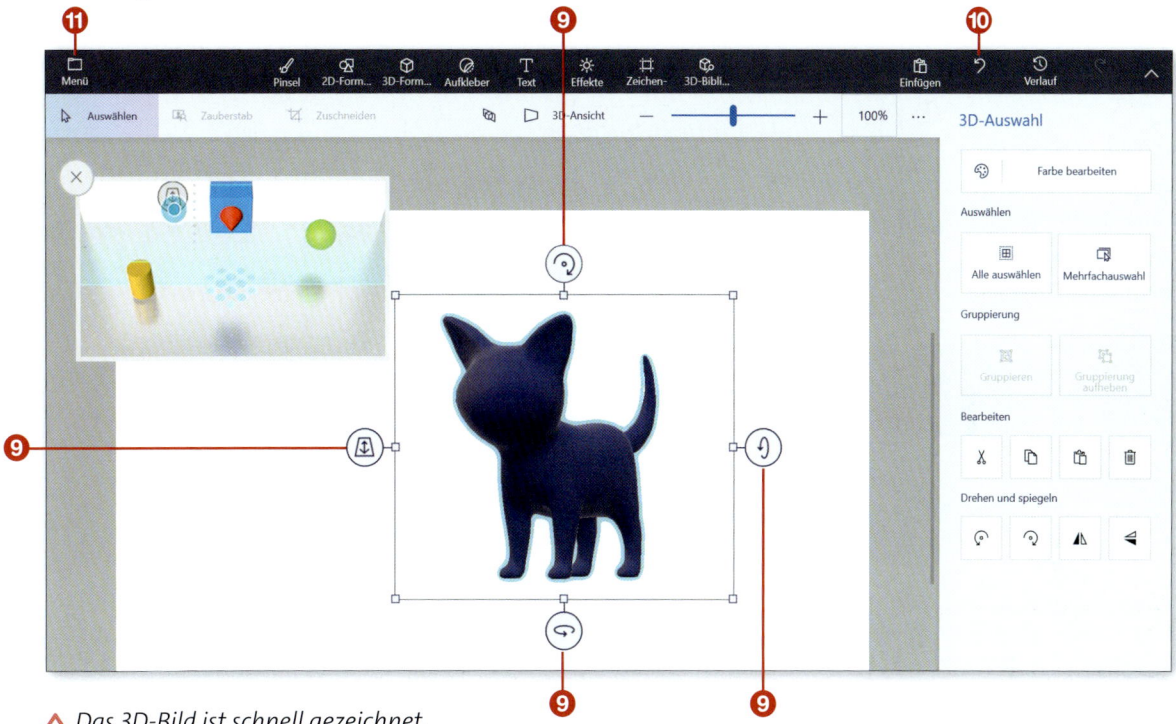

∧ *Das 3D-Bild ist schnell gezeichnet.*

Die Zeichnung lässt sich natürlich nach Belieben weiter bearbeiten. Probieren Sie einfach die Vielzahl von Funktionen aus, die Paint 3D bietet. Gefällt Ihnen etwas nicht, lässt sich jeder Ihrer Schritte über das Symbol ⏎ ❿ in der Symbolleiste am oberen Fensterrand ungeschehen machen. Wenn Sie eine fertige Zeichnung speichern möchten, tippen Sie oben links auf das Symbol **Menü** ⓫. Falls Sie an der Zeichnung zu einem späteren Zeitpunkt noch weiterarbeiten möchten, wählen Sie in der aufklappenden Liste den Befehl **Speichern unter** ⓬ und dann **Paint 3D-Projekt** ⓭. Vergeben Sie einen Namen für das Projekt, und bestätigen Sie mit **In Paint 3D speichern**. Sie können das Projekt später wieder in Paint 3D über den Befehl **Öffnen** ⓮ aufrufen und die Arbeit fortsetzen. Ist die Zeichnung bereits fertig, wählen Sie das Dateiformat ⓯ aus, geben dann ebenfalls einen Dateinamen an und bestätigen mit **Speichern**.

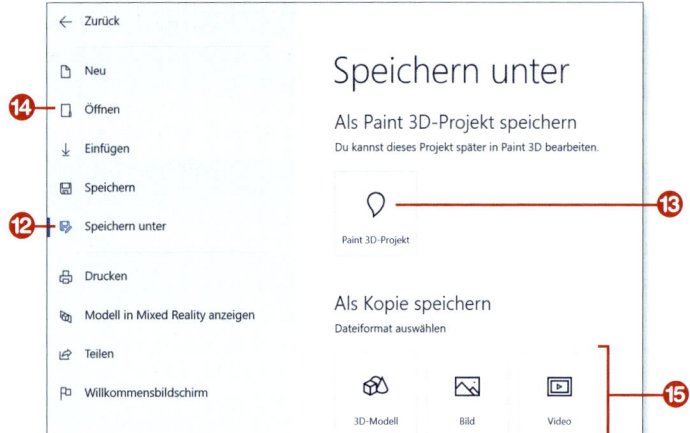

> *Möchten Sie die Arbeit an der Zeichnung später fortsetzen, müssen Sie sie als Paint 3D-Projekt speichern.*

➕ **Der Taschenrechner von Windows 10**

Kopfrechnen zählt nicht zu Ihren Stärken? Dann überlassen Sie das Rechnen doch einfach dem bereits in Windows 10 integrierten Taschenrechner. Der Aufruf der App *Rechner* erfolgt über den gleichnamigen Eintrag in der App-Liste des Startmenüs. Nach dem Start ist zunächst die Standardansicht zu sehen, die nur die Standard-Rechenfunktionen bietet. Tippen Sie oben links auf das Symbol ≡, stehen Ihnen im aufklappenden Menü weitere Kategorien zur Auswahl. Möchten Sie z. B. wissen, wie viele Tage Sie noch arbeiten müssen, bis der ersehnte Urlaub ansteht, wählen Sie die Ansicht **Datumsberechnung**. Hier können Sie nun die Differenz zwischen zwei Datumsangaben berechnen. Sehr interessant sind aber auch die diversen **Konverter**, die für Sie die Umrechnung verschiedener Einheiten übernehmen, wie etwa Meilen pro Stunde in Kilometer pro Stunde.

> *Die Rechner-App unterstützt Sie bei einer Vielzahl von Rechenaufgaben.*

Word, Excel und Co.: online Büroarbeiten erledigen

Sie müssen unterwegs schnell einen Brief mit Word schreiben, haben auf Ihrem Tablet aber kein *Microsoft Office* oder eine Alternative installiert? Besteht eine Verbindung ins Internet, können Sie in einer solchen Situation die kostenlose Onlineversion des Office-Programms nutzen. Der Zugriff erfolgt, wie bereits im Zusammenhang mit dem Veröffentlichen von Fotos im Abschnitt »Fotos in die Cloud OneDrive hochladen und teilen« ab Seite 225 gezeigt, über den Onlinespeicher *OneDrive*. Sobald Sie sich angemeldet haben, haben Sie u. a. Zugriff auf die Onlineversionen der Programme Word, Excel und PowerPoint. An einem kurzen Beispiel zeige ich Ihnen, wie Sie über die Cloud OneDrive ein neues Word-Dokument öffnen, speichern und auf Ihr Tablet herunterladen. Analog können Sie z. B. auch eine Excel-Arbeitsmappe oder eine PowerPoint-Präsentation erstellen.

1. Starten Sie den Browser *Microsoft Edge* z. B. per Tipp auf die Kachel im Startmenü oder das Programmsymbol in der Taskleiste. Rufen Sie dann die Webadresse *https://onedrive.live.com/about/de-de* auf, und tippen Sie auf der Seite oben rechts auf **Anmelden** ❶.

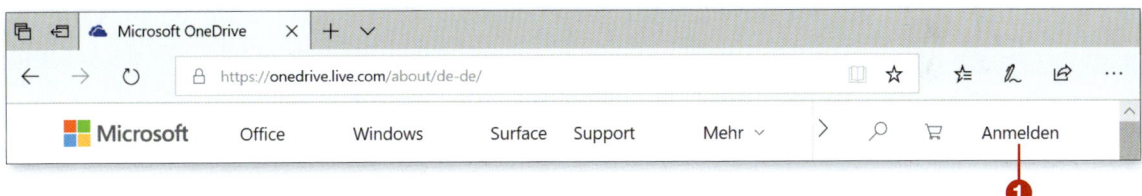

2. Im Dialog **Anmelden** geben Sie die E-Mail-Adresse Ihres Microsoft-Kontos ein und bestätigen mit **Weiter**. Sie werden nun aufgefordert, das Kennwort des Kontos anzugeben. Nach einem Tipp auf **Anmelden** gelangen Sie zum Onlinespeicher OneDrive.

Haben Sie zuvor bereits ein Word-Dokument in den Onlinespeicher geladen (lesen Sie hierzu auch »Dateien und Ordner in der Cloud OneDrive speichern« ab Seite 204), wechseln Sie in den Ordner, in dem sich die Datei befindet, und öffnen die Datei mit einem Tipp. Für Sie geht es direkt bei Schritt 4 weiter. Für unser Beispiel soll die Datei aber in OneDrive selbst neu erstellt werden. Hierzu gehen Sie folgendermaßen vor:

3. Tippen Sie auf der Startseite von OneDrive oben links auf das Symbol ❷ und im aufklappenden Menü auf das gewünschte Programm, hier also **Word** ❸.

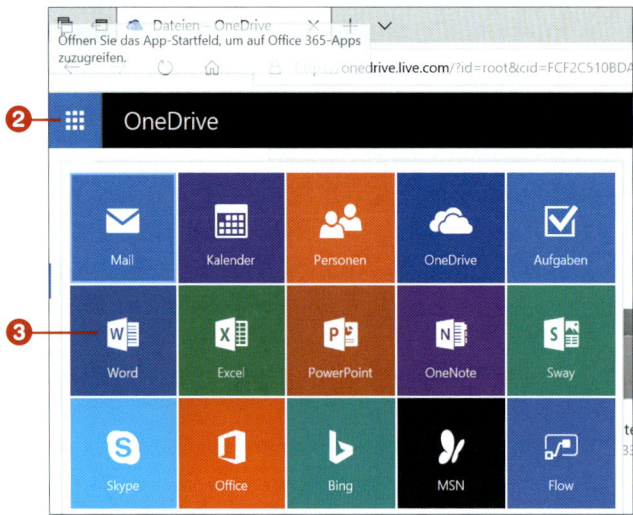

4. Auf einer neuen Registerkarte wird nun **Microsoft Word Online** geöffnet ❹. Wer bereits mit Microsoft Word gearbeitet hat, wird sich hier schnell zurechtfinden. Wählen Sie zunächst per Tipp eine Vorlage aus, auf der Ihr Schreiben basieren soll, z. B. **Neues leeres Dokument** ❺.

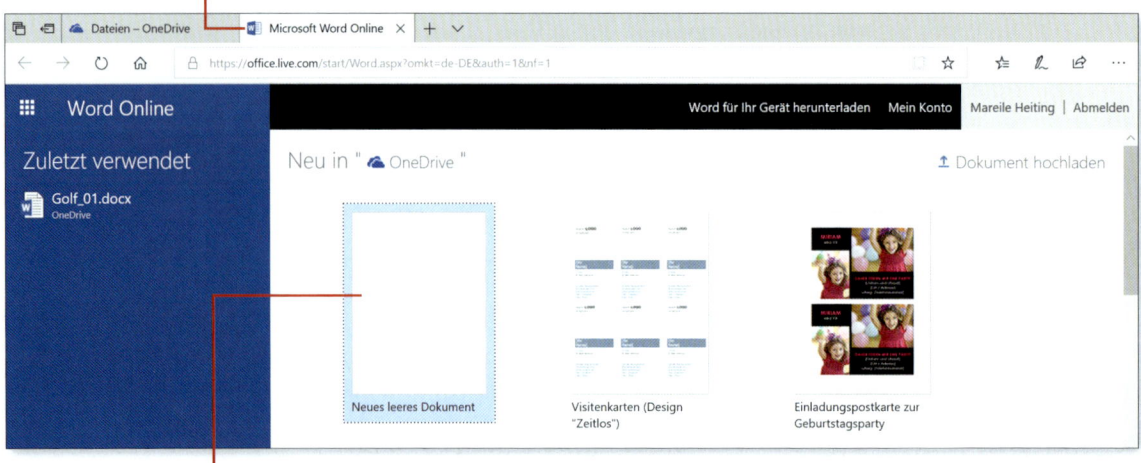

5. Wie von Word gewöhnt, wird nun ein leeres Dokument geöffnet. Oberhalb des Dokumentbereichs befindet sich das Menüband mit den Registern **Start**, **Einfügen**, **Seitenlayout**, **Verweise**, **Überprüfen** und **An-**

sicht ❻. Um die Bildschirmtastatur einzublenden, reicht ein Tipp in den Dokumentbereich ❼. Die Einfügemarke erkennen Sie wie gewohnt am senkrechten Strich, der zusätzlich noch um ein Kreissymbol ❽ erweitert wird. Sie können nun, wie Sie es z. B. von Microsoft Word 2013 oder auch Microsoft Word 2016 gewöhnt sind, Ihren Text eingeben, diesen formatieren, um Bilder oder auch Tabellen erweitern und vieles mehr. Die Befehle, die Ihnen in den Registern zur Verfügung gestellt werden, sind nicht ganz so umfassend wie in den erwähnten Desktopversionen von Word, für die klassischen Arbeiten reichen sie aber vollkommen aus.

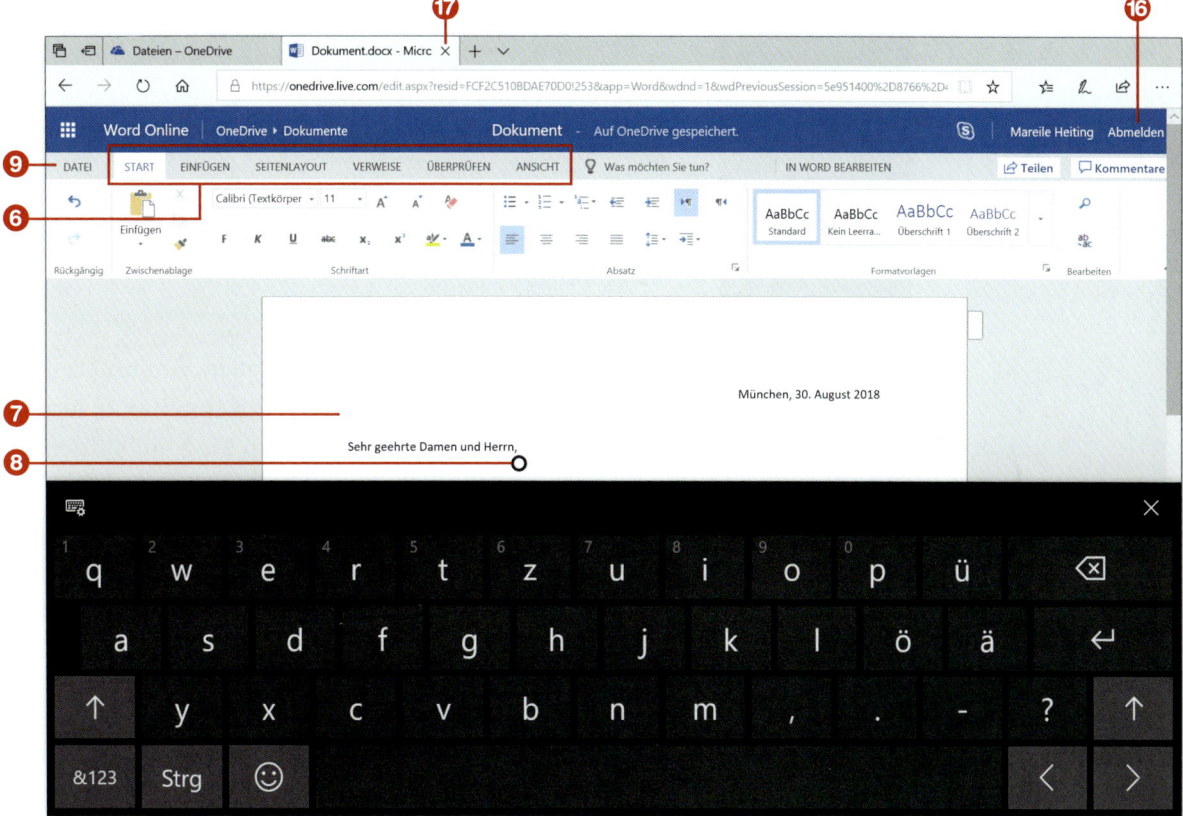

6. Das Dokument wird automatisch, also ohne Ihr Zutun, in OneDrive gespeichert. Tippen Sie im Menüband auf **Datei** ❾, finden Sie hier daher im Gegensatz zur Desktopversion auch nicht den Befehl **Speichern**. Wenn Sie eine Kopie der Datei auf Ihrem Tablet speichern möchten, wählen Sie stattdessen den Befehl **Speichern unter** ❿. Markieren Sie dann rechts **Eine Kopie herunterladen** ⓫.

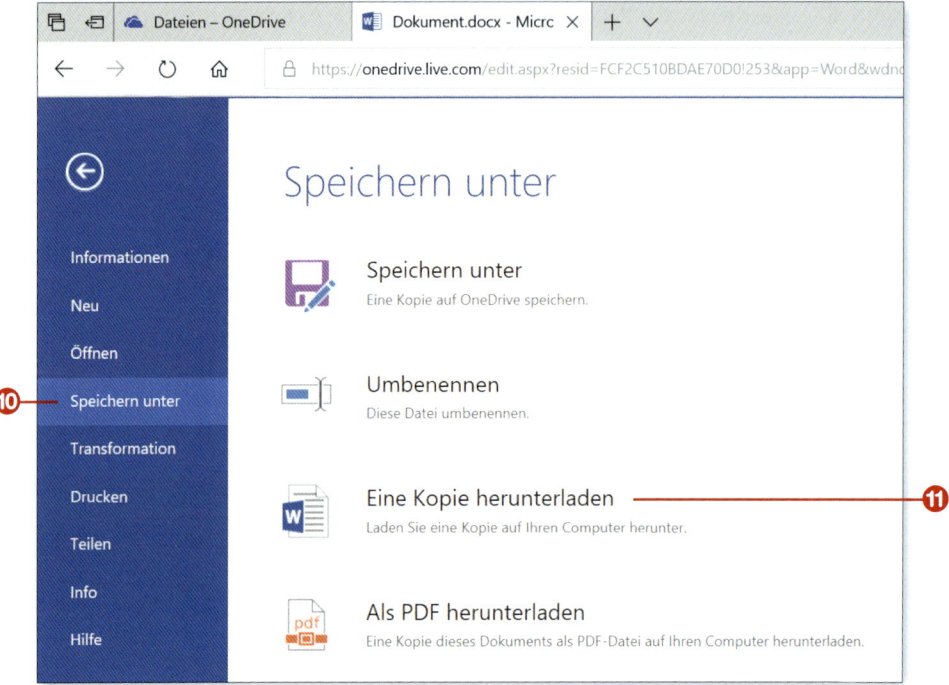

7. Bestätigen Sie den folgenden Dialog mit **Herunterladen**. Am unteren Fensterrand wird eine Symbolleiste eingeblendet, in der Ihnen nun verschiedene Möglichkeiten angeboten werden. Mit einem Tipp auf **Öffnen** ⑫ könnten Sie die Datei direkt auf Ihrem Tablet öffnen, sofern Sie denn ein entsprechendes Programm, also Microsoft Office, auf dem Gerät installiert haben. Tippen Sie dagegen auf **Speichern** ⑬, wird die Datei auf Ihrem Tablet im Ordner *Downloads* abgelegt.

8. Mit einem Tipp auf **Ordner öffnen** ⑭ können Sie nun direkt den Explorer mit dem Ordner **Downloads** aufrufen. Benötigen Sie die Befehle in der Symbolleiste wiederum nicht, da Sie die Datei erst zu einem späteren Zeitpunkt weiterbearbeiten möchten, blenden Sie die Symbolleiste mit einem Tipp auf das Kreuzsymbol ⑮ aus.

9. Wollen Sie keine weiteren Arbeiten mehr in Word Online durchführen, melden Sie sich mit einem Tipp auf **Abmelden** (⓰ auf Seite 295) ab. Die Registerkarte können Sie anschließend mit einem Tipp auf das Kreuzsymbol im Registerreiter ⓱ schließen.

10. Nun ist nur noch die Webseite von OneDrive geöffnet. Tippen Sie hier links auf **Zuletzt verwendet** ⓲. Eventuell werden Sie aufgefordert, sich nochmals mit Ihrer E-Mail-Adresse und dem Kennwort anzumelden. Anschließend sehen Sie in der rechten Hälfte die zuletzt verwendeten Dateien, also auch das gerade erstellte Word-Dokument.

11. Sollten Sie die Datei umbenennen wollen, halten Sie den Finger ca. zwei Sekunden auf das Dateisymbol gedrückt ⓳. Heben Sie dann den Finger vom Bildschirm, wird das Kontextmenü eingeblendet. Wählen Sie den Befehl **Umbenennen** ⓴, geben Sie im anschließend eingeblendeten Dialog einen neuen Dateinamen ein, und bestätigen Sie diesen schließlich mit **Speichern**.

12. Wenn Sie den Onlinespeicher OneDrive beenden möchten, vergessen Sie nicht, sich zuvor abzumelden. Der entsprechende Befehl wird nach einem Tipp auf Ihren Benutzernamen ㉑ angezeigt.

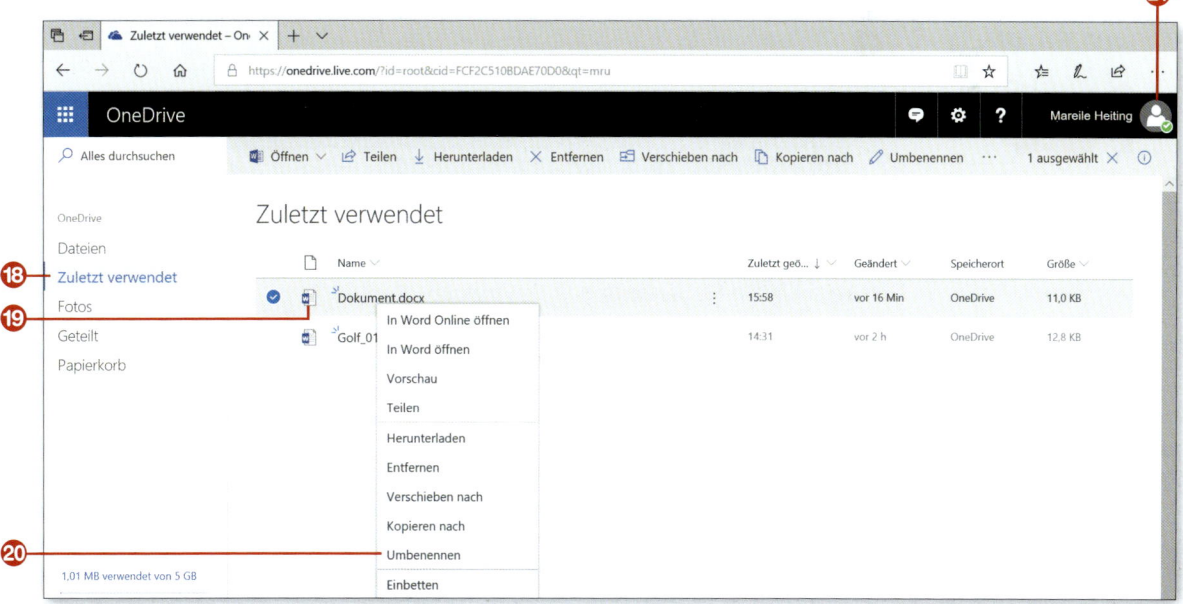

➕ Texte per Fingergeste kopieren und einfügen

Sie möchten gerne einen Text kopieren und in einer anderen Anwendung einfügen? Nutzen Sie eine angeschlossene Tastatur und Computermaus, ist das schnell erledigt: Einfach den Text mit gedrückter linker Maustaste markieren, mit der Tastenkombination `Strg` + `C` kopieren und an der gewünschten Stelle mit `Strg` + `V` einfügen – fertig. Bedienen Sie das Tablet dagegen ausschließlich per Fingergesten, ist der Vorgang etwas aufwendiger. Zum Markieren tippen Sie zunächst auf das erste Wort des Textes. Es wird sofort farbig hervorgehoben. Verschieben Sie nun die kleinen Kreissymbole, die unterhalb des ersten ❶ und des letzten Buchstabens ❷ zu sehen sind, sodass der gesamte gewünschte Textabschnitt markiert ist. Halten Sie den Finger nun länger auf dem markierten Text gedrückt, bis rund um den Finger ein Quadrat sichtbar ist. Heben Sie den Finger dann vom Bildschirm, und wählen Sie im aufklappenden Kontextmenü den Befehl **Kopieren**. Wechseln Sie nun in die Anwendung, in der Sie den kopierten Text einfügen möchten. Tippen Sie auf die Stelle im Anwendungsfester, an der der Text ergänzt werden soll. Halten Sie wieder den Finger etwas länger auf dem Bildschirm gedrückt, bis das Quadrat erscheint. Heben Sie den Finger vom Bildschirm, und wählen Sie im Kontextmenü den Befehl **Einfügen**. Der kopierte Text wird nun an der gewünschten Stelle eingefügt.

❶

> Weil der Ton bis zu 165 Dezibel erreicht (zum Vergleich: das Überschallflugzeug Concorde bringt es auf 112 Dezibel), hört Markus ihn noch auf zehn Kilometer Entfernung. Und weil das Mikrofon gerichtet ist, kann er den Wal anpeilen. Der Pottwal ist Weltmeister im Tauchen, kann zwei Stunden die Luft anhalten und dabei drei Kilometer in die Tiefe gehen.

❷

∧ *Verschieben Sie die beiden Kreissymbole, um den gewünschten Text zu markieren.*

Das Tablet per Sprachassistentin Cortana steuern

Sich gemütlich im Stuhl zurücklehnen und das Windows-Tablet nur per Sprachanweisungen steuern? Mithilfe der Sprachassistentin Cortana kann dieser Traum schnell Wirklichkeit werden. Cortana nimmt aber nicht nur Ihre Sprachkommandos entgegen, sondern bietet Ihnen eine Fülle an Diensten an. Einige dieser Dienste erfordern allerdings die Anmeldung mit einem Microsoft-Konto.

Im Verlauf des Buches haben Sie Cortana bereits im Zusammenhang mit Suchanfragen kennengelernt, die über das Suchfeld in der Taskleiste gestartet werden. Diese Funktion steht Ihnen auch dann zur Verfügung, wenn Sie mit einem lokalen Benutzerkonto am Tablet angemeldet sind. Auch viele andere Dienste von Cortana, wie etwa die Auskunft über das morgige Wetter, sind mit einem lokalen Benutzerkonto möglich. Wenn Sie Cortana allerdings als persönliche Assistentin einsetzen möchte, die Sie z. B. an anstehende Termine erinnert, benötigen Sie ein Microsoft-Konto.

Damit Cortana Sie umfassend informieren kann, benötigt sie viele Daten von Ihnen. Diese Informationen sucht sich die Sprachassistentin aus all Ihren Aktionen am Computer zusammen. Ob Kalendereinträge, E-Mails oder besuchte Internetseiten: Cortana liest und sammelt alles. Auch Ihr aktueller Standort ist für die Sprachassistentin von großem Interesse, denn anhand dieser Daten stellt sie Ihnen etwa Empfehlungen für Restaurants in Ihrer Nähe zusammen. Das alleine wäre nicht weiter schlimm. Leider reicht Cortana diese Informationen aber auch fleißig an Microsoft weiter, was aus Datenschutzsicht fatal ist.

Wie bereits am Beispiel des Microsoft Stores im Abschnitt »Kostenlose Apps installieren« ab Seite 247 oder auch der Skype-App zu Beginn dieses Kapitels gezeigt, können Sie sich auch dann, wenn Sie mit einem lokalen Benutzerkonto am Tablet angemeldet sind, direkt bei Cortana anmelden. Ist Ihnen der Schutz der eigenen Daten wichtig, dann empfehle ich Ihnen allerdings, darauf zu verzichten. Melden Sie sich stattdessen immer dann, wenn Sie die Sprachassistentin Cortana nutzen möchten, direkt mit einem Benutzerkonto am Tablet an, das mit einem Microsoft-Konto verknüpft ist. Wenn Sie sicherheitsrelevante Aufgaben, wie etwa Onlinebanking, ausführen möchten, sollten Sie wieder zum lokalen Benutzerkonto wechseln. Wie Sie zwischen zwei Benutzerkonten wechseln, lesen Sie im Kasten »Schneller Wechsel zwischen Benutzerkonten« auf Seite 58.

➕ **Cortana und der Datenschutz**

Cortana ist ausgesprochen neugierig. Bevor Sie die Dienste der Sprachassistentin nutzen, sollten Sie sich genau informieren, welche Daten erfasst und wo diese gespeichert werden. Rufen Sie hierzu Cortana mit einem Tipp in das Cortana-Suchfeld in der Taskleiste auf. Tippen Sie in der linken Spalte unten auf das Symbol ⚙. Es wird die Einstellungen-App mit der Kategorie **Cortana** geöffnet. Markieren Sie in der linken Spalte **Weitere Details**. In der rechten Spalte werden nun diverse Themen aufgelistet, wie etwa **Datenschutzbestimmungen** oder auch **Cortana & Suche**. Tippen Sie einen dieser Links an, startet der Browser Edge mit Informationen zum ausgewählten Thema. Auch wenn Sie nach dem Lesen dieser Informationen zu der Überzeugung gelangen, dass Cortana doch nichts für Sie ist: Seit dem *Anniversary Update* von Windows 10 können Sie die Sprachassistentin leider nicht mehr deaktivieren. Sie können aber zumindest dafür sorgen, dass bereits gespeicherte persönliche Daten von Ihnen in der Cloud gelöscht werden. Der Weg führt hier ebenfalls über die Kategorie **Cortana** in der Einstellungen-App. Markieren Sie in der linken Spalte **Berechtigungen & Verlauf**. In der rechten Spalte legen Sie über die Regler nun fest, welche Berechtigungen Sie Cortana erteilen und welche Sie ihr entziehen wollen. Tippen Sie am unteren Rand der Spalte auf **Meinen Geräteverlauf löschen**, werden Ihre Daten in der Cloud entfernt. Da die Einstellungen-App noch geöffnet ist, sollten Sie auch gleich einen Blick in die Unterkategorie **Mit Cortana sprechen** werfen. Möchten Sie z. B. nicht, dass Cortana wichtige Informationen auf dem Sperrbildschirm anzeigt, sollten Sie hier den Regler unterhalb von **Cortana auch bei gesperrtem Gerät verwenden** mit einem Tipp auf **Aus** setzen. Setzen Sie zu Beginn der rechten Spalte den Regler unterhalb von **Cortana soll auf „Hey Cortana" reagieren** auf **Ein**, können Sie später Ihre Sprachkommandos mit der Anweisung »Hey Cortana« starten. Diese Einstellung verbraucht allerdings sehr viel Akkuleistung, sodass Sie besser darauf verzichten sollten, wenn Sie Ihr Tablet im Akkubetrieb nutzen.

Bevor Sie ausprobieren, wie Cortana auf Ihre Sprachkommandos reagiert, sollten Sie zunächst ein paar wichtige Einstellungen überprüfen. Blenden Sie hierzu die Startseite von Cortana per Tipp in das Cortana-

Suchfeld in der Taskleiste ein. Ist auf Ihrem Tablet der Tabletmodus aktiviert, reicht ein Tipp auf das Cortana-Symbol ⬛ **1**.

1. Tippen Sie auf der Startseite von Cortana in der Symbolleiste links auf das Symbol ⬛ **2**, um das Notizbuch zu öffnen. Mit einem Tipp auf **Anpassen** **3** erlauben Sie Cortana den Zugriff auf Ihr Microsoft-Konto.

2. Das Notizbuch wird nun eingeblendet. Tippen Sie hier auf den Registerreiter **Fertigkeiten verwalten** **4**.

3. Sie erhalten nun eine Liste mit diversen Kategorien, die von **Verbundene Dienste** bis hin zum **Wetter** reichen. Tippen Sie gleich die erste, **Verbundene Dienste** **5**, an.

4. Cortana listet nun einige Dienste auf, wie etwa **Office 365** oder auch das berufliche Netzwerk **LinkedIn** **6**. Möchten Sie Cortana den Zugriff auf eines dieser Konten erlauben, tippen Sie es an und erteilen dann mit einem Tipp auf **Verbinden** den Zugriff. Seien Sie sich bitte bewusst, dass Cortana hiermit auf alle Daten, die Sie im ausgewählten Dienst gespeichert haben, zugreifen kann. Das beinhaltet persönliche Kontoinformationen ebenso wie Informationen über Ihre Kontakte. Über das Pfeilsymbol **7** oben links kehren Sie wieder zur vorherigen Seite zurück.

5. Tippen Sie im Notizbuch auf **Kalender und Erinnerungen**. Über die nun eingeblendeten Einträge legen Sie fest, ob Cortana z.B. Zugriff auf die im Kalender gespeicherten Besprechungen erhält. Lehnen Sie dies ab, tippen Sie auf den blauen Regler. Er wird nun nicht mehr angezeigt. Sollten Sie später doch wieder die Genehmigung erteilen wollen, tippen Sie einfach auf den Bereich rechts vom Eintrag, also etwa **Be-**

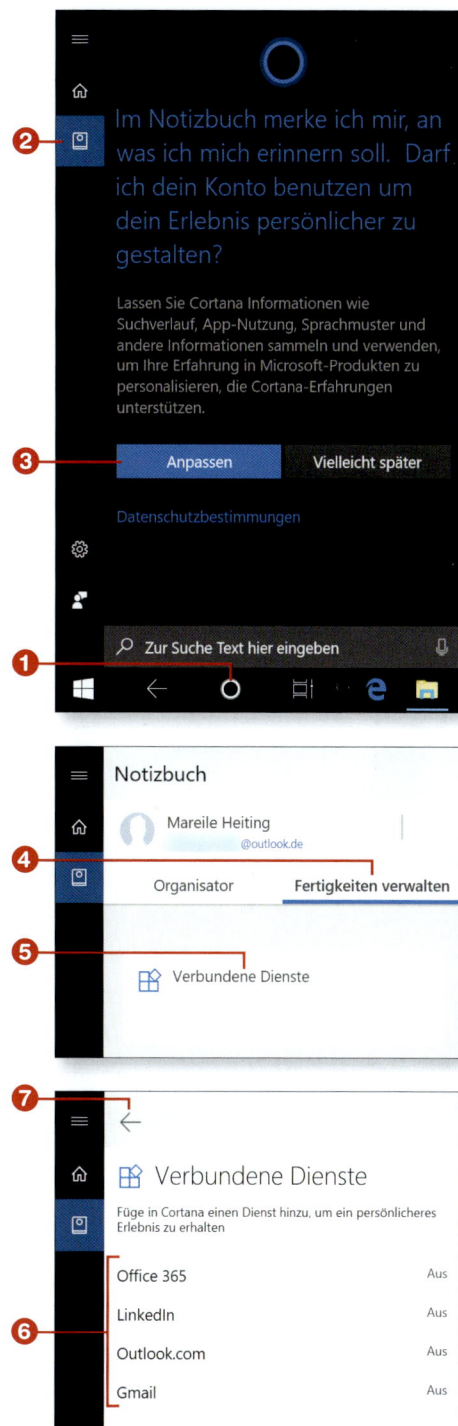

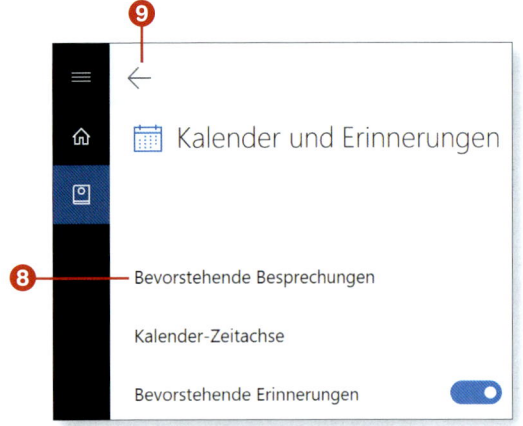

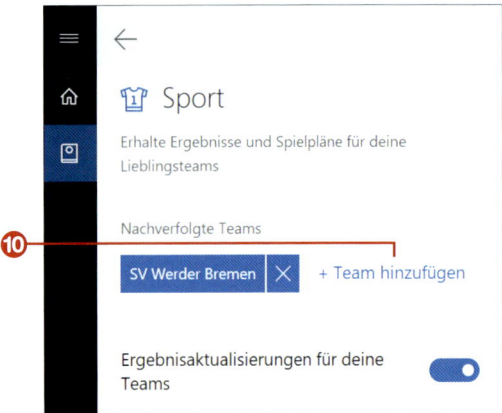

vorstehende Besprechungen **⑧**, und schon ist der blaue Regler wieder da und der Zugriff damit wieder erteilt. Auch hier kehren Sie mit einem Tipp auf den Pfeil oben links **⑨** zum Notizbuch zurück.

Analog sollten Sie die weiteren Kategorien im Notizbuch durchgehen. Dabei können Sie nicht nur über die Regler beeinflussen, welche Berechtigungen Sie erteilen möchten. Sie können Cortana auch gezielt beauftragen, Sie über bestimmte Themen auf dem Laufenden zu halten. Sind Sie z. B. ein Sportfan und haben einen Lieblingsverein, informiert die Sprachassistentin Sie über Ergebnisse und Spielpläne.

6. Tippen Sie im Notizbuch im Register **Fertigkeiten verwalten** auf **Sport** und dann auf **Team hinzufügen ⑩**. Geben Sie auf der folgenden Seite den Namen des Vereins ein, und bestätigen Sie durch Drücken der Eingabe-Taste ⏎ . Wenn Sie möchten, können Sie noch weitere Teams hinzufügen. Über den Pfeil oben links kehren Sie wieder zum Notizbuch zurück.

Auf die beschriebene Weise können Sie noch weitere Informationen von Cortana einfordern. Interessieren Sie sich z. B. für die Wertentwicklung bestimmter Aktien, fügen Sie diese unter **Finanzen** hinzu. Wenn Sie Cortana wieder ausblenden möchten, reicht übrigens ein Tipp außerhalb des Dialogs, also etwa auf einen freien Bereich in der Taskleiste.

Wie ganz zu Beginn des Abschnitts erwähnt, nimmt Cortana Ihre Sprachkommandos entgegen. Wie dies im Einzelnen funktioniert, wollen wir uns jetzt ansehen.

1. Tippen Sie im Cortana-Suchfeld in der Taskleiste auf das kleine Mikrofonsymbol **❶**. Ist auf Ihrem Tablet der Tabletmodus aktiviert, müssen Sie das Suchfeld mit einem Tipp auf das Cortana-Symbol ◙ einblenden.

2. Cortana meldet sich nun zu Wort und bittet um Erlaubnis, Ihnen helfen zu dürfen. Mit einem Tipp auf OK ❷ aktivieren Sie die Spracherkennung.

3. Mit einem Tipp auf einen beliebigen Bereich außerhalb des Dialogs blenden Sie Cortana wieder aus.

Cortana ist nun bereit, Ihre Anweisungen entgegenzunehmen. Wann immer Sie der Sprachassistentin ein Kommando geben möchten, tippen Sie im Cortana-Suchfeld auf das kleine Mikrofonsymbol. Sollten Sie, wie am Ende des Kastens »Cortana und der Datenschutz« auf Seite 300 gezeigt, den Befehl **Hey Cortana** aktiviert haben, können Sie Cortana auch über diesen Befehl starten. Sagen Sie also einfach »Hey Cortana«. Bereits nach einem kurzen Moment klappt oberhalb des Suchfeldes ein Dialog auf, in dem Cortana Ihnen eine Frage zum Ausprobieren vorschlägt. Im Suchfeld selbst wird **Zuhören aktiv** eingeblendet. Sie können nun Ihre erste Frage stellen, etwa: »Wie spät ist es?« Hat Cortana Sie richtig verstanden, sagt sie Ihnen die Uhrzeit. Diese hören Sie natürlich nur, wenn der Lautsprecher Ihres Computers auch eingeschaltet ist. Die Antwort auf Ihre Frage wird außerdem im Dialog eingeblendet. Mit einem Tipp auf das kleine Kreuzsymbol oben rechts blenden Sie den Dialog wieder aus.

Wenn Sie die nächste Frage stellen möchten, tippen Sie wieder im Cortana-Suchfeld auf das Mikrofonsymbol. Je nachdem, welche Einstellungen Sie zuvor im Notizbuch vorgenommen haben, können Sie Cortana nun zu anstehenden Terminen, über Sportergebnisse oder auch Aktienkurse befragen. Die Antworten werden entweder im Dialog selbst eingeblendet, oder es startet der Browser Edge mit einer Übersicht über entsprechende Suchergebnisse.

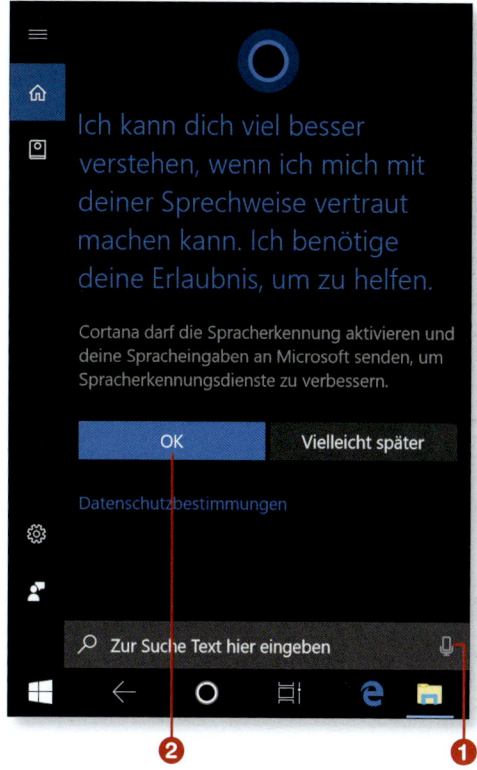

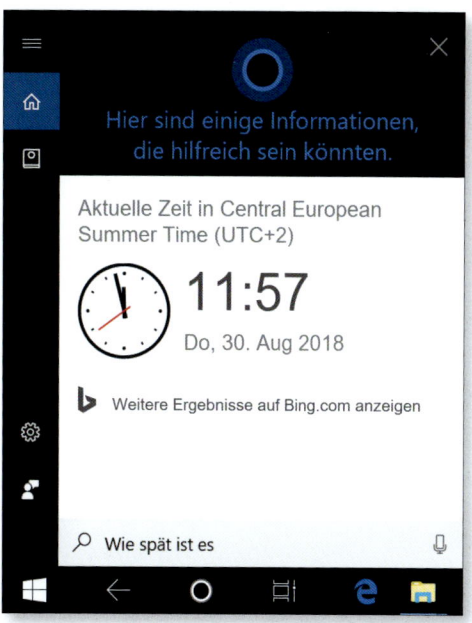

Cortana kann Ihnen auch beim Starten von Apps und Einstellungen helfen. Wenn Sie z. B. die Paint 3D-App öffnen möchten, geben Sie nach einem Tipp auf das Mikrofonsymbol den Befehl »Starte die App Paint 3D«. Cortana wiederholt Ihren Befehl und öffnet daraufhin die geforderte App.

Cortana lässt sich auch wunderbar als Rechenhilfe einsetzen. Geben Sie z. B. den Befehl »Rechne 4 mal 5«, dauert es nur einen kurzen Moment, und Cortana hat das Ergebnis parat. Neben vielen hilfreichen Anweisungen führt Cortana aber auch eher kuriose Forderungen aus, wie etwa »Erzähle mir einen Witz« oder »Sing ein Lied«. Die Frage »Wie macht ein Hund?« bringt Cortana sogar zum Bellen. Probieren Sie es einfach aus.

Kapitel 14

Mit der Karten-App Adressen finden und Routen planen

Haben Sie früher auch mit den kompliziert gefalteten Landkarten und Stadtplänen gekämpft? Oder hektisch in den Gelben Seiten nach der Adresse eines Handwerkers gesucht? Dank der praktischen Apps, wie z. B. *Google Maps*, ist die Suche nach Adressen um einiges bequemer geworden: Einfach die Adresse in die App eingeben, und schon wird das Gesuchte auf dem Bildschirm präsentiert. Die Microsoft-eigene App, die Sie bei der Adresssuche unterstützt, nennt sich ganz simpel *Karten*. Mit der in Windows 10 bereits integrierten App können Sie nach Adressen oder auch Sehenswürdigkeiten suchen und sich auch gleich die Route dorthin anzeigen lassen. Soll die App hierbei Ihren aktuellen Standort berücksichtigen, müssen Sie den hierfür nötigen Positionsdienst in Windows 10 aktivieren. Wie dies funktioniert, erfahren Sie direkt im nächsten Abschnitt.

Den Positionsdienst zur Standortermittlung ein- und ausschalten

Sie suchen einen Supermarkt ganz in der Nähe? Damit Ihnen die Karten-App bei der Suche behilflich sein kann, muss sie wissen, wo Sie sich gerade befinden. Möglich macht dies der Positionsdienst von Windows 10. Ist er aktiviert, kann Ihr Tablet den aktuellen Standort über die IP-Adresse des Computers oder – sofern vorhanden – über einen integrierten GPS-Empfänger ermitteln. Um den Positionsdienst einzuschalten, gehen Sie folgendermaßen vor:

1. Rufen Sie über das Startmenü die **Einstellungen**-App ⚙️ auf und hier die Kategorie **Datenschutz**. Markieren Sie in der linken Spalte **Position** ❶.

2. Ist die Positionserkennung ausgeschaltet, tippen Sie auf **Ändern** ❷. Im Dialog **Position dieses Geräts** setzen Sie den Regler per Tipp auf **Ein**. Sollte der Dialog nicht automatisch ausgeblendet werden, tippen Sie auf eine freie Fläche der Einstellungen-App ❸.

3. Stellen Sie sicher, dass in der Einstellungen-App auch der Regler **Positionsdienst** ❹ eingeschaltet ist.

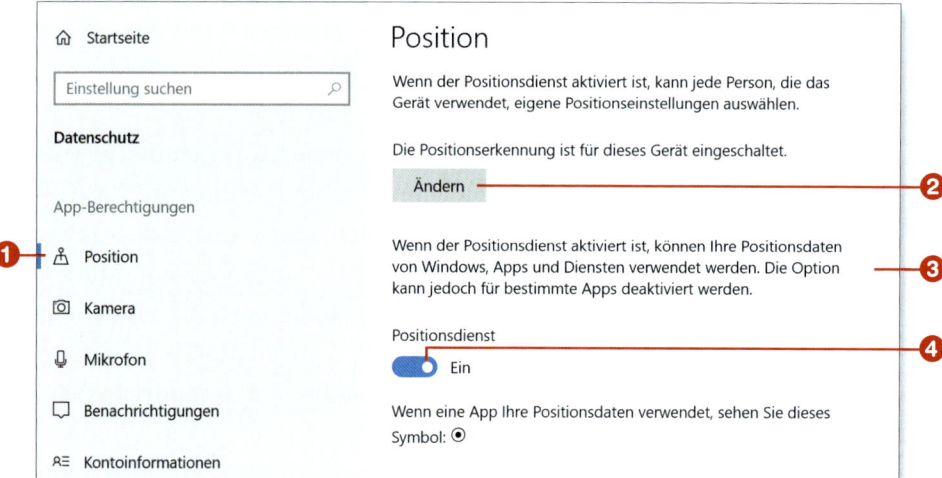

4. Blättern Sie in der rechten Spalte der Einstellungen-App nach unten bis zum Bereich **Apps auswählen, die Ihre genaue Position verwenden dürfen**. Suchen Sie hier nach dem Eintrag **Karten**, und setzen Sie den Regler rechts davon per Tipp auf **Ein** ❺.

5. Prüfen Sie, welchen Apps Sie ggf. ebenfalls erlauben möchten, Ihren aktuellen Standort zu nutzen, und aktivieren Sie entsprechend die Regler. Für Apps, denen Sie diese Information verweigern möchten, schalten Sie den Regler entsprechend aus.

Wenn Sie die gewünschten Einstellungen vorgenommen haben, können Sie die Einstellungen-App beenden (siehe den Abschnitt »Arbeit beendet: So schließen Sie geöffnete Apps« auf Seite 90). Sollten Sie den Positionsdienst zu einem späteren Zeitpunkt wieder deaktivieren wollen, führen Sie erneut die Schritte 1 und 2 aus und setzen den Regler im Dialog **Position dieses Geräts** auf **Aus**.

Adressen finden mit der Karten-App

Mit der Karten-App können Sie nach Adressen, Sehenswürdigkeiten und mehr suchen. Zum Öffnen der App reicht im Startmenü ein Tipp auf die Kachel **Karten** ❶ oder auf den entsprechenden Eintrag in der App-Liste des Startmenüs. Die App-Liste blenden Sie im Tabletmodus per Tipp auf das Symbol ▤ oben links im Startmenü ein. Im Desktopmodus wird sie per Standardeinstellung bereits links vom Kachelbereich angezeigt.

∧ *Die Karten-App lässt sich per Tipp auf die Kachel öffnen.*

Wenn Sie den Positionsdienst – wie im vorherigen Abschnitt beschrieben – aktiviert haben, zeigt Ihnen die Karten-App sofort Ihren aktuellen Standort an. Ist die Standortermittlung ausgeschaltet, wird stattdessen eine Weltkarte eingeblendet. Die Suche nach einer bestimmten Adresse funktioniert folgendermaßen:

1. Stellen Sie sicher, dass im Programmfenster oben links die Funktion **Suchen** aktiviert ist, erkennbar am blau unterstrichenen Lupensymbol ❷.

2. Tippen Sie in das Feld **Suchen** ❸, und geben Sie die gesuchte Adresse ein. Wie detailliert die Angaben sind, ist Ihnen überlassen. Von der reinen Ortsangabe über die detaillierte Adresse mit Postleitzahl, Straße und Hausnummer bis hin zu den Namen bekannter Sehenswürdigkeiten ist alles möglich.

3. Bereits während der Eingabe schlägt Ihnen die App diverse Adressen vor. Ist die gewünschte dabei, wählen Sie sie per Tipp aus ❹. Falls nicht, geben Sie die Adresse selbst vollständig ein und bestätigen durch Drücken der Eingabe-Taste ⏎.

Die gesuchte Adresse wird in der Karte mit einer blauen Pinnnadel gekennzeichnet ❺. Wenn Sie den Kartenausschnitt vergrößern oder auch verkleinern möchten, können Sie das Plus- und Minussymbol ❻ am rechten Fensterrand nutzen. Alternativ ziehen Sie auf dem Touchscreen zwei Finger auseinander bzw. zusammen. Um den Ausschnitt zu verschieben, ziehen Sie ihn einfach mit dem Finger in die entgegengesetzte Richtung. Um weitere Details links zu sehen, bewegen Sie den Finger also nach rechts. Nutzen Sie eine Computermaus, müssen Sie beim Verschieben die linke Maustaste gedrückt halten.

⌄ Der Kartenausschnitt lässt sich u. a. auch mithilfe von Fingergesten vergrößern, verkleinern oder auch verschieben.

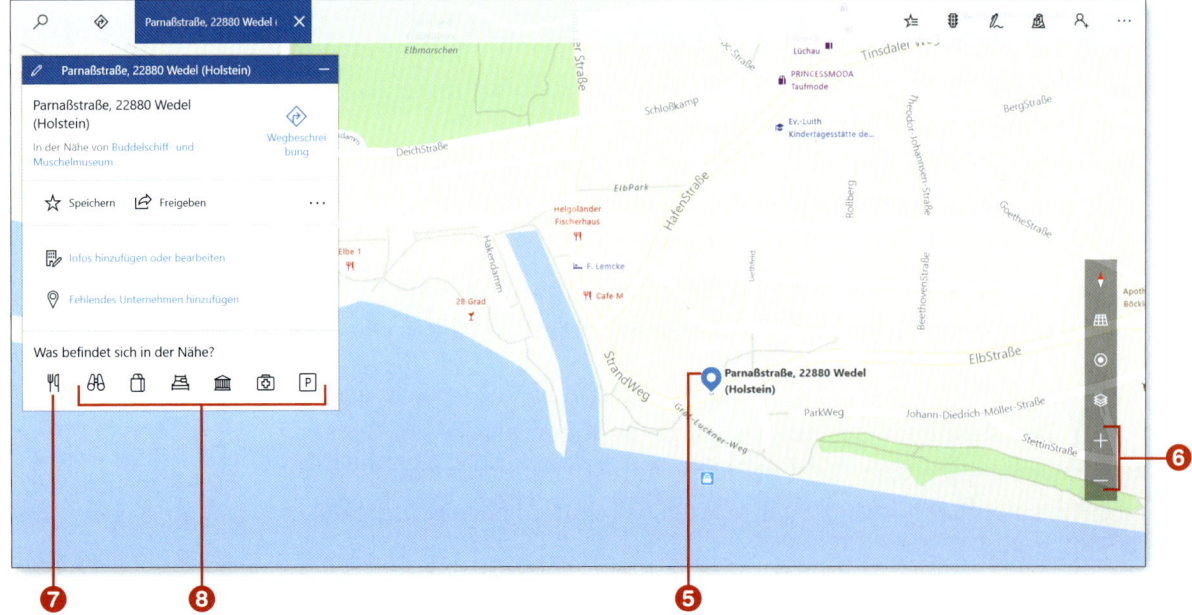

Möchten Sie gerne in der Nähe der gesuchten Adresse essen gehen? Tippen Sie im Dialog links auf das Symbol 🍴 ❼ unterhalb von **Was befindet sich in der Nähe?**, werden im Dialog diverse Restaurants in der Nähe aufgelistet. In der Karte selbst werden die Restaurants nun durch kleine blaue Punkte gekennzeichnet. Analog können Sie sich Sehenswürdigkeiten, Einkaufszentren, Hotels, Banken, Krankenhäuser sowie Parkplätze ❽ in der Karte anzeigen lassen.

Mit einem Tipp auf einen Punkt oder einen Eintrag im Dialog links wird in der Karten-App eine neue Registerkarte eingeblendet ❾. Der Dialog links enthält nun weitere Informationen zum ausgewählten Eintrag. So erfahren Sie z. B. die genaue Anschrift, Telefonnummer und Öffnungszeiten. Mit einem Tipp auf einen Registerreiter können Sie sich die vorherigen Suchergebnisse ansehen ❿. Wenn Sie ein Suchergebnis nicht mehr benötigen, tippen Sie auf das Kreuzsymbol ⓫ am rechten Rand des entsprechenden Registerreiters.

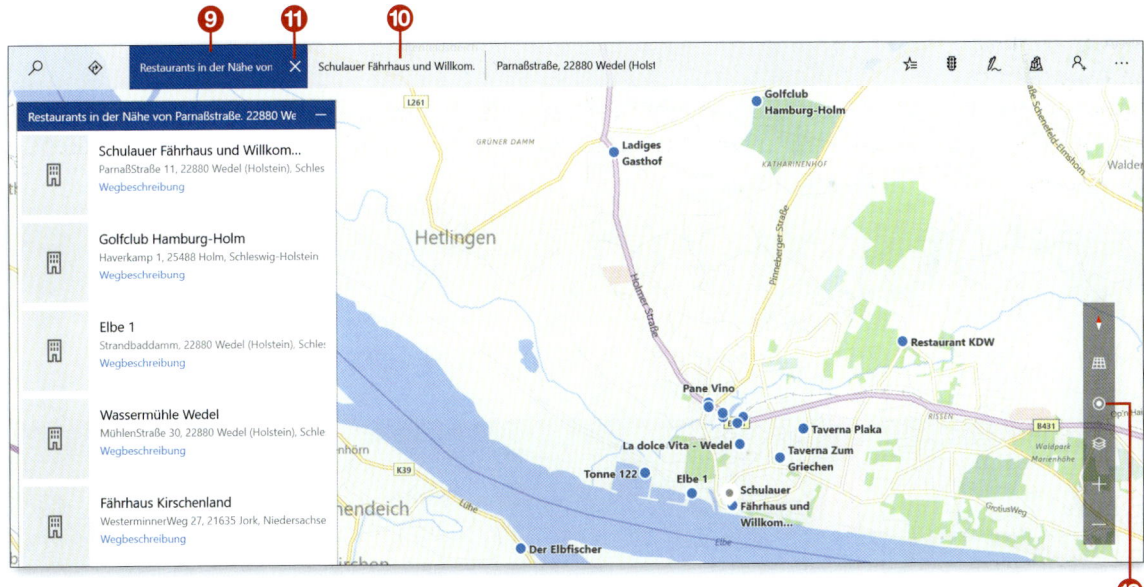

︿ *Über die Registerreiter wechseln Sie zwischen den Suchergebnissen.*

Wenn Sie den Positionsdienst aktiviert haben, können Sie sich über das Symbol ◎ ⓬ in der vertikalen Symbolleiste am rechten Fensterrand jederzeit wieder Ihren aktuellen Standort anzeigen lassen.

Routen planen mit der Karten-App

Mit der Karten-App können Sie nicht nur Adressen finden, sondern sich auch gleich den Weg dorthin anzeigen lassen. Um den Routenplaner zu starten, gehen Sie folgendermaßen vor:

1. Tippen Sie im Programmfenster der Karten-App oben links auf das Routensymbol ◈ ❶.

2. Ist der Positionsdienst auf dem Tablet aktiviert, wird im Feld **A** automatisch **Mein Standort** angezeigt. Ist dies nicht der gewünschte Startpunkt, tippen Sie in das Feld ❷. Überschreiben Sie den nun blau markierten Text mit Ihrer gewünschten Startadresse. Die Eingabe schließen Sie durch Drücken der Taste ⏎ oder, falls Sie die virtuelle Tastatur nutzen, per Tipp auf das Lupensymbol ab.

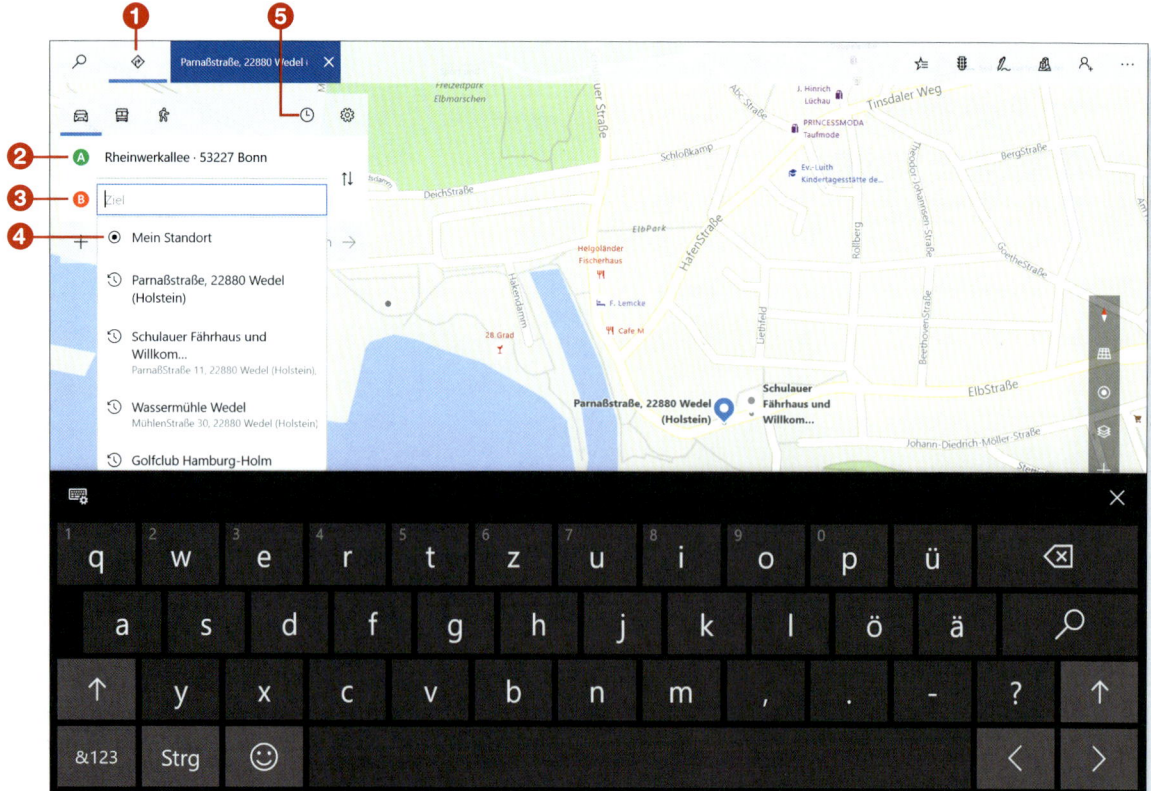

3. Tippen Sie nun in das Feld B ❸. Geben Sie entweder die Zieladresse ein, oder wählen Sie eines der vorgeschlagenen Ziele per Tipp aus. Ist der Positionsdienst aktiviert, können Sie hier auch über **Mein Standort** ❹ Ihre aktuelle Position auswählen.

4. Nach einem Tipp auf **Wegbeschreibung anzeigen** beginnt die Karten-App, mögliche Routen zu berechnen. Diese werden Ihnen rechts in der Karte angezeigt. Im Dialog links erfahren Sie die Fahrtdauer einer Strecke sowie die Entfernung.

5. Die Karten-App berücksichtigt bei der Routenplanung die Verkehrslage. Wenn Sie die Reise nicht sofort beginnen möchten, tippen Sie auf das kleine Uhrsymbol ❺ im Dialog links. Im Dialog **Abfahrtszeit** aktivieren Sie die Option **Abfahrt um** ❻. Nach einem Tipp in die jeweiligen Felder legen Sie die gewünschte Uhrzeit und das Datum der Abfahrt fest ❼. Die ausgewählten Werte müssen Sie jeweils mit einem Tipp auf die Häkchen bestätigen. Mit einem erneuten Tipp auf das Uhrsymbol blenden Sie den Dialog aus.

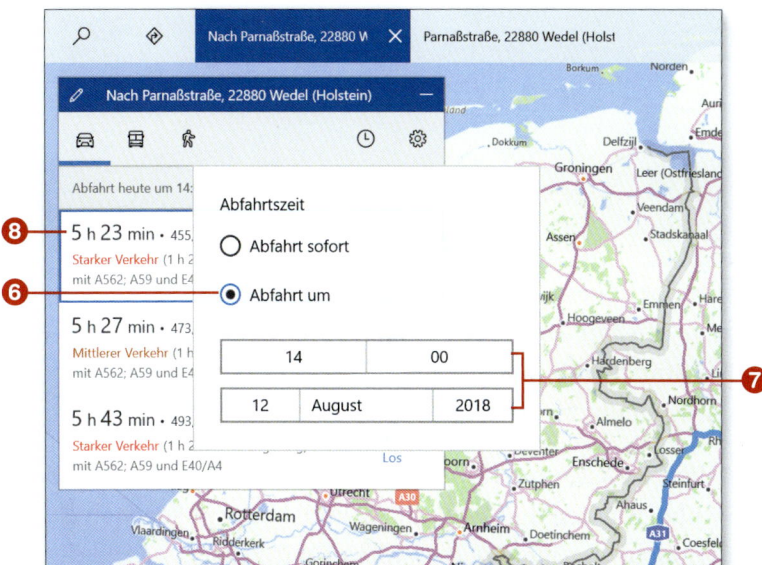

6. Die Karten-App berechnet die Routen neu. Tippen Sie im Dialog links auf eine Zeitangabe ❽, klappt eine Liste mit einer detaillierten Wegbeschreibung auf. Um in der Liste zu blättern, reicht eine Wischbewegung von unten nach oben bzw. umgekehrt.

7. Mit einem Tipp auf einen der Einträge wird der entsprechende Routenabschnitt in der Karte angezeigt **9**. Wenn Sie einen Drucker am Tablet angeschlossen haben, können Sie die Routenbeschreibung nach einem Tipp auf **Drucken** **10** ausdrucken. Den Drucken-Dialog, der nun geöffnet wird, bestätigen Sie ebenfalls mit **Drucken**.

8. Über das Pfeilsymbol **11** im Dialog oben links kehren Sie wieder zur Übersicht über alle Routen zurück.

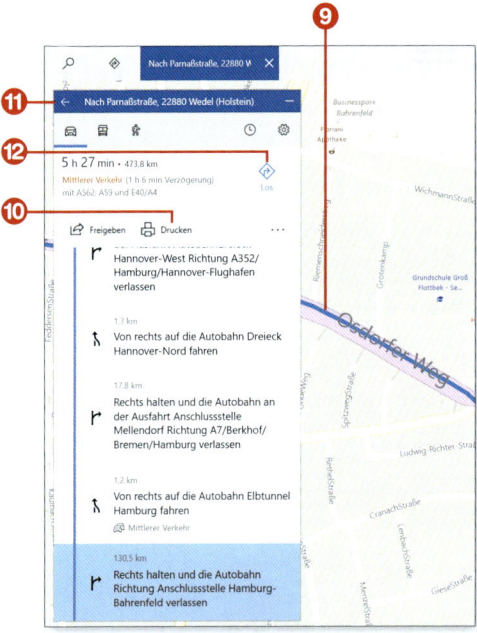

9. Die Reise kann beginnen, und Sie möchten das Tablet als Navigationsgerät nutzen? Hierfür sollte der Positionsdienst natürlich eingeschaltet sein. Als Startpunkt wählt die Karten-App automatisch Ihren aktuellen Standort. Mit einem Tipp auf **Los** **12** starten Sie die Navigation.

10. Wenn Sie die Navigation abbrechen möchten, tippen Sie unten rechts auf das Symbol mit den drei Punkten **13** und dann auf **Beenden** **14**. Bestätigen Sie die Nachfrage mit **OK**. In der Karte wird anschließend der aktuelle Standort eingeblendet.

Kapitel 15

Alles sicher – Tablet und Daten schützen

Windows ist mit all seinen verschiedenen Versionen (Windows XP, Vista, Windows 7 oder auch Windows 10, um nur ein paar aufzuzählen) das am häufigsten eingesetzte Betriebssystem. Diese Beliebtheit führt allerdings auch dazu, dass es am häufigsten von Hackern angegriffen wird. Die Angriffe erfolgen meist über das Internet, etwa beim Besuch einer Webseite, beim Empfang von E-Mails oder auch dem Download von Programmen aus dem Internet. Im Folgenden stelle ich Ihnen einige wichtige Sicherheitsmechanismen von Windows 10 vor. Am Ende des Kapitels erfahren Sie außerdem, wie Sie mit den Windows-eigenen Bordmitteln die Daten Ihres Tablets sichern können.

∨ *Das Windows Defender Security Center rufen Sie am schnellsten über das Cortana-Suchfeld auf.* ❶

Das Windows Defender Security Center im Überblick

Wie ist es um die Sicherheit Ihres Tablets bestellt? Ist ein Antivirenprogramm aktiv? Arbeitet die Firewall, die den ein- und ausgehenden Datenverkehr überprüft, korrekt? Und sind alle Programmaktualisierungen von Windows 10 installiert? Eine Antwort auf all diese Fragen liefert das *Windows Defender Security Center*. Am schnellsten lässt sich das Security Center über das Cortana-Suchfeld aufrufen, indem Sie hier als Suchbegriff »Windows Defender Security Center« eingeben und dann die gleichnamige App ❶ antippen. Im Tabletmodus blenden Sie das Suchfeld mit einem Tipp auf das Cortana-Symbol ❷ ein.

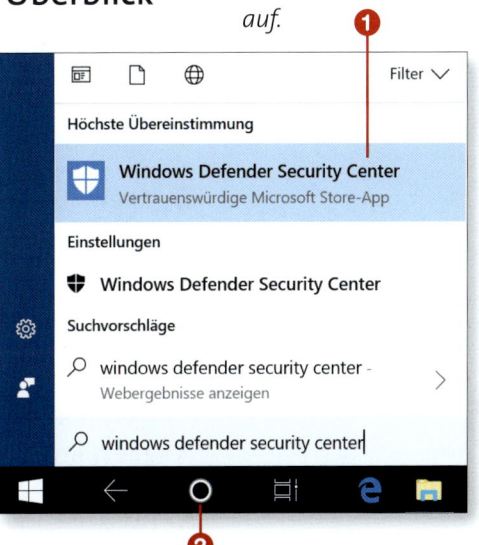

Nach dem Aufruf der App können Sie auf einen Blick den Sicherheitsstatus Ihres Tablets überprüfen. Werden auf der Startseite nur grüne ❸ und keine gelben oder gar roten Symbole angezeigt, hat Windows 10 keine Bedrohungen oder Probleme festgestellt.

^ *Der Idealfall:*
Alles ist im grünen
Bereich.

Das Betriebssystem überprüft für Sie folgende Bereiche:

❹ **Viren- & Bedrohungsschutz:** Hinter diesem Begriff verbirgt sich der Antivirenschutz von Windows 10, den Sie ausführlich im folgenden Abschnitt kennenlernen werden.

❺ **Kontoschutz:** Über diesen Bereich lassen sich weitere Sicherheitseinstellungen für Ihr Benutzerkonto einrichten, wie etwa eine dynamische Sperre. Ist diese aktiviert, wird das Tablet in dem Moment gesperrt, in dem sich ein mit dem Tablet gekoppeltes Gerät (z.B. Ihr Smartphone) nicht mehr in der Reichweite des Tablets befindet.

❻ **Firewall- & Netzwerkschutz:** Hier erfahren Sie, welches Netzwerk (privat oder öffentlich) aktiviert ist und ob dieses durch die Firewall geschützt ist. Weitere Informationen hierzu erhalten Sie im Abschnitt »Gut geschützt mit der Windows-Firewall« ab Seite 319.

❼ **App- & Browsersteuerung:** In diesem Bereich nehmen Sie die Konfiguration des wichtigen Windows Defender SmartScreens vor. Lesen Sie hierzu auch den Kasten »Die App- und Browserprüfung von Windows 10« auf Seite 315.

8 **Gerätesicherheit**: Windows 10 schützt Ihr Tablet bis in die tiefste Ebene des Betriebssystems. Die Gerätesicherheit behält genau diesen Betriebssystemkern (auch *Kernel* genannt) im Blick.

9 **Geräteleistung und -integrität**: Hier erfahren Sie, wie es z. B. um die Akkuleistung des Tablets bestellt ist und ob Gerätetreiber, Apps und Software auf dem neuesten Stand sind.

10 **Familienoptionen**: Über diesen Bereich erreichen Sie die Konfigurationsmöglichkeiten für die Familienkonten. Nutzen z. B. Kinder das Tablet, können Sie Zeiten einrichten, zu denen der Computer genutzt wird. Für die Einrichtung von Familienkonten müssen Sie zwingend mit einem Microsoft-Konto am Tablet angemeldet sein.

Um sich einen der Bereiche genauer anzusehen, tippen Sie einfach auf das Symbol in der rechten Fensterhälfte oder den entsprechenden Eintrag in der linken Spalte. Über die linke Spalte gelangen Sie auch immer wieder zur **Startseite** **11** zurück.

> **ℹ️ Die App- und Browserprüfung von Windows 10**
>
> Mit die größte Gefahr für das Tablet lauert im Internet. Der *Windows Defender SmartScreen* überprüft genau, welche Programme Sie herunterladen, welche Webseiten Sie besuchen und welche Apps Sie über den Microsoft Store beziehen. Tippen Sie im Windows Defender Security Center auf **App- & Browsersteuerung** **7**, können Sie einstellen, wie der Windows Defender SmartScreen Sie über mögliche Bedrohungen informieren soll. Die beste Option ist jeweils **Warnen**, denn so erhalten Sie einen Hinweis auf die mögliche Gefahr und einen damit verbundenen Rat (z. B. einen Download nicht auszuführen). Ob Sie diesem dann folgen, ist Ihnen überlassen.

Antivirenschutz mit dem Windows Defender Antivirus

Eines der größten Mankos früherer Windows-Versionen war das fehlende Antivirenprogramm. In Windows 10 ist ein solches nun integriert: der *Windows Defender Antivirus*. Der Viren- und Bedrohungsschutz ist von

Beginn an aktiviert. Damit das Programm zuverlässig funktioniert und auch die neuesten Viren, Trojaner und andere Malware aufspürt, muss es regelmäßig mit den neuesten Virensignaturen – von Microsoft auch *Bedrohungsdefinitionen* genannt – versorgt werden. Die Aktualisierung erfolgt automatisch mit dem *Windows Update*, das Sie im Abschnitt »Windows 10 auf dem neuesten Stand halten« ab Seite 322 noch kennenlernen werden. Da das Update nicht so häufig durchgeführt wird, wie Virensignaturen verfügbar sind, empfiehlt es sich, die Aktualisierungen manuell abzurufen. Auch eine regelmäßige manuelle Überprüfung des Tablets ist durchaus sinnvoll. Hierzu gehen Sie folgendermaßen vor:

1. Rufen Sie wie im vorherigen Abschnitt gezeigt das **Windows Defender Security Center** über das Cortana-Suchfeld auf. Tippen Sie dort auf **Viren- & Bedrohungsschutz** ❶.

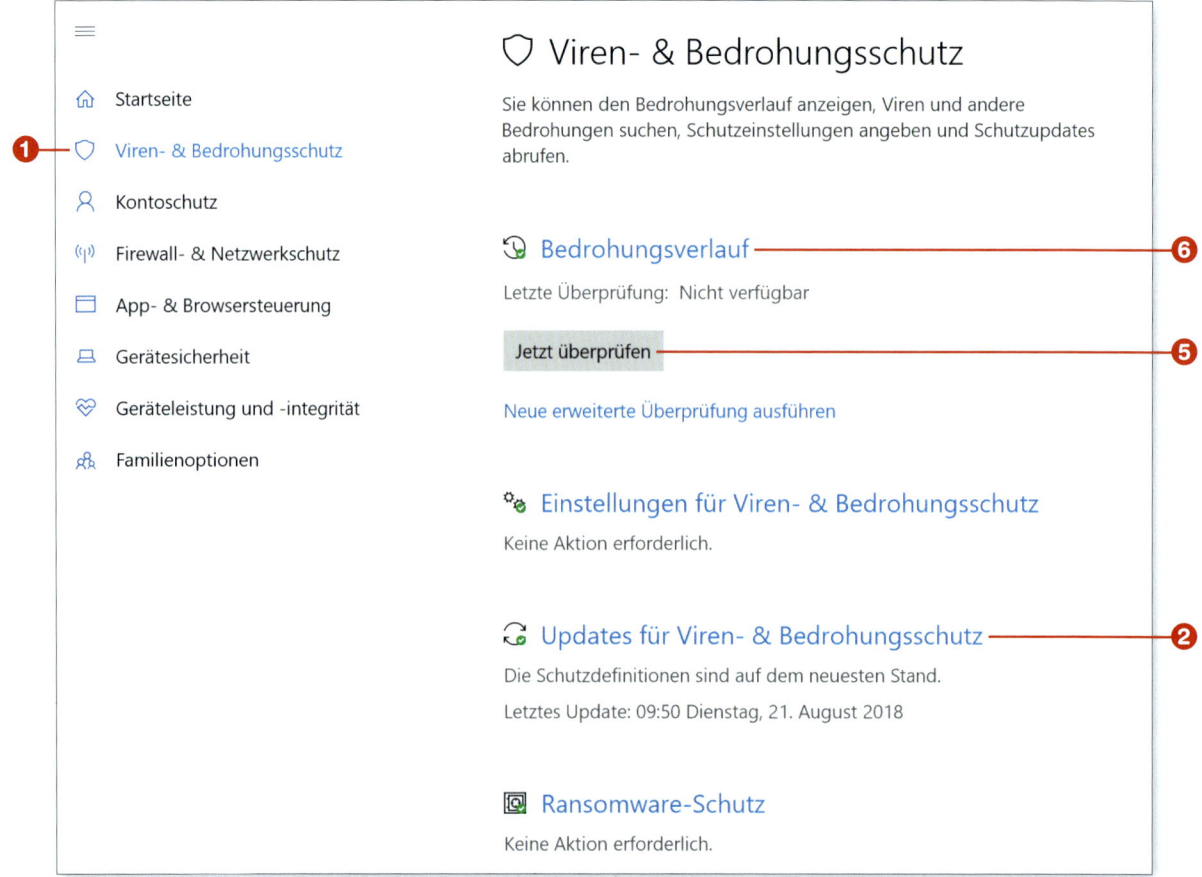

2. Bevor Sie einen manuellen Scan, also eine Überprüfung des Tablets, vornehmen, sollten Sie den Windows Defender Antivirus zunächst auf den aktuellsten Stand bringen. Tippen Sie hierzu auf **Updates für Viren- & Bedrohungsschutz ❷**.

3. Auf der nächsten Seite tippen Sie auf **Nach Updates suchen ❸**. Die Aktualisierung kann nun einen kurzen Moment dauern. Oberhalb der Schaltfläche erfahren Sie anschließend, welche Version der Bedrohungsdefinitionen wann geladen wurde.

4. Mit einem Tipp auf **Viren-& Bedrohungsschutz ❹** kehren Sie wieder zur gleichnamigen Seite zurück.

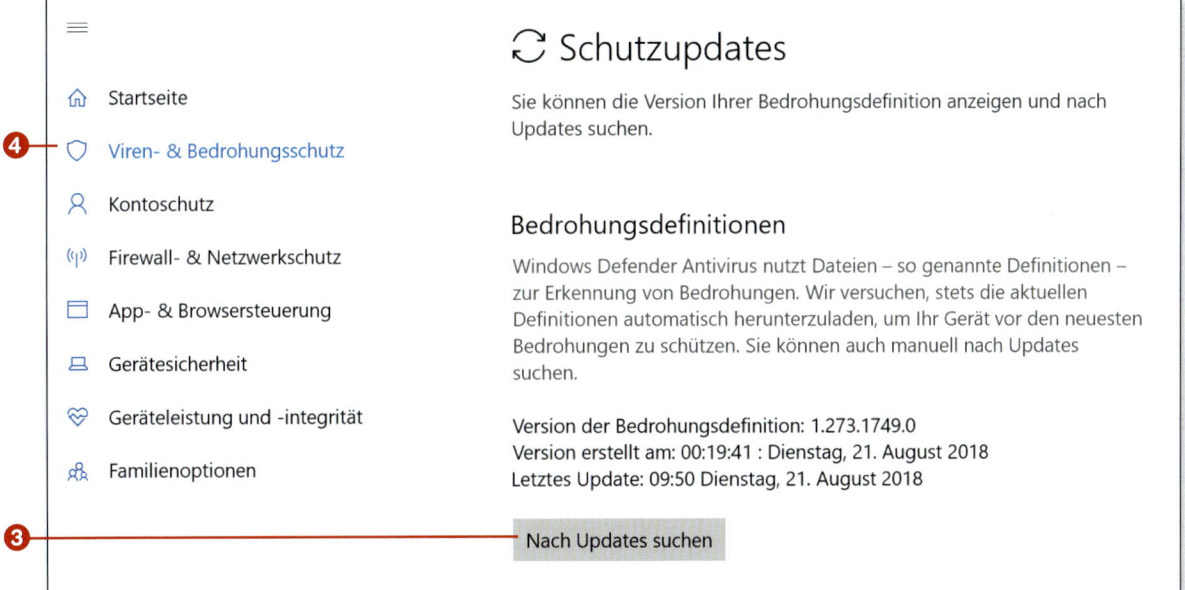

Ist das Antivirenprogramm auf dem neuesten Stand, sollten Sie einen Scan des Computers, also eine Überprüfung, durchführen.

5. Mit einem Tipp auf **Jetzt überprüfen ❺** starten Sie eine sofortige Schnellüberprüfung. Ist diese beendet, können Sie sich mit einem Tipp auf **Bedrohungsverlauf ❻** das Ergebnis des Scans ansehen. Wurden z. B. Viren gefunden, werden diese automatisch unter Quarantäne gesetzt. Tippen Sie auf **Viren- & Bedrohungsschutz**, um wieder zur Übersicht zu gelangen.

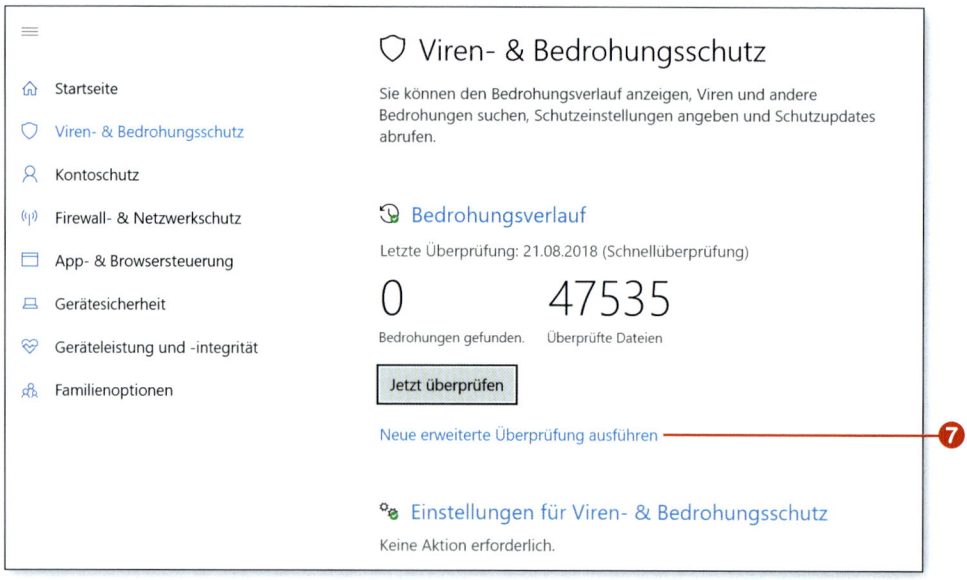

6. Ab und an sollten Sie das Tablet einer sehr genauen Untersuchung unterziehen. Da diese einige Zeit in Anspruch nimmt, führen Sie sie am besten zu einem Zeitpunkt durch, zu dem Sie das Tablet nicht benötigen, z. B. über Nacht. Mit einem Tipp auf **Neue erweiterte Überprüfung ausführen** ❼ starten Sie die Untersuchung.

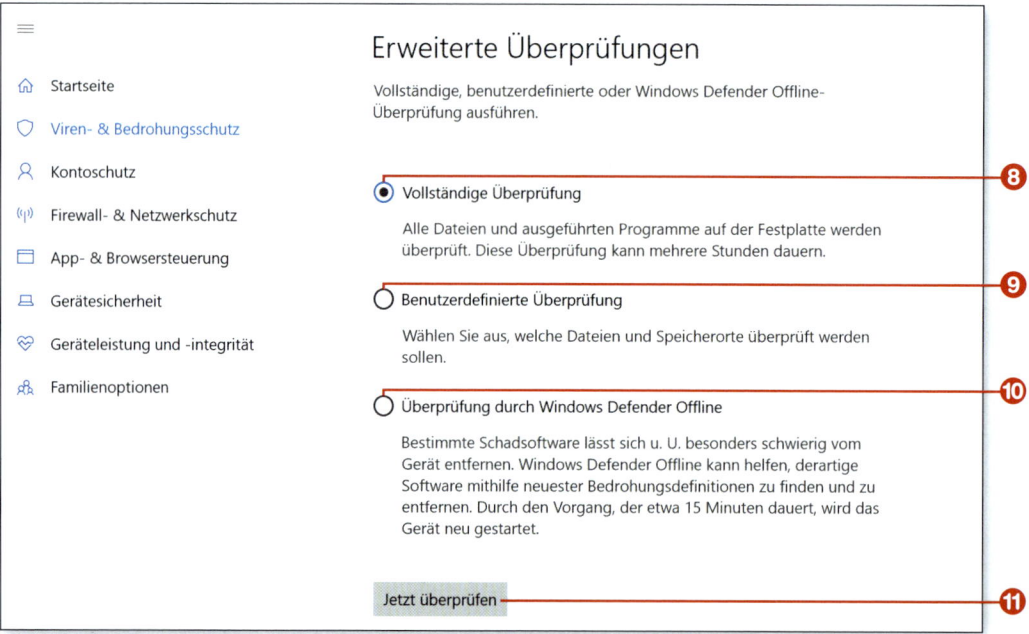

7. Auf der folgenden Seite stehen Ihnen drei Optionen zur Auswahl. Mit der vollständigen Überprüfung ❽ werden alle Elemente auf der lokalen Festplatte untersucht. Wenn Sie bestimmte Speicherorte von der Suche ausschließen möchten, wählen Sie die benutzerdefinierte Überprüfung ❾. Befürchten Sie, dass Ihr Computer bereits infiziert ist, sollten Sie die Option **Überprüfung durch Windows Defender Offline** ❿ wählen. Für diese Überprüfung wird das Tablet neu gestartet. Während des Scans besteht keine Verbindung zum Internet (daher auch die Bezeichnung *offline*).

8. Mit einem Tipp auf **Jetzt überprüfen** ⓫ starten Sie die Untersuchung.

➕ **Das Tablet mit Lösungen von Drittanbietern absichern**

In den Anfängen von Windows 10 nahm der Windows Defender Antivirus in Tests einen der letzten Plätze ein. Das hat sich mittlerweile aber geändert. Auch wenn er keineswegs zu den Testsiegern gehört, hält er sich doch meist im Mittelfeld. Unter der Webadresse *www.av-test.org/de* können Sie sich über aktuelle Tests des unabhängigen Instituts AV-Test informieren. Natürlich können Sie statt der Windows-eigenen Lösung auch eine Software eines Drittanbieters nutzen. Bevor Sie diese installieren, müssen Sie allerdings unbedingt den Windows Defender Antivirus ausschalten. Denn hier gilt keineswegs »Doppelt hält besser«. Rufen Sie hierzu das Windows Defender Security Center z. B. über den gleichnamigen Eintrag in der App-Liste des Startmenüs auf. Tippen Sie nacheinander auf **Viren- & Bedrohungsschutz** und dann **Einstellungen für Viren- & Bedrohungsschutz**. Setzen Sie den Regler unterhalb von **Echtzeitschutz** mit einem Tipp auf **Aus**. Meldet sich die Benutzerkontensteuerung zu Wort, bestätigen Sie diese mit **Ja**. Der Windows-eigene Antivirenschutz ist nun deaktiviert, und Sie können die Software eines anderen Anbieters installieren.

Gut geschützt mit der Windows-Firewall

Während der Viren- & Bedrohungsschutz erst mit Windows 10 Einzug in Microsofts Betriebssystem hielt, ist die Windows-Firewall bereits seit vielen Versionen ein fester Bestandteil von Windows. *Firewall* bedeutet auf Deutsch »Brandschutzmauer«. Und genau diese Funktion nimmt sie auch ein, denn sie überprüft den gesamten ein- und ausgehenden Datenverkehr zwischen Computer und Internet. Besonders gefährlich können z. B. Programme werden, die sich unbemerkt während des Surfens im Internet auf Ihren PC einschleichen und sich dort einnisten. Während Sie ahnungslos weiterarbeiten, spioniert das Programm die Eingaben von Kennwörtern oder auch Kreditkarteninformationen aus. Diese Daten werden dann an eine bestimmte Webadresse weitergereicht. Die Windows-Firewall sorgt dafür, dass genau dies nicht passiert. Wenn Sie die Einstellungen der Firewall überprüfen möchten, rufen Sie das **Windows Defender Security Center** über das Cortana-Suchfeld oder auch den entsprechenden Eintrag in der App-Liste des Startmenüs auf ❶.

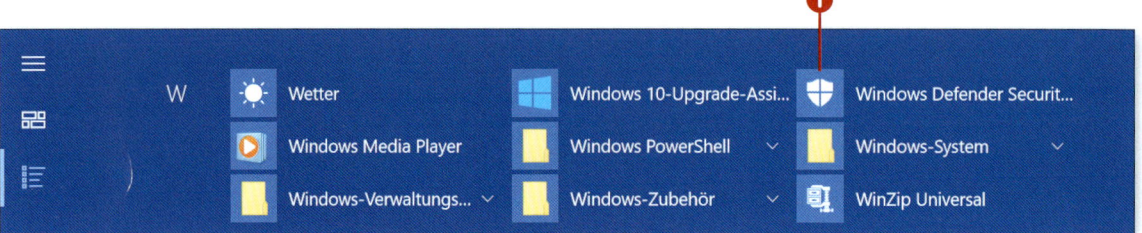

∧ *Das Windows Defender Security Center erreichen Sie u. a. über die App-Liste des Startmenüs.*

Tippen Sie dort auf **Firewall- & Netzwerkschutz** ❷. Sie erhalten nun eine Übersicht über den aktuellen Status des Firewall- und Netzwerkschutzes, aufgeteilt in die Netzwerke **Domänennetzwerk** (dabei handelt es sich um ein Firmennetzwerk) ❸, **Privates Netzwerk** (Ihr persönliches Netzwerk daheim) ❹ sowie **Öffentliches Netzwerk** (das Netzwerk eines öffentlichen, frei zugänglichen Ortes wie etwa am Flughafen) ❺. Das auf Ihrem Tablet aktuell ausgewählte Netzwerk ist mit **(aktiv)** gekennzeichnet (siehe dazu auch Schritt 7 im Abschnitt »Eine WLAN-Verbindung ins Internet herstellen« auf Seite 49). Per Standardeinstellungen ist die Firewall für alle drei Netzwerke aktiviert, was Sie auch unbedingt beibehalten sollten.

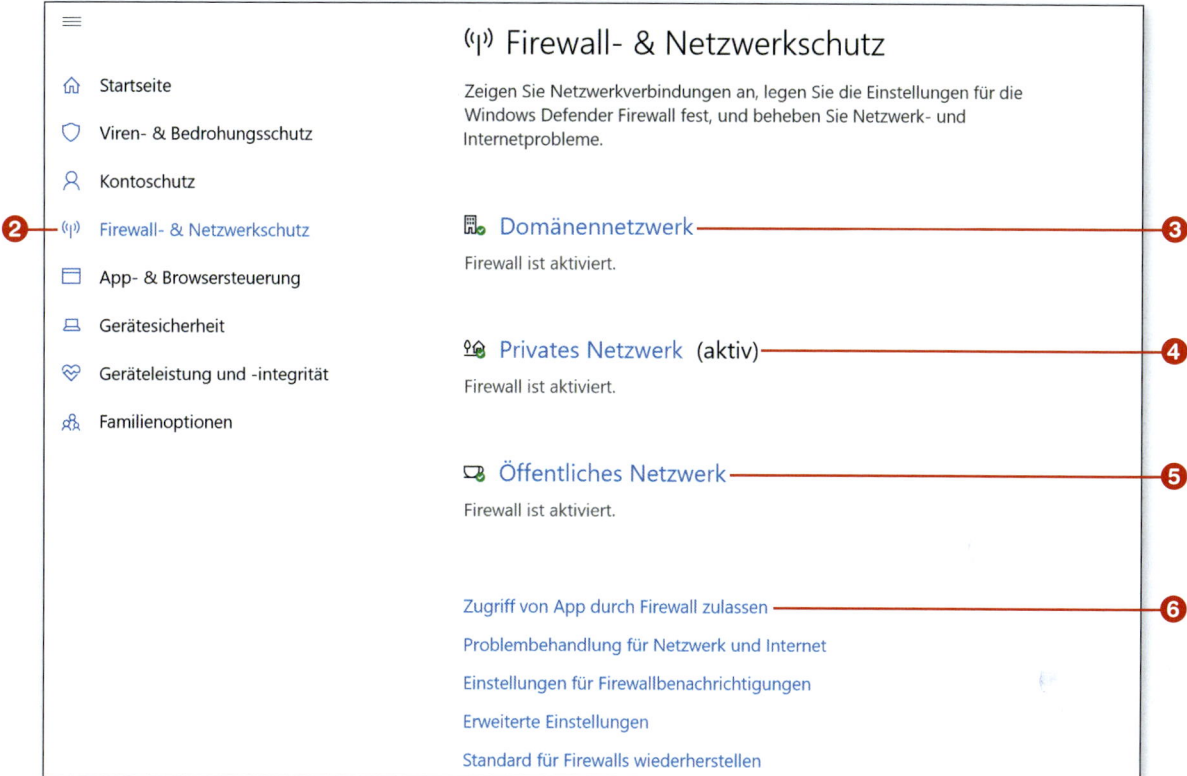

Manchen Apps gestattet Windows 10 automatisch die Kommunikation mit dem Internet, anderen nicht. Ist Ihr Tablet aktuell mit einem öffentlichen Netzwerk verbunden, gibt es eventuell das ein oder andere Programm, dem Sie den Zugriff auf das Internet nicht gestatten möchten. Die entsprechende Einstellung nehmen Sie folgendermaßen vor:

∧ *Für alle drei Standorte sollte die Firewall aktiviert sein.*

1. Tippen Sie auf der Seite **Firewall- & Netzwerkschutz** auf den Link **Zugriff von App durch Firewall zulassen** ❻.

2. Es wird nun ein Programmfenster der Systemsteuerung mit einer Übersicht über zugelassene Apps geöffnet. Tippen Sie auf **Einstellungen ändern** ❼.

3. In der Tabelle **Zugelassene Apps und Features** werden alle Anwendungen aufgelistet, deren Kommunikation mit dem Internet durch die Firewall überwacht wird. Um in der Liste zu blättern, tippen Sie am besten auf eine der beiden Pfeiltasten am oberen bzw. unteren Rand der Bildlaufleiste ❽.

4. Soll die Firewall die Kommunikation einer App in einem öffentlichen Netzwerk unterbinden, entfernen Sie mit einem Tipp das Häkchen im entsprechenden Kontrollkästchen in der Spalte **Öffentlich** ❾. Durch Setzen eines Häkchens können Sie umgekehrt natürlich auch die Kommunikation erlauben.

5. Haben Sie alle Einstellungen vorgenommen, bestätigen Sie mit **OK**. Das Programmfenster der Systemsteuerung wird hierdurch automatisch geschlossen.

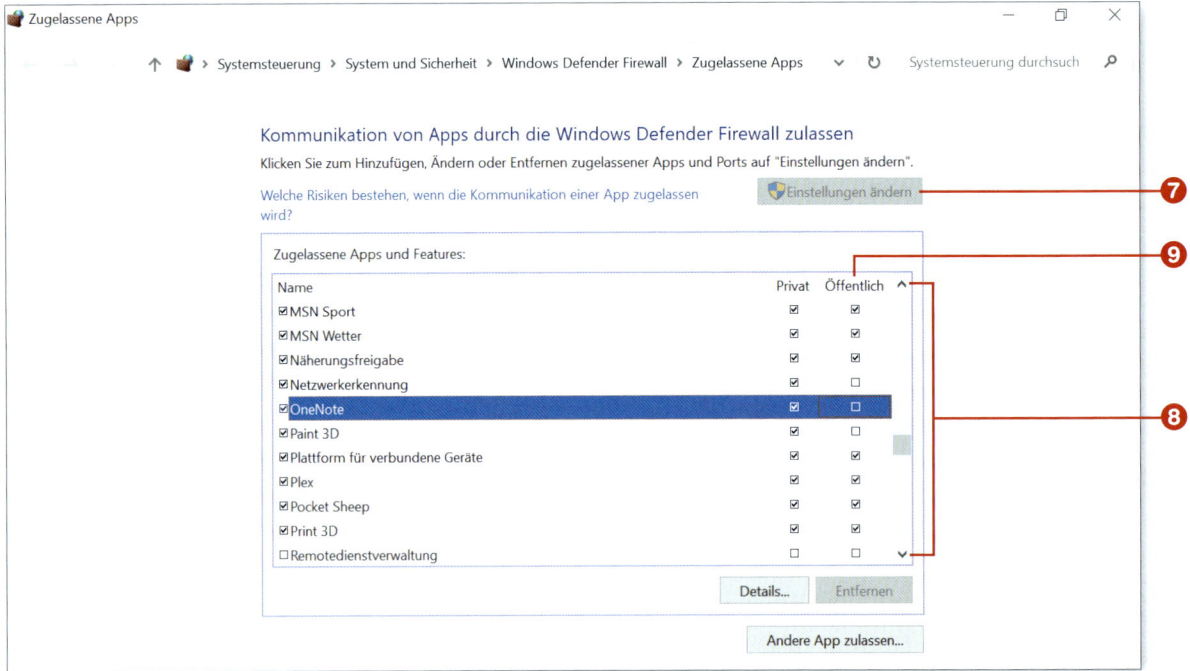

Windows 10 auf dem neuesten Stand halten

Immer wieder hört man von Sicherheitslücken in Betriebssystemen und Programmen, durch die sich Hacker Zugang zu Computern und somit sensiblen Daten verschaffen. Hersteller wie Microsoft, Apple oder auch

Adobe sind bestrebt, solche Lücken möglichst schnell zu schließen und die Systeme so wieder sicherer zu machen. Die Aktualisierungen des Betriebssystems oder Programms werden in Form eines sog. *Updates* auf den Computer übertragen. Unter Windows 10 ist die entsprechende Funktion *Windows Update* bereits aktiviert und lässt sich auch nicht deaktivieren. Windows überprüft regelmäßig, ob neue Updates vorliegen. Ist dies der Fall, werden sie im Hintergrund – also ohne, dass Sie groß etwas davon mitbekommen – heruntergeladen und auch sofort installiert. Im Info-Center werden Sie anschließend über die erfolgreiche Installation informiert. Wenn Sie selbst überprüfen möchten, ob Ihr Tablet auf dem neuesten Stand ist, gehen Sie folgendermaßen vor:

1. Rufen Sie über das Startmenü die Einstellungen-App auf und hier die Kategorie **Update und Sicherheit**.

In der linken Spalte sollte bereits **Windows Update** ❶ markiert sein. Rechts erfahren Sie, wann die letzte Überprüfung stattfand.

2. Um manuell zu prüfen, ob Aktualisierungen vorliegen, tippen Sie auf **Nach Updates suchen** ❷.

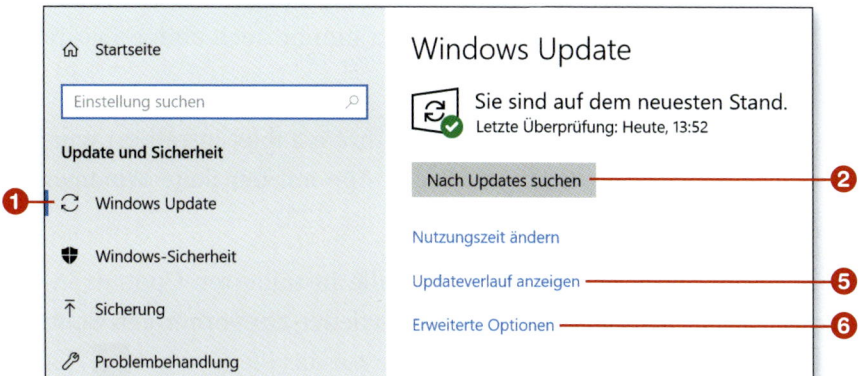

3. Sind neue Updates vorhanden, lädt und installiert Windows diese sofort. In manchen Fällen ist es anschließend nötig, den Computer neu zu starten. Können Sie Ihre Arbeit am Tablet gerade für einen Moment unterbrechen, tippen Sie auf **Jetzt neu starten** ❸, um die Installation der Updates abzuschließen. Das Tablet wird heruntergefahren und dann automatisch wieder neu gestartet.

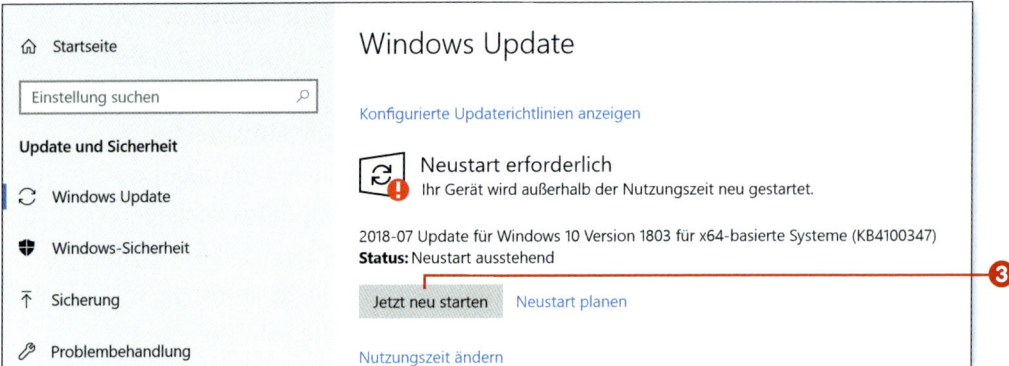

4. Kommt Ihnen die Unterbrechung dagegen gerade ungelegen, können Sie den Neustart auch auf später verschieben. Sobald Sie das Tablet herunterfahren, werden Sie auf die noch ausstehende Aktualisierung aufmerksam gemacht. Statt der Schaltfläche **Herunterfahren**, die Ihnen

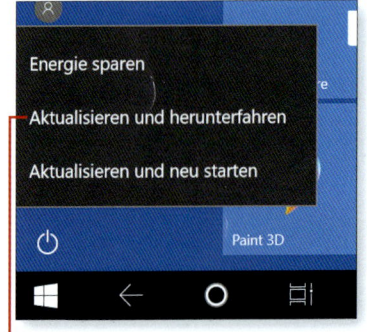

normalerweise nach einem Tipp auf das Symbol ⏻ im Startmenü eingeblendet wird, erscheint nun **Aktualisieren und herunterfahren**. Nach einem Tipp auf diese Schaltfläche ❹ kann das Herunterfahren des Computers geraume Zeit andauern. Dies ist vor allem bei großen Programmaktualisierungen der Fall, die Microsoft meist im Frühjahr und Herbst durchführt. Schalten Sie das Tablet während des Herunterfahrens bitte keinesfalls aus. Auch das Hochfahren nimmt noch einige Zeit in Anspruch.

5. Interessiert es Sie, welche Updates auf Ihrem Tablet installiert wurden? Dann tippen Sie in der Einstellungen-App auf der Seite **Windows Update** auf **Updateverlauf anzeigen** (❺ auf Seite 323).

6. Sie erhalten nun eine Übersicht über alle installierten Updates inklusive Status und Installationsdatum. Um wieder zur vorherigen Seite zurückzukehren, tippen Sie in der Taskleiste auf das Pfeilsymbol ←. Ist auf Ihrem Tablet der Desktopmodus aktiviert, finden Sie im Programmfenster oben links einen Pfeil, mit dem Sie ebenfalls zurückkehren.

7. Möchten Sie, dass nicht nur Windows 10, sondern auch alle anderen Microsoft-Produkte (z. B. *Microsoft Office*) automatisch auf den neuesten Stand gebracht werden? Dann tippen Sie auf der Seite **Windows Update** auf **Erweiterte Optionen** (❻ auf Seite 323).

8. Stellen Sie sicher, dass der Regler **Updates für andere Microsoft-Pro-dukte bereitstellen, wenn ein Windows-Update ausgeführt wird**, auf **Ein** ❼ gesetzt ist. Über das Pfeilsymbol ← kehren Sie auch hier wieder zur vorherigen Seite zurück.

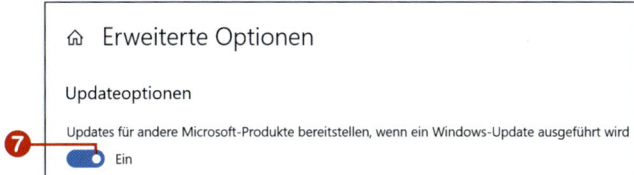

➕ Update wieder deinstallieren

Im Gegensatz zu älteren Windows-Versionen haben Sie in Windows 10 nicht mehr die Möglichkeit, ein Update abzulehnen. Die Installation wird auf jeden Fall vorgenommen. In seltenen Fällen kann ein Update zu Problemen bei einem Programm führen. Stellen Sie nach einem durchgeführten Update fest, dass eine Anwendung nicht mehr reibungslos funktioniert, können Sie ein Update auch wieder deinstallieren. Tippen Sie hierzu am oberen Rand der Seite **Updateverlauf anzeigen** auf **Updates deinstallieren** ❽. Markieren Sie das Update dann in der Update-Liste, und tippen Sie am oberen Rand auf **Deinstallieren**. Folgen Sie den weiteren Anweisungen, um das Update zu deinstallieren. Eventuell müssen Sie anschließend Ihr Tablet neu starten, damit die Änderungen wirksam werden.

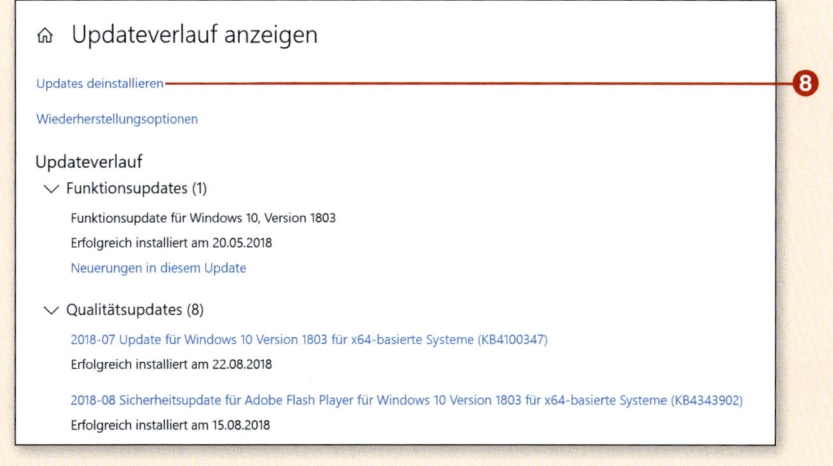

So sichern Sie die Daten des Tablets

Auch wenn Ihr Tablet mit den zuvor vorgestellten Funktionen bereits recht gut geschützt ist: Eine hundertprozentige Absicherung gibt es trotzdem nicht. Dabei muss der Schaden am Tablet gar nicht unbedingt durch eine Malware verursacht werden. Gibt eine Hardware-Komponente des Geräts den Geist auf, kann dies mindestens ebenso unangenehme Konsequenzen haben. Denn im schlimmsten Fall sind all Ihre Fotos, Musik und andere Daten hierdurch für immer verloren. In solchen Momenten sind diejenigen gut dran, die rechtzeitig vorgesorgt und eine Datensicherung, auch *Backup* genannt, vorgenommen haben. Auch hier bringt Windows 10 bereits eine entsprechende Funktion mit: Der sog. *Dateiversionsverlauf* speichert regelmäßig alle wichtigen Daten. Sobald Sie Änderungen an einer Datei vorgenommen haben, wird die neue Version ebenfalls gesichert. Damit steht Ihnen nicht nur die aktuellste Version einer Datei zur Verfügung, sondern Sie haben auch jederzeit Zugriff auf eine ältere Version.

Im Gegensatz zum Windows Defender Antivirus, der Windows Firewall und dem Windows Update müssen Sie den Dateiversionsverlauf allerdings erst einschalten. Bevor Sie dies erledigen, sollten Sie eine externe Festplatte an Ihr Tablet anschließen, auf der die Daten gesichert werden sollen. Die Aktivierung der Funktion und die anschließende Datensicherung erfolgen dann so:

1. Haben Sie eine externe Festplatte am Tablet angeschlossen, rufen Sie über das Startmenü die Einstellungen-App auf und hier die Kategorie **Update und Sicherheit**. Sollte die Einstellungen-App bereits bei Ihnen geöffnet sein, gelangen Sie übrigens jederzeit über den Eintrag **Startseite** ❶ in der linken Spalte zur Kategorienauswahl.

2. Markieren Sie in der linken Spalte **Sicherung** ❷, in der rechten Fensterhälfte tippen Sie auf **Laufwerk hinzufügen** ❸.

3. Windows 10 sucht nun nach passenden Speichermedien. Markieren Sie in der Liste Ihre zuvor angeschlossene externe Festplatte ❹.

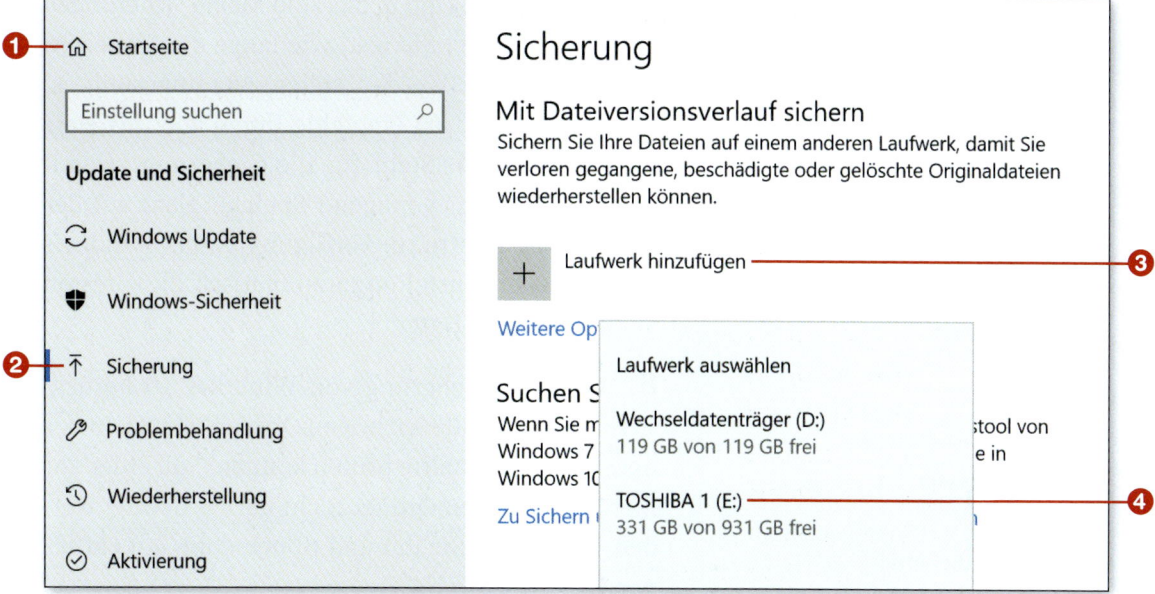

4. Nach einem kurzen Moment wird die Schaltfläche **Laufwerk hinzufügen** durch den Regler **Meine Dateien automatisch sichern** ersetzt. Dieser Regler befindet sich bereits auf **Ein** ❺.

5. Tippen Sie auf **Weitere Optionen** ❻, um zur Seite **Sicherungsoptionen** zu gelangen.

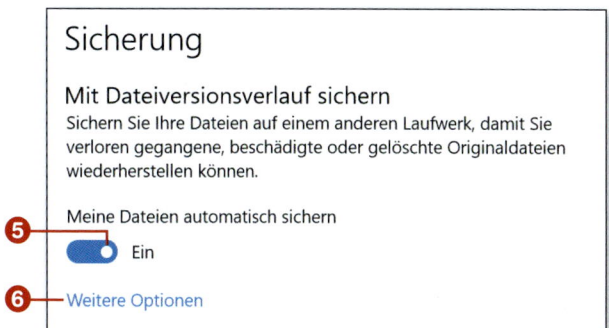

6. Nach einem Tipp in das Feld **Meine Dateien sichern** wählen Sie in der aufklappenden Liste aus, wie häufig Windows 10 die Datensicherung durchführen soll. Wer das Tablet nicht beruflich nutzt, für den dürfte die Einstellung **Alle 12 Stunden** ❼ ausreichen.

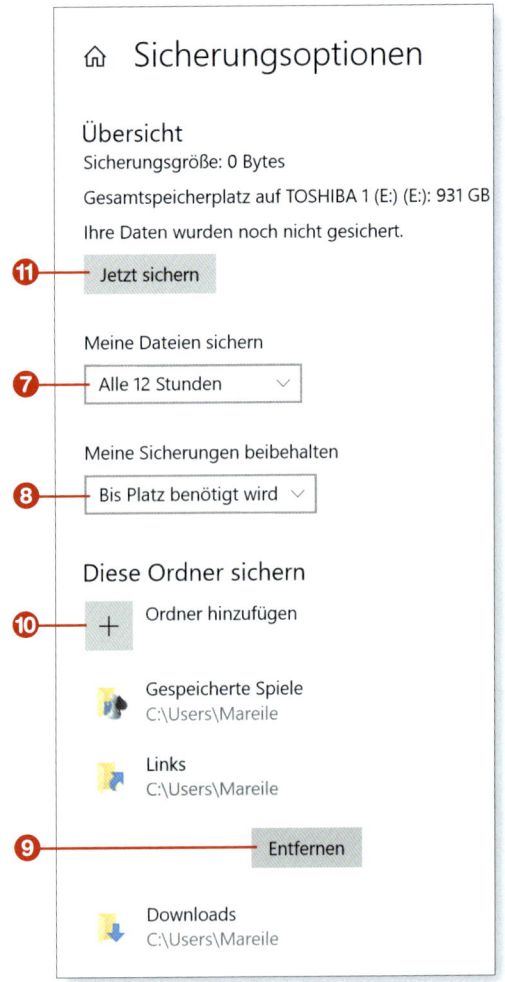

7. Nach einem Tipp in das Feld **Meine Sicherungen beibehalten** legen Sie fest, wie lange die Sicherungen aufbewahrt werden sollen. Voreingestellt ist zwar **Für immer**, ich empfehle Ihnen aber **Bis Platz benötigt wird** ❽. Steht für die Sicherung irgendwann nicht mehr genügend Speicherplatz auf der externen Festplatte zur Verfügung, löscht Windows 10 bei dieser Einstellung automatisch die ältesten Versionen einer Datei.

8. Die Datensicherung von Windows 10 berücksichtigt bereits alle wichtigen Ordner, wie Sie in der unteren Fensterhälfte prüfen können. Soll einer der hier aufgeführten Ordner nicht berücksichtigt werden, markieren Sie ihn und tippen dann auf **Entfernen** ❾.

9. Umgekehrt können Sie über die Schaltfläche **Ordner hinzufügen** ❿ Verzeichnisse ergänzen, die von Windows 10 zunächst nicht berücksichtigt wurden. Markieren Sie den Ordner im Dialog **Ordner auswählen**, und bestätigen Sie mit **Diesen Ordner auswählen**.

10. Haben Sie alle Einstellungen vorgenommen, starten Sie die erste Datensicherung mit einem Tipp auf **Jetzt sichern** ⓫. Je nachdem, wie viele Daten bereits auf Ihrem Tablet gespeichert sind, kann dieser Vorgang etwas dauern.

Sobald die Datensicherung erfolgreich durchgeführt wurde, wird auf der Seite **Sicherungsoptionen** oberhalb der Schaltfläche **Jetzt sichern** der Zeitpunkt der letzten Sicherung eingeblendet. Von nun an können Sie in einem Notfall immer auf die gesicherten Daten zugreifen. Voraussetzung hierfür ist natürlich, dass die externe Festplatte am Tablet angeschlossen ist. Benötigen Sie eine ältere Version einer Datei, gehen Sie folgendermaßen vor:

1. Starten Sie den Explorer z. B. über das entsprechende Symbol in der Taskleiste.

2. Wechseln Sie in den Ordner, in dem sich die aktuellste Version der Datei befindet.

3. Tippen Sie diese Datei etwas länger an, bis rund um den Finger ein Quadrat eingeblendet wird. Heben Sie den Finger vom Bildschirm, erscheint das Kontextmenü. Tippen Sie hier auf **Vorgängerversionen wiederherstellen** ❶.

4. Der Dialog **Eigenschaften von …** wird geöffnet. Das Register **Vorgängerversionen** ❷ befindet sich bereits im Vordergrund. Markieren Sie in der Liste die Version der Datei, die Sie wiederherstellen möchten. Tippen Sie dann auf den Pfeil rechts von der Schaltfläche **Wiederherstellen** ❸.

5. In der aufklappenden Liste haben Sie nun die Möglichkeit, mit einem Tipp auf **Wiederherstellen** ❹ die aktuellste Version der Datei durch die zuvor ausgewählte Version zu ersetzen. Entscheiden Sie sich dagegen für **Wiederherstellen in** ❺, wählen Sie im anschließend eingeblendeten gleichnamigen Dialog den Ordner aus, in dem die ausgewählte Version gespeichert werden soll. Damit bleiben Ihnen beide Versionen der Datei erhalten. Sowohl für die Datensicherung als auch die Wiederherstellung ist natürlich Voraussetzung, dass die externe Festplatte am Tablet angeschlossen ist. Sollten Sie die Festplatte doch vom Tablet entfernen wollen, führen Sie dies bitte immer auf sichere Weise durch, wie im Kasten »Externe Festplatten und USB-Sticks sicher entfernen« auf Seite 17 beschrieben.

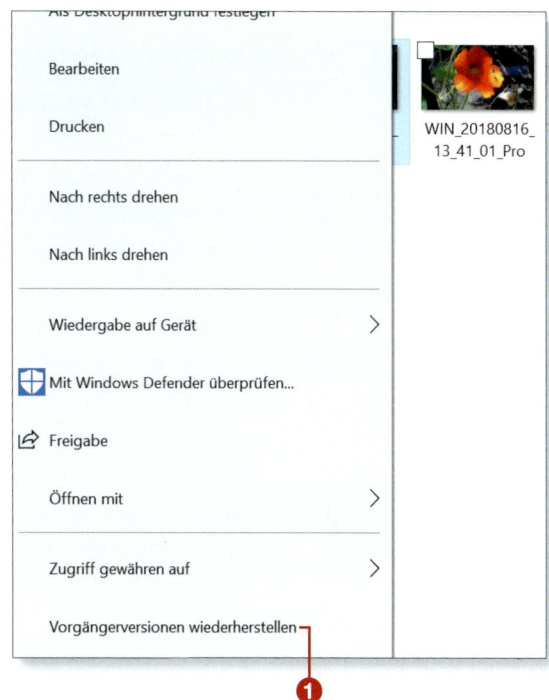

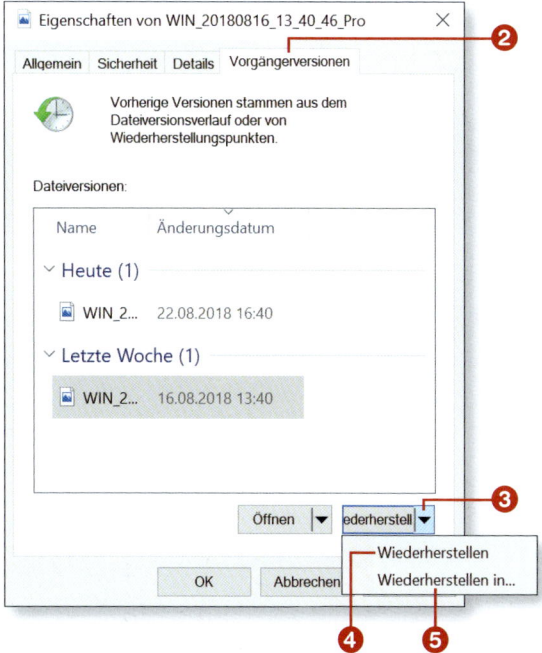

＋ Von einem anderen PC auf die Datensicherung zugreifen

Ihr Tablet hat ganz den Dienst aufgegeben, Sie kommen nicht mehr an die dort gespeicherten Daten? Haben Sie eine Datensicherung wie in diesem Abschnitt mithilfe des Dateiversionsverlaufs auf einer externen Festplatte durchgeführt, sind die Daten zum Glück nicht verloren. Schließen Sie einfach die externe Festplatte an einem anderen Computer an. Rufen Sie dort den Explorer auf, öffnen Sie im Navigationsbereich zunächst **Dieser PC**, und tippen Sie dann doppelt auf den Eintrag der externen Festplatte. Die Datensicherung befindet sich auf dieser Festplatte im Ordner *FileHistory*. Mit einem doppelten Tipp auf diesen Ordner können Sie sich anschließend bis zu dem Ordner vorarbeiten, in dem sich die Daten befinden, die Sie benötigen. Über den Befehl **Kopieren nach** können Sie die Daten auf der internen Festplatte des Computers speichern (siehe auch den Abschnitt »Ordner anlegen und Dateien verschieben, kopieren und löschen« ab Seite 194).

Kapitel 16

Schnelle Hilfe bei Problemen

So ein Tablet macht richtig Spaß, vorausgesetzt natürlich, alles funktioniert so, wie man es sich vorstellt. Das ist aber leider nicht immer der Fall. Richtig ärgerlich ist es beispielsweise, wenn der Akku des Tablets unterwegs gerade dann schlapp macht, wenn man ein spannendes E-Book liest. Auch die ein oder andere zickende App oder eine nervende Fehlermeldung kann das Vergnügen schmälern. Auf den folgenden Seiten finden Sie einige Tipps, wie Sie z. B. die Akkuleistung Ihres Tablets verbessern und Probleme mit Windows 10 lösen.

Die Akkuleistung optimieren

Wenn Sie Ihr Tablet mobil nutzen, ohne eine Steckdose in greifbarer Nähe zu haben, sollten Sie unbedingt das Batteriesymbol im Infobereich der Taskleiste im Blick behalten. Ein Tipp auf das Symbol ❶, und Sie sehen im aufklappenden Dialog sofort, wie es um den Ladezustand des Akkus bestellt ist. Über den Schieberegler unterhalb von **Energiestatus** können Sie schnell festlegen, ob Ihnen eine längere Akkulaufleistung wichtiger ist oder die Leistung des Tablets: Je weiter Sie den Regler nach links ziehen ❷, desto stärker reduziert Windows 10 den Energieverbrauch des Tablets.

Ein großer Energiefresser ist z. B. die Bildschirmhelligkeit. Je heller der Bildschirm ist, desto mehr Energie wird verbraucht. Über das Sonnensymbol ❸ lassen sich direkt verschiedene Helligkeitsstufen ausprobieren: Tippen Sie so häufig auf das Symbol, bis der Bildschirm gerade noch eine für Sie angenehme Helligkeit hat.

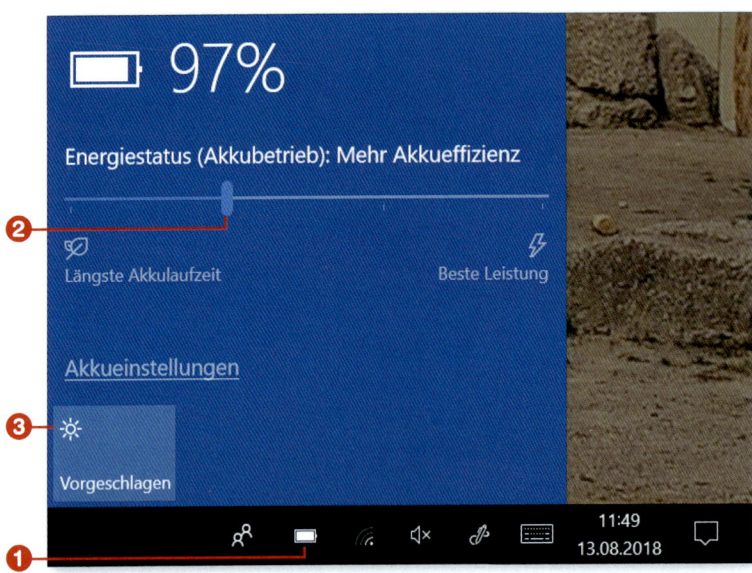

∧ *Nach einem Tipp auf das Batteriesymbol erfahren Sie, zu wie viel Prozent der Akku noch aufgeladen ist.*

Damit haben Sie allerdings noch lange nicht alle Möglichkeiten des Tablets ausgeschöpft, um möglichst viel Energie zu sparen. Weitere Anpassungen nehmen Sie in der Einstellungen-App vor:

1. Rufen Sie die Einstellungen-App über das entsprechende Symbol ⚙ im Startmenü auf. Wechseln Sie in die Kategorie **System**, und markieren Sie in der linken Spalte **Netzbetrieb und Energiesparen** (❶ auf Seite 333).

2. Tippen Sie in der rechten Spalte im Bereich **Bildschirm** in das Feld **Im Akkumodus ausschalten nach** ❷. In der aufklappenden Liste wählen Sie aus, nach wie vielen Minuten der Bildschirm im Akkubetrieb ausgeschaltet werden soll.

3. Passen Sie analog die Angaben im Feld **Im Akkumodus wechselt der PC in den Energiesparmodus nach** ❸ an.

4. Bei einigen Geräten können Sie zusätzlich noch festlegen, ob die Netzwerkverbindung im Akkubetrieb weiterhin ausgeführt werden soll.

Benötigen Sie die Verbindung nicht, sollten Sie die Trennung vom Netzwerk zulassen. Hierzu wählen Sie nach einem Tipp in das entsprechende Feld **Immer** ❹. Alternativ können Sie die Entscheidung auch Windows 10 überlassen ❺.

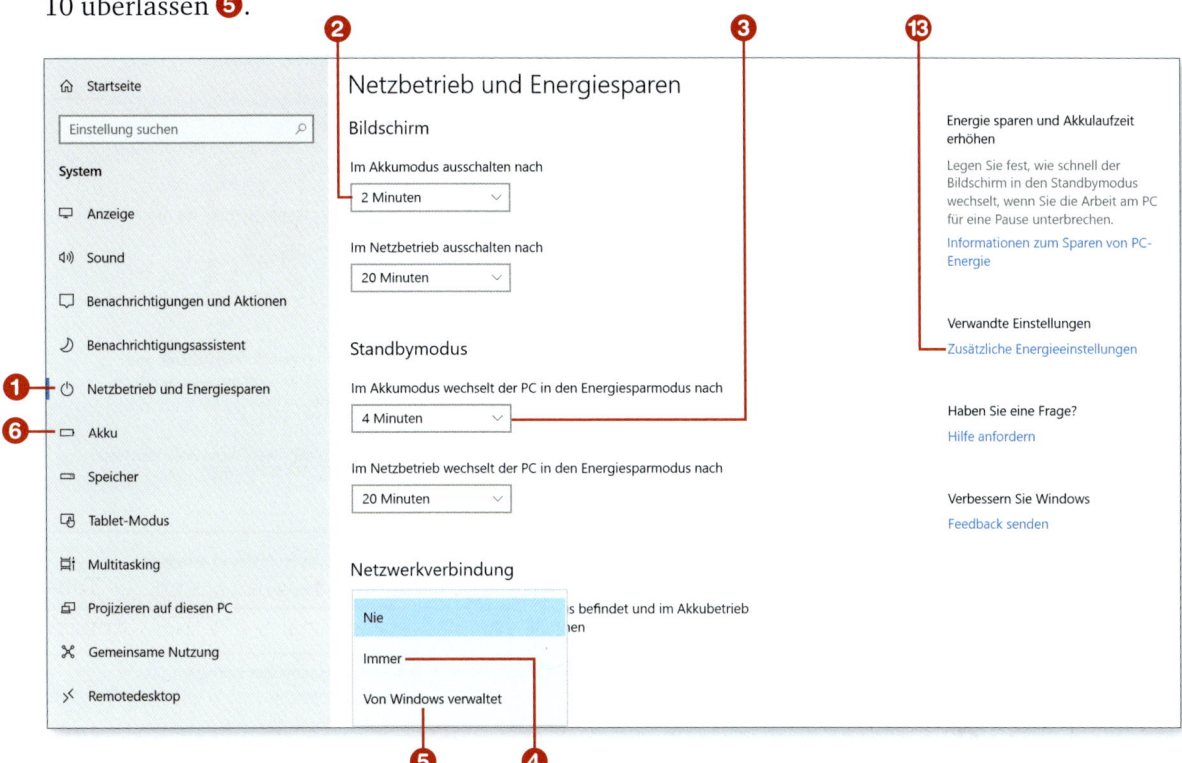

5. Markieren Sie in der linken Spalte nun die Unterkategorie **Akku** ❻. In der rechten Spalte legen Sie im Bereich **Stromsparmodus** über den Schieberegler ❼ fest, ab welchem Akkustand der Stromsparmodus automatisch aktiviert werden soll.

6. Nutzen Sie das Tablet gerade im Akkubetrieb? Mit einem Tipp auf den Regler unterhalb von **Stromsparmodus jetzt bis zum nächsten Aufladen aktivieren** schalten Sie den Stromsparmodus sofort ein ❽. Der Regler lässt sich im Netzbetrieb nicht aktivieren.

7. Um im Stromsparmodus möglichst viel Energie zu sparen, sollte das Häkchen vor **Bildschirmhelligkeit im Stromsparmodus verringern** ❾ gesetzt sein.

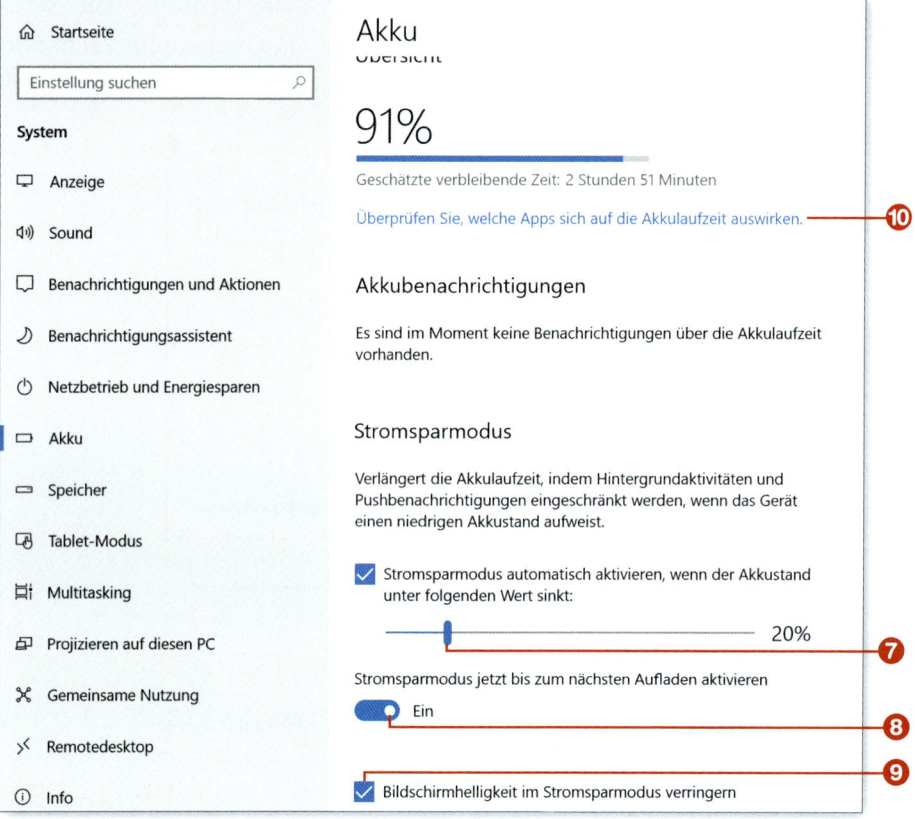

Manche Apps verbrauchen nur wenig Energie, andere sind wahre Akkufresser. Um diesen auf die Spur zu kommen, gehen Sie folgendermaßen vor:

8. Tippen Sie am oberen Rand der rechten Spalte auf **Überprüfen Sie, welche Apps sich auf die Akkulaufzeit auswirken** ❿.

Windows 10 analysiert nun den Stromverbrauch der von Ihnen während der letzten 24 Stunden verwendeten Apps.

9. Tippen Sie eine App an, erfahren Sie, ob der Energieverbrauch der Anwendung nur im Gebrauch so hoch ist oder auch dann, wenn sie im Hintergrund läuft ⓫. Für einige Apps können Sie Windows die Entscheidung überlassen, wann die App auch im Hintergrund ausgeführt werden darf. Sind hierfür nicht ausreichend Ressourcen verfügbar, sprich geht die Akkuleistung dem Ende zu, wird Windows 10 die App vorübergehend anhalten ⓬.

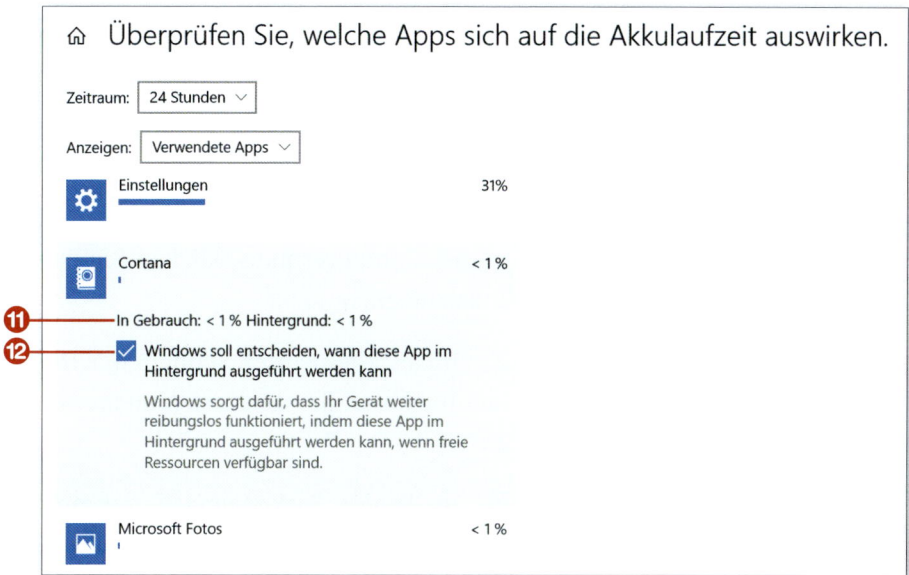

ℹ Erweiterte Energieeinstellungen vornehmen

Die vorgenommenen Anpassungen zum Energiesparen reichen Ihnen nicht aus, Sie möchten noch detailliertere Einstellungen vornehmen? Tippen Sie in der Einstellungen-App in der Kategorie **Netzbetrieb und Energiesparen** auf **Zusätzliche Energieeinstellungen** (❸ auf Seite 333), wird der Dialog **Energieoptionen** der Systemsteuerung geöffnet. Tippen Sie hier auf **Energiesparplaneinstellungen ändern** und anschließend auf **Erweiterte Energieeinstellungen ändern**. Nach Auswahl des gewünschten Energiesparplans können Sie hier z. B. im Detail festlegen, wann die Festplatte ausgeschaltet werden soll, was beim Betätigen des Netzschalters geschehen soll und vieles mehr.

So beenden Sie zickende Apps

Eine App stellt sich plötzlich quer und reagiert nicht mehr auf Ihre Eingaben? In der Titelleiste der Anwendung erscheint sogar der Hinweis **Keine Rückmeldung**? Versuchen Sie in einem solchen Fall zunächst, die App, wie im Abschnitt »Arbeit beendet: So schließen Sie geöffnete Apps« auf

Seite 90 beschrieben, zu beenden. Passiert auch nach diesen Maßnahmen nichts und bleibt das Programmfenster weiterhin geöffnet, müssen Sie zum Beenden der App einen etwas radikaleren Weg einschlagen:

1. Halten Sie Ihren Finger etwas länger auf dem Windows-Logo ❶ am linken Rand der Taskleiste gedrückt, bis ein Quadrat rund um den Finger eingeblendet wird. Nutzen Sie eine Computermaus, klicken Sie das Windows-Logo mit der rechten Maustaste an.

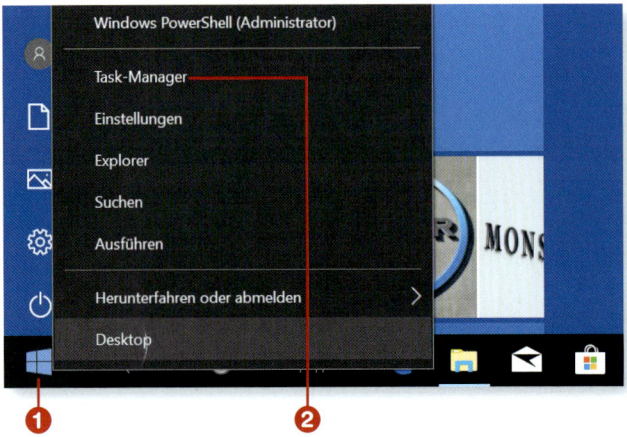

2. Im aufklappenden Schnellzugriffsmenü wählen Sie den **Task-Manager** ❷ aus.

3. Im Dialog **Task-Manager**, der nun geöffnet wird, tippen Sie unten auf **Mehr Details**.

4. Stellen Sie sicher, dass sich das Register **Prozesse** ❸ im Vordergrund befindet. In der linken Spalte werden unterhalb von **Apps** nun alle geöffneten Anwendungen aufgelistet.

5. Markieren Sie die App, die Schwierigkeiten bereitet ❹, und tippen Sie unten rechts auf **Task beenden** ❺. Windows 10 schließt damit die Anwendung.

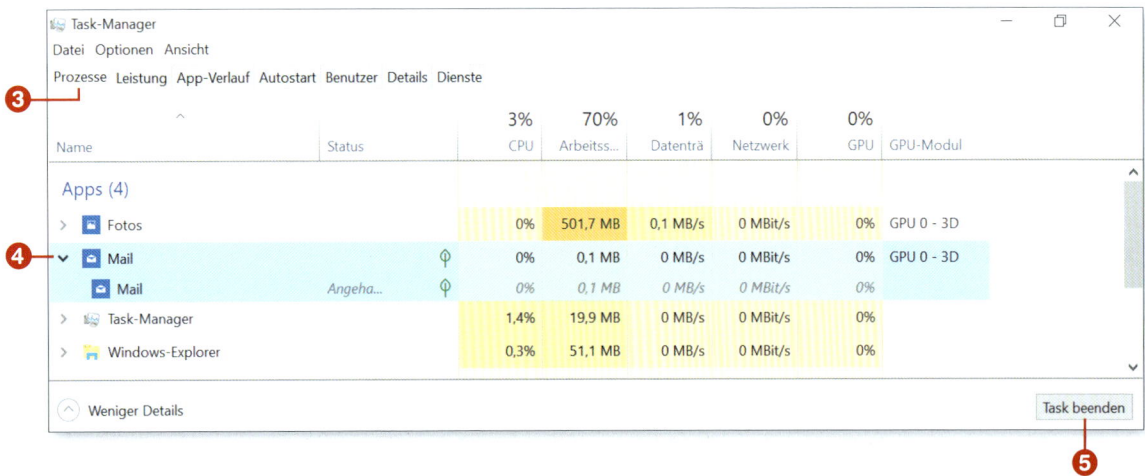

> **➕ Apps in den Originalzustand zurücksetzen**
>
> Eine App funktioniert nicht mehr so zuverlässig wie zu Beginn? Manchmal lassen sich Probleme beheben, indem man eine Anwendung wieder in den Originalzustand zurücksetzt. Rufen Sie hierzu **Start ▸ Einstellungen ▸ Apps ▸ Apps & Features** auf. Tippen Sie in der rechten Spalte auf die App, die Probleme bereitet. Wird Ihnen im aufklappenden Menü der Link **Erweiterte Optionen** angeboten, tippen Sie ihn an. Auf der folgenden Seite blättern Sie nach unten bis zum Bereich **Zurücksetzen**. Nach einem Tipp auf **Zurücksetzen** wird die App neu installiert und auf die Standardeinstellungen zurückgesetzt. Dateien, die Sie mit der App erstellt haben, werden durch die Neuinstallation nicht entfernt.

Die Problembehandlung von Windows 10 nutzen

Ist die Internetverbindung unterbrochen, streikt der Drucker oder bereitet ein älteres Programm unter Windows 10 Schwierigkeiten? Bevor Sie sich selbst auf die Suche nach der Lösung eines Problems begeben, sollten Sie Windows 10 eine Chance geben. Denn das Betriebssystem bringt eine eigene *Problembehandlung* mit. Wie sie funktioniert, können Sie gleich selbst testen: Deaktivieren Sie einfach für einen kurzen Moment die Internetverbindung, und prüfen Sie dann, ob Windows 10 das Problem für Sie lösen kann. Ist Ihr Computer per Netzwerkkabel am Router angeschlossen, ziehen Sie einfach das Kabel vom PC, und schon ist die Internetverbindung unterbrochen. Nutzen Sie eine WLAN-Verbindung, rufen Sie über das Startmenü **Einstellungen ▸ Netzwerk und Internet ▸ WLAN** auf. In der rechten Spalte setzen Sie dann den Regler **WiFi** per Tipp auf **Aus**. Das weiße Kreuz auf rotem Hintergrund auf dem Netzwerksymbol in der Taskleiste zeigt Ihnen nun, dass es ein Problem mit der Internetverbindung gibt. Um das Problem zu lösen, gehen Sie folgendermaßen vor:

1. Halten Sie Ihren Finger so lange auf dem Netzwerksymbol ❶ gedrückt, bis rund um den Finger das Quadrat eingeblendet wird.

2. Heben Sie den Finger vom Bildschirm, und markieren Sie im Kontextmenü den Befehl **Problembehandlung** ❷.

 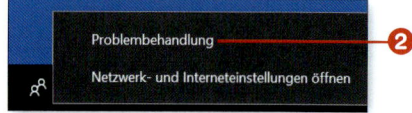

3. Windows 10 startet in unserem Beispiel nun die Windows-Netzwerk-
diagnose. Im Falle eines WLANs erhalten Sie schon nach einem kurzen
Moment den Hinweis, dass die Drahtlosfunktion aktiviert werden muss.
Mit einem Tipp auf **Diesen Fix anwenden** ❸ übernimmt Windows 10 die
Aktivierung für Sie. Den Dialog der **Windows-Netzwerkdiagnose** können
Sie nun schließen.

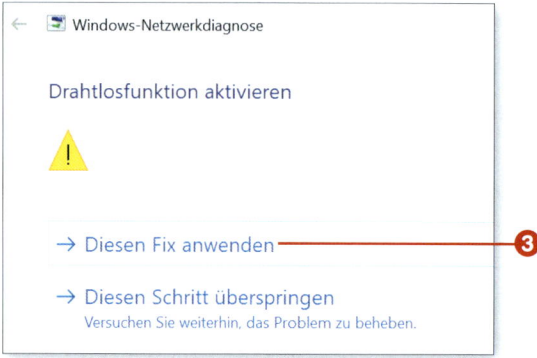

Beim abgezogenen Netzwerkkabel fordert Windows 10 Sie auf, das
Ethernetkabel an den Computer anzuschließen. Sobald Sie dies erledigt
haben, funktioniert auch hier die Internetverbindung wieder.

Wie Sie an diesem kleinen Beispiel sehen konnten, weist Windows 10 Sie
bereits häufig schon selbst auf ein Problem hin – hier also in Form des
Warnhinweises auf dem Netzwerksymbol. Sollte keine Fehlermeldung
vorliegen, können Sie die Problembehandlung auch über die Einstellungen-App starten. Rufen Sie hierzu im Startmenü die Einstellungen-App
per Tipp auf das Symbol ⚙ auf. Wechseln Sie in die Kategorie **Update
und Sicherheit**, und markieren Sie links die **Problembehandlung** ❹. In der
rechten Fensterhälfte finden Sie nun einige klassische Kategorien wie
Drucker, **Freigegebene Ordner**, **Hardware und Geräte** oder auch die **Strom-
versorgung**. Blättern Sie einfach in der rechten Spalte, und sehen Sie sich
die diversen Kategorien in Ruhe an. Nachdem Sie eine Kategorie ausgewählt haben, tippen Sie auf **Problembehandlung ausführen** ❺. Windows
10 führt Sie nun Schritt für Schritt durch die Problembehandlung.

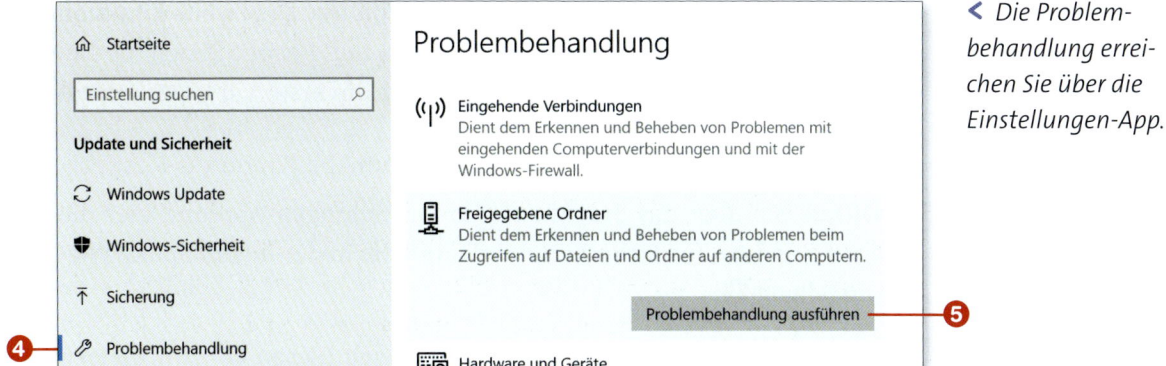

❮ Die Problem-
behandlung errei-
chen Sie über die
Einstellungen-App.

> **➕ Hilfe über das Internet finden**
>
> Die Windows-eigene Problembehandlung konnte das Problem nicht lö-
> sen? Im Internet finden Sie viele Hilfsforen, in denen Sie sich mit anderen
> Nutzern und Experten austauschen können. Interessante Adressen sind
> z. B. *Deskmodder* (*www.deskmodder.de*), *Dr. Windows* (*www.drwindows.
> de*), *Win-10-Forum* (*www.win-10-forum.de*) oder auch *WinTotal* (*www.
> wintotal.de*). Werden Sie hier auch nicht fündig, starten Sie eine Suche
> im Internet (siehe auch den Abschnitt »Webseiten suchen und finden«
> ab Seite 133). Je mehr Suchbegriffe Sie zur Umschreibung des Problems
> wählen, desto bessere Suchergebnisse werden Sie erhalten. Wenn Sie
> einen konkreten Fehlercode angezeigt bekommen (z. B. 0x80190001),
> können Sie auch diesen als Suchbegriff eingeben.

Wenn gar nichts mehr geht: das Tablet auffrischen oder zurücksetzen

So richtig rund läuft das Tablet nicht mehr? Es startet immer langsa-
mer, oder es tauchen Fehlermeldungen auf, die sich nicht lösen lassen?
In solchen Situationen wünscht man sich, man könnte den Computer
zurücksetzen und ganz von vorne beginnen. Unter Windows 10 kann
der Wunsch mithilfe von zwei Funktionen Wirklichkeit werden: Mit der
einen werden lediglich die Windows-Einstellungen zurückgesetzt und
Programme und Apps deinstalliert, Ihre persönlichen Daten wie Fotos,

Musik, Dokumente und mehr bleiben aber erhalten. Die zweite Funktion dagegen setzt den Computer vollkommen neu auf. Bevor Sie sich für diesen Schritt entscheiden, sollten Sie zunächst die erste Variante ausprobieren. Diese funktioniert so:

1. Öffnen Sie über das Startmenü die Einstellungen-App und hier die Kategorie **Update und Sicherheit**. Markieren Sie in der linken Spalte **Wiederherstellung** ❶.

2. In der rechten Spalte tippen Sie im Bereich **Diesen PC zurücksetzen** auf **Los geht's** ❷.

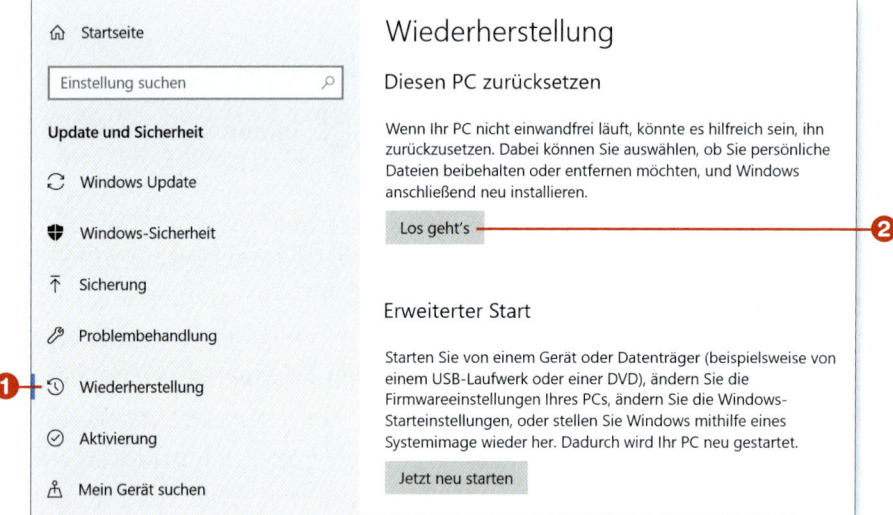

Als Nächstes legen Sie fest, ob Sie **Eigene Dateien beibehalten** oder **Alles entfernen** möchten. Bevor Sie die radikale Methode, alles zu entfernen, wählen, sollten Sie die Auffrischungsvariante ausprobieren.

3. Wenn Sie den PC nur auffrischen möchten, tippen Sie im Dialog **Option auswählen** auf **Eigene Dateien beibehalten** ❸.

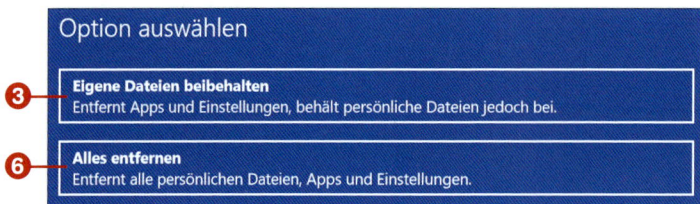

4. Windows 10 prüft nun, welche Apps und Programme während des Zurücksetzens deinstalliert werden müssen. Sollten Sie den Vorgang hier beenden wollen, reicht ein Tipp auf **Abbrechen** ❹. Um fortzufahren, bestätigen Sie den Dialog dagegen mit **Weiter** ❺.

5. Im Dialog **Bereit zum Zurücksetzen dieses PCs** erhalten Sie nochmals eine Übersicht über die Aktionen, die Windows 10 beim Auffrischen des PCs durchführen wird. Mit einem Tipp auf **Zurücksetzen** starten Sie den Vorgang. Das Zurücksetzen des Computers kann nun einen Moment dauern. Anschließend müssen Sie das Tablet neu starten.

Sollte das Auffrischen des PCs doch nicht den gewünschten Erfolg gebracht haben, können Sie Windows 10 auch komplett neu installieren. Da bei dieser Methode auch Ihre persönlichen Dateien entfernt werden, sollten Sie zuvor eine Datensicherung durchführen. Wie dies funktioniert, erfahren Sie im Abschnitt »So sichern Sie die Daten des Tablets« ab Seite 326. Um das Tablet anschließend vollständig zurückzusetzen, gehen Sie folgendermaßen vor:

1. Rufen Sie den Dialog **Option auswählen** auf, wie in den Schritten 1 und 2 auf Seite 340 gezeigt. Tippen Sie auf **Alles entfernen** ❻.

2. Verfügt Ihr Tablet über mehrere Laufwerke, legen Sie im nächsten Dialog fest, ob die Dateien nur auf dem Laufwerk entfernt werden sollen, auf dem Windows installiert ist, oder auf allen Laufwerken. Um den PC wieder flott zu kriegen, reicht es meist, **Nur das Laufwerk, auf dem Windows installiert ist** ❼ auszuwählen.

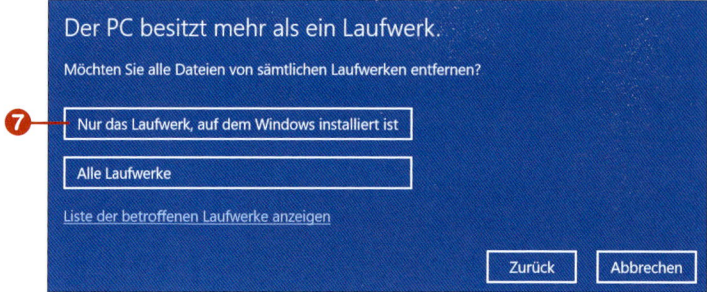

3. Wenn Sie Ihr Tablet verkaufen oder einer anderen Person schenken möchten, sollten Sie im nächsten Dialog **Möchten Sie auch die Laufwerke bereinigen** den Eintrag **Dateien entfernen und Laufwerk bereinigen** wählen. Behalten Sie den Computer, reicht auch der Eintrag **Nur meine Dateien entfernen**.

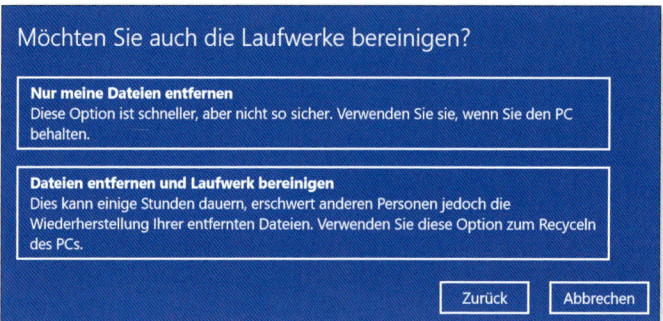

4. Sie erhalten nochmals eine Übersicht über die Aktionen, die durchgeführt werden. Mit einem Tipp auf **Zurücksetzen** starten Sie den Vorgang.

Das Zurücksetzen kann nun einige Zeit dauern. Anschließend befindet sich das Tablet wieder im Originalzustand. Nun gilt es, wieder alle persönlichen Einstellungen vorzunehmen, die Internetverbindung einzurichten und Apps zu installieren.

Glossar

Account
Englische Bezeichnung für Konto. Um z. B. über den Store Apps beziehen zu können, wird ein (kostenloses) Benutzerkonto bei Microsoft benötigt.

Administrator
Benutzer, der über erweiterte Nutzungsrechte verfügt und so im Unterschied zu einem Standardnutzer z. B. Inhalte zur Programmverwaltung ändern und löschen kann.

Android
Von Google entwickeltes Betriebssystem für Smartphones und Tablets. Die Versionen sind nach Süßigkeiten benannt. So trägt Version Android 8.0 z. B. die Bezeichnung Oreo.

Antivirenprogramm
Software zum Schutz vor Computerviren und anderer Schadsoftware. Unter Windows 10 ist hierfür bereits der Windows Defender installiert.

App
Abkürzung für *Application*, zu Deutsch »Anwendung«. Ein Beispiel für solch eine App ist die Mail-App zum Empfangen und Schreiben von E-Mails.

Attachment
Englische Bezeichnung für Anlagen, z. B. Dateien, die an eine E-Mail angehängt werden.

Backup
Englische Bezeichnung für eine Datensicherung. Die Daten werden meist auf externen Speichermedien wie Festplatten oder in einer Cloud gesichert.

Benutzerkontensteuerung
Teil des Betriebssystems von Windows 10, das mithilfe unterschiedlicher Zugriffsrechte steuert, welcher Nutzer Veränderungen am System vornehmen darf.

Betriebssystem
Software zur Steuerung der Computeraktivitäten. Bekannte Beispiele hierfür sind Windows von Microsoft und Android von Google.

Bing
Internetsuchmaschine von Microsoft.

Bit
Bezeichnung der Darstellung der Werte 0 oder 1 als kleinste mögliche Informationseinheit in der Informationstechnologie.

Bluetooth
Kabellose Verbindung zwischen zwei Geräten (z. B. Tablet und PC) mittels Funktechnik.

Browser
Programm zur Darstellung von Internetseiten. Beispiel: Microsoft Edge, kurz auch nur Edge genannt.

Bug
Englische Bezeichnung für einen Fehler in Programmen.

Byte
Maßeinheit in der Informationsverarbeitung. 8 Bits bilden 1 Byte.

Captcha
Abkürzung für *Completely Automated Public Turing test to tell Computers and Humans Apart*, zu Deutsch »Vollautomatischer öffentlicher Turing-Test zur Unterscheidung von Computern und Menschen«. Captchas stellen eine Zeichenfolge dar, die durch einen verschwommenen Hintergrund oder auch Verzerren der Zeichen nur schwer entzifferbar ist. Diese Zeichen müssen vom Nutzer in einem Internetformular wiedergegeben werden, um so sicherzustellen, dass es sich um einen Menschen handelt.

Chat
Englische Bezeichnung für »Plaudern«, bezeichnet umgangssprachlich die Kommunikation in Echtzeit im Internet.

Cloud
Englische Bezeichnung für »Wolke«. Hier werden Programme und Daten abgelegt, die nicht mehr auf dem eigenen Tablet, sondern auf Servern des jeweiligen Anbieters gespeichert werden und über das Internet aufgerufen werden können. Die Cloud von Microsoft heißt OneDrive.

Convertible
Ein Tablet mit angebauter Tastatur. Der Touchscreen lässt sich dank eines 360-Grad-Scharniers einmal um die eigene Achse drehen und liegt dann der Tastatur entsprechend gegenüber oder auch darauf.

Cookie
Kleine Datei, die beim Surfen auf Internetseiten auf Ihrem Computer gespeichert wird und eine Nachverfolgung des Surfverhaltens ermöglicht. Cookies sind deshalb aufgrund möglicher Datenschutzverletzungen kritisch zu sehen, häufig aber auch nicht zu umgehen, etwa beim Einkaufen im Internet.

Copy & Paste
Englischer Ausdruck für »Kopieren und Einfügen«. Bezeichnet den Vorgang, Daten durch Ziehen mit dem Finger zu kopieren, zu verschieben und an eine andere Stelle wieder einzufügen.

Cursor
Englische Bezeichnung für »Einfügemarke«. Diese zeigt durch einen blinkenden Strich oder einen Pfeil die Position des Mauszeigers auf der grafischen Oberfläche an.

Datenschutz
Sammelbegriff für Gesetze und Maßnahmen zum Schutz von gespeicherten Daten vor missbräuchlicher Nutzung und zum Schutz der Privatsphäre.

Desktop
Englische Bezeichnung für a) die grafische Benutzeroberfläche eines Computers oder b) einen im Gegensatz zu Notebooks oder Tablets nicht mobilen Computer, der aus Computergehäuse, Bildschirm, Tastatur und Maus besteht.

Detachable
Ein Tablet mit komplett abnehmbarer Tastatur. Die Tastatur wird entweder mit einem mechanischen Verschlussriegel oder per Magnet mit dem Tablet verbunden.

Download

Herunterladen von Daten und Programmen aus dem Internet oder von anderen Medien.

E-Book

Auf Deutsch »elektronisches Buch«. Um ein E-Book auf dem Tablet lesen zu können, wird eine spezielle App (z. B. Amazon Kindle) oder der Browser *Edge* benötigt.

Edge

Microsoft-eigene App zur Darstellung von Internetseiten, die es seit der Version Windows 10 gibt (siehe auch *Browser*).

E-Mail

Elektronische Nachricht, die über entsprechende Apps auf dem Tablet gelesen, beantwortet und weitergeleitet werden kann.

Emoticon

Mehrere Zeichen, die einen Gesichtsausdruck darstellen sollen, um die Stimmung des Schreibenden auszudrücken (siehe auch *Smiley*).

EPUB

Abkürzung für »elektronische Publikation«; spezielles Format für E-Books.

Firewall

Programm, das den Computer oder Computernetze durch das Blockieren gefährlicher Verbindungen schützt. In Kombination mit einem Antivirenprogramm Basis für eine sichere Computernutzung.

Flatrate

Englische Bezeichnung für einen Pauschaltarif im Bereich der Telekommunikationsdienstleistung, z. B. die unbeschränkte Internetnutzung zu einem monatlichen Festpreis.

Flugzeugmodus

Spezieller Betriebsmodus bei Mobilgeräten wie Notebooks, Tablets oder Smartphones. Ist der Flugzeugmodus aktiviert, werden alle Funkeinheiten des Geräts ausgeschaltet. Andere Funktionen des Mobilgeräts, wie etwa Kamera oder Spiele, sind aber weiterhin nutzbar.

GPS

Das *Global Positioning System* (auf Deutsch »globales Positionierungssystem«) ist ein System von rund um die Erde platzierten Satelliten, das die exakte Bestimmung der Position eines Satellitenempfängers ermöglicht. Verfügt ein Smartphone oder Tablet über solch einen Empfänger, kann somit seine aktuelle Position ermittelt werden.

Hacker

Bezeichnung für Personen, die durch Ausnutzen von Sicherheitslücken unerlaubt in fremde Computer oder Computernetzwerke eindringen.

Hashtag

Zeichenkette mit vorangestelltem #. Dient als Suchbegriff oder markiert einzelne Themen, z. B. im Kurznachrichtendienst Twitter.

Headset

Englische Bezeichnung für eine Kombination aus Kopfhörer und Mikrofon; wird über Kabel mit dem Computer verbunden.

Homepage

Englische Bezeichnung für eine Internetseite, die als Start-, sprich Einstiegsseite eines kompletten Internetauftritts mit diversen Folgeseiten fungiert.

Hotline

Englische Bezeichnung für Servicetelefonnummern von Dienstleistern und Anbietern, an die sich Nutzer mit Rückfragen oder Fehlermeldungen wenden können.

Hotspot

Englische Bezeichnung für öffentlich zugängliche WLAN-Zugriffspunkte. Über Hotspots kann man sein Tablet mit dem Internet verbinden.

Icon

Englische Bezeichnung für die grafischen Symbole.

IMAP

Abkürzung für *Internet Message Access Protocol*, ein Protokoll für den Zugriff auf und die Organisation von E-Mails.

JPG/JPEG

Häufig genutztes Format für die Speicherung von Bildern und Grafiken.

Junk-E-Mail

Englische Bezeichnung für unerwünschte E-Mails, auch als Spam bezeichnet.

Kachel

Symbole im Startmenü von Windows 10 zum Aufrufen von Apps und Windows-Anwendungen.

Klammeraffe

Das At-Zeichen @, umgangssprachlich als »Klammeraffe« bezeichnet, ist ein grundsätzlicher Bestandteil in E-Mail-Adressen und trennt den Nutzernamen vom Domainnamen.

Lockscreen

Englische Bezeichnung für »Sperrbildschirm«, der nach dem Einschalten des Tablets angezeigt wird.

Login

Bezeichnet das Anmelden an einem Computer oder einem Internetdienst wie etwa einem Onlineshop, meist mittels eines persönlichen Nutzernamens und eines Passwortes.

Logout

Bezeichnet das Abmelden von einem Computer oder einem Internetdienst.

LTE/4G

Abkürzung für *Long Term Evolution*, zu Deutsch »Langzeitentwicklung«, eine Weiterentwicklung des Mobilfunkstandards UMTS in vierter Generation. Daher auch die Ergänzung 4G.

Microsoft-Konto

Kontenart unter Windows 10, die zur Nutzung einiger Apps sowie für den Erwerb zusätzlicher Apps über den Microsoft Store benötigt wird.

Microsoft Store

Wörtlich übersetzt »Ladengeschäft«. Über den Store können Sie kostenlose sowie kostenpflichtige Apps, Spiele oder auch Filme erwerben.

Netzwerk

Sammelbegriff für den Zusammenschluss eigenständiger elektronischer Systeme zu einem Verbund, in dem die einzelnen Systeme miteinander kommunizieren können (siehe auch *WLAN*).

Offline
Der eigene Computer ist nicht mit dem Internet verbunden und kann daher auch keine Daten empfangen oder senden.

OneDrive
Ein von Microsoft kostenlos zur Verfügung gestellter Speicherplatz im Internet (siehe auch *Cloud*).

Online
Der eigene Computer ist mit dem Internet verbunden und kann somit Daten empfangen und senden.

PDF
Format für die Speicherung von Bildern, Grafiken und Texten. Wird u. a. für E-Books eingesetzt.

Phishing-Mail
E-Mails mit gefälschten Absenderangaben und Inhalten mit dem Ziel, den Empfänger zur Angabe von persönlichen Daten (z. B. Bankdaten) zu veranlassen, um damit schädliche oder betrügerische Aktionen zu begehen.

POP3
Abkürzung für *Post Office Protocol 3*, ein Protokoll für den Zugriff auf E-Mails.

Provider
Englischer Begriff für Anbieter von Dienstleistungen im Telekommunikationsbereich wie Internet, Mobilfunk oder Telefon. Beispiele: Telekom und 1&1.

QR-Code
Abkürzung für *Quick Response Code*, auf Deutsch »Code für schnelle Antwort«. Der QR-Code ist ein aus weißen und schwarzen Punkten bestehender grafischer Code, der z. B. Internetadressen oder Telefonnummern darstellt. Mithilfe von speziellen Apps kann ein QR-Code gelesen und entschlüsselt, also als Klartext angezeigt werden.

Reset
Englische Bezeichnung für das Zurücksetzen eines Smartphones oder Tablets in den Auslieferungszustand.

Roaming
Abgeleitet vom englischen Verb »to roam«, auf Deutsch »herumwandern«. Bezeichnung für die Nutzung eines Mobiltelefons außerhalb des eigenen Mobilfunknetzes (also z. B. im Ausland).

Router
Hardware, die innerhalb von Netzwerken für die Weiterleitung von Daten genutzt wird.

Screenshot
Englische Bezeichnung für einen Schnappschuss des Computerbildschirms (auch *Bildschirmbild* genannt), der anschließend als Bilddatei auf dem Computer gespeichert wird.

Scrollen
Englische Bezeichnung für die Durchsicht von längeren Texten, Tabellen oder anderen Bildschirminhalten durch vertikales oder horizontales Wischen mit dem Finger über dem Bildschirm.

SD-Karte
SD steht für *Secure Digital* (auf Deutsch »Sicher digital«). Eine SD-Karte ist eine Speicherkarte, die vor allem bei Tablets und Smartphones zur Speicherung von Daten genutzt wird.

Selfie

Eine vom englischen Begriff »self« (auf Deutsch »selbst«) abgeleitete Bezeichnung für ein Selbstporträt.

Server

Sammelbegriff für die Computer in Netzwerken, die den anderen angeschlossenen PCs Dienste und Speicherplatz zur Verfügung stellen.

Signatur

Bezeichnung für einen elektronischen Identitätsnachweis, quasi eine elektronische Unterschrift; enthält in E-Mails beispielsweise die Adressdaten des Absenders.

SIM-Karte

Die Abkürzung SIM steht für *Subscriber Identity Module*. Erst wenn diese vom Mobilfunkanbieter zur Verfügung gestellte Chipkarte in das Smartphone oder Tablet eingesetzt wird, kann über das Gerät telefoniert oder mobil auf das Internet zugegriffen werden.

Smartphone

Mobiltelefon mit erweiterten Nutzungsmöglichkeiten über das reine Telefonieren hinaus, z. B. mit Zugriff auf das Internet, GPS-Navigation, Abspielen von Audio- und Videodateien. Hat meist einen berührungsempfindlichen Bildschirm, auch *Touchscreen* genannt.

Smiley

Mithilfe von Zeichen wie Doppelpunkt, Strich und Klammern dargestellte stilisierte Gesichter, um unterschiedliche Emotionen auszudrücken (siehe auch *Emoticon*).

SMTP

Abkürzung für *Simple Mail Transfer Protocol*. Ein Protokoll für den Empfang von E-Mails.

Soziales Netzwerk

Bezeichnung für eine Gruppe von Nutzern, die sich auf einer gemeinsamen Plattform im Internet austauscht. Das größte soziale Netzwerk ist zurzeit Facebook.

Spam

Englischer Begriff für unerwünschte E-Mails, auch als *Junk-E-Mail* bezeichnet.

Standortdienst

Funktion, die mittels GPS oder auch WLAN den genauen Standort eines Geräts (z. B. eines Tablets) ermittelt.

Startmenü

Menü, das beim Start eines Tablets bereits nach dem Einschalten des Geräts zu sehen ist. Bei einem Desktop-PC muss es über das Windows-Logo erst eingeblendet werden. Über das Startmenü erreichen Sie alle Windows-Anwendungen, Einstellungen und Apps.

Startseite

Internetseite, die als Erstes beim Verbinden des eigenen Computers mit dem Internet aufgerufen wird. Sie kann vom Nutzer individuell eingestellt werden. Zugleich wird damit die Homepage eines Unternehmens bezeichnet.

Streaming

Bezeichnet das Anhören von Audiodateien und das Ansehen von Videodateien am eigenen Computer, ohne dass die Dateien auf dem Gerät gespeichert werden. Die Daten werden dabei kontinuierlich aus dem Internet übertragen und sofort beim Empfang wiedergegeben.

Surfen
Umgangssprachliche Bezeichnung für das Aufrufen von Internetseiten.

Synchronisation
Abgleich von Daten wie Fotos, Videos oder
Musik auf zwei oder mehr Geräten (z. B. einem
Tablet und einem PC), sodass von jedem dieser
Geräte auf die Daten zugegriffen werden kann.

Tethering
Verbinden eines Smartphones etwa mit einem
Tablet, sodass das Tablet die Internetverbin-
dung des Smartphones nutzen kann.

Touchscreen
Berührungsempfindlicher Bildschirm, über den
Smartphones oder Tablets gesteuert werden
können.

UMTS/3G
Abkürzung für *Universal Mobile Telecommu-
nications System*, ein Mobilfunkstandard der
dritten Generation (3G).

Update
Bezeichnet die Aktualisierung von Program-
men. Updates dienen zur Fehlerbehebung und
Leistungserweiterung von Apps, aber auch des
Betriebssystems selbst.

URL
Abkürzung für *Uniform Resource Locator*, wird
hauptsächlich als Synonym für eine Internet-
adresse verwendet.

USB
Abkürzung für *Universal Serial Bus*. Eine
Schnittstelle zur Verbindung von Computern
und externen Geräten wie z. B. Festplatten.

VoIP/Voice over IP
Englische Bezeichnung für Internettelefonie.
Für die Übertragung der Sprache werden Com-
puternetzwerke genutzt.

Webcam
Kamera innerhalb eines Computers, um Video-
bilder aufzunehmen und z. B. im Internet zu
veröffentlichen.

WLAN (Wi-Fi)
Abkürzung für *Wireless Local Area Network*, ein
drahtloses lokales Netzwerk, das zur Verbindung und Datenübermittlung Funk nutzt. Ein
häufig verwendetes Synonym für WLAN lautet
Wi-Fi.

Zoom
Möglichkeit, die Bildschirmdarstellung auf
einem Touchscreen durch bestimmte Finger-
bewegungen größer und kleiner erscheinen zu
lassen.

Stichwortverzeichnis